KANADA

ALASKA

In der Umschlagklappe: Übersichtskarte von Kanada

In der hinteren Klappe: Übersichtskarte von Alaska

»Richtig reisen«

KANADA
ALASKA

Ferdi Wenger

DuMont Buchverlag Köln

10. Auflage 1989

Satz: Hertig+Co. AG, Biel
Photolithos: Schwitter AG, Basel
Druck und buchbinderische Verarbeitung: Boss-Druck, Kleve

Printed in Germany ISBN 3-7701-1066-8

INHALTSVERZEICHNIS

KANADA

ALASKA

Im Gelben Info-Teil

Informationen Kanada und Alaska

KANADA – MEHR ALS NUR IM NORDEN DER USA

Dem oberflächlichen Besucher mag Kanada oft als ein eher unwichtiges Anhängsel der Supermacht im Süden erscheinen. Dieser Eindruck wäre aber völlig falsch; ungeachtet des wirtschaftlichen und politischen Übergewichts der Vereinigten Staaten ist Kanada als unabhängige Nation stark.

Die Wurzeln dieser Identität reichen zurück in die Geschichte des französischen, englischen und amerikanischen Pelzhandels, zu den eingeborenen Händlern, Jägern und Fischern, die die riesigen Wälder, majestätischen Gebirge und endlosen Ebenen durchstreiften und bei der Ankunft der Europäer in größeren und kleineren Gruppen – insgesamt etwa 200 000 Menschen – über das ganze Land verstreut lebten.

So muß dieses Buch, das Ihnen Kanada näher bringen soll – mein persönliches Kanada allerdings, wie ich es sehe und liebe –, mit einem Einblick in die Geschichte seiner ersten Bewohner beginnen.

Doch schon hier stoße ich auf das immer wieder auftauchende Problem Platzmangel. So groß ist dieses Land, so vielfältig alles, was Kanada zu einem Ganzen macht, so riesig sind die Entfernungen, daß jedes Gebiet, jedes Thema, jeder Aspekt – auch die Geschichte – nur gestreift werden kann.

Dieser Abriß aber wird – so hoffe ich – dazu führen, daß Sie sich später selber ausführlicher in Kanadas Vergangenheit vertiefen...

Der Anfang – Fragen ohne Antwort

Man weiß eigentlich recht wenig über die Vorfahren der Ureinwohner Kanadas. Viele Aussagen beruhen auf reiner Spekulation. Sicher ist, daß vor rund 40 000 Jahren zwischen Asien und Alaska eine Landbrücke bestand, über die die Vorfahren der Indianer und Eskimos hätten kommen können. Später, als die riesigen Gletscher zu schmelzen begannen, wurde diese Landbrücke vorübergehend unter Wasser gesetzt. Vor ungefähr 28 000 Jahren erschien einmal mehr trockenes Land, verschwand erneut und kam ein letztesmal vor 13 000 Jahren zum Vorschein.

Noch ist wahrscheinlich die Behauptung etwas verfrüht, bereits vor 40 000 Jahren seien mongolide Jäger den Mammutherden gefolgt und über die erste Landbrücke gekommen. Sicher ist vorläufig nur, daß bereits vor 20 000 Jahren Menschen in Nordamerika lebten. Ob weitere archäologische Funde etwas anderes bestätigen werden, bleibt abzuwarten.

Eine letzte Völkerwanderung fand vor 6000 bis 8000 Jahren statt. Diese späten Wanderer, die Vorfahren der heutigen Eskimo, paddelten über die 80 km breite Beringstraße, die Sibirien von Alaska trennt.

Als die Landbrücke am ausgedehntesten war, bis zu 1600 km breit, waren auch die Gletscher am größten, und es ist möglich, daß die Eismassen den schmalen Korridor gegen Süden zeitweise blockierten. Alaska, nicht unter den Eismassen begraben, war somit vom restlichen Amerika abgeschnitten und bildete das sogenannte *Beringia Refugium*, in dem Mammutherden grasten. Es ist bewiesen, daß schon vor 25 000 Jahren Menschen in diesem Refugium lebten, und zwar durch Funde, die an einem Dutzend Orten gemacht wurden, die wichtigsten davon in *Old Crow Flats* im nördlichen Yukon. Hier fanden Archäologen einen gezahnten Schaber oder Kratzer, der aus dem Beinknochen eines Karibus gefertigt wurde. Das Alter dieses ersten Werkzeuges: 25 000 Jahre.

War der Jäger, der dieses Werkzeug anfertigte, auf dem Wege nach Süden? Waren schon seine Vorfahren durch das eisfreie Tal gezogen? Noch gibt es nur ein paar Anhaltspunkte, zum Beispiel das Obsidian-Messer, das in Tlapacoya, bei Mexico City, unter einem 20 000 Jahre alten Baumstamm gefunden wurde.

Über die Jäger, die diese Waffen und Werkzeuge hinterließen, ist ebenfalls nur ganz wenig bekannt. Bis heute sind keine menschlichen Knochen gleichen Alters gefunden worden; die ältesten Teile eines menschlichen Skelettes in Nordamerika sind weniger als 12 000 Jahre alt. Fundort: eine Ranch in der Nähe von Midland in Texas. (Ein angeblich 30 000 bis 50 000 Jahre alter Kinderschädel aus der Nähe von Taber, Alberta, ist umstritten.)

Sicher ist, daß diese Menschen Mammutjäger waren, denn der älteste entdeckte Waffenteil ist eine steinerne Speerspitze. Spätere Spitzen – nach den Fundorten *Folsom* und *Clovis* genannt – bestätigen, daß die Mammutjagd bis 9000 v. Chr. andauerte. Danach gebrauchte man nämlich kleinere Spitzen für Wurfgeschosse, die schweren Pfeilen glichen und mit Hilfe eines Speerwerfers – des *Atlatl* – geschleudert wurden. Sie eigneten sich für die Jagd auf Bison, Elch, Wapiti, Karibu und Bären.

Einige Ausgrabungen geben Anlaß zu einer Theorie, die den Anfang der menschlichen Besiedlung in Kanada vor 40 000 Jahren ansetzt. Am *Sheguiandah*-Hügel, auf der Ostseite der Insel Manitoulin (Lake Huron), fanden Archäologen in der Nähe eines alten Steinbruchs fünf verschiedene Schichten mit Zeichen menschlicher Besiedelung. Die wichtigste Kontroverse besteht über die Interpretation der Funde aus der tiefsten Schicht. Diese waren anscheinend mit Ablagerungen aus der Gletscherepoche bedeckt. Sollte sich nun einwandfrei herausstellen, daß die von Menschenhand geschaffenen Funde tatsächlich *unter* Gletscherablagerungen lagen, so bedeutet das, daß Menschen hier schon Steine brachen, bevor die ersten Gletscherzungen über den Sheguiandah-Hügel krochen: vor 40 000 Jahren!

Die ersten Jahrtausende – Anpassung an eine harte Umwelt

Die ersten Jäger aus Asien kamen nur in kleinen Gruppen und über lange Jahre verstreut in dieses nördliche Land. Die kanadischen Indianer sind nämlich kein einheitliches Volk, sondern in wenigstens zehn Sprachfamilien aufgeteilt, die wiederum in unzählige Dialekte zerfallen. Vier dieser Sprachfamilien, die *Algonkin, Athapasken, Irokesen* und die *Sioux,* lebten östlich des Felsengebirges, die restlichen sechs, *Kootenay, Salish, Waskashan, Tsimshian, Haida* und *Tlingit,* im heutigen British Columbia.

Weit gegen Norden, in Yukon und in den Northwest Territories, siedelten die *Chipewyan, Yellowknife, Slave, Dogrib* und *Nahani.* In den milden Regionen am Pazifik lebten die *Nootka, Kwakiutl, Tsimshian* und die *Haida* vom Fischfang und nutzten die gigantischen Zedern des niederschlagsreichen Klimas. Sie wohnten als einige der wenigen Stämme in festen Häusern; eine reiche Umgebung ließ ihnen Muße für Kunst und ein reges Sozialleben. Für die Völker der flachen Prärie, *Schwarzfuß, Assiniboine, Scarcee, Gros Ventre* und *Cree,* war der Büffel Lebensgrundlage. Sie verfolgten ihn in einer endlosen Jagd nach Fleisch und Bekleidung, zuerst zu Fuß, dann zu Pferd. Die Umgebung des St.-Lorenz-Stromes und der Großen Seen war die Heimat der Irokesen-Sprachfamilie, zu der die *Huronen, Irokesen, Algonkin, Abenaki* und *Mohikaner* gehörten. Sie waren seßhaft und hatten als einzige Stämme Kanadas schon vor der Ankunft der ersten Europäer eine Landwirtschaft entwickelt (hauptsächlich Mais, Bohnen und Kürbisse). Weitere Stämme, die *Beothuk, Micmac, Malecite, Sakapi,* siedelten am Atlantik.

Allen Stämmen aber ist gemeinsam, daß sie sich über die Jahrtausende an ihre Umgebung angepaßt haben. So berichteten die ersten Franzosen, daß die kanadischen Indianer sich 275 Pflanzenarten für Medizin, 130 zu Nahrung, 27 als Tabak und 25 für Färbemittel zunutze machten.

Männer aus Europa – Die Ankunft der Weißen

Die nächsten Seiten bringen einen Abriß über die gigantischen Umwälzungen, die die Europäer in Kanada verursachten, und eine Begegnung mit jeder wichtigen Gruppe von Ureinwohnern in der Reihenfolge ihrer »Entdeckung«. Das dabei entstehende Bild kann nicht vollständig sein, denn unser Wissen stammt von Seefahrern, Tauschhändlern und Missionaren, die das Gesehene oft mißverstanden und nur selten die Fülle und den Reichtum der Kulturen erkannten, denen sie begegneten.

Die Vorfahren der heutigen Eskimo sahen die fremden, rotbärtigen, blauäugigen Menschen zuerst, als diese 982 unter Erich dem Roten in ebenso fremdartigen Schiffen nach Grönland kamen. Die zwei Siedlungen Erichs in

Grönland bestanden während fünf Jahrhunderten, bis sie im 14. Jahrhundert aus ungeklärten Gründen verschwanden. Während dieser Zeit erforschten die Wikinger die nördlichen Schiffsrouten nach Nordamerika, entdeckten ein halbes Jahrtausend vor Kolumbus Baffin Island, Labrador und Neufundland, versuchten Siedlungen zu gründen, machten unzählige Reisen zu den reichen Fisch- und Jagdgründen und schlugen das kostbare Holz, das es auf Grönland nicht gab.

Die isländischen Sagen beschreiben denn auch zum erstenmal die Eingeborenen der nordamerikanischen Küste. Diese *Skrælingar* waren »dunkelhäutige Leute, zwergartig und kränklich aussehend, mit schaurigem Haar, großen Augen, breiten Backenknochen; sie lebten in Erdlöchern...«

Noch immer streiten sich die Gelehrten darüber, wo genau Leif Erikssons *Vinland* liegt, in Neufundland, Cape Cod oder gar in Florida. Beweisstücke sind bis jetzt nur sehr wenige gefunden worden, doch die des norwegischen Forschers und Autors Helge Ingstad verlegen das legendäre Vinland nach Neufundland, genauer noch, nach *L'Anse aux Meadows,* einem abgelegenen Fischerdorf. Dort nämlich fand Ingstad die Überreste von acht Häusern aus der Wikingerzeit – die Ausgrabungen begannen 1961 –, unter anderem auch einer Schmiede aus dem Jahre 1000.

Über zwei weitere Länder, die Leif Eriksson auf seiner abenteuerlichen Reise taufte, *Helluland* und *Markland,* bestanden kaum je Zweifel. Helluland – Land mit flachen Steinen – ist Baffin Island und Markland – Waldland – das heutige Labrador.

In den fünfhundert Jahren bevor die Wikinger auf Grönland ihre Sprache und Religion verloren, unternahmen sie zweifellos unzählige Reisen an die amerikanische Küste, nach Labrador, in die Hudson Bay und zu den arktischen Inseln; die Fahrten von Leif Eriksson, die seines Bruders Thorwald und seiner Schwester Freydis wurden nur am dramatischsten beschrieben. Von der amerikanischen Küste kamen nämlich einige der an den europäischen Höfen des Mittelalters meistgeschätzten Reichtümer: der weiße Falke aus Labrador, »Elfenbein« von Walrossen, lebende Eisbären und Eiderdaunen. Nicht zu übersehen waren auch die ungewöhnlich reichen Fisch- und Jagdgründe dieser Küste.

So ist es denn auch verständlich, daß immer mehr Bauern und Jäger von der grönländischen Küste zur Jagd nach Amerika zogen und dort schließlich zu den *Tunnit* der alten Eskimolegenden wurden. Die Ruinen und alten Steinhäuser, die nach den heutigen Eskimo auf die legendären Tunnit zurückgehen, sind Zeugen davon.

Die Wikinger brachten also das atlantische Kanada in die Welt des mittelalterlichen Europas als ein zwar weit entferntes, eher schattenhaftes, aber keineswegs unbekanntes Land.

Was den Ursprung der heutigen Eskimo und den Untergang der Wikinger auf Grönland anbelangt, so glaubten die Wissenschaftler lange Zeit, daß die sogenannte *Thule*-Kultur ihren Ursprung in Alaska hatte und von dort nach Osten kam. Eine neuere Theorie aber besagt, daß die *Dorset*-Völker zuerst ins Land kamen und daß sie die *Skrælingar* der alten Sagen sind. Die Tunnit hingegen waren die Wikinger, die über Jahrhunderte die Gewohnheiten der Eskimo angenommen hatten und sich endlich mit den *Skrælingar* vermischten. Sie verloren rasch die europäischen Charakteristiken, verlernten ihre Muttersprache und vermischten sich am Ende total mit den Dorset, um zusammen die Thule-Kultur zu bilden. Die Thule wiederum sind die Vorfahren der heutigen Eskimo.

Äxte gegen Biberpelze

Rund fünfhundert Jahre vergingen bis zum nächsten überlieferten Zusammentreffen zwischen Europäern und Indianern. Aber schon bei der ersten Begegnung entwickelte sich schnell ein Tauschhandel. Fremdartig war bald nur noch das Material, aus dem der größte Teil der europäischen Kopfbedeckungen bestand, Filz. Europäische Filzmacher wußten schon lange, daß die innere Wolle des europäischen Bibers für die Herstellung von Filz unübertroffen war. So wurde damals jegliche Kopfbedeckung als »Biber« bezeichnet, im Französischen als *Castor*. Aber schon zur Zeit von Kolumbus war der europäische Biberbestand am Aussterben; die meisten Felle kamen aus Rußland oder Skandinavien.

In der Neuen Welt hingegen wollte es der Zufall, daß das meistgetragene Kleidungsstück der nördlichen Stämme ein einfacher Umhang aus Biberfellen mit den Haaren nach innen war. Durch das stete Tragen und Handhaben und durch öfteres Einfetten verwandelte sich die äußere Haut in ein weiches, wasserfestes Leder, das auch die Haare in bester Verfassung hielt. Diese getragenen Kleider wurden später als *castor gras* bekannt und brachten bald die besten Preise.

Niemand weiß genau, welcher Pariser Hutmacher die ausgezeichneten Qualitäten des *Fettigen Bibers* für die Hutindustrie entdeckte, doch aus offiziellen Notizen ist bekannt, daß 1581 eine Schiffsladung dieser Felle in Paris ein kleines Vermögen einbrachte. Anfang 17. Jahrhundert war der Tauschhandel so stark ausgebaut, daß die Biberbestände der Atlantikküste und des St.-Lorenz-Stromes bereits abzunehmen begannen.

Der Einfluß dieses Pelzhandels auf die indianische Bevölkerung war gewaltig. Äxte, Messer und Töpfe fanden bald den Weg ins Hinterland, den Europäern weit voraus. Mit den europäischen Gütern kamen aber auch Feuerwaffen und Krankheiten: schon lange vor den eigentlichen Siedlungsversuchen hatten die Schockwellen der Kriege und Epidemien den ganzen Kontinent überspült.

Gewehre, Pferde und Epidemien

Der erste Eindruck, den die Feuerwaffen auf die Indianer machten, hatte vermutlich wenig mit der Waffe selbst zu tun, sondern mehr mit dem Knall, den sie verursachte. Als Cartier zum Beispiel die Feuerkraft seiner Schiffskanonen demonstrierte, »heulten die Eingeborenen gar fürchterlich«. Doch als sich über die Jahre die Feuerkraft der Gewehre verbesserte und die Stämme diese besseren Waffen in die Hand bekamen, machten sie sich sofort daran, die Gebiete der Nachbarn zu erobern, die immer noch mit einem schlechteren Gewehr oder sogar noch mit Pfeil und Bogen jagten.

Eine andere einschneidende Veränderung brachten die ersten Pferde. Es ist merkwürdig, wie sich das Pferd ursprünglich in Amerika entwickelte und dann nach Eurasien verbreitete. Vor rund 8000 Jahren verschwand es aus Amerika. Cortez erst schloß den Kreislauf, als er es 1519 von Spanien her wieder einführte. In wenigen Jahren gab es »wilde« Pferde, und um die Mitte des 18. Jahrhunderts erreichten sie die kanadische Prärie.

Während eines einzigen Jahrhunderts trat eine völlig neue Kultur auf den Plan, mutige und äußerst gewandte Reiter, deren Hauptbeschäftigung neben der Büffeljagd nun Überfälle auf die Nachbardörfer waren, um Pferde zu stehlen. Das Pferd, zusammen mit den ergatterten Skalps und *coups* (das Berühren eines Feindes), wurde zum Statussymbol. So stark war der Eindruck dieser Indianer, daß er bis heute unsere Vorstellung eines jeden Indianers beherrscht.

Doch die weitaus verheerendste Zerstörung und Unruhe waren die Krankheiten, gegen die der Indianer keine Abwehrstoffe hatte: Typhus, Pocken, Tuberkulose, Geschlechtskrankheiten. Und als der Kontakt zwischen den einzelnen Stämmen durch den Tauschhandel und die Kriege zunahm, verbreiteten sich diese Epidemien mit unvorstellbarer Geschwindigkeit, so daß bald ganze Dörfer und Stämme vernichtet wurden.

Der europäische Anmarsch kam nicht zum Stillstand. Langsam und in harter Arbeit entstanden die ersten Siedlungen: *Port Royal* in Nova Scotia 1605, *Quebec* 1608, *Neu Amsterdam* 1615 und *Jamestown* 1607.

Das Schicksal der Beothuk

Fünf Jahre nachdem Kolumbus in den Antillen an Land ging, starrte sein Landsmann Giovanni Caboto, später John Cabot genannt, Kapitän eines englischen Schiffes aus Bristol, durch den dichten Nebel vor der Küste Neufundlands.

Cabots erste Reise begann am 2. Mai 1497 in Bristol; mit seinem Schiff »Matthew« und einer Besatzung von nur 18 Mann stach er in See. Schon am

24. Juni ging er in Neufundland an Land und war bereits im August wieder in Bristol.

Seine zweite Expedition bestand aus fünf Schiffen mit einer Besatzung von rund 200 Mann. Wieder suchte Cabot nach einem kurzen Weg nach Japan, machte an der Küste von Labrador ein paar Tauschgeschäfte und segelte dann südwärts. Nach verschiedenen Quellen zu schließen, scheint er weder die Mündung des St.-Lorenz-Stromes noch die Fundy-Bucht entdeckt zu haben und beschrieb später nur das heutige Cape Cod. Von dort kehrte er enttäuscht und mit leeren Händen nach England zurück. Die einzige nützliche Information, die er mitbrachte, war der Bericht über die riesigen Fischzüge an der Neufundland-Bank, die bald Fischer aus Frankreich, England, Portugal, Spanien und dem Baskenland zum neuen Kontinent lockten, so daß oft bis zu 300 Schiffe vor der Küste lagen.

Vieles deutet darauf hin, daß die Beothuk einer eigenen Rasse angehörten. Sie kannten weder Hunde noch Töpferwaren, und die Form ihrer Kanus, die zwar auch aus Birkenrinde gefertigt wurden, war einmalig auf dem Kontinent, ebenso wie ihre Gewohnheit, sich von Kopf bis Fuß mit rotem Ocker zu bestreichen.

Anfänglich waren die Begegnungen zwischen den europäischen Fischern und den Beothuk friedlich. Kapitän Whitebourne zum Beispiel schrieb 1622, daß die Franzosen und auch die Basken die Beothuk in ihren Camps, in denen sie die Fische verarbeiteten, als Helfer anstellten. Wenig später allerdings fand die friedliche Zusammenarbeit ein Ende; die Gründe dafür sind nicht ganz klar. Vermutlich waren auch die Beothuk nicht unbedingt so friedlich, wie viele Geschichten wahr haben wollen. Während einiger Zeit hielten sie dem Andrang der Europäer mit Pfeil und Bogen stand, doch das Ende kam mit den modernen Feuerwaffen im 18. Jahrhundert und dem Auftauchen der Micmac-Indianer, die die Fischer nach Neufundland brachten, um die Beothuk zu jagen. Auch die Engländer, die später die Avalon-Halbinsel besiedelten, waren nicht besser; für sie wurde die Jagd auf die Beothuk bald ein grausamer Sport. Erst 1766 wurden die ersten Anstrengungen unternommen, um die ursprünglichen Neufundländer zu retten. 1829 starb auch die letzte Beothuk-Frau an Tuberkulose.

Die Micmac und die übrigen Stämme entgingen zum größten Teil nur deshalb dem gleichen Los, weil die Franzosen so viel Wert auf die *castor gras* legten. Zugleich waren die Micmac auch als Guerillakämpfer gegen die Briten geschätzt. Selbst als die Franzosen aus dem Lande geworfen wurden (1755), kämpften sie noch treu gegen die neuen Herrscher an. Schließlich brachten die Engländer Mohikaner auf die Insel, die nun die Micmac ebenso unbarmherzig jagten, wie diese hundert Jahre früher die Beothuk. Die Micmac überlebten zwar, doch sind auch ihre alten Sitten und Bräuche für immer verloren.

Die befestigte Stadt von Stadacona – Das heutige Quebec

1524 hatten auch die Franzosen in den Wettlauf um die Reichtümer des Fernen Ostens eingegriffen. Mit ihrer Ankunft begannen sich endlich die Schleier von vagen Informationen etwas zu lüften. Zum erstenmal wurden genaue offizielle Karten und Schriften veröffentlicht. Dies geschah nicht zuletzt dank eines weiteren Italieners – diesmal in französischen Diensten –, Giovanni de Verrazano. Er erforschte 1524 die ganze Küste von Florida bis nach Labrador und schrieb auf die dabei entstehende Karte die Worte *Nova Gallia* »Neufrankreich«.

Dann unternahm Jacques Cartier eine Reise zu den *Terres Neufves,* um »gewisse Inseln und Länder zu erforschen, die offenbar große Mengen Gold und andere Reichtümer enthalten«. Das Jahr war 1534, die Reise über den Atlantik reine Routinesache, dauerte sie doch bloß 20 Tage. Doch was Cartier auf der anderen Seite des Atlantiks vorfand, begeisterte ihn nicht sehr, und er meinte, es sei wohl das Land, das »Gott Kain gab«. Der Westküste Neufundlands folgend, segelte er gegen Süden, drehte dann nach Westen ab und erreichte Ende Juni Prince Edward Island, die er allerdings für das Festland hielt. Mitte Juli war Cartier in der *Baie de Chaleur,* und eine Woche später fuhr er in den Hafen von Gaspé ein.

Hier errichtete er ein zehn Meter hohes Kreuz mit einer Plakette und den Worten »Vive le roi de France«. Der Stammeshäuptling Donnacona aber machte unmißverständlich klar, daß das Land ihm gehöre. Cartier beruhigte ihn und überredete ihn am Ende gar, zwei seiner Söhne nach Frankreich zu schicken. Wohlwissend, daß die Indianer den Weg nach Westen kannten, hatte Cartier so zwei Führer gefunden, die bald einmal französisch sprechen würden.

Im August des folgenden Jahres war Cartier zurück und entdeckte nun die Mündung des großen Stromes, den er *St. Laurent* nannte. Damals wurde auch das Wort *Kanada* zum erstenmal gehört. Die beiden Indianer, die Cartier zurückbrachte, sprachen von Kanada, was aber, wie sich später herausstellte, in der Sprache des Stammes ganz einfach »Dorf« bedeutete. Die beiden sprachen auch von ihrer Heimat, vom Fluß Saguenay, von wo das rote Kupfer kam, von Stadacona, Hochelaga (heute Montreal) und einem breiten Fluß, der sich weiter stromaufwärts in Süßwasser verwandelte und dessen Anfang noch niemand gesehen hatte. Cartier glaubte an jenem Tag den Weg nach China gefunden zu haben.

Im Herbst erreichte der Franzose endlich Stadacona, und im Oktober war er in Hochelaga und erstieg dort den *Mont Réal.* Hier endete sein Traum von China. Tief unter ihm konnte er den majestätischen Fluß verfolgen, dessen Quelle sich irgendwo hinter dem Horizont verbarg. Tief unter ihm tobten die Stromschnellen – noch immer als *Lachine Rapids* bekannt – und versperrten jeden weiteren Weg gegen Westen. Enttäuscht kehrte Cartier nach Stadacona zurück und verbrachte dort seinen ersten »kanadischen« Winter. Der Skorbut wütete fast ohne Unterbrechung, und von der ganzen Besatzung von 110 Mann wurden nur drei oder vier nicht von der Krankheit befallen. Bevor es Cartier gelang, von den Einheimischen eine Kur zu erfahren – ein Gebräu aus der Rinde der Weißen Zeder –, starben 25 Mann.

Als Cartier im Frühling nach Frankreich zurückkehrte, konnte er die Wichtigkeit seiner Entdeckungen nicht abschätzen. Sein eigentliches Ziel, eine kurze Verbindung nach China, hatte er nicht erreicht, dafür aber jenen Fluß entdeckt und größtenteils erforscht, der zur Achse Frankreichs in der weiteren Erschließung Nordamerikas werden sollte, den St.-Lorenz-Strom.

Cartier unternahm noch eine letzte Reise, diesmal mit fünf Schiffen und drei weiteren, die Roberval (Jean-François de La Rocque) kommandierte. Die 1500 Männer und Frauen aber, die sie mitbrachten und die an der Mündung des Saguenay einen Siedlungsversuch unternahmen, gerieten bald in Schwierigkeiten. Krankheiten, ein ungewöhnlich langer und harter Winter und die Feindseligkeiten der Irokesen waren zu viel. Nach einem Jahr kehrten die Überlebenden nach Frankreich zurück.

Champlain – Der Vater von Neufrankreich

Champlain kam gewissermaßen schon als Seefahrer auf die Welt. Als Sohn eines Schiffskapitäns wurde er 1567 in Brouage am Golf von Biskaya geboren. Er kämpfte unter Heinrich IV. in den Glaubenskriegen, trat als Dreißigjähriger in die Dienste des spanischen Königs und nahm an den Expeditionen nach den Antillen und Zentralamerika teil. Innerhalb von zwei Jahren besuchte er praktisch alle wichtigen Häfen Amerikas und stieß von Veracruz her sogar bis nach Mexico City vor. 1601 kehrte er nach Frankreich zurück.

1603 wurde der Seefahrer zum Geographen der Amerika-Expedition ernannt, die der *Sieur de Monts* – Generalleutnant von Neufrankreich und »allen Ländern, die in Amerika zu Frankreich gehören« – organisierte. Zusammen unternahmen sie nun Entdeckungsfahrten zur Neuen Welt, aus denen die Siedlung Port Royal – später Annapolis Royal – in der Fundy-Bucht hervorging. 1607 war Champlain wieder in Frankreich und überredete dort den Sieur de Monts, am St. Lorenz eine weitere Siedlung zu gründen. So kam es, daß bereits am 3. Juli 1608 als erste feste Kolonie in Nordamerika nördlich von Florida Quebec entstand. Champlain verbrachte den Rest seines Lebens damit, diese Siedlung auszubauen.

Den Winter 1615/1616 verbrachte er mit den Huronen an der Georgian Bay, einer Gegend, die sein Dolmetscher, Etienne Brûlé, schon fünf Jahre vorher zum erstenmal gesehen hatte. Hier eignete sich der Franzose sein Wissen über die Huronen und ihre Verbündeten an, das er später in seinen Büchern publizierte. Er war es auch, der die Huronen gegen die Fünf Nationen

(Mohawk, Oneida, Onondoga, Cayuga, Seneca) anführte und so die Jahrhunderte lange Fehde der Huronen und Franzosen gegen die Engländer und die Fünf Nationen einleitete.

1629 war Champlain gezwungen, Quebec an die Engländer abzutreten, geriet als Gefangener nach England, kehrte aber 1632, als Neufrankreich unter dem Vertrag von *St-Germain-en-Laye* wieder an Frankreich ging, nach Quebec zurück. Drei Jahre später starb er.

Champlains Ankunft im Lande der Huronen erfolgte zu einem für den frühen Pelzhandel kritischen Zeitpunkt. Gegen Süden hatten die Holländer und später die Engländer mit den Fünf Nationen einen so schwunghaften Handel aufgebaut, daß südlich des Ontariosees die Biber bereits ausgerottet waren. Die Fünf Nationen waren nach Norden vorgedrungen und dort auf die Huronen gestoßen. Diese wiederum pflegten schon seit Jahren eine gute Partnerschaft mit den Algonkin der nördlichen Wälder und hatten so einen ausgezeichneten Zugang zu den reichen Pelzgründen. Diese Pelze wollten die Fünf Nationen, und es war nur natürlich, daß beim Auftauchen der Feinde die Handelspartnerschaft zwischen Huronen und Algonkin zu einem militärischen Bündnis wurde. Champlain, der seinerseits den Tauschhandel mit den Huronen festigen wollte, um selbst an die Pelze der Algonkin zu gelangen, war somit fast gezwungen, sich gegen die einbrechenden Fünf Nationen zu wenden.

Fundamente einer Zivilisation – Die Fünf Nationen

Von allen eingeborenen Völkern Kanadas – mit Ausnahme vielleicht der Bewohner der Westküste – wäre vermutlich ohne das Auftreten der Europäer die Sprachfamilie der Irokesen am besten in der Lage gewesen, eine hochstehende indianische Zivilisation zu entwickeln. Sie besaßen nämlich bereits die wesentlichen Voraussetzungen: friedliches Zusammenleben, Ackerbau, einheitliche Währung und waren auch in der Lage, wichtige Ereignisse aufzuzeichnen.

Die Währung, von der die Indianer damals Gebrauch machten, war das *Wampum*. Einem Rosenkranz ähnlich, wurden kleine Muscheln – gewöhnlich die der Wellhornschnecke – an Schnüren gereiht, je weißer, je wertvoller. Noch wertvoller, aber auch bedeutend seltener waren die purpurnen Schalen der Venusmuscheln. Wampum wurde noch zwei Jahrhunderte nach Champlain, also Anfang 19. Jahrhundert, in Neuengland als Geld verwendet.

Die Huronen verbrachten die Wintermonate mit dem Einholen der wichtigsten Tauschgüter, Tabak, Mais, bei den umliegenden Stämmen. Im Frühling machten sie sich auf die Reise, die den ganzen Sommer über dauerte und die Händler bis zu 1500 km von zu Hause wegführte. Auf dem Weg tauschten sie ihre Waren gegen die der Algonkin ein, getrocknetes Fleisch, Artikel aus Birkenrinde und – für die Franzosen wichtig – Häute und Felle. Solange die Huronen existierten, kontrollierten sie den Tauschhandel im ganzen Gebiet nördlich des St.-Lorenz-Stromes bis zur James Bay, und nur ganz wenige Waren, die nach Quebec oder Montreal oder Trois Rivières kamen, gingen nicht durch ihre Hände.

Dieses Monopol der Huronen über das beste Pelzgebiet fochten die Angehörigen der Fünf Nationen an, was schließlich 1649/1650 zur Zerstörung der Huronen als eigentlicher Nation führte.

Wie alle Stämme der irokesischen Sprachfamilie waren auch die Fünf Nationen – später kamen die Tuscarora hinzu – eine hochentwickelte militärische Gesellschaft. Aber nicht nur das, auch ein demokratischer Bund, der Benjamin Franklin so stark beeindruckte, daß er schrieb, »Es wäre tatsächlich sonderbar, wenn sechs Nationen von ungebildeten Wilden einen Bund zustandebrachten, der während Generationen andauerte, und das Gleiche einem Dutzend englischer Kolonien nicht möglich wäre«.

Jeder Stamm der Fünf Nationen entschied interne Angelegenheiten durch einen eigenen Rat. Alle Stämme betreffende Entscheidungen wurden von einem Großrat getroffen, der aus 49 »Sachems« (Abgeordneten) bestand. Dieser Rat beschloß die Vernichtung der Huronen.

Jäger und Fischer des Kanadischen Schildes

Die Stämme der Algonkin-Sprachfamilie lebten in den endlosen Wäldern des Kanadischen Schildes, das sich, einem riesigen Hufeisen gleich, von Labrador um die Hudson Bay bis östlich des Mackenzie-Tales erstreckt. Begrenzt gegen Süden und Westen durch die größten Seen Kanadas – Great Bear Lake, Great Slave Lake, Lake Athabasca, Lake Winnipeg, Lake Superior und Lake Huron –, umschließt er auch die nördlichen Regionen der heutigen Provinzen Quebec und Ontario. In diesem riesigen Gebiet mit seinen Flüssen und Seen kannten naturgemäß alle Stämme das Birkenrindenkanu.

Kanada wurde fast ausschließlich mit Hilfe dieses herrlich konstruierten Wasserfahrzeuges erschlossen. Im Kanu waren die Huronen zum Tauschhandel unterwegs. Im Kanu fischten und jagten die Algonkin. Im Kanu stießen später die weißen Forscher gegen Westen bis zum Stillen Ozean vor, und im Kanu kamen die wertvollen Pelze zu den Handelsposten der Franzosen und Engländer.

Wo immer es Wasser gab, ob seicht oder tief, stürmisch oder spiegelglatt, im Kanu konnte der Indianer sich bewegen. Wo Wasserscheiden zu überqueren oder die Stromschnellen zu stürmisch waren, wurden Boote und Waren in sogenannten *Portagen* getragen, die sich bis zur Ankunft der Europäer zu einer solchen Kunst entwickelt hatten, daß die ersten Franzosen mit Hochachtung von einer Handvoll Indianer sprachen, die bis zu 400 kg auf einmal über die schlüpfrigen Wege trugen.

Als sich nach dem Untergang der Huronen zeigte, daß die Fünf Nationen für den Pelzhandel überhaupt kein Talent hatten, versuchten sich die Algonkin in diesem Geschäft. Aber auch sie waren keine geborenen Händler, und so stießen mit der Zeit junge Franzosen als Mittelsmänner zu den verschiedenen Stämmen, lernten deren Sprachen und Dialekte und teilten mit ihnen das nomadische Leben. So kam es auch zu einer langsamen Vermischung der beiden Rassen. Noch heute leben zum Beispiel am westlichen Ufer des Lake Nipigon blauäugige, schwarzbärtige Männer, die nur Ojibway sprechen und französische Namen haben. Hundert Jahre vor der Zeit der amerikanischen Grenzläufer wuchsen am St. Lorenz Männer heran, die dem Wort *Canadian* eine erste Identität gaben. Hier vermischten sich die Männer der Bretagne und der Normandie mit ihren indianischen Halbbrüdern, den Söhnen französischer Männer und indianischer Frauen. Später unter dem Namen *coureurs des bois,* »Waldläufer«, bekannt, lernten sie alles, was zum Überleben im fast endlosen Busch nötig war, lernten mit den Einheimischen in Frieden leben und wurden Tauschhändler *par excellence.* So machte die kleine französische Kolonie am St.-Lorenz-Strom ihren Einfluß über das ganze Land bemerkbar und wurde zum Fundament der Nation, die heute Kanada ist.

Büffeljäger der kanadischen Prärie

In der Prärie und in den östlichen Ausläufern der Rocky Mountains lebten die *Schwarzfuß-, Blood-* und *Piegan*-Indianer, deren Sprache noch dem Algonkin ähnelte. Mit ihnen hatten sich die Athapascan sprechenden *Scarcee* vermischt, während in der Gegend des Assiniboine die *Assiniboine* lebten, die zu den Sioux gehörten. Sie lebten alle fast ausschließlich vom Büffel oder Bison, und ihre Hauptnahrung war *Pemmican,* geriebenes, getrocknetes Fleisch, mit Fett und Beeren vermischt.

Als höchstes Symbol für Mut galt die weiß-schwarze Schwanzfeder des Adlers. Um sich diese zu erwerben, scharrten die Jäger auf dem höchsten Hügel der Umgebung eine Grube, krochen hinein und bedeckten sich mit Weidenstauden, auf denen ein Stück Fleisch lag. Mit unendlicher Geduld lagen sie dann oft tagelang auf dem Rücken und warteten auf den richtigen Augenblick, um das Bein eines Adlers fassen zu können. Die Narben, die eine solche Begegnung hinterließ, wurden mit Stolz getragen.

Das großartige freie Leben der berittenen Büffeljäger dauerte kaum hundert Jahre. Schon Ende des 19. Jahrhunderts strömten die Siedler aus Europa in die Ebenen von Kanada, und mit ihnen kamen die ersten professionellen

Büffeljäger, die in einer unbegreiflichen Zerstörungswut alles niederschossen, was sich bewegte. In den Jahren 1870 bis 1875 wurden jährlich über $2^1/_2$ Millionen Tiere niedergemetzelt.

Fischer und Jäger in British Columbia

Kaum eine zweite Region Kanadas ist klimatisch und landschaftlich so vielfältig wie British Columbia. Bei einer halbtägigen Wanderung von der Küste her beginnt man im Hochsommer, erreicht tausend Meter höher den Frühlingsanfang, um nach einem weiteren halben Tag auf den Pässen des Küstengebirges im tiefsten Winter anzukommen, mit Eis und Schnee und einer weitläufigen Tundra, so leer und öde wie jene des hohen Nordens.

In diesem Gebiet lebten in viele Stämme verstreut die *Salish, Kootenay* und *Déné,* mit Ausnahme der Kootenay zur Hauptsache vom Lachs, der Jahr für Jahr vom Pazifik her die Flüsse hochsteigt, um zu laichen, millionenstark, oft Hunderte von Kilometer vom Salzwasser entfernt.

Die Bewohner des Kootenay-Tales, unmittelbar westlich des Felsengebirges, lebten in Tipis aus Büffelhäuten. Wegen ihrer Abgeschlossenheit und Selbständigkeit änderte das Verschwinden der Büffelherden ihr Leben nicht sehr. Sie wurden später auch nie in den Pelzhandel verwickelt und konzentrierten sich nach dem Eintreffen der Weißen auf Vieh- und Pferdezucht, die sie noch heute mit großem Erfolg betreiben.

Über den Lebensstil der Indianer an der Pazifikküste unmittelbar vor dem Eintreffen der Europäer ist wenig bekannt. Als Kapitän Cook ihnen im März 1778 im Nootka Sound, an der Westküste von Vancouver Island, zum erstenmal begegnete, hatten sie bereits zwei Jahrhunderte spärlichen Kontaktes mit Weißen hinter sich. Mitte des 16. Jahrhunderts hatte nämlich Francis Drake diese Küste für England in Anspruch genommen.

Zu Cooks Zeit lebten sechs hochgestellte Sprachfamilien an der reichen Küste, im Norden, auf dem südlichen Archipel von Alaska und auf der Queen Charlotte Insel, die *Haida,* auf dem anschließenden Festland die *Tsimshian,* am südlichsten die *Nootka* – die einzigen Walfänger unter den Indianern – und ihnen gegenüber auf dem Festland die Küsten-*Salish.* Dazwischen, der ganzen Küste entlang verstreut, hatten die *Kwakiutl* und *Bella Coola* Fuß gefaßt.

Alle diese Stämme hatten einen hohen Lebensstil, und alle wohnten in festen Häusern aus enormen Zedernbalken und Brettern, das Dach getragen von schweren geschnitzten Pfosten und Balken von bis zu 40 Meter Spannweite. Hüfthohe Trennwände standen zwischen den einzelnen Wohnungen, von denen jede eine eigene Feuerstelle hatte. Bei gutem Wetter wurden Dach und Wände zurückgeschoben. Vor den Häusern standen die Totempfähle,

Familienbäume, die die Errungenschaften des Eigentümers und seiner Vorfahren beschrieben.

Rang und Klasse bedeuteten bei den Küstenbewohnern alles. Der höchsten Klasse gehörten die Fisch- und Jagdrechte und die besten Gebiete; die »Gewöhnlichen« mußten diese Rechte käuflich erwerben oder mit weniger guten Jagdgründen Vorlieb nehmen. Titel und Vermögen wurden über die Mutter vererbt, und Frauen hatten viel Macht und Einfluß. Sklaven, auf Streifzügen in Nachbardörfern gefangen, waren immer männlich und gehörten mit Leib und Seele ihren Besitzern.

Auf der obersten Sprosse dieser Gesellschaftsleiter stand derjenige, der am meisten verschenken konnte. Um sein gewaltiges Vermögen an Decken, Pelzen, Nahrungsmitteln und Sklaven zur Schau zu stellen, organisierte er von Zeit zu Zeit ein *potlatch,* ein Fest, bei dem er als Gastgeber seine Gäste zu beschämen suchte, indem er ihnen mehr schenkte, als sie ihm je zurückgeben konnten.

Noch etwas hatten diese Küstenbewohner gemeinsam: die Fähigkeit, aus den riesigen Zedernstämmen der Regenküste seetüchtige Kanus zu bauen. Bei den Nootka, die Walfische fingen, wurden diese Kanus bis zu 25 Meter lang und von 16 Mann gepaddelt.

Nach der Entdeckung eines ungemein reichen Marktes in China für Seeotterfelle durch Cook wurden die Küstendörfer noch reicher. Die Kunst der Totempfähle wuchs während des 19. Jahrhunderts derart, daß eine neue Aristokratie von Holzschnitzern und Bildhauern entstand. Doch das Aussterben der Seeotter – sie sind erst seit wenigen Jahren wieder in geringer Zahl vorhanden – und die von den Europäern eingeschleppten Epidemien zerstörten diese hochentwickelte Kultur nur zu schnell. Missionare trugen ebenfalls zum Niedergang bei. Weil sie nämlich die heraldischen Symbole der Küstenkunst nicht verstanden – sie hielten sie für eine heidnische Religion –, bestanden sie auf der Zerstörung der Totempfähle und geschnitzten Hauspfosten, während gleichzeitig die Regierung die *potlatch* und die Sklaverei verbot. Damit wurden zwei wichtige Grundlagen dieser Gesellschaft zerstört, und selbst die starken Haida konnten diesen Anmarsch der weißen Zivilisation nicht aufhalten. Statt der 6000 Seelen im Jahre 1835 lebten 1915 noch 500...

Inuit – Zeugen der Anpassungsfähigkeit

Weit im Norden war die Heimat der Eskimo oder *Inuit,* wie sie selber sich nennen. Sie kannten keine reichen Meeresfrüchte, keine warmen Winter mit milden Regenschauern. Im Gegenteil. Kein anderes Volk auf diesem Planeten hat je in einem rauheren und feindlicheren Land gelebt.

Während neun Monaten sind die Millionen von Hektaren Schnee, Eis und Felsen von Stürmen gepeitscht, die trockener sind als in der Sahara, und von Schneestürmen, gefährlicher als alle Sandstürme der Wüste. Im September zeigt sich die Sonne kaum mehr über dem Horizont, und im Januar ist das einzige Licht der fahle Schein des Nordlichts. Aber wenn im Frühling die Sonne wieder scheint, kommt auch neues Leben in die Tundra, und im Sommer geht die Sonne über dem Polarkreis überhaupt nicht mehr unter. Dann grünt und blüht es in diesem Land mit einer unvorstellbaren Pracht.

In dieser Welt lebte der Inuit; seine ganze Existenz beruhte vor allem auf zwei Tieren, dem Karibu und der Robbe, deren Fleisch und Fett ihn nährten und wärmten und mit deren Häuten er sich kleidete.

Heute hat der Inuit sein nomadenhaftes Leben, das den Wanderungen der Karibus folgte, fast völlig aufgegeben. Glücklicherweise haben aber wenigstens zwei Faktoren den Einbruch der modernen Welt etwas abgefedert, zunächst einmal das offensichtliche Talent der Eskimo für dreidimensionales Denken, das in ihren ungewöhnlichen Fähigkeiten als Mechaniker und als Bildhauer zum Ausdruck kommt, dann die Kunst, die den Inuit weltbekannt gemacht hat. Die Steinskulpturen zählen zweifellos zu den besten Souvenirs eines jeden Kanadareisenden.

Der Einfluß der Europäer

Überall waren es also die Europäer, die den Lebensstil der ersten Bewohner Kanadas für immer veränderten. Sie predigten den sogenannten Fortschritt, sie wollten die »Wilden« bekehren, und sie brachten Gewehre, Alkohol und eine fremdartige Religion ins Land.

Von den Wikingern, von Cabot, Cartier, Verrazano und Champlain war bereits die Rede. Sie alle suchten einen kurzen Weg zu den reichen Ländern im Fernen Osten. Unter Königin Elisabeth I. traten nun auch wieder die Engländer auf den Plan. Martin Frobisher und John Davis erforschten die Küsten und die Wasserwege, die heute ihre Namen tragen. Um 1610 fand Henry Hudson die große Bucht, nach der 60 Jahre später eine der größten Pelzhandelsgesellschaften getauft wurde, die *Hudson's Bay Company*, die sich in der ganzen Welt einen Namen machte und heute mit modernen Läden und Warenhäusern (›The Bay‹) ein Symbol Kanadas ist.

Den größten Einfluß auf die weitere Entwicklung des riesigen Landes aber hatten die Pelzhändler, die unermüdlich weiter ins Landesinnere vorstießen. Champlain machte den Anfang. Nach seiner Rückkehr nach Quebec im Jahre 1632 versuchte er den Handel auszubauen und sandte zwei Jahre später Jean Nicolet westwärts bis nach Wisconsin.

Inzwischen waren mit den ersten Siedlern, die sich hauptsächlich im St.-Lorenz-Tal niederließen, auch die ersten Missionare eingetroffen, hauptsächlich Jesuiten, die bereits 1639 in *Sainte Marie* (in der Nähe des heutigen Midland in Ontario) die erste feste Missionsstation einrichteten. 1642 gründete Sieur Paul de Chomedey de Maisonneuve Ville Marie, das heutige Montreal.

Die größten Schwierigkeiten für das junge Land kamen nach der Niederlage der Huronen gegen die Irokesen, die im Jahre 1653 zum Beispiel den Pelzhandel völlig stillegten. 1649 erlitten die Missionare Brébeuf, Lalemant, Garnier, Chabanel, Joques, Daniel, Goupil und de la Lande den Märtyrertod, und die Missionstätigkeit nahm vorübergehend ein Ende. Die eigentliche Besiedlung des Landes ging nur langsam vor sich. Um 1633 lebten rund hundert Siedler am St. Lorenz. Dreißig Jahre später kam die Ansiedlung unter Talon erneut in Schwung: vor allem Soldaten ließen sich hier nieder. Gleichzeitig wurden auch heiratsfähige Mädchen nach Quebec gebracht, die sich in Frankreich zur Heirat mit Siedlern bereiterklärt hatten, und 1672 war die Einwohnerzahl auf rund 8000 angestiegen. Hundert Jahre später, als England die Macht übernahm, waren es zehnmal so viele. Während dieser hundert Jahre aber blühte Neufrankreich und wurde zu einem Königreich, das sich nach Westen gegen die Rocky Mountains, nach Norden bis fast zur Hudson Bay und nach Süden entlang des Mississippi-Tales bis hinunter nach New Orleans und zum Golf von Mexiko erstreckte. Und überall in diesem Reich waren die Pelzhändler mit Flotillen von Kanus unterwegs.

Der erste Waldläufer – Etienne Brûlé

Der erste Waldläufer, der als Mittelsmann mit den Indianern zusammenlebte, war ein junger Franzose, der, hätte er seine Erlebnisse niedergeschrieben, zu den größten Entdeckern dieses Landes zählen würde: Etienne Brûlé. Er wurde 1591 in Chamigny-sur-Marne geboren und kam mit 17 Jahren nach Quebec, wo ihn Champlain gegen einen Indianer »eintauschte«, den er mit nach Frankreich nahm. Viele Jahre lebte Brûlé mit den Indianern zusammen, lernte ihre Sprachen und leistete später, als er wieder mit Champlain zusammenkam und mündlich Bericht über seine Reisen erstattete, unbezahlbare Dienste als Dolmetscher.

Und Brûlé hatte etwas zu erzählen: 1610 sah er als erster Europäer die Georgian Bay. Fünf Jahre später stand er als erster am Lake Ontario, an der Stelle des heutigen Toronto, sah Lake Huron, paddelte den Ste Marie River hinauf und gelangte so als erster Europäer in den Lake Superior. Später war er der erste Weiße an den Ufern des Lake Erie und des Lake Michigan. Im Alter von erst 41 Jahren wurde er von den Huronen, mit denen er mehr als 20 Jahre lang gelebt hatte, getötet und gar aufgefressen. Die Gründe für dieses grausame Ende sind nie ganz klar geworden. Wahrscheinlich ging der junge Franzose, der mit allen anderen Bräuchen der Huronen auch das eher freie

Sexualleben übernommen hatte und eine ganze Anzahl Söhne und Töchter hinterließ, einmal zu weit und stahl eine Frau zuviel...

Die Tatsache aber bleibt bestehen, daß sein Leben viel zum Verständnis zwischen den Indianern und den Franzosen beitrug.

Coureurs des Bois, Canadians – frühe Entdecker

Heute noch glauben viele Amerikaner, ihr Westen sei bis zur Zeit der berühmten Mountain Men, die den Missouri hinauf zogen, unerforscht und unbekannt gewesen. In Wirklichkeit hatten franko-kanadische *coureurs des bois* – Canadians, wie sie sich nannten – schon lange vor ihnen das ganze Gebiet erforscht. Als Francis Parkman 1846 über den Oregon Trail kam, war diese heroische Forschungszeit der Franzosen bereits vorbei. Die zuverlässigen Führer, die Parkman im Missouri-Tal fand und in seine Dienste nahm, waren alle *Canadians,* die letzten in einer langen Kette von »coureurs des bois«, deren Geschicklichkeit, Kraft und Ausdauer als Kanuten weitherum berühmt waren. David Thompson, Kanadas größter Forscher und Kartograph, berichtet folgendes über die Wanderungen der Canadians aus dem Illinois-Tal: »Zuerst waren sie ungefähr 350 Mann stark, doch ihr gefährliches Leben, oft mit Indianern in Kriegen, reduzierte ihre Zahl, und als die Spanier das Land abtraten, waren sie nur noch 150 Mann stark. Die Vereinigten Staaten gaben ihnen die Wahl, entweder Siedler zu werden oder abzuziehen. Die Männer wollten frei sein, zogen das letztere vor, überquerten mit ihren wenigen Frauen den Missouri und drangen weiter gegen die Berge vor. Hier, am Westufer des Missouri, traf ich sie zum erstenmal, und ihr Schicksal war noch immer das gleiche. Noch immer waren sie viel zu oft in Kämpfe verwickelt. Einige der Franzosen zogen mit den Indianern, und weil diese keine Neutralität anerkannten, wurden sie in ihre Auseinandersetzungen verwickelt und kämpften für den Stamm, zu dem sie sich hingezogen fühlten. Die Indianer wiederum fürchteten die Canadians als Scharfschützen und konzentrierten sich während der Schlachten auf ihre Vernichtung. Als ich sie im Jahre 1809 zum erstenmal traf, waren von den 350 Männern noch 25 am Leben.

Überall aber sprachen die Indianer – Freund und Feind – mit Hochachtung von ihnen, nannten sie äußerst mutige Männer, deren Benehmen immer klug, vernünftig und stolz war.«

Wenn die »coureurs des bois« auch vor allem als Gruppe in die Geschichte eingingen, sind doch einige Namen bekannt. Da war Robert Cavelier, Sieur de la Salle, der den Mississippi erforschte, oder Pierre Gaultier de la Vérendrye, der 1738 beim heutigen Winnipeg eintraf und schon vorher eine Kette von Handelsposten eingerichtet hatte, am Rainy Lake, am Lake of the Woods und am Red River. Im folgenden Jahr erforschten seine Söhne den Saskatchewan River, und 1743 erreichten zwei weitere Söhne die Black Hills von Dakota. Zwei dieser ehemaligen »coureurs des bois«, Pierre Radisson und Sieur de Groseilliers, waren an der Gründung der Hudson's Bay Company maßgebend beteiligt. Beide stammen aus Trois Rivières, sprachen verschiedene Indianerdialekte und liebten das Abenteuer. 1658 unternahmen sie eine Handelsreise ins Innere des Landes, von der sie zwei Jahre später mit 60 Kanus voller Felle zurückkamen. Eine weitere Reise brachte sie 1661 bis weit nördlich des Lake Superior und zur Hudson Bay; sie kehrten mit genug Pelzen zurück, um für den Rest ihres Lebens ausgesorgt zu haben. Der französische Gouverneur war anderer Ansicht. Er nahm ihnen die meisten Felle ab, weil sie, wie er sagte, keine gültige Handelslizenz besaßen. Radisson und Groseilliers suchten zuerst beim König von Frankreich Gerechtigkeit, doch als dieser sie nicht anhörte, brachten sie ihre Geschichte vor Karl II. von England. Hier stießen sie auf aufmerksamere Ohren, und Prinz Rupert wurde beauftragt, mit den beiden Franzosen eine Reise zur Hudson Bay zu organisieren. Von den zwei Schiffen, die zur Reise ausliefen, erreichte die *Nonsuch* die Hudson Bay und kehrte ein Jahr später mit einer Ladung Pelze zurück, die 90 000 Pfund Sterling einbrachte. Nun verloren die Engländer keine Zeit mehr; am 2. Mai 1670 gründeten sie die berühmte Gesellschaft. So gewährte die englische Krone einigen »Abenteurern, die in der Hudson Bay Handel treiben wollten«, eine Konzession für alles Land, »das sich in diese Bucht entwässert«. Was das in Wirklichkeit bedeutete, wurde erst viel später klar. Durch die dumme Behandlung von Radisson und Groseilliers hatte Frankreich die Rechte über Ruperts-Land, einen der reichsten Pelzgründe der Welt und zugleich die ideale Basis für den Ausbau des Handels gegen Westen, verloren.

Zwei Jahre später versuchte Frankreich, die Sache wiedergutzumachen und sandte den Jesuitenpater Albanel an die Hudson Bay, wo dieser im Juli 1672 das Territorium für Frankreich in Anspruch nahm, doch es war zu spät.

Neufrankreichs letzte Tage

Als Frankreich 1744 Großbritannien wegen der Thronfolge in Österreich den Krieg erklärte, ging der unruhige Friede in Nordamerika zu Ende. Ein Jahr später fiel die Festung *Louisbourg,* die die Franzosen im heutigen Nova Scotia gebaut hatten. Drei Jahre später ging Louisbourg wieder an Frankreich zurück, und die Engländer bauten die Zitadelle von Halifax.

Für Frankreich verschlechterte sich die Lage nun zusehends. Am 13. September 1759 fiel Quebec trotz der heroischen Verteidigung Montcalms gegen General Wolfe in englische Hände. Am 8. September 1760 ergab sich auch Montreal. Obwohl damit die französische Flagge vom St.-Lorenz-Strom verschwand, blieben Sprache, Religion und Bräuche: sie waren bereits so tief verwurzelt, daß sie sich bis heute erhalten haben.

Britisch-Nordamerika – Oberkanada, Unterkanada

Als der Krieg 1763 endlich zu Ende ging, wurde ganz Neufrankreich britisch. Nur zwei kleine Inseln vor der Küste Neufundlands, St. Pierre und Miquelon (mit Fischereirechten in Neufundland) blieben französisch. In einem Land, das nun zur Provinz Quebec erklärt wurde, kamen somit über 60000 Franko-Kanadier unter die Herrschaft der britischen Krone.

Die Niederlage Neufrankreichs brachte noch andere weitreichende Änderungen. Die englischen Kronkolonien, bis jetzt wegen der französischen Anwesenheit am St. Lorenz vom Mutterland abhängig, wählten diesen Zeitpunkt, um selbständig zu werden. Dieser Entschluß war aber nicht einstimmig, und die *Empire Loyalists,* die davon nichts wissen wollten, zogen nach Norden und siedelten – eine Gruppe von 40 000 Personen – hauptsächlich in Nova Scotia, New Brunswick und auf Prince Edward Island.

Durch den Frieden von Versailles (1783) wurden schließlich Nova Scotia, Neufundland und Kanada (nun ohne das Ohio-Tal, das spätere Michigan, Wisconsin und Minnesota) zu Britisch-Nordamerika. Acht Jahre später, als die Reibereien zwischen englisch- und französischsprachigen Kanadiern zu groß wurden, teilte England Quebec in ein Oberes und Unteres Kanada auf, die heutigen Provinzen Ontario und Quebec.

Vom Atlantik zum Pazifik

Obwohl sich während dieser Zeitspanne die meisten Ereignisse im Osten des Kontinentes abspielten, stand die Entwicklung am Pazifik ebenfalls nicht still. Seit Jahren erhoben die Spanier auf diese Küste Anspruch; auch die USA liebäugelten damit, und Rußland, das Alaska besiedelt hatte, begann weiter gegen Süden vorzustoßen. Britische Interessen wurden erst 1778 durch die Landvermessung von Kapitän Cook und 1792–1794 von Kapitän Vancouver erneuert.

Inzwischen waren die Pelzhändler aus Montreal ebenfalls gegen Westen vorgestoßen. 1789 erreichte der Forscher Alexander Mackenzie das Nördliche Eismeer und vier Jahre später den Stillen Ozean. Ein weiterer Forscher, David Thompson, gelangte 1806 über die Rocky Mountains und erreichte 1811 den Pazifik.

Der größte Teil Kanadas wurde jetzt von London aus regiert, doch spielten bei der Erschließung wiederum Franzosen eine wichtige Rolle. Französische Kanumänner nämlich, die Söhne der legendären »coureurs des bois«, paddelten in den großen Birkenrindenkanus der Pelzhandelsgesellschaften, trugen die Ware über die harten Portagen und führten im Winter die Hundeschlitten. Sie waren die *Voyageurs.*

Kanada ist eines der wenigen Länder, das nicht mit dem Pferd erschlossen wurde. Im endlosen Busch des kanadischen Nordens findet ein Pferd weder einen Weg noch genug zum Fressen, und selbst wenn ihm beides gelänge, würden es die Moskitos im Sommer bald zur Raserei treiben. Das Birkenrindenkanu hingegen kommt – richtig gehandhabt – überall durch, wo es auch nur einen halben Fuß Wasser gibt, und ist zudem so leicht, daß selbst das größte, bis zu 15 Meter lange, von ein paar Männern über die Portagen getragen werden kann.

Nachdem Champlain den Pelzhandel erst einmal in Schwung gebracht hatte, wuchs die Zahl der Kanuexpeditionen mit einer verblüffenden Schnelligkeit. So beweglich war dieser Kanutyp, so vielversprechend die nächste Flußbiegung und so groß die Neugier der Voyageurs, daß sie innerhalb weniger Jahre bis ins Herz des Landes vorstießen.

In Gruppen von vier bis acht Kanus, *brigades* genannt, schwer beladen und mit einem erfahrenen Führer an der Spitze, verließen die Voyageurs im Mai Lachine auf dem Weg zur *Grande Rivière,* zum Ottawa-Fluß.

Nehmen Sie eine Karte zur Hand und folgen Sie den Paddlern: zuerst den Ottawa hinauf und nach vielen Portagen hinüber in den Mattawa. Dann paddelten sie südwärts, überquerten den Lake Nippissing und folgten dem French River in die Georgian Bay. Von hier aus hielten sie Kurs gegen Westen, entlang des *North Channel,* vorbei an den Manitoulin-Inseln, nur zu oft gegen einen starken Wind, den die Voyageurs *la vieille* »die Alte« nannten. Blies dieser Gegenwind erst richtig, waren die Paddler oft gezwungen, an Land zu gehen, weil die hohen, steilen Wellen die leichten Birkenrindenkanus in Stücke zu brechen drohten.

Dennoch erwartete man, daß diese ganze Strecke in 35 bis 40 Tagen zurückgelegt wurde, selbst wenn die Kanus nach Fort William (heute Thunder Bay) unterwegs waren. Vergessen wir auch die 36 Portagen nicht, mindestens ein halbes Dutzend davon waren über 4 km lang!

Auf der Strecke von Montreal bis zur Grande Portage wurden die Kanus mit drei bis vier Tonnen Ware beladen und von einer Besatzung von acht bis zehn Mann gepaddelt. Das Montreal-Kanu, zwischen 10 und 13 Meter lang, war ganz aus der Rinde der weißen Birke gebaut. Die Rinde wurde dabei über Zedernrippen gespannt, die Nähte waren mit einer Harzmischung bestrichen und mußten jeden Tag – bei Wildwasser mehrmals – neu abgedichtet werden.

Die Portagen erforderten am meisten Kraft und Ausdauer: Jeder Mann hatte pro Portage ohne Kanu mindestens 200 kg zu tragen. Die Ware selber – ob Tauschgüter oder Pelze – war in *pièces* verpackt, von denen jedes 45 kg wog. Man erwartete, daß jeder Voyageur mindestens zwei Bündel auf einmal trug. Aber so groß war der eifersüchtige Wettbewerb zwischen den einzelnen Paddlern, daß einige von ihnen drei oder gar vier Bündel auf einmal über die schlüpfrigen Wege trugen. Dabei bewegten sie sich in einem Halbtrab, tief vornüber gebeugt, die Last auf dem Rücken, und die Bündel wurden von einem über die Stirn führenden Lederriemen gehalten. Dieser *tumpline* bewirkte, daß die Last zwar auf dem Rücken lag, das meiste Gewicht aber von den Nackenmuskeln übernommen wurde.

Tracking, das Schleppen der Kanus gegen die Strömung, war oft ein Alptraum. Hier verließen die Männer die Kanus, befestigten am Bug und am Heck je ein Seil und schleppten sie das Ufer entlang. Die Männer wateten oft bis zu den Hüften im reißenden, eiskalten Wasser, um die Kanus von den Felsen abzuhalten, stolperten über glitschige Steine, sanken im weichen Sand und Schlamm bis zu den Knien ein und kletterten endlos über die in die Flüsse gefallenen Baumstämme.

In Thunder Bay übernahmen die »vrais hommes du nord« die Ware, und die Montrealer machten sich mit den Fellen auf den Rückweg. Westwärts ging die Reise nun mit der Elite des Voyageur-Korps. Die Kanus gelangten vom *Lake of the Woods* durch eine Reihe von zusammenhängenden Seen und Flüssen in den Lake Winnipeg, den Lake Winnipegosis und den Cedar Lake. Von dort ging es seeaufwärts bis zur Mündung des Saskatchewan River. Nach ein paar äußerst anstrengenden Portagen arbeiteten sich die Männer bis zum Cumberland Lake hoch, von dort über Frog Portage zum Churchill River und flußaufwärts bis zur *Portage La Roçhe*. Der Clearwater – ein Nebenarm des Athabasca – brachte die Kanus schließlich via Athabasca in den Lake Athabasca, und von dort ging die Fahrt weiter nach Fort Chipewyan am Rande des heutigen Wood Buffalo National Park.

Fort Chipewyan war lange die nördliche Hauptbasis des Pelzhandels. Von hier aus standen denn auch viele Möglichkeiten offen: Peace River, Fraser und Columbia River oder den Slave River hinauf in den Great Slave Lake, von dort den Mackenzie hinunter bis nach Fort Simpson, weitere 1500 km den Liard hinauf und über die Wasserscheide in den Yukon.

Durchschnittstempo waren 40 Paddelschläge pro Minute. Doch wenn es die Situation erforderte, wurde dieser Rhythmus auf 60 Schläge erhöht. Pausen oder *pipes,* während denen die Voyageurs die obligatorische Pfeife anzündeten, waren kurz und lagen weit auseinander. Oft schaltete man während einer 12-Stunden-Tour nur drei Pausen von 10 Minuten ein.

Einzelne Voyageurs übten ihren Beruf bis ins mittlere Alter aus, doch im großen ganzen starben sie jung. Nur mit Glück erreichten die meisten das 40. Lebensjahr ohne Leistenbrüche oder einen verkrüppelten Rücken. Rheuma – aufgelesen in kalten Nächten in feuchten Kleidern und beim Waten im eiskalten Wasser – war eine Selbstverständlichkeit. Dennoch fühlten sie sich alle als Angehörige einer Elite.

Kanadas Geburtstag – 1. Juli 1867

Während mehr als 200 Jahren bestimmte der Pelzhandel den Lebensstil der Kanadier westlich des St.-Lorenz-Stromes. Jahrelang beherrschte die Northwest Company den Handel. 1795 zum Beispiel kontrollierte sie elf von 14 Gebieten, die Hudson's Bay bloß zwei, die Unabhängigen nur einen Teil. Die Northwest Company hatte um diese Zeit rund 1200 Paddler und 35 Führer unter Vertrag.

Die aufreibende Rivalität nahm erst 1821 ein Ende, als sich die verschiedenen Gesellschaften unter dem Namen Hudson's Bay Company zusammenschlossen.

Inzwischen war auch im Osten des Landes die Entwicklung weitergegangen. Die unabhängigen Kolonien Nova Scotia, New Brunswick, Prince Edward Island und Neufundland lockten immer mehr Siedler an und wurden vor allem durch die Fischerei wohlhabend. Nova Scotia hatte sich in den Tagen der großen Klipper im Schiffsbau einen Namen gemacht. Aus jener Zeit stammen auch zwei große Gesellschaften, die noch heute weltbekannt sind: die *Bank of Nova Scotia* und die *Cunard Steamship Company.*

Gleichzeitig wuchs aber auch die Einsicht, daß die weitere Entwicklung nicht allein auf dem Fischfang beruhen konnte, sondern vielmehr eine kommerzielle und politische Zusammenarbeit mit dem schnell wachsenden Westen forderte. Dazu kamen in diesen Jahren weitere wichtige Entwicklungen, so Mitte des 19. Jahrhunderts die Eisenbahn. Kirche und Staat begannen ihre eigenen Wege zu gehen. Französisch wurde zur offiziellen zweiten Landessprache, ein Schulsystem entstand; mit anderen Worten: Kanada war auf dem besten Weg, eine selbständige Nation zu werden.

Am 1. Juli 1867 kam es zur Gründung des Dominion von Kanada, zum Zusammenschluß von Nova Scotia, New Brunswick und den beiden Kanadas (nun Ontario und Quebec) in einem föderalistischen Staatenbund (Federal Union). Das Ganze war weniger nach dem Modell der Vereinigten Staaten aufgebaut, als nach dem Muster des Britischen Königreiches der 1840er Jahre, als die königliche Regierung zwar die höchste Gewalt war, die einzelnen Kolonien sich aber größtenteils selber regierten.

Der Zusammenschluß dieser vier Provinzen war nur der Anfang, es galt, den Rest von Britisch-Nordamerika zu vereinen. Im Frühling 1870 wurde die Provinz Manitoba gegründet und eingegliedert. 1871 kam British Columbia hinzu, nachdem versprochen worden war, innerhalb von 10 Jahren eine transkontinentale Eisenbahn bis zum Pazifik voranzutreiben. 1873 folgte Prince Edward Island, Alberta und Saskatchewan 1905. Neufundland kam 1949 hinzu, und heute noch als Territorien angeschlossen sind Yukon und die Northwest Territories.

Unruhen und Rebellionen

Die Entwicklung der Britischen Kronkolonien zu einem einheitlichen Kanada ging nicht ohne Rebellionen vonstatten. Eine erste Unruhe begann schon, als Lord Selkirk am Red River seine schottische Siedlung gründete, zu der nach harten Jahren weitere Siedler aus Französisch-Kanada und aus Europa sowie eine große Anzahl von Métis stießen. Die Northwest Company versuchte alles, um diese Siedlung zu vernichten, die ganz und gar nicht in das Konzept des Pelzhandels paßte: ohne Erfolg. 1867 war die Zahl der Siedler auf 12 000 angestiegen; sie gründeten nun Fort Garry, das Herz des heutigen Winnipeg.

Zwei Jahre später trat die Hudson's Bay Company Ruperts-Land mit rund 175 000 Einwohnern, Eskimos, Indianern, Weißen und Métis, für 300 000 Pfund Sterling an die neue Konföderation ab. Den Siedlern am Red River paßte dieser Anschluß ganz und gar nicht, waren sie doch nicht einmal gefragt worden und befürchteten nun mit Recht nicht nur eine Vermischung ihres ganz speziellen Lebensstils und den Verlust ihrer Sprache und Kultur, sondern auch den Verlust ihres Landes, das kurz vor Vertragsabschluß neu und völlig ungerecht vermessen worden war. Sie stellten sich deshalb unter der Führung von Louis Riel, einem Métis, gegen die kanadische Regierung und bildeten den unabhängigen Red-River-Staat. Riel besetzte Fort Garry und begann die Verhandlungen, aus denen die Provinz Manitoba mit der Hauptstadt Winnipeg und der Anschluß an die Föderation hervorgingen.

Riel selber wurde wegen der Hinrichtung eines Mannes aus Ontario verfolgt, der sich gegen die Rebellion gestellt hatte, und ging nach Montana ins Exil. Später, nach einer erneuten Rebellion, hängte man ihn.

Die Erschließung der Prärie

Kurz nach der Gründung der Konföderation begann der Bau der Canadian Pacific Railroad, und 1885 reichte das stählerne Doppelband der Schienen bis an die Küste des Stillen Ozeans. Der neuen Eisenbahn folgte nun Welle um Welle von Einwanderern. Nebenlinien erschlossen riesige Gebiete fruchtbaren Landes. Deutsche, Mennoniten, Franko-Kanadier, Isländer und Briten strömten nach Manitoba, dessen Einwohnerzahl von 19 000 im Jahre 1871 innerhalb von zehn Jahren auf 66 000 anstieg. In den 1880er Jahren kamen amerikanische Mormonen, weitere Briten, Siedler aus den östlichen Provinzen und viele russische Doukhobors und Ukrainer, die in Alberta und Saskatchewan siedelten. 1911 hatte Vancouver schon 100 000 Einwohner. Im gleichen Jahr wurden erstmals große Mengen von Getreide nach Europa ausgeführt, und British Columbia begann sich auf den Holzexport zu spezialisieren.

Im Norden des Landes fand man das erste Erz, Nickel in Sudbury und Gold in Yukon. 1903 wurden die letzten Grenzen zwischen Alaska und Yukon gezogen.

1880 trat England die Inseln des Arktischen Archipels an Kanada ab, und 1949 schloß sich Neufundland der Konföderation an. Am 15. April 1982 wurde die Verfassung Kanadas von London nach Ottawa gebracht. Kanada war erwachsen geworden.

Der Indianer heute – Ein Fremder im eigenen Land

Es ist sehr schwierig, ein gerechtes Bild des heutigen einheimischen Kanadiers zu skizzieren. Oft wird der erste Eindruck eines Fremden falsch und ungerecht sein, wenn er vielleicht in einer Stadt einen betrunkenen Indianer sieht oder durch ein völlig heruntergekommenes Reservat fährt. Selbst in abgelegenen Siedlungen, weit entfernt vom Einfluß des weißen Mannes, wirkt der Alkoholismus verheerend. Ich traf auf meinen Reisen auf Siedlungen, in denen das Sich-Vertiefen in die Flasche Lebenszweck zu sein scheint. Es macht einem Indianer in einer einsamen Siedlung überhaupt nichts aus, ein Flugzeug zu chartern, um mit dem Scheck der Sozialunterstützung in die weit entfernte Stadt zu fliegen, ein paar Flaschen Whisky zu kaufen und diese dann mit seinen Freunden zu teilen, was nur zu oft zu Schlägereien und Verbrechen führt.

Dies sind Anzeichen dafür, daß der kanadische Indianer noch immer völlig anders denkt und lebt als die ehemaligen Europäer. Man muß zu verstehen versuchen, warum so viele Indianer zur Flasche greifen. Sie sind zum drittklassigen Bürger degradiert, haben scheinbar nichts von der alten stolzen Individualität behalten, aber offenbar auch nie eine neue angenommen. Der Indianer scheint sich zwischen zwei Kulturen verirrt zu haben und aus lauter Langeweile zu trinken. Es scheint, als ob es nichts anderes – oder mindestens nichts Besseres – zu tun gäbe.

Wir müssen auch verstehen, daß mit dem Pelzhandel die Nützlichkeit des Indianers in den Augen der Weißen aufhörte. Seine besonderen Fähigkeiten, im Busch zu überleben, im Kanufahren, Jagen, Fischen und Fallenstellen, die er während Jahrhunderten vervollkommnet hatte, waren nun plötzlich nicht mehr gefragt. Während die Franzosen sich von Anfang an recht frei mit den Indianern vermischten und diese als gleichwertig ansahen, brachten die englischen Kolonialherren ein Klassensystem mit, das die Indianer selten höher als Dienstboten einstufte. Und während die Europäer den Pelzhandel als Vorstufe für eine andere Wirtschaft benutzten, sich schnell auf Landwirtschaft und Industrialisierung umstellten und das fremde Land zum eigenen machten, wurden die Einheimischen parallel dazu Fremde im eigenen Land.

Für die meisten Fremden – übrigens auch für die meisten Kanadier – ist diese komplizierte und problemreiche Vermischung zweier Kulturen nur schwer verständlich. Sie fühlen zwar, daß »irgendetwas« nicht stimmt, daß »irgendetwas« unternommen werden sollte. Aber was dieses »irgendetwas« genau ist, scheint niemand zu wissen, und die meisten finden es leichter, an die eigenen kleinen Probleme zu denken. Nur wenige stellen sich ernstlich die Frage: Was wurde denn bloß falsch gemacht? Wessen Fehler war es?

Noch schwieriger ist die Voraussage, was die Zukunft für die kanadischen Ureinwohner bringen wird. Ich kann in dieser Hinsicht nur meine persönliche Meinung kurz wiedergeben.

Optimistisch stimmt mich die Tatsache, daß in den Aussagen der Indianer eine neue Kraft und Artikulation herrscht und gleichzeitig ein wachsender Wille zum Zuhören bei einer ebenfalls wachsenden Anzahl von weißen Kanadiern. Ich bin aber auch pessimistisch, weil die massiven Sozialprobleme ungelöst sind. Alles deutet darauf hin, daß auch in Kanada die Reichen reicher werden und die Armen ärmer. Nichts läßt annehmen, daß diejenigen, die viel haben, gerne etwas davon abtreten, und natürlich wollen jene, die nichts haben, sich damit nicht abfinden.

Und die übrigen Kanadier?

Es ist unmöglich, die übrigen Kanadier, die ja immer Einwanderer waren, als einen einzigen Typus zu beschreiben; zu viele ethnische Gruppen leben hier zusammen.

Trotz allem besteht eine kanadische Identität. Der Bewohner Kanadas ist nicht bloß ein nach Norden versetzter Amerikaner, ein übers Große Wasser gekommener Italiener, Deutscher, Russe, Inder, Engländer, Franzose, Spanier, Araber, Japaner, Tibeter... Er ist Kanadier, und wenn man ihm in der Schweiz, in Japan oder in Kenya begegnet, ist das Ahornblatt auf seinem Rucksack nur eine visuelle Bestätigung dieser Tatsache. So wie überall die Umgebung den Menschen prägt, haben auch hier das wilde Land, die starke Natur, die kalten Winter und der alte Pioniergeist die Bewohner geformt.

Kanada war schon immer ein Refugium für Arme und Unterdrückte aus anderen Nationen. Schottische »Highlanders« kamen nach dem Scheitern der Jakobiten-Rebellion 1745 nach Kanada. »Empire Loyalists« flüchteten nach Norden, um der politischen Verfolgung in den USA zu entgehen. Hungernde Iren, die die Kartoffelnot der 1840er Jahre und die Hölle der Cholera auf den Schiffen überstanden, begannen in Kanada neu. Aus den USA kamen Sklaven. Graf Tolstoi verhalf den Doukhobors zur Flucht vor dem Zaren. Tausende von Flüchtlingen verließen während und nach dem Zweiten Weltkrieg Europa. Noch später kamen Flüchtlinge aus Indien, Ungarn, Polen, Asiaten aus Ostafrika und während des Vietnamkrieges wieder Amerikaner.

Viele Besucher dieses unendlich vielseitigen Landes verlieben sich in seine Schönheit und müssen später dennoch zurückkehren. Das ist das Risiko, das Sie auf sich nehmen, wenn Sie nach Kanada kommen. Sie laufen Gefahr, für immer hier bleiben zu wollen ... Die Einwanderung nach Kanada ist heute jedoch nicht leicht und kann nur von außerhalb des Landes eingeleitet werden. Man kann also nicht in Kanada Ferien machen und dann hoffen, im Lande bleiben zu können. Die nicht eben rosige wirtschaftliche Lage und die Arbeitslosigkeit haben die Regierung veranlaßt, die Grenzen des Landes zumindest für gewöhnliche Einwanderer fast völlig zu schließen. Besucher werden jedoch mit offenen Armen empfangen.

KANADAS NATIONALPARKS – DIE NATUR ERHALTEN, WIE SIE WAR

Kanada ist ein riesiges Land und hat immer noch nur rund 25 Millionen Einwohner. Während langer Zeit glaubten viele Kanadier, Kanadas Wälder, seine Flüsse, seine Schönheiten, seine endlose Wildnis seien unendlich.

Heute wissen wir, daß das nicht stimmt. Auch 25 Millionen Menschen können natürliche Reichtümer erschöpfen, scheinbar endlose Wälder roden, große Flüsse verschmutzen, ja sogar die Spuren ihrer eigenen jungen Geschichte verwischen. Vor wenigen Jahren bestand die Herausforderung noch darin, die Wildnis zu zähmen. Heute geht es darum, sie zu erhalten und zu schützen, bevor es zu spät ist.

Schon 1885 entstand Kanadas erster Nationalpark, 26 km² groß, ein Park, der heiße Quellen in der Nähe von Banff einschloß, die beim Eisenbahnbau entdeckt worden waren. Heute sind Kanadas Nationalparks mehr als 137 000 km² groß und setzen sich aus 34 verschiedenen Parks zusammen, die Gebiete in allen zehn Provinzen und den beiden Territorien einschließen. Geplant sind noch zahlreiche weitere Parks und Marine Parks; die Besucherzahlen bestätigen, daß sie nötig sind. 1985 machten fast 21 Millionen die Parks zu ihrem Ausflugsziel. Die Besucherzahl vergrößert sich jährlich.

Jeder Park ist ein typisches Beispiel einer bestimmten Region. Er soll die Wildnis so erhalten, wie sie zum größten Teil vor dem Eintreffen der Europäer existierte. In den meisten Parks sind Straßen selten, und die weitaus beste Art und Weise, diese Parks zu erleben, ist ohne Zweifel auf Schusters Rappen. Nur so kommt der intime Kontakt zwischen Mensch und Natur zustande, den die meisten von uns suchen. Gute Wanderwege und Bergpfade laden dazu ein und er wird erleichtert durch unzählige Campingplätze, die mit ein oder zwei Ausnahmen in allen Parks vorhanden sind.

Die kanadischen Nationalparks reichen von Küste zu Küste. Beginnen wir diesen Überblick im Westen, und reisen wir der Sonne entgegen...

Pacific Rim – Sandstrände und donnernde Brandung

Sandige Strände, von der Brandung umspülte Landzungen und Felsen, liebliche Inlandseen, ein praktisch undurchdringlicher Regenwald: das sind die Wahrzeichen dieses jungen, 650 km² messenden und noch im Ausbau begriffenen Nationalparks an der Westküste von Vancouver Island. Der Park ist ein Tor zum Pazifik und besteht aus drei ausgeprägten Gebieten.

Am nördlichsten liegt *Long Beach* »der lange Strand«, sicherlich eine gute Bezeichnung, erstreckt sich doch der fast weiße Sand – da und dort unterbrochen von senkrechtabfallenden felsigen Klippen – über mehr als zwölf Kilometer. Landeinwärts, hinter dem Regenwald, durch den ausgeholzte Pfade an den Strand führen, erheben sich bis 1200 Meter hohe Berge.

Am Eingang zum Barkley Sound, einem kilometerlangen Sund, liegen rund hundert Inseln und brandungsumtobte Felsen, die den zweiten Teil des Parks ausmachen, die *Broken Group Islands*. Die geschützten Buchten und Lagunen sind ideal zum Tauchen, doch ist unbedingt ein Taucheranzug nötig. Die schöne, sehr wilde Inselgruppe ist ideal zum »Kanufahren auf dem Meer«. Die meisten Kanuten beginnen ihre Rundfahrt in der *Toquart Bay* am Nordende des Sundes, die vom *Kennedy Lake* über eine private Holzerstraße zu erreichen ist. Von hier aus müssen ca. 4 km offene See überquert werden – bei gutem Wetter keine Schwierigkeit. Genaue Karten, Kompaß und Gezeitentafel sind absolut notwendig. Weniger Abenteuerlustige benutzen die *Lady Rose*, die von Port Alberni auf Vancouver Island zwei- bis dreimal wöchentlich die Gibraltar-Insel im Park anläuft und dort die Kanuten mit der vollen Ausrüstung und den Kanus ein- oder ausschifft.

Die dritte Region umfaßt den 73 km langen *Westcoast Trail*. Der gut markierte »Lebensretter-Pfad« wurde ursprünglich für gestrandete Seeleute angelegt, die hier vor dem »Friedhof des Pazifiks« zu Dutzenden ihre Schiffe auf den Felsen verloren: In den letzten hundert Jahren sanken mehr als 200 Schiffe. Viele dieser Seeleute erreichten zwar die Küste, vermochten aber den dichten Regenwald nicht zu durchdringen. Man richtete darum entlang des Pfades in regelmäßigen Abständen Hütten ein, bestückte sie mit Vorräten und legte eine Telefonleitung zum nächsten Leuchtturm.

Heute bietet dieser Pfad eine fünftägige Wanderung. Der Weg, der nur zu oft noch keiner ist, führt über einen überwältigenden Küstenstrich, reißende Flüsse ohne Brücken, glitschige Baumstämme, durch bodenlose Sümpfe und an gewaltigen Mengen von Treibholz, an Sand und Felsen vorüber. Die Mühe dieser oft harten Wanderung aber macht sich hundertfach bezahlt; sie bietet ein Naturschauspiel, das selbst verwöhnte Wanderer überwältigt.

Auf schwarzen Felsen drängen sich Seelöwen – darunter die drei Meter großen Stellerschen Seelöwen –, und in den geschützten Buchten spielen Robben, Seeotter, Adler, Kormorane, Reiher, See- und Eistaucher. Wildenten und Möwen sind überall. Der Park liegt am pazifischen Flugweg, und im Frühling und Herbst rasten hier Tausende von Wildenten und Wildgänse und suchen auf den Seen, Flußmündungen und Stränden nach Nahrung.

Im Sommer sind die neueingerichteten Campingplätze entlang Long Beach oft überfüllt. Große Mode ist heute »Whale Watching« geworden. Im März und April ziehen Tausende von Grauwalen gegen Norden und kommen bei Long Beach bis auf 100 Meter an den Strand heran.

South Moresby National Park – Kanadas Galapagos

Der Park ist im südlichen Teil der Queen Charlotte Islands vor der Nordwestküste Kanadas zu finden und umfaßt rund 1450 km² auf Inseln wie South Moresby, Lyell, Kunga, Tanu, Burnaby, Kunghit und Anthony. Das alte Haida-Dorf *Ninstints* auf der Anthony-Insel, von der UNESCO zum World Heritage Site erklärt, gehört ebenfalls dazu. Teile dieser Inselgruppe blieben von der letzten Eiszeit verschont. So gibt es mindestens 39 Pflanzen- und Tierarten, die nur hier vorkommen, daher der Übername »Kanadas Galapagos«. Der Park schützt zudem die letzten Gebiete Kanadas mit noch unberührtem Regenwald. Die Inselgruppe South Moresby war einst die Heimat der Haida-Indianer, die für ihre Schnitzkunst – seetüchtige Kanus und Totempfähle – berühmt waren.

Noch ist die eigentliche Erschließung des Parks – *Sandspit* soll das Verwaltungszentrum bilden – kaum angelaufen, doch Ottawa hat sich verpflichtet, über die nächsten acht Jahre rund 160 Millionen Dollars dafür aufzuwenden.

Mount Revelstoke – 500 Millionen Jahre alte Berge

Mount-Revelstoke-Nationalpark – 236 km² groß – liegt unmittelbar vor den Toren der Stadt Revelstoke, am Zusammenfluß des Columbia und des Illecillewaet in den Selkirk Mountains. Mit seinen schroffen, steilabfallenden Bergen liegt der Park in einem der niederschlagreichsten Gebiete Kanadas. Der durchschnittliche Schneefall erreicht hier eine Höhe von 10–13 m! Kein Wunder, daß das Unterholz der Wälder an den äußerst steilen Hängen geradezu undurchdringlich ist, selbst für die Tiere dieser Wildnis. Nur wenige Hirsche äsen an den tiefer gelegenen Hängen, während weiter oben, in der Nähe des Westeinganges, Bergschafe weiden. Gutausgebaute Wanderwege, im ganzen über 70 km, bringen den Naturfreund vom Trans-Canada Highway ins Hinterland. Wer mehrtägige Wanderungen oder Klettertouren unternehmen will, muß sich unbedingt beim Parkwärter ab- und zurückmelden. So vermeidet er unnötige und teure Suchaktionen. In den letzten Jahren sind Skiwanderungen populär geworden, hat doch auch Kanada den Langlauf entdeckt.

Weniger aktive Besucher benutzen im Sommer eine 25 km lange Straße auf den Gipfel von Mount Revelstoke, wo eine Aussichtsterrasse eine überwältigende Aussicht bietet. Die weiten Bergwiesen tragen eine herrliche Blumenpracht.

Glacier National Park – Über hundert Gletscher

Es sind erst gut hundert Jahre her, seit der erste weiße Mann, Walter Moberly, in das Gebiet des heutigen Glacier National Park eindrang. Im Auftrag der Regierung von British Columbia suchte er nach einem günstigen Übergang für die transkontinentale Eisenbahn. 1882 kam Major Rogers, und nach ihm wurde der Paß benannt, durch den heute der Trans-Canada Highway über die Selkirk-Kette führt. Die über hundert Gletscher, die dem Park den Namen geben, wurden um die Jahrhundertwende von zwei Schweizer Bergführern, Eduard Feuz und Christian Hasler, die im Auftrag der CPR nach Kanada gekommen waren, erstmals erforscht.

Die steilen, von riesigen Gletschern abgeschliffenen Gebirgshänge sind gefährliche Lawinengebiete; sie stoßen an über 80 Stellen an den Trans-Canada Highway. Geübte Parkwächter, denen ein ausgebautes Warnsystem zur Verfügung steht, überwachen die Straße, so daß sich Verkehrsunterbrechungen auf rund 12 Tage pro Winter beschränken.

Auch im Glacier Park ist das Unterholz so dicht, daß ein Vorwärtskommen abseits der Wanderwege praktisch unmöglich ist. An den hochgelegenen offenen Hängen aber leben Bergziegen, weiter unten Wapitis, Hirsche und Karibus, in den Felsen Murmeltiere.

Banff National Park – Das Juwel der Rocky Mountains

Wer Banff zwischen Juni und September besucht, muß darauf gefaßt sein, Mitmenschen anzutreffen – zwei Millionen, um genau zu sein. Banff und Lake Louise, nur 128 km von Calgary entfernt, bieten eine Schönheit, die zu beschreiben ohne Superlative unmöglich ist. Die beiden malerischen Dörfer im Zentrum des 6640 km² großen Parks sind nicht nur ein Mekka für den Bergsteiger, sondern auch ein Traum für den weniger aktiven Besucher. Wer hier im Juli oder August in Hotels oder Motels übernachten will, muß sein Zimmer möglichst frühzeitig reservieren!

Trotz der vielen Besucher ist es auch im Banff Park noch möglich, ungestört die echte Wildnis zu genießen; es genügt, einen der Wanderwege (insgesamt über 1000 km) zu benutzen. Unter den Gipfeln entlang dieser Routen befindet sich auch Mount Assiniboine, das »Matterhorn von Kanada«.

Banff war lange Zeit als Sommerkurort bekannt und erhielt in den sechziger Jahren, als die ersten Skigebiete erschlossen wurden, neuen Auftrieb. Heute gehört es mit *Sunshine Valley, Mount Norquay* und *Lake Louise* zu *den* Wintersportplätzen Kanadas. Das Nakiska-Skigebiet am *Mount Allan* unweit von Banff, bekannt geworden durch die Olympischen Winterspiele 1988, ist ebenfalls leicht erreichbar. Dort können allerdings warme Föhnwinde selbst Mitte Februar den Schnee rasch zum Tauen bringen.

Wie es sich für den ältesten kanadischen Park gehört, bietet Banff vermutlich die besten und vielseitigsten Möglichkeiten, die Wildnis zu erreichen. Neben dem schon erwähnten Netz von Wanderwegen – von den geteerten Straßen gar nicht zu reden – gibt es hier über 2500 Zeltplätze. Auf dem Bow River werden Floß- und Kanufahrten angeboten. Seilbahnen bringen die

»Faulen« auf die Gipfel von Sulphur Mountain, Mount Norquay und Whitehorn, die alle eine überwältigende Aussicht über Lake Louise, Victoria Glacier und die kontinentale Wasserscheide bieten. Pferdeliebhaber finden auf den sogenannten *Trail Rides* unzählige Möglichkeiten, die Gegend hoch zu Roß zu erforschen, mit Ausritten von einer Stunde bis zu mehreren Tagen. Rund 49 km des North Saskatchewan River sind vor kurzem zum Canadian Heritage River erklärt worden.

Jasper National Park – Traumstraße zwischen Gletschern

Der 10 878 km² große Park beschützt eine majestätische Bergwelt mit Drei- und Viertausendern, und wie in Banff, an das er im Süden anstößt, lebt auch in Jasper sehr viel Wild, das frühmorgens oder spätabends relativ leicht zu beobachten ist: Bären (Schwarze und Grislys), Elche, Wapitis, Hirsche, Pumas, Koyoten, Murmeltiere, Bergziegen, Dickhornschafe.

Wer die Landschaft richtig schätzen lernen will, muß das auch hier auf Schusters Rappen tun. Wem dazu die Zeit fehlt, braucht deshalb nicht zu kurz zu kommen; schon eine Fahrt über den weltberühmten *Icefield Highway* bietet ein Naturschauspiel ohnegleichen. 227 km lang ist die Superstraße zwischen Banff und Jasper, eine der spektakulärsten Hochstraßen der Welt.

Spektakulär ist auch die mildeste Bezeichnung für *Columbia Icefield* – ein halbes Dutzend Gletscher, 25 km lang, 16 km breit –, ein Überbleibsel der Eiszeit. An einer Stelle ist das Eisfeld nur einen Kilometer von der Straße entfernt, und es lohnt sich, hier anzuhalten, den bis 1000 Meter dicken Gletscher zu besichtigen oder darauf eine Tour mit dem Raupenfahrzeug zu unternehmen. Mehr als die Hälfte des riesigen Eisfeldes liegt auf über 3000 m Höhe und bildet die Wasserscheide. Von hier fließen der Athabasca (1200 km) in den Mackenzie und mit ihm ins Nördliche Eismeer, der Saskatchewan (1900 km) in den Lake Winnipeg und schließlich in die Hudson Bay, während der Columbia (ebenfalls 1900 km) die Wasser des Eisfeldes in den Stillen Ozean trägt. 168 km des Athabasca, die durch den Park fließen, gehören heute zum Canadian Heritage Rivers-System.

An der westlichen Grenze des Jasper Parks liegt *Mount Robson Provincial Park*, mit Mount Robson, dem höchsten Berg der Rockies. Ein 22 km langer Bergpfad führt vom *Yellowhead Highway* durch das »Tal der tausend Wasserfälle« zum »Berg Lake«. Am südlichen Ende dieses Parks entspringt der Fraser, der von *Rearguard Falls* bis nach Prince George eine 450 km lange Kanufahrt offeriert. Hotel- und Motelreservation ist in den Sommermonaten auch hier unbedingt nötig. Das Städtchen *Jasper* ist im Juli und August von Touristen überlaufen, die in den unzähligen Läden an der Hauptstraße echte und weniger echte Souvenirs einkaufen. Englisch erscheint hier manchmal fast als Fremdsprache.

Yoho National Park – Wunderbares Land

Eine faszinierende Bergwelt und eine ebenso faszinierende Tierwelt – Elche, Wapitis, Karibus, Pumas, Vielfraße, Bergziegen, Dickhornschafe, Koyoten, Füchse, Grislys und Schwarzbären – charakterisieren den Yoho-Nationalpark mit seinen 1313 km². Leichte Anfahrtsmöglichkeiten über den Trans-Canada Highway und die CPR (nach Fields) machen diesen Park besonders zugänglich und so beliebt, daß vorläufig wenigstens für Juli und August die Zeltplätze vorzeitig reserviert werden müssen. Wanderungen bieten auch in diesem Park die beste Möglichkeit, die gewaltige Bergwelt zu erleben; dazu verhelfen mehr als 400 km Bergpfade.

Yoho ist einer der ältesten Parks in Kanada. Das Gebiet um den Kicking-Horse-Pass und den gleichnamigen Fluß wurde erstmals um die Mitte des 19. Jahrhunderts von Weißen betreten. Indianer aber hatten schon Tausende von Jahren vorher ihre Camps in den malerischen Tälern, und wo heute das Dorf Field steht, standen einst ihre Tipis. In der Nähe von Field, ziemlich im Zentrum des Parks, liegt *Emerald Lake,* mit seinen tiefgrünen Wassern ein beliebtes Ausflugsziel. Nördlich des Dorfes, im 16 km langen Tal des Yoho River ist eine zwei Kilometer lange Schlucht, deren Felswände nahezu 300 Meter hoch sind; in diese Schlucht stürzen sich die Takakkaw-Fälle, die vom Daly-Gletscher gespeist werden.

Kootenay National Park – Heiße Quellen, kalte Seen

Der Kootenay Park macht es dem Faulpelz leicht. Eine hundert Kilometer lange Autostraße von Banff nach Windermere durchquert den Park in der ganzen Länge. Das Tal, durch das diese herrliche Autostraße führt, ist aber auch die Heimat von Wildtieren, und vom Mai bis September sind hier Herden von 200 bis 300 Wapitis zu beobachten, ebenfalls Schwarzbären; ich erinnere mich lebhaft an jenen Tag, an dem wir uns auf einem Campingplatz am Kootenay River auf einmal sechs Bären gegenüber sahen.

Der Kootenay ist übrigens für den geübten Wildwasserfahrer einer der besten Kanuflüsse in ganz Kanada. Informationen über 3- bis 4tägige Wildwasserfahrten sind bei Thompson River Canoe Outfitters in Heffley Creek, B. C., erhältlich. Kootenay ist die englische Version des indianischen Wortes *K'tunaxa,* was »Leute von jenseits der Hügel« bedeutet. *Radium Hot Springs,* mit 40° warmem Wasser, war schon lange vor der Ankunft der Pelzhändler ein Treffpunkt der Indianerstämme, und die Felszeichnungen in der Nähe der heißen Quellen erzählen die Geschichte dieser Zusammenkünfte der Berg- und Prärieindianer.

In der Nähe der Banff-Windermere-Straße befindet sich *Marble Canyon,* eine spektakuläre Schlucht mit einem imposanten Wasserfall, und unweit davon sind die sogenannten *Paint-Pots* »Farbkübel«, kalte Mineralquellen, deren Eisenoxydgehalt das Wasser rot, gelb und braun färbt. Aus diesen Farbkübeln holten sich die Indianer auch die Farbe für ihre Kriegsbemalung und zum Färben ihrer Kleider. Heute führt ein hübscher Pfad zu dieser Stelle.

Am Zusammenfluß des Vermillion und des Simpson steht ein Denkmal zu Ehren von Sir George Simpson, dem Gouverneur der Hudson's Bay Company (1821–1860). Unmittelbar innerhalb des Parks, dreieinhalb Kilometer südlich von Radium Hot Springs, erzählt eine Gedenktafel die Geschichte von James Sinclair, ebenfalls einem Angestellten der Hudson's Bay Company, der 1841 zweihundert Red-River-Siedler durch das Felsengebirge nach Oregon führte.

Neue Wintersportplätze wie Radium, Windermere, Kimberly und andere mehr haben den Park auch für den Wintersport erschlossen.

Waterton Lakes National Park – Wo Prärie und Gebirge zusammentreffen

Der 525 km² große Waterton Lakes National Park – der kanadische Teil des »Waterton-Glacier International Peace Park« – liegt im Südwesten von Alberta. Über 3000 Jahre lang war diese Gegend die Hochburg der Schwarzfuß-Konföderation. Berge, die einer Festung ähnlich aus der flachen Prärie hochsteigen, machten es den Indianern leicht, das Terrain zu verteidigen. So setzte denn auch erst 1858 der erste weiße Mann – Thomas Blakistone, ein Angehöriger der berühmten Palliser-Expedition – seinen Fuß in dieses Gebiet.

Der Park ist eines der besten Beispiele für den abrupten Übergang von flacher Prärie zu gewaltigen Bergen, der für gewisse Gegenden in Kanada so typisch ist.

Drei Seen, nicht sehr fantasievoll »Upper«, »Middle« und »Lower Waterton Lake« getauft, sind durch See-Engen – ebenso fantasielos Bosporus und Dardanellen genannt – miteinander verbunden. Auf dem Upper Waterton Lake verkehrt in den Sommermonaten der Dampfer *International* zwischen dem kanadischen Dorf *Waterton Park* und der amerikanischen Rangerstation *Goathaunt.*

Mehr als 160 km Wanderwege führen die Besucher an unvergeßliche Aussichtspunkte und an viele Stellen, wo sich die ältesten Gesteinsformationen im Felsengebirge eindrucksvoll zeigen. Watertons Berge sind berühmt wegen der farbigen Felsen, besonders gut sichtbar in der *Roten Schlucht,* die von der Straße aus erreichbar ist. Waterton Park, mit Unterkünften vom teuren Hotel in Waterton Park – dem einzigen Dorf – bis zu einfachen Zeltplätzen, ist ein idealer Familienpark. Wie kaum ein zweiter Gebirgspark offeriert er eine Vielfalt von Aktivitäten, von leichten Wanderungen über offene Weiden bis zu Klettertouren für Geübte, von Wildwasserkanufahrten auf gischtenden Flüssen bis zu ruhigen Bootsfahrten auf Seen.

Die immer größer werdenden Besucherzahlen der letzten Jahre haben in diesem Park zu einem ernstlichen Problem mit Grislybären geführt, die hier besonders zahlreich vertreten sind. Erkundigen Sie sich bei der Parkverwaltung über das Bärenproblem.

Elk Island National Park – Biber und Büffel

Im Elk Island National Park, 48 km östlich von Edmonton, sind die höchsten Berge noch 30 bis 70 Meter hoch. Der ganze Park, 195 km² groß, ist von einem zweieinhalb Meter hohen Zaun umgeben, um das Großwild, Elche, Wapitis, Hirsche, am Abwandern zu hindern. Der Zaun verhindert aber vor allem auch das Ausbrechen der Starattraktion, einer 400köpfigen Büffelherde.

Biber, vor der Ankunft der weißen Pelzjäger (in dieser Gegend um 1760) sehr zahlreich und dann völlig ausgerottet, wurden 1945 wieder ausgesetzt. Heute zählen die verschiedenen Kolonien zusammen gegen 300 Tiere. Der geduldige Frühaufsteher beobachtet sie am leichtesten am Astotin Lake.

Der Park gleicht einer Insel aus Seen und Mischwald in einem Meer von gepflegten, kultivierten Feldern und ist auch ein Paradies für über 200 Vogelarten. Die Weiße Birke, einst so wichtig für den Kanubau, ist hier noch zahlreich vorhanden.

Von speziellem Interesse sind das Museum und ein Dutzend Häuser von Ukrainern, die diese Gegend in der zweiten Hälfte des 19. Jahrhunderts erschlossen und besiedelten.

Wood Buffalo National Park – Brutstätte der letzten Schreikraniche

4000 Kilometer Luftlinie trennen die See- und Sumpflandschaft südlich des Great Slave Lake in den Northwest Territories von den Salzwassersümpfen in Aransas (Texas) und am Golf von Mexiko. Trotz der riesigen Entfernung haben die beiden Gegenden etwas gemeinsam: Sie sind für das Überleben des Schreikranichs von entscheidender Bedeutung. Im Frühling verlassen jeweils die letzten etwa 110 Schreikraniche ihr Refugium in Texas und wenden sich nordwärts, um im Wood Buffalo Park zu nisten und ihre Jungen heranzuziehen. Auf dem Flug legen sie täglich 360 bis 480 km zurück.

Wood Buffalo National Park mißt 44 807 km² und ist damit größer als die Schweiz, Dänemark oder Holland. Fort Smith, das Hauptquartier des Parkes, ist rund 800 Flugkilometer oder 1300 Straßenkilometer von Edmonton entfernt. So ist leicht verständlich, daß ein Besuch in diesem Park einige

Zeit in Anspruch nimmt. Hier leben rund 6000 der letzten Büffel Nordamerikas, die zum größten Teil gekreuzt sind (Wald- und Präriebüffel).

Der Büffel – der nordamerikanische Bison, wie er richtig heißt, auf Deutsch Wisent – und der Schreikranich bilden aber nicht die einzigen Attraktionen dieses gewaltigen Naturparks, der zu zwei Dritteln in Alberta und zu einem Drittel in den Northwest Territories liegt.

Von besonderer und sicher nicht alltäglicher Schönheit sind die *Salt Plains,* die vom Salt River entwässerten Salzebenen, weit offene, flache Gebiete mit unzähligen Salzquellen; der Salzgehalt der Erde ist hier so hoch, daß keine Pflanzen gedeihen. Bis zu einem Meter hohe Salzablagerungen wurden hier schon von den Indianern abgebaut.

Imposant sind Tausende von Wasservögeln, die jeweils im Herbst auf der Durchreise nach Süden das von den Flüssen *Peace, Athabasca* und *Birch* gebildete Süßwasserdelta bevölkern.

Der Park mit dem Peace River ist reich an Erinnerungen an den Pelzhandel; Fort Chipewyan war ja während langer Zeit die Hauptbasis für den Pelzhandel und für die Erschließung des weiteren Nordwestens. Noch existieren im Park selber und entlang der Flüsse wenig Campingplätze, doch ist hier mit einer Bewilligung des Parkwächters das »wilde« Zelten gestattet.

Kluane National Park – Unendliche Eisflächen und Kanadas höchstes Gebirge

Kluane Park, nur halb so groß wie Wood Buffalo Park, immerhin noch imposante 22 000 km², ist eine völlig andere Welt. Im Südwesten von Yukon gelegen, ist er mehr als zur Hälfte mit Eis und Schnee bedeckt.

Das Administrationsbüro für den Park liegt bei Kilometer 1640 am Alaska Highway, unweit von Haines Junction, 2254 km von Edmonton entfernt. Eine neue Straße verbindet Haines Junction mit Haines (Alaska); von diesem 250 km entfernten Hafen verkehren Fähren nach Prince Rupert B.C. Das Gebiet wurde erst 1972 zum Nationalpark erklärt, und Wanderwege und Bergpfade werden noch immer angelegt. Wer in dieser abgelegenen Welt eine Wanderung oder eine Bergtour unternehmen will, muß sich unbedingt mit dem Parkwächter in Verbindung setzen. Aufgrund seiner ungewöhnlichen Landschaft wurde der Park 1979 von der UNESCO zum World Heritage Site erklärt.

Die größte Attraktion des Parks ist zweifellos die *Icefield Range* mit einer ganzen Kette von imposanten Fünftausendern: Mount Logan (5950 m), Mount St. Elias (5498 m), Mount Lucania (5231 m), King Peak (5173 m), Mount Steele (5073 m). Wegen der für viele Europäer gar nicht faßbaren Abgelegenheit und Wildheit dieses Gebietes sind Hilfsaktionen bei Unglücksfällen äußerst schwierig, wenn nicht gar unmöglich. Aus diesem Grund ist für jede Hochgebirgsexpedition drei Monate vor Beginn der Reise eine schriftliche Genehmigung einzuholen.

Der Park ist aber nicht nur eine Eis-, Fels- und Schneewüste, sondern beherbergt auch eine Tierwelt, die zum besten in Nordamerika gehört. Im Kluane Park liegt zudem der berühmte »galoppierende Gletscher« – Steele Glacier –, der schon in einem einzigen Monat 800 m vordrang.

Northern Yukon National Park – Berge und Schluchten

Yukons zweiter Nationalpark ist der 1984 eröffnete Northern Yukon National Park. Er grenzt im Westen an Alaska und im Norden an die Beaufort Sea. Angelegt wurde er vor allem zum Schutz der großen Porcupine-Karibuherde, die das Gebiet zweimal jährlich durchzieht. Im 10 170 km² großen Park sind neben vielen anderen Tieren die drei größten Bärenarten Nordamerikas anzutreffen. Der 160 km lange Firth River, der von den British Mountains in die Beaufort Sea fließt, ist für seine extremen Wildwasser und eine 30 km lange Schlucht bekannt, die Schlauchbootfahrer und Kanusportler anzieht. Der Park ist nur im Flugzeug, von Inuvik aus, erreichbar.

Nahanni National Park – Wilde Flüsse, kopflose Skelette

Lange wagten sich nur ganz mutige Männer in die wilden Täler und Gebirge am Nahanni River, die heute den 4765 km² großen Nahanni National Park ausmachen. Legenden von riesigen Goldfunden, mörderischen Indianern, tropischen Tälern und heißen Quellen werden heute noch erzählt.

Für den im Reisen in der Wildnis wenig erfahrenen Besucher ist eine geführte Flußfahrt auf dem Nahanni mit einem mit Stahlboden versehenen Flußboot die beste Möglichkeit, die wirklich spektakuläre Wildnis zu erleben. Diese geführten Touren werden von *Nahanni Butte* aus organisiert, einem kleinen Dorf am Zusammenfluß des *Nahanni* und des *Liard*. Für den erfahrenen Wildwasserkanuten ist der Nahanni geradezu ein Paradies. Vorräte, Ausrüstung und Kanus müssen allerdings in diese Wildnis eingeflogen werden – kein billiges Unterfangen –, wobei Watson Lake in Yukon oder Fort Simpson in den Northwest Territories als Ausgangsbasis in Frage kommen. Diese Flugzeuge landen gewöhnlich auf dem Rabbitkettle Lake, wo die vorher minuziös geplante 500 km lange Flußfahrt beginnt. 322 km dieser Strecke sind jetzt im Canadian Heritage Rivers-System aufgenommen.

Heiße Quellen, die Rabbitkettle Hotsprings zum Beispiel, haben bis 30 Meter hohe und 70 Meter breite Mineralablagerungen hinterlassen. Die traumhaften Virginia-Wasserfälle, 100 Meter hoch, und 1200 Meter tiefe

Schluchten, ebenso unzählige Stromschnellen machen die Fahrt für den gut Vorbereiteten zu einem einmaligen Erlebnis.

Nahanni Park hat nur wenige ausgebaute Campingplätze, die allein vom Fluß aus erreichbar sind. Die neue Kiesstraße zwischen Fort Nelson, B.C., am Alaska Highway, und Fort Simpson, N.W.T., macht den Park heute zugänglicher. Man kann jetzt in Fort Liard Kanus für die Nahanni Tour mieten und von dort in den Park einfliegen, so daß Sie damit rechnen müssen, die Wildnis hier mit anderen Kanuten zu teilen.

Prince Albert National Park – Übergang zwischen Prärie und nördlichem Waldland

Ziemlich genau in der Mitte der Provinz Saskatchewan liegt Prince Albert National Park, 56 km nördlich der Stadt gleichen Namens. Mit 3874 km² ist er einer der größten Parks und typisch für den Übergang von flacher, baumloser Prärie in nördliches Wald- und Seengebiet.

Tief im Herzen des Parks liegt das Grab von *Grey Owl,* Kanadas großem Natur- und Umweltschützer und Autor, der 1938 starb. Seine Blockhütte, in der er mit seinen Bibern lebte, steht an den Ufern des Ajawaan Lake.

Bis zu seinem Tod glaubte die ganze Welt, der Autor von »Wanderer in der Wildnis« und anderen Büchern sei ein Indianer. Doch dann wurde bekannt, daß er in Wahrheit ein Engländer war, Archibald Stansfeld Belaney, der mit ungefähr zwanzig Jahren zu den Indianern im Norden Ontarios übergegangen war und von jenem Zeitpunkt an mit ihnen lebte. In den ersten Jahren im kanadischen Busch selber Trapper und Jäger, setzte sich Grey Owl später vehement für die Erhaltung der wilden Tiere ein und war fortan mit Leib und Seele gegen jegliche Jagd, die bloß dem Sport diente.

Grasslands National Park – Kalte Winter, heiße Sommer

Im südwestlichen Teil der Provinz liegt Saskatchewans zweiter und Kanadas 29. National Park (Ausgangspunkt: Val Marie). Er ist ein Beispiel von Kanadas unberührtem Grasland, wie es sich einst über Millionen von Hektaren erstreckte, bevor es der Mensch mit seinem Pflug und seinen Viehherden veränderte. Der neue Park hat mit nur 35 cm Niederschlag pro Jahr mehr Sonnentage als beinahe jede andere kanadische Gegend. Weil aber die ausgleichenden Einflüsse des Meeres fehlen, sind die Temperaturen extrem und bewegen sich zwischen –40° im Winter und +40° im Sommer.

Obwohl in der flachen Prärie gelegen, hat der Park eine vielfältige Landschaft, sanfte, rollende, baumlose Hügel, Hochebenen, die von weiten Tälern durchfurcht sind, Wassertümpel und kleine Seen, nackte, öde »Badlands«.

In den *Killdeer Badlands* des 900 km² großen Parks wurde 1874 das erste Dinosaurierskelett Kanadas gefunden. Grasslands beweist, daß die Prärie keineswegs flach und leer ist, sondern eine Vielfalt von Pflanzen, Tieren, Farben und Stimmungen aufweist. Besonders eindrucksvoll ist der weite Himmel mit klaren Nächten und Sternen, die zum Greifen nahe sind. Ein weiteres Wahrzeichen des Parks sind die »Buffalo Rubbing Stones«, große Felsbrocken, wo einst Tausende von Büffeln ihre Winterhaare schabten und wo ihre Hufe tiefe Spuren hinterließen. Heute gibt es hier, neben anderen Tieren, Gabelböcke (Pronghorn), Präriefalken, Klapperschlangen und seltene Schwarzschwanz-Präriehunde.

Riding Mountain National Park – Überreste eines 135 Millionen Jahre alten Seebodens

Riding Mountain Park, 97 km von Brandon in Manitoba entfernt und auch von Winnipeg leicht erreichbar (270 km), ist ein Ferienparadies für viele. Der Park, rund 3000 km² groß, ist ein Teil des sogenannten »Manitoba Escarpment« (aufgestoßene Felsen), das sich über mehr als 1000 km von North Dakota über Manitoba bis nach Saskatchewan erstreckt. Eher ein Plateau als ein Berg, steigt diese Erhebung steil 300 Meter hoch aus der Prärie auf. Vom höchsten Punkt präsentiert sich dem Besucher ein buntes Zusammensetzspiel aus Wäldern und Seen, das sich mehr als 80 km weit über den einstigen Boden des Agassiz-Sees erstreckt. Vom *Northgate*-Aussichtspunkt sieht man bei gutem Wetter leicht das Ufer des 75 km weiter östlich gelegenen Lake Manitoba. Der Park ist reich an herrlichen Campingplätzen, und das Beobachten von Bibern bereitet im frühen Tageslicht keine besonderen Schwierigkeiten. Das Gebiet ist ideal für Wanderungen und im Winter für Langlauf.

Pukaskwa National Park – 80 km rauhe Ufer am Lake Superior

Pukaskwa Park am Lake Superior ist eine Welt für sich und praktisch noch absolute Wildnis. Den besten Eindruck erhält man bei der Anfahrt mit dem Kanu. Und noch immer bläst *la Vieille*, »die Alte«, die schon die frühen Paddler an Land Schutz suchen ließ, und die auch heute noch respektiert werden muß. Die Zufahrtsstraße führt von Marathon nach Hattie Cove (Verwaltung). Hier beginnt eine 160 km lange Kanuroute nach Michipicoten River, die im ›Coastal Canoeing Guide‹ beschrieben ist. Man muß sich jedoch bewußt sein, daß der Lake Superior ein echtes Meer mit all seinen Gefahren ist.

Im Winter fegen schwere Stürme über 240 km offenes Wasser und schleudern gewaltige, 14 Meter hohe Wellen gegen die felsigen Ufer, die sich in bizarre Skulpturen aus Eis, Felsen und verkrüppelten Bäumen verwandeln. Selbst im Sommer sind zwei Meter hohe Wellen keine Seltenheit, und Vorsicht ist immer geboten, besonders auch, weil sich hier – wie überall entlang des Lake Superior – das Wetter oft in wenigen Stunden sehr drastisch ändert. Stille, geschützte Buchten und Flußmündungen bieten jedoch beste Möglichkeiten zum Baden und Fischen. Kanufahren auf den kurzen, aber steilabfallenden Flüssen ist nur dem Geübten zu empfehlen, der weiß, wie lange, schwierige Portagen und wilde Stromschnellen bei Hochwasser zu bewältigen sind. Pukaskwa ist aber auch ein Paradies für Wanderer. Der Park ist zu einem Teil des *Lake Superior Trail* geworden, der schon heute, erst teilweise erstellt, als fantastisch gepriesen wird. Die Parkverwaltung plant rund 80 km Wanderwege der Küste entlang, mit Seitenpfaden, die zu stillen Buchten, verträumten Flußmündungen und zu Seen im Inneren des Parks führen. Und wenn der Park in wenigen Jahren noch zugänglicher ist, werden viele Reisende, die jetzt völlig unwissend über die so nahe, wilde Natur den Trans-Canada Highway entlangrasen, den Park und seine seltenen Schönheiten kennenlernen. Mit etwas Glück werden auch sie noch von einem nahen Hügel die Wölfe heulen hören, einen Sonnenuntergang bewundern, der »Point Canadienne« in herrliche Farben taucht, oder das Nordlicht und die Felsen bestaunen, die hier vor Millionen von Jahren entstanden sind.

Georgian Bay Islands National Park – Maler und Touristen

Die Georgian Bay – ein Teil von Lake Huron – ist geschichtsträchtiger Boden. Hierhin kamen die ersten Pelzhändler aus Montreal und Quebec, und in der Nähe von Midland stand die erste Missionsstation, wo St. Brébeuf und seine Jesuitenbrüder von den Händen der Irokesen den Märtyrertod erlitten. Hier traf Champlain 1615 mit den Huronen zusammen und lagerte auf *Beausoleil Island.* In dieser großen Bucht liegen einer 60 km langen Küstenlinie entlang zahlreiche Inseln, die den 14 km² großen Park ausmachen und aus Gneis und Granit bestehen. Der Park selber ist nur ein kleiner Teil der berühmten 30 000 Inseln vor den Toren der Muskokaregion. Schon lange bevor die Touristen zu Tausenden in die Gegend kamen, sahen und zeigten die berühmten Kunstmaler der »Gruppe der Sieben« die wilden Schönheiten dieses Landstrichs. Hauptinsel der Gruppe ist Beausoleil Island, vor der Küste von *Honey Harbor,* ein Paradies für den sommerlichen Wassersport mit über 200 Zeltplätzen. Eine Zufahrt ist nur im Boot möglich, doch bietet das keine Schwierigkeiten, denn die kommerziellen Unternehmen an der Festlandküste sind darauf eingerichtet. Vergessen Sie aber nicht, alle Vorräte mitzubringen; auf den Inseln dieses Nationalparks sind keine Läden. Den östlichen Teil des Parks erreicht man von Midland, Penetanguishene oder Honey Harbour aus.

Bruce Peninsula National Park – Felsklippen, versunkene Schiffe und »felsige Blumentöpfe«

Der Bruce Peninsula National Park, nur vier Autostunden von Toronto entfernt, umfaßt 270 km² des nördlichen Zipfels der Bruce-Halbinsel, die den Lake Huron von der Georgian Bay trennt, eine Landschaft mit rauhen Kalksteinfelsen und dichten Wäldern, wie sie einst im ganzen südlichen Ontario zu finden waren. Die Halbinsel ist Teil des Niagara Escarpment, das sich von Niagara her gegen Norden erstreckt.

Der im Juli 1988 eröffnete Park schließt den Cypress Lake Provincial Park und Fathom Five – wo 20 Wracks die Taucher anziehen – mit ein. Besondere Sehenswürdigkeiten sind die steilen Kalksteinklippen am Lake Huron, Fathom Five sowie 43 Orchideen- und über 300 Vogelarten. Flowerpot Island, die »Blumentopf-Insel«, gehört nun auch dazu. Die bizarren Felsformationen und Höhlen der Blumentopf-Insel sind das Resultat langjähriger Erosion am relativ weichen Kalksteinfelsen und waren schon in der Indianerzeit von Sagen und Mythen umwoben. Zu erreichen ist das Eiland von Tobermory, der Endstation des Highway Nr. 6. Von hier aus gelangt man mit der Fähre *Chi-Cheemaun* (Großes Kanu) auf die Manitoulin-Insel. Im Bereich des Cypress Lake gibt es ausgezeichnete Campingplätze.

Nach Tobermory führt auch der berühmte »Bruce Trail«, der der steil abfallenden Ostküste der Bruce Peninsula folgt, gute hundert Meter über den klaren Wassern der Georgian Bay. Der 750 km lange Wanderweg führt von Tobermory nach Queenston am Niagara. In Glen Huron, auf halbem Weg zwischen Owen Sound und Barrie, am Lake Simcoe, stößt ein weiterer Wanderweg, der »Ganaraska Trail«, auf den Bruce Trail. Er führt über eine Distanz von 400 km nach Port Hope.

Point Pelee National Park – Südlichster Punkt des kanadischen Festlandes

Point Pelee Nationalpark, 15,5 km² groß, ist eine 1,7 km lange Halbinsel, die weit in den Lake Erie vorstößt. Der Park ist der südlichste Punkt des kanadischen Festlandes – auf der gleichen geographischen Breite wie Rom, Barcelona und Nordkalifornien. Tatsächlich wachsen denn hier auch Pflanzen, die bis nach Mexiko hinunter zu finden sind. Point Pelee, südlich der Stadt Windsor gelegen, mit über einer halben Million Besuchern pro Jahr, ist leicht erreichbar, wurde aber nicht aus landschaftlichen Gründen zum Nationalpark, sondern vielmehr der ungemein vielfältigen Vogelwelt wegen. Bis jetzt wurden 337 verschiedene Vogelarten beobachtet, von denen mehr als hundert auch im Park nisten. Da sowohl der Mississippi- wie auch der atlantische Flugweg Point Pelee überqueren, landen hier im Frühling und Herbst die

Zugvögel zu Tausenden, um im großen Sumpf zwischen den zwei Sanddünen zu rasten und an der Küste Nahrung zu suchen. Mit ihnen kommen die Vogelliebhaber mit Feldstechern, ebenfalls zu Tausenden. Speziell angelegte Pfade und ein fast zwei Kilometer langer Brettersteg erleichtern das Fotografieren von seltenen Vogelarten. Rund 20 km Sandstrände laden zum Picknicken ein, obwohl Lake Erie nicht unbedingt zu den saubersten Seen der Welt gehört.

St. Lawrence Island National Park – Gipfel eines 900 Millionen Jahre alten Gebirges

Kanadas kleinster Nationalpark, nur 4 km² groß, besteht aus 18 Inseln und weiteren 80 aus dem Wasser ragenden Felsen, die auf 90 km verstreut zwischen Kingston und Brockville im St.-Lorenz-Strom liegen. Der Park ist ein Teil der Tausend Inseln, die – so geht die Geschichte – vom legendären »Lumberjack« (Holzfäller) Paul Bunyan ins Wasser geworfen wurden, als die Pilgerväter ihn für das Ausheben des Wasserweges nicht bezahlen wollten. Die Inseln – die meisten mit ausgebauten Zeltplätzen – sind die Gipfel eines Gebirges, das vor 900 Millionen Jahren dem heutigen Felsengebirge in Kanadas Westen ähnlich sah. Der Strom, der unweit von hier Lake Ontario entwässert, füllte die einstigen Täler. Nur *Mallorytown Landing,* auch der Sitz des Parkbüros, ist per Auto erreichbar. Dort ist auch das Besucherzentrum, wo Fachleute über Geschichte und Sehenswürdigkeiten dieses Nationalparks informieren.

Auyuittuq National Park – Wo noch die Eiszeit herrscht

Auyuittuq – das Wort aus der Eskimosprache bedeutet »ganz ohne Sommer« und wird so ausgesprochen, wie man es schreibt – ist Kanadas erster Nationalpark nördlich des Polarkreises. Er mißt 21 471 km² und umschließt *Penny Ice Cap* auf der Cumberland-Halbinsel, einem Teil von Baffin Island. Auyuittuq ist nicht »ganz ohne Sommer«, doch sind die Gegenden, in denen ein kurzer Sommer Blumen und Vögel bringt, nicht besonders zahlreich oder ausgedehnt. Wer nach einer echten arktischen Erfahrung sucht, einem Land der Mitternachtssonne und der sonnenlosen Tage im Winter, ist in Auyuittuq am richtigen Ort. Der Park ist von Pangnirtung aus erreichbar, einer Inuit-Siedlung von rund 800 Seelen, die regelmäßig von Montreal aus über Frobisher Bay angeflogen wird. Obwohl sich der Park zum Skifahren, Fischen, Bergsteigen, Motorschlittenfahren, zum Studium der Natur und selbstverständlich zum Fotografieren eignet, kommen die meisten Besucher zum Wandern, einem Sport, der alles Erwähnte einschließen kann. Das schwierige Terrain und die ungemein schnellen und drastischen Wetteränderungen erfordern jedoch Erfahrung und minuziöse Vorbereitungen, denn auch hier erlaubt die Natur keine Fehler. Dem trainierten, erfahrenen und gut ausgerüsteten Wanderer bietet zum Beispiel der Pangnirtung-Paß jede Herausforderung, die er sich nur wünschen kann: große, mit Kies übersäte Ebenen, felsige Moränen, Gletscherzungen, steile Anstiege und kalte Flüsse, die durchwatet werden müssen. Zu diesem Zweck empfiehlt es sich, Turnschuhe mitzunehmen (sie sind leicht und trocknen rasch), die in den Flüssen die Wanderschuhe ersetzen. Ein Wanderer, der hier in der Stunde 3 km zurücklegt, hat etwas geleistet. Die beste Jahreszeit für diese anstrengende Tour ist Ende Juni bis September, wenn wenigstens einige Talböden schneefrei sind. Großwild ist nicht besonders zahlreich, aber Polarfüchse, Tundrawölfe, Eisbären, Schneehasen und wenige Karibus leben hier, und alle vier Jahre suchen Tausende von Lemmingen neuen Lebensraum. Eine besondere Attraktion bilden an der Küste die Ruinen der großen Steinhäuser der *Tunnit* und auch die Steinwerkzeuge der Prädorset-Kultur (2000 v. Chr. bis 1300 n. Chr.). Für geführte Wanderungen im Park schreiben Sie an *Canatrek,* P. O. Box 1138, Banff, Alta. T0L 0C0. Entlang der Pangnirtung-Paßroute sind fünf Notunterkünfte eingerichtet, davon drei mit Funk. Einen Camp Ground gibt es beim Weasel River Delta.

Ellesmere Island National Park – Gletscher und ein riesiger See

Mit 39 000 km² rückt Ellesmere Island National Park an die zweite Stelle der kanadischen Nationalparks. 1987 eröffnet, liegt der Park rund 800 km vom Nordpol entfernt und umfaßt Kanadas höchsten Norden: Bergketten, Gletscher, Fjorde und *Lake Hazen,* den größten See nördlich des Polarkreises. Höchster Gipfel ist Mount Barbeau (2616 m) in den Grant Land Mountains. Der Sommer dauert in dieser windgepeitschten Polarwüste ganze zwei Wochen. Rund um Lake Hazen gibt es jedoch Landstriche, die warm und feucht genug sind, um Pflanzenwachstum zu ermöglichen; hier ist eine überraschend vielfältige Tierwelt anzutreffen: Tundrahasen, Moschusochsen und Karibus, ferner Wölfe, Tundrafüchse und Eisbären. Nach nomadisierenden Eskimos kamen zum erstenmal Europäer in dieses abgelegene Land, als man 1845 nach dem verschollenen Franklin suchte.

Grise Fjord und *Resolute Bay,* zwei Inuit-Siedlungen, sind rund 560 km von *Tanquary Fjord* entfernt. Die Anreise zum Park ist nicht einfach und ziemlich teuer. Sie führt von Montreal über Frobisher Bay und Resolute Bay nach Grise Fjord und Tanquary Bay über eine Gesamtdistanz von 4900 km. Dazu sind meist Charterflüge nötig.

Forillon National Park – Harmonie von Mensch, Land und Meer an der Spitze der Gaspé Peninsula

Mensch, Land und Meer in perfekter Harmonie: das ist dieser Park, 240 km² groß, an der Spitze der Halbinsel Gaspé in Quebec. Diese Gegend zwischen dem Golf von St. Lorenz und der *Baie de Gaspé* ist von geschichtlicher Bedeutung. Hier nämlich, in der Gaspé-Bucht, landete 1534 Jacques Cartier. Auch Champlain segelte an Forillon vorbei und gab dem Fischerdorf Cap-de-Rosiers den Namen. Forillon ist übrigens eine Anglisierung von *pharillon* »kleiner Leuchtturm«.

Der Park, rund 900 km von Montreal und 760 km von Quebec City entfernt, kann über den Highway No. 132 erreicht werden oder per Bahn und Flugzeug. Der *Gaspé Trail*, 890 km lang, der ein Gebiet von der Größe Belgiens umschließt, führt der Gaspé-Bucht entlang durch den Park. Forillon ist ein Ort von schwer zu erfassender natürlicher Schönheit. Hohe, steilabfallende Klippen, Sand- und Schieferstrände, Wasserfälle, kurze wilde Flüsse, unzählige steile Hügel und dichter Wald, und überall die Aussicht auf das Meer. Die Hügel sind die Ausläufer der *Appalachian Mountains*, die unter verschiedenen Namen bis tief in die USA hinein reichen. Nur zwei Autostunden entfernt ist ein weiteres Glied in dieser Bergkette, die »Shickshock« Mountains of Gaspé, die, bis zu 1300 Meter hoch, fast verdrießlich aussehen und parallel zum Golf verlaufen. An den steilabfallenden Klippen nisten Tausende von See-, Meeres- und Tauchvögeln, und hier jagen auch die weißen Seeraben, die *Tölpel*. Diese großen Raubvögel stehen bis 30 Meter über dem Wasser in der Luft still und stoßen dann wie fallende Steine auf ihre Fischbeute. Nur wenige Kilometer entfernt an der Küste ist »Grand-Etang-Eel-Pool«, wo jeden Herbst Tausende von Aalen über eine »Portage« kriechen, um in den Atlantik zu gelangen und in der Sargasso-See zu laichen.

La Mauricie National Park – Stille und Einsamkeit in den Laurentians

La Mauricie National Park in Quebec, 544 km² groß, ist ein Spiegelbild der Laurentian Mountains. Hier sind runde, von den Gletschern abgeschliffene Hügel, rund 300 Meter hoch und mit dichtem Mischwald bewachsen, über 150 Seen im Park allein und Flüsse in einer Landschaft, die sich scheinbar bis in die Unendlichkeit des Nordens erstreckt. Hier ist die Schönheit des Landes sanft und gerundet, gewissermaßen verinnerlicht...

Ein großer Teil des Parks liegt im Tal des Saint-Maurice River, den die einheimischen Indianer schon lange vor dem Eintreffen der *coureurs des bois* als ideale Route aus dem St.-Lorenz-Tal ins Hinterland kannten. Felsmalereien in rotem Ocker, schätzungsweise 2000 Jahre alt, Steinwerkzeuge und Pfeilspitzen sind noch heute Zeugen ihrer einstigen Anwesenheit. Gut markierte Kanurouten, in regelmäßigen Abständen mit Campingplätzen versehen, führen kilometerweit ins Hinterland, und es fällt hier leicht, ein paar Tage abseits der Zivilisation zu verbringen. Zu vielen der schönsten Orte in diesem Park kommt man nur mit dem Kanu. Der Park beginnt 56 km nördlich von

Trois Rivières und ist somit über Shawinigan, Grand'Mère und St-Jean-des-Piles leicht zu erreichen.

Mingan Archipelago National Park – Quebecs North-Shore

Mingan – ein Indianerwort für »Wolf« – ist Quebecs neuester Nationalpark, eine Inselgruppe mit ungefähr 40 Inseln in der Jacques Cartier Strait, nördlich von Anticosti Island, vor Quebecs North Shore des St.-Lorenz-Stromes. Der Archipel zieht sich rund 150 km an der Küste entlang und hat eine Landfläche von 90 km^2.

Der Park, 900 km von Quebec City und 220 km von Sept-Isles entfernt, kann über Highway 138 erreicht werden, der bis nach *Havre-Saint-Pierre* führt. Dort ist auch die Parkverwaltung zu finden. Zudem verkehrt eine Fähre wöchentlich zwischen Rimouski am Südufer des Stromes, nach Blanc Sablon. Havre-Saint-Pierre verfügt über Hotels, Motels und einen Camp Ground. Im Park selbst gibt es keine Campingplätze, doch ist auf einigen Inseln – mit Bewilligung der Parkverwaltung – wildes Zelten erlaubt.

Von besonderem Interesse sind die außergewöhnlichen Felsformationen, vor allem an der Festlandküste, ferner Meeressäuger wie Wale, Delphine oder Tümmler, zudem Seehunde und Robben. An verschiedenen Orten stößt man auf die Überreste alter Steinöfen, die die Fischer aus dem Baskenland im 16. Jahrhundert zum Auslassen von Walfett benutzten.

Kouchibouguac National Park – Wo der Wald auf das Meer trifft

Salzwassersümpfe, endlose Flächen von im Wind wiegendem Riedgras, sich ewig verändernde Sanddünen, Wald und 25 km Sandstrand: das sind die Wahrzeichen des Kouchibouguac Parks an der Northumberland Strait in New Brunswick. Vor der Küste liegen in einer langen weichen Kurve Sandbänke, die bei Ebbe zu langen Wanderungen einladen. Gegenüber liegt Prince Edward Island, und überall triumphiert hier wieder der Duft der See.

Die ersten Bewohner des heutigen Parks gehörten zum Stamm der Micmac, die hier trotz der sehr kalten und harten Winter jagten und dank einem sehr guten Flußsystem sehr beweglich waren. Die ersten Europäer, Franzosen wie fast überall in der Gegend, kamen 1684, als die französische Regierung einem gewissen Louis d'Amour ein Stück Land überschrieb. 1755 wurden die Franzosen (oder Akadier, wie sie sich jetzt nannten), die sich in kleinen Fischerdörfern und Farmen angesiedelt hatten, von den Engländern vertrieben, und das Land lag brach, bis 30 Jahre später die ersten »Loyalisten« aus Amerika in die Gegend kamen. Noch später kehrten viele Akadier zurück, vermischten sich mit den Engländern und Schotten, und heute ist Französisch wieder die meistgesprochene Sprache.

Geschützte Buchten laden den Besucher zum Schwimmen ein, lange Sandstrände zum Wandern. Im Innern des Landes gibt es Elche, Bären, Wildkatzen und Füchse, an der Küste leben Robben und Otter. Der Park ist auch ein Lieblingsort für über 200 Vogelarten, die in den Salzwassersümpfen und an den Stränden üppige Nahrung finden.

Fundy National Park – Wo die Gezeiten am ausgeprägtesten sind

An der Küste des Fundy National Park und in seiner Umgebung liegen meiner Meinung nach einige der schönsten Zeltplätze von Kanada, manche an einem steilen Abhang in Terrassen angelegt, umgeben von langem Gras und jungen Tannen. Mit ein wenig Glück erwischen Sie einen Zeltplatz, der die weite Bucht überschaut und eine überwältigende Aussicht über die Meereslandschaft, mit bis 60 Meter zum Meer abfallenden Klippen, bietet. Wenn vom Meer her Nebel aufzieht und die Inseln und Buchten hinter einem grauen Vorhang versteckt, so daß nur die Baumkronen sich zeigen, strömt das Land Ruhe und Frieden aus.

Eine der wichtigsten Informationsquellen ist hier die Gezeitentafel, steigt doch das Meer in der Fundy-Bucht bei Flut gegenüber dem Tiefstand bis 18 Meter. Im Park selbst beträgt der Gezeitenhub bis 12 Meter.

206 km² groß, mit einer 13 km langen Küstenlinie, bietet der Park mit seinen über 80 km Wanderwegen dem Wanderer viele Möglichkeiten. Für den Autofahrer führt eine 240 km lange Straße, der »Fundy Trail«, der Küste der Fundy-Bucht entlang, von St. Stephen durch den Park, dann entlang der Chignecto- und Shepody-Bucht nach Moncton. Diese Route erlaubt neben einer unvergeßlichen Fahrt auch Einblick in den Alltag der Farmer und Fischer, die in kleinen, schmucken Dörfern zu Hause sind. Vom »Bore View Park« in Moncton aus kann zweimal täglich die Flutwelle beobachtet werden, die sich hier, manchmal bis zu 80 cm hoch, den Petitcodiac River hinaufwälzt. Gegenüber der Chignecto-Bucht, in Nova Scotia, in der Nähe von Joggins, befindet sich an einer 30 Meter hohen Felswand ein ganzer Wald aus versteinerten Bäumen und Pflanzen, die, von 15 Meter hohen Flutwellen gepeitscht, langsam zerbröckeln und ins Meer stürzen und jeweils neue, noch schönere Versteinerungen freilegen. Fragen Sie im *Fossil Shop* in Joggins, der ausgezeichnete Versteinerungen hat, nach dem genauen Ort des versteinerten Waldes und wie Sie zu der notwendigen Besuchsbewilligung durch das Museum in Nova Scotia kommen.

Kejimkujik National Park – Kanurouten und Felszeichnungen

Der weiße Mann gelangte relativ spät ins Innere von Nova Scotia, das hier im Kejimkujik National Park (382 km²) erhalten geblieben ist. Caledonia zum

Beispiel wurde erst 1820 von schottischen und irischen Familien gegründet, und Maitland Bridge, am Eingang zum Park, entstand einige Jahre später. Annapolis Royal an der Fundy-Bucht aber, der Ausgangspunkt der Straße, die den Park berührt und durch Nova Scotia nach Liverpool führt, entstand schon 200 Jahre früher.

Lange vorher war das Land die Heimat der Micmac. Sie hinterließen die Felszeichnungen, die am Ufer des Lake Kejimkujik in den weichen Schiefer eingeritzt sind und uns heute einen Einblick in ihr Leben erlauben. Einer der wichtigsten Gründe für die Errichtung des Parks war der Schutz dieser Felsenzeichnungen und auch derjenigen der ersten Siedler. Leider sind viele Felszeichnungen kaum noch sichtbar, andere von Parkbesuchern, die sich hier verewigen wollten, überschrieben worden. Heute sind die wichtigsten Orte nur noch mit Führung zu besuchen.

Der Park umschließt die alten Kanurouten, die die Micmac auf ihren Wanderungen benutzten, und noch immer ist das Kanu das beste Transportmittel, um die Stille und die sanfte Wildheit dieses Parks zu erleben. Gut markierte Kanurouten, unter anderem auf dem Little River und Mersey River, erleichtern diese Entdeckungsfahrten ins Innere von Nova Scotia.

Cape Breton Highlands National Park – Wo man glaubt, in Schottland zu sein

Cape Breton Highlands National Park, 950 km² groß, ist ein Teil eines Hochplateaus – bis zu 600 Meter über Meer – im nördlichen Teil der Cape-Breton-Insel in Nova Scotia. Im Westen an den Golf von St. Lorenz anstoßend, im Osten vom Atlantik umspült, erinnert die rauhe Küste mit den Bergen, die landeinwärts emporragen, besonders auf der Atlantikseite an die Küstenregionen von Schottland. Im Innern liegt auch *White Hill,* Nova Scotias höchster Berg.

Hier bestimmen das Meer, steil abfallende, von der Brandung gepeitschte Klippen, weit vorgelagerte Felsen, im Innern des Landes weitläufige, baumlose Tundra, die an Labrador erinnert, und auf den Hügeln dichter grüner Nadel- und Mischwald den Charakter des Parks. Daß diese landschaftliche Schönheit so leicht erreichbar ist, steigert das Naturerlebnis noch.

Dafür verantwortlich ist der »Cabot Trail«, eine moderne, gepflegte Straße, die auf ihrer ganzen Länge von rund 300 km nie weit vom Meer entfernt ist. 112 km davon verlaufen durch Cape Breton Park und sind im September und Oktober, wenn die Blätter des Mischwaldes sich verfärben, zusammen mit den weißschäumenden Wellen und dem tiefblauen Meer von einer unwahrscheinlichen Schönheit.

Die Parkeingänge befinden sich in Ingonish (120 km nördlich von Sidney oder 450 km nördlich von Halifax) und in Chéticamp am Golf von St. Lorenz. Vom Cabot Trail aus führen gut markierte Wanderwege ins Innere und zu Aussichten über Meer und Berge, die man nie mehr vergißt.

Prince Edward Island National Park – Sanddünen, Strände, Wind und Gras

Die großartigen und scheinbar endlosen Sanddünen und Sandstrände an der Nordküste von Prince Edward Island sind für jeden Besucher eine Überraschung. Irgendwie erwartet man auf dieser Garteninsel auch an der Nordküste eine Gartenlandschaft. Statt dessen erstrecken sich Sandstrände den Golf entlang, in ewig wechselnden Formen wie die Ausläufer einer Sahara. 40 km dieses Zusammentreffens von Wind, Wellen, Sand und Meer, das ständig neue Formen gebiert, liegen im Prince Edward Island National Park. Mit nur 18 km² ist er einer der kleinsten in Kanada – den Besucherzahlen nach steht er direkt hinter Banff.

Von Charlottetown führen ein halbes Dutzend Straßen wie die Speichen eines Fächers zu den verschiedenen Parkeingängen, keiner mehr als 30 Autominuten von der Stadt entfernt. Jährlich benutzen mehr als eine Million Fremde diese Straßen; kein Wunder eigentlich, denn im Park befinden sich einige der schönsten Strände von ganz Nordamerika.

Tausende von Besuchern kommen auch, um *Green Gables* zu sehen, das Haus, das die kanadische Autorin Lucy Maud Montgomery dazu veranlaßte, den berühmten Roman »Anne of Green Gables« zu schreiben.

Doch die meisten wollen hier das Werk der ungezähmten Natur bewundern, die roten Sandsteinklippen, die Dünen, das Küstengras, die verkrüppelten, vom Salzwasser überspülten Bäume. Auf einigen dieser Bäume sind die gewaltigen Reiherhorste – auf Rustico Island über hundert. Der Blaureiher ist aber nur eine von über 200 Vogelarten im Park.

Herrlich angelegte Zeltplätze laden den Besucher zum Übernachten ein, markierte Wege zum Wandern, weißer Sand und warmes Wasser zum Baden.

Gros Morne National Park – Wilde, von Gletschern abgeschliffene Fjorde

Entlang der Westküste von Neufundland (an der Südspitze, in Port-aux-Basques, landet die Fähre von Nova Scotia) reihen sich die flachen Gipfel der *Long Range Mountains.* Nach der Karte müßte man glauben, die dunkel brütenden Berge dieser dramatischen Landschaft seien die Appalachen, die bei Gaspé ins Meer abfallen. In Wirklichkeit sind diese Felsen auf Neufundland eine Million Jahre älter; sie bildeten nämlich einst mit der Südwestspitze von Europa eine Einheit. 1942 km² dieser Berge, mit spektakulären Fjorden, dichtem Wald und riesigen Flächen lose aufgeschichteter gelber Felsbrocken, sind seit 1970 im Gros Morne National Park zusammengeschlossen.

Gros Morne selber, ein Berg, dessen Name »der allein Stehende« bedeutet und der 793 Meter hoch ist, beherrscht die Landschaft an der Bonne Bay. Zwischen Küste und Bergen liegen die Küstenebenen, schlecht entwässerte Gebiete mit Sümpfen und unzähligen Wasseradern, während auf den sogenannten »Tablelands«, den flachen Plateaus auf den Bergen, eine Art arktischer Tundra vorherrscht. An geschützten Stellen wachsen hier verkrüppelte Tannen, 60 cm bis 2 Meter hoch, an den exponierten Stellen nur Moose und Flechten. Steilabfallende Täler mit 600 Meter hohen Wänden sind das Werk von Gletschern der Eiszeit, und einige der zahlreichen Wasserfälle stürzen von so hoch hinunter, daß sich das Wasser in der Luft in Sprühregen verwandelt.

Der Park, nur 120 km von Corner Brook entfernt, ist über Highway No. 430, der in Deer Lake den Trans-Canada Highway verläßt, leicht erreichbar. Deer Lake hat auch einen modernen Flugplatz, und Busse bringen die Besucher von hier aus in den Park, in dem kürzlich weitläufige Wanderwege angelegt wurden.

Terra Nova National Park – Eisberge wie Schlösser und 600 Millionen Jahre alte Versteinerungen

Terra Nova National Park an der Bonavista Bay ist Neufundlands zweiter Nationalpark und der östlichste in Kanada. 400 km² groß, 233 km von St. John's entfernt und am Trans-Canada Highway gelegen, ist der Park leicht im Auto erreichbar. Auch von Gander aus, dem nächstgelegenen kommerziellen Flugplatz, sind es nur 77 km bis zu den Parktoren.

Terra Nova, wie alle Parks in Kanada das ganze Jahr hindurch geöffnet, erhält den größten Besucherstrom in den Sommermonaten. Doch zu jeder Jahreszeit ist der Park eine Symphonie von Meer und Küste, bewaldeten Hügeln und weiten Sümpfen, Inlandseen und großen Kolonien von Wasservögeln. Mehr noch, Terra Nova ist der Ort in Neufundland, wo man den Wildtieren der dunklen Wälder am leichtesten begegnet. Elche traben über die Campingplätze, Bären werden oft gefangen und an abgelegeneren Orten wieder ausgesetzt, und selbst die äußerst scheuen Kanadaluchse kann man hier mit etwas Glück frühmorgens und spätabends beobachten.

Von den Wanderwegen aus sind die Eisberge vor der Küste zu sehen. Großen Schlössern ähnlich, mit Zinnen und Türmen, schwimmen sie bis tief in den Sommer hinein majestätisch der Küste entlang. Vor der Küste tummeln sich auch Robben und Wale. Hochseefischen ist in dieser Gegend Neufundlands eine Spezialität, Thunfische von bis zu 300 kg Gewicht werden gefangen. Und noch etwas gibt es vor dieser Küste, das einer gewöhnlichen Landratte kalte Schauer den Rücken hinunterjagt: gewaltige Tintenfische, nach Berichten einheimischer Fischer über 30 Meter lange Riesen. Glücklicherweise tauchen diese Monster nur sehr selten an die Oberfläche.

Nicht verpassen sollte man eine Fahrt von St. John's nach Cape Race. Hier, bei Mistaken Point, wurden 1968 die ältesten Versteinerungen aus dem Präkambrium gefunden. Es sind Fossilien von Tieren, die diese Welt vor 600 Millionen Jahren bevölkerten.

Zu Fuß in den Nationalparks – Eine Handvoll hilfreicher Tips

Weil die meisten Nationalparks in Kanada auf Schusters Rappen erkundet werden sollten, scheint mir hier der richtige Ort, ein paar Tips anzubringen. Sie beruhen auf dem gesunden Menschenverstand, und wenn Sie sie befolgen, vermeiden Sie Unannehmlichkeiten oder gar Tragödien. Eines dürfen Sie nicht vergessen: In den weitläufigen kanadischen Parks befinden Sie sich noch in absoluter Wildnis, und sollte etwas schief gehen, können Sie nicht einfach ins nächste Dorf ans Telefon rennen. Deshalb sind die wichtigsten Regeln, daß Sie Ihre Wanderung gut vorbereiten, sich entsprechend ausrüsten und beim Parkwärter ab- und zurückmelden, daß Sie wissen, wie lange Sie fortbleiben wollen und wohin Sie gehen.

Schon mehr eine Plage als ein Übel sind die Moskitos und die »Blackflies«, kleine stechende Fliegen, die vom Mai bis in den Juli hinein in den Parks anzutreffen sind. Über die Qualen, die diese Pesten dem Wanderer verursachen, und wie sie eine Wanderung vollkommen verpfuschen können, ist schon viel geschrieben worden. Diese Geschichten sind alle wahr und die Qualen kaum auszuhalten, wenn Sie – und das ist das Entscheidende –, wenn Sie keine Schutzmaßnahmen treffen.

Dazu gehört schon die Kleidung. Dunkle Kleider ziehen die Moskitos an: man trägt deshalb helle, weiße oder gelbe. Selbst Blue Jeans, es sei denn gebleichte, sind nicht besonders ideal. Die Kleider sollen auch im Schnitt vernünftig sein: langärmelige Hemden oder Blusen, die man am Hals und an den Handgelenken schließen kann, ein Halstuch und eine lange Hose (keine Shorts); man stopft sie am besten in die Socken oder die Stiefel. Mit anderen Worten: Kleiden Sie sich so, daß möglichst wenig nackte Haut sichtbar wird. Empfehlenswert ist auch ein Moskitonetz, das man, wenn die Sache allzu schlimm wird, über den Kopf stülpt.

Auch süßliche Blumendüfte, Bananen, Colognes, duftende Seifen und Shampoos locken Moskitos an. Die besten Abwehrmittel enthalten Äthyltoluamide; sie sollten dünn, aber gleichmäßig aufgetragen werden, nicht nur auf die Haut, sondern auch auf die Kleider, speziell am Kragen, um die Handgelenke, um die Taille und auf der Brust. Sollte das Mittel ausgehen, hilft es, die Schale einer Orange oder Zitrone auf die Haut zu reiben.

Doch auch der bestausgerüstete Naturfreund kann nicht verhindern, daß ihn Moskitos stechen. Wer allergisch ist und ungewöhnliche Schwellungen feststellt, sollte zum Arzt gehen; bei gewöhnlichem Jucken hilft eine Paste aus Backpulver und Wasser. Galmeiwasser hat den gleichen Effekt.

Ebenso ungewohnt ist das Wild, das der Wanderer in den kanadischen Parks antrifft: Elche, Hirsche, Karibus, Wapitis, Dickhornschafe, Bergziegen, Stinktiere, Kojoten, Wölfe, Vielfraße und andere. Hier gilt als Grundregel: Man läßt diese Tiere in Ruhe! Man füttert sie nicht, stört sie nicht, und Fotos macht man am besten mit dem Teleobjektiv.

Ein besonderes Kapitel sind die Bären. Für viele Leute, die Wald und Berge lieben, gehört die Aussicht einen Bären zu sehen zu ihrer Auffassung von Wildnis. Heute müssen wir es jedoch regelrecht lernen, diese Wildnis mit den ursprünglichen Bewohnern zu teilen. Neue Studien von Experten, an ihrer Spitze Stephen Herrero, Professor für Biologie und Umweltprobleme an der Universität Calgary, machen Vorschläge für ein mögliches Zusammenleben von Menschen und Bären. So legt man in Kananaskis Country in der Nähe von Calgary Pfade und Wege so an, daß sie die Wanderer von den Bärengebieten fernhalten oder den Bären Rückzugsmöglichkeiten lassen. Leider sind jedoch die meisten Wege in den Nationalparks nicht nach diesen Prinzipien angelegt.

Um eine unvorhergesehene Begegnung mit einem Bären zu vermeiden, gelten die folgenden Vorsichtsmaßnahmen:

Man hält jederzeit die Augen offen und denkt voraus.

Man macht Lärm, am besten mit einer kleinen Glocke am Rucksack oder einer mit ein paar Steinen gefüllten Blechbüchse. Die meisten Bären ziehen sich zurück, wenn sie merken, daß Menschen in der Nähe sind.

Besondere Vorsicht ist geboten, wenn man gegen den Wind wandert. Bären lieben es nicht, überrascht zu werden. Man hält sich deshalb möglichst an offenes Gelände, vermeidet Beerenplätze und geht nie in die Nähe einer Bärenbeute. Kinder sollten bei den Erwachsenen bleiben.

Man hält nach Bärenzeichen Ausschau, frischen Spuren, Kothaufen, aufgewühlter Erde, umgewühlten Steinen.

Es ist immer eine Dummheit, sich einem Bärenjungen zu nähern, auch wenn es noch so »herzig« aussieht. Es sei denn, man wolle sich mit einer 300 kg schweren Bärin einlassen.

Beim Zelten im Hinterland stellt man das Zelt abseits von Wildwechseln und Pfaden auf, wenn möglich in der Nähe von Bäumen, die leicht zu erklettern sind. Alle Nahrungsmittel werden vom Zelt entfernt aufbewahrt, am besten in einer Schlinge am Baum hängend. Kochen und Essen im Zelt ist für den Bären mit seinem ausgezeichneten Geruchsinn eine offene Einladung. Alle Abfälle trägt man in Säcken zum Ausgangspunkt der Wanderung zurück.

Es ist aber trotz dieser Vorsichtsmaßnahmen möglich, daß man einem Bären begegnet. Entdeckt man ihn, umgeht man ihn in großem Bogen, ist es ein Grisly, zieht man sich zurück, wenn immer möglich so, daß der Bär den Menschengeruch wittert und weiß, wo man sich befindet. Ist ein Ausweichen nicht mehr möglich, wartet man, bis der Bär den Pfad verläßt.

Tritt das Schlimmste ein, und ein Bär greift an, hat Weglaufen keinen Sinn. Der Bär ist schneller als ein Rennpferd, und hastige, unkontrollierte Bewegungen irritieren ihn. Wichtig ist also, daß man nicht in sinnlose Panik fällt, sondern ruhig bleibt und leise auf den Bären einredet. Dann legt man langsam den Rucksack ab und stellt ihn zur Ablenkung auf den Boden. Und nun nichts wie ab auf die Bäume, und zwar mindestens vier bis fünf Meter hoch. Ein ausgewachsener Grisly streckt sich ohne weiteres drei Meter aus, und Schwarzbären sind geübte Kletterer, wenn auch bedeutend weniger aggressiv.

Als letzte Lösung bleibt nur eines, sich totstellen. Dabei läßt man sich mit dem Gesicht gegen den Boden fallen, zieht die Beine gegen die Brust hoch und schützt mit verschränkten Händen und Armen den Nacken. Man mache sich dabei keine romantischen Vorstellungen: wirklich still liegen braucht eine gehörige Dosis Mut. Bei Schwarzbären allerdings verteidigt man sich laut schreiend und mit allen verfügbaren Mitteln.

Sie sollten nun aber trotz dieser Bärengeschichten ihre Wanderung nicht unterlassen. Bedenkt man nämlich, wie viele Besucher jährlich in die Parks kommen, sind die Zwischenfälle mit Bären außerordentlich selten. Und die Gründe, die zu Unfällen führen, sind immer Unvorsichtigkeit, Unwissenheit oder ganz einfach Dummheit der Menschen.

Zur Vorbereitung für eine Wanderung in den Parks gehört eine gute Ausrüstung, die immer einen Regenschutz und warme Kleider enthalten soll. Auch Karte und Kompaß sind wichtig, und natürlich die Fähigkeit, sie zu handhaben.

Eine der größten Gefahren für den Unvorbereiteten, weit gefährlicher als alle Bären zusammen, ist die *Hypothermie,* eine krasse Unterkühlung der Körpertemperatur, die dann eintritt, wenn der Körper mehr Wärme aufbraucht, als er produziert. Dabei muß man gar nicht ins eiskalte Wasser fallen oder bei Temperaturen unter Null unterwegs sein, die meisten Zwischenfälle entstehen bei einer Lufttemperatur von −1° bis +10°! Wird dieser Wärmeverlust nicht aufgehalten, tritt Benommenheit, dann Zusammenbruch und schließlich der Tod ein.

Vorbeugen ist auch hier besser als Heilen. Man versuche trocken zu bleiben, setze sich nicht dem Wind aus und ziehe den Regenschutz an, bevor man durchnäßt ist. Man muß auch den Mut haben, umzukehren, wenn das Ziel scheinbar in greifbarer Nähe liegt. Wollene Kleider sind am besten; sie wärmen auch, wenn sie naß sind. Die Nahrung sollte viel Fett und Kohlehydrate enthalten und auf dem ganzen Weg geknabbert werden.

Zum Abschluß noch ein Wort zum Thema Restaurants und Lebensmittelläden in den Parks. Europäische Besucher sind immer wieder überrascht, daß es dort keine derartigen Einrichtungen gibt. Wer also im Camper oder Wohnmobil die Nationalparks besucht, muß vorsorgen und rechtzeitig Vorräte einkaufen.

Die alten Kanurouten

In den letzten Jahren hat der Kanusport in Kanada einen riesigen Aufschwung erlebt. Bessere Arbeitsbedingungen, höhere Löhne und bessere Sozialleistungen haben auch hier vermehrte Freizeit gebracht, die oft besonders von jungen Leuten mit dem Kanusport ausgefüllt wird. Diese Entwicklung geht Hand in Hand mit einem neuen Verhältnis zur Natur und dem allgemeinen Wunsch, diese Natur zu erhalten. Als Teil dieser Bemühungen wurden in den Jahren 1972/1973 die wilden Flüsse in allen Provinzen und Territorien von Angehörigen des Departements für Nationalparks in Kanus neu erkundet. Ihre Berichte sind heute leider vergriffen. Stattdessen gibt es nun, zum erstenmal in deutscher Sprache, zwei Bücher, die Kanutouren auf rund 60 kanadischen Flüssen beschreiben; sie sind im Sommer 1987 im Diekmann/Thieme Verlag als *Kanu-Atlas Kanada* herausgekommen.

1967 wurde auch eine alte Voyageur-Route neu entdeckt, als im Rahmen der Feierlichkeiten zur hundertjährigen Unabhängigkeit ein Kanurennen von Rocky Mountain House in Alberta bis Montreal veranstaltet wurde. Neunzig Paddler aus allen Provinzen nahmen daran teil, jeweils zehn pro Mannschaft. Diese modernen Voyageurs paddelten in 104 Tagen eine Strecke von fast 5000 km und bewältigten über 100 km in Portagen.

Heute ist dieser Wasserweg – an vielen Stellen durch Staudämme fast unkenntlich gemacht, an anderen Stellen noch genauso wild und hart wie vor zweihundert Jahren – wieder markiert und auf der ganzen Länge befahrbar.

1984 wurde von Parks Canada das Heritage Rivers-System ins Leben gerufen, das die schönsten Wildflüsse Kanadas unter Schutz stellt (Auskünfte c/o Environment Canada-Parks, Ottawa, Ont. K1A 1G2).

8000 KILOMETER ZWISCHEN PAZIFIK UND ATLANTIK

Der Trans-Canada Highway

Schon einige Fakten über diese bedeutende Straße sind überwältigend. Sie ist die längste ausgebaute Nationalstraße der Welt, beginnt an der Juan de Fuca Strait und endet 8000 Kilometer weiter östlich an einer einsamen, lieblichen Bucht weit draußen im Atlantik, auf der neufundländischen Halbinsel Avalon. Sie durchquert sechs Zeitzonen, durchzieht alle zehn Provinzen und hüpft fröhlich über vier Inseln hinweg, Vancouver Island im Westen, Prince Edward Island, Cape Breton Island und Neufundland im Osten. Ihr Bau kostete eine Milliarde Dollar; trotzdem fährt man auf ihr gebührenfrei. Außer tropischem Dschungel und Wüste durchquert sie alle auf der Erde möglichen Terrainvariationen. 1949 wurde mit dem Bau begonnen, der ganze 20 Jahre in Anspruch nahm, obwohl als Einweihungsdatum ursprünglich 1956 vorgesehen war. Den Ingenieuren wurde bald klar, daß die Straße weit schwieriger zu bauen war, als man ursprünglich angenommen hatte. Es gab riesige Gebiete, wo überhaupt noch nie eine Straße existiert hatte. Quebec, schon immer ein Sonderling unter den Provinzen, wartete fast zehn Jahre, bis es sich einverstanden erklärte, sein Teilstück des gewaltigen Projektes zu bauen. Ontario rang in der fast endlosen Felswüste und den kilometerweiten Sümpfen des Kanadischen Schildes jahrelang mit Problemen. Der Canso-Damm, der heute Cape Breton Island mit dem Festland verbindet, zeigte sich erst, nachdem über fünf Millionen Kubikmeter Material in die 70 Meter tiefe Wasserstraße geschüttet waren.

Den Europäer dünkt es vielleicht verkehrt, wenn ich behaupte, daß der Trans-Canada Highway im Westen beginnt und der Sonne entgegenführt. Doch Victoria hat den Fall vorläufig entschieden, indem es eine große Tafel mit dem Ahornblatt – dem Symbol der Straße – und der Aufschrift »Mile O« an die Ufer des Stillen Ozeans stellen ließ, und eigentlich könnte man sich dafür kaum einen hübscheren Ort wünschen. So beginnt also der Highway in Victoria, der Hauptstadt von British Columbia. Durch die bewaldete, oft unwegsame Insel, deren Reichtum das Holz ist, führt er nach Nanaimo, dem Einschiffungsort für die Überfahrt mit der Fähre ans Festland, nach Vancouver. Diese Gartenstadt an der Küste ist nicht nur wunderschön, sondern auch ein wichtiger Knotenpunkt für den Flug- und Schiffsverkehr.

Von Vancouver windet sich der Highway das fruchtbare Fraser Valley hinauf, das Zentrum der Milchwirtschaft in British Columbia. Der Fluß hat hier ausgetobt und wälzt sich in breiter, stoischer Ruhe dem Meer zu. Weiter talaufwärts führt der Highway in das wilde Labyrinth der Schlucht, wo der Fraser in Jahrmillionen das Küstengebirge durchschnitten hat. Das hundert Kilometer lange Teilstück zwischen Hope und Lytton, in den soliden Fels eingesprengt und in schwindelnder Höhe über Brücken geführt, war Kanadas erste Route zum Pazifik. Vor hundertzehn Jahren entstand hier der Douglas Trail zu den Goldfeldern im Innern des Landes, und niemand wird je genau wissen, wieviele Männer und Lasttiere bei der schwierigen Konstruktion an den senkrecht abfallenden Felswänden von den schäumenden Wassern verschlungen wurden. Das Teilstück bei China Bar ist denn auch das teuerste des ganzen Highway; fünf Millionen Dollar kostete die Strecke von drei Kilometern – zu einer Zeit, als der Dollar noch bedeutend mehr wert war. Bei Lytton, wo sich der Thompson mit dem Fraser vereint, einer kleinen Stadt, die mit ihrer staubigen Hauptstraße, den falschen Fassaden und den Bewohnern in breitkrempigen Stetsonhüten jedem Wildwestfilm Ehre machen würde, wendet sich der Highway gegen Osten.

Die hohen dunklen Tannen und das dichte Unterholz sind schon lange zurückgeblieben. Die Fahrt geht nun durch das weitoffene Rinderland von British Columbia. Parklandschaften mit Kanadischen Pappeln und schlanken, hohen Föhren, Kakteen, vereinzelte Alkaliseen – meist ausgetrocknet, der Boden weiß von zurückgebliebenem Salz – und endlose Flächen, wo nur der Salbei wächst, bestimmen jetzt den Charakter der Landschaft. Mittelpunkt dieses Viehzuchtgebietes ist *Kamloops,* eine reizende Stadt mit gut 60 000 Einwohnern am Zusammenfluß des North und South Thompson.

Anziehend ist auch das Hinterland. Weiche, rollende Hügel, offenes Grasland, auf den Kuppen der Hügel dunkle, fast geheimnisvolle Wälder, wo eine Begegnung mit Bären, Hirschen, Elchen, Kojoten für den Cowboy noch fast zum täglichen Brot gehört, genauso wie Sonnenuntergänge in einer Farbenpracht, wie sie sonst nur in der Wüste zu sehen sind. Auf einer fernen Anhöhe beginnt ein Kojote sein Geheul und hohes Gekläffe, das einem kalte Schauer über den Rücken jagt. Dann kommt die Antwort, bald von nah, bald von fern, schwillt an und verklingt: ein überzeugender Ausdruck der Einsamkeit, Größe und Menschenleere dieses Gebietes.

Doch die Straße führt weiter, vorbei an unzähligen forellenreichen Seen und reißenden Flüssen, in denen jeden Herbst die Lachse hochsteigen, um zu laichen und zu sterben; ihr Leben erfüllt sich mit der Rückkehr zum Geburtsort und der Fortpflanzung der Gattung. Schließlich führt der Highway durch die *Monashee Mountains* ins breite Tal des Columbia.

Hier beginnt das vielleicht imposanteste Teilstück des Trans-Canada Highway, der Durchstoß der Selkirk-Kette und die Überquerung des Felsengebirges. Der Fels, Millionen Jahre älter als die übrigen Rocky Mountains, ist so brüchig und spröde, daß für den Straßenbau eine völlig neue Sprengtechnik entwickelt werden mußte. Auf dem Rogers Pass (1500 m) erreicht der Highway seinen höchsten Punkt. Trotz dieser relativ geringen Höhe ist das Gebiet so wild und unnahbar, daß selbst die transkontinentale Eisenbahn, die CPR (heute CP-Rail), in einem Tunnel Zuflucht sucht, Zuflucht vor allem vor den ungeheuren Schneemassen, die jeden Winter in dieser Region fallen – 1966/1967 zum Beispiel rund 18 Meter. Hier, inmitten von Drei- und Viertausendern, die fast senkrecht aus dem Tal des Illecillewaet River und am Highway vorbei emporsteigen, donnern an langen, steilen Hängen Lawinen hinunter bis in den Fluß. Der Bau des 150 km langen Übergangs dauerte zwölf Jahre, doch die Mühe hat sich gelohnt. Heute belaufen sich die Verkehrsunterbrechungen selbst im strengsten Winter nur auf rund zwölf Tage. Als sich bei den Vermessungen nämlich herausstellte, daß die größten Schneemassen meist direkt auf die geplante Straße stürzen, erstellte man acht große Verbauungen aus Eisenbeton, die schon eher Tunnels gleichen. Aber lange bevor eine Lawine den Highway erreicht, wird sie hoch oben durch einen Wirrwarr von Verbauungen aufgebrochen und verteilt. Erdwälle wie Zuckerstöcke schneiden die Schneemassen auseinander. Dämme aus Gestein und Erde leiten sie in künstliche Rutschbahnen, zwängen sie auf die Breite der Verbauungen und leiten sie harmlos über den Highway. An gefährlichen Stellen werden Minenwerfer eingesetzt, die Sprenggranaten bis auf eine Höhe von 3500 Meter schleudern und Schneestauungen verhindern.

Auf diesem Wegstück, das durch einige der schönsten Nationalparks Kanadas und durch die gigantische und überwältigende Bergwelt der Viertausender führt, darf man sich nicht zu sehr beeilen. In dieser ungetrübten Wildnis hausen auch noch die rechtmäßigen Bewohner. Selbst auf dem Highway begegnet der Besucher Dickhornschafen, Rudeln von Hirschen und Wapitis, die sich nicht im geringsten um die Autoschlangen kümmern, die ihretwegen entstehen, wissen sie doch genau, daß sie im Park durch strenge Gesetze geschützt sind. Weit unten im Bow River, der seine milchiggrünen Gletscherwasser bis in die Prärie hinaus trägt, ist im Sommer der Elch zu sehen; bis zum Hals im Wasser, versucht er den Plagegeistern von Moskitos und Fliegen zu entgehen. Auch der Schwarzbär ist nie weit weg.

Durch diese Wildnis führt der Highway nach Lake Louise und Banff, zwei Juwelen in den kanadischen Rockies. Hier treffen sich die Touristen aus aller Herren Ländern, nicht nur, um die ungestörte Wildheit des Landes zu genießen, sondern auch um in erstklassigen teuren Hotels mit Schwimmbecken und zauberhaft angelegten Golfplätzen zivilisierteren Genüssen zu frönen.

Dann aber beginnen die Berge zurückzufallen; das Land öffnet sich, und das schwarze Band der Straße durchquert das Viehzuchtgebiet am Fuß des Felsengebirges. Die Tannenwälder der Gebirge weichen lichteren Gehölzen aus Eschen und Pappeln, diese den Weidenstauden, und schließlich bleibt nur noch Gras. In Calgary, der Stadt der Ölbarone und Cowboys, finden jährlich die weltberühmten Reiterspiele statt. Wilde Gäule werden durch die Stadt

Kanadas bewegte Vergangenheit lebt in den historischen Stätten erneut auf. *Nonsuch* am St. Lorenz. Die erste *Nonsuch* fuhr 1668 in die Hudson Bay ein.

Ein typisches Holzhaus in der Provinz Quebec

Vereinzelt leben die Indianer noch wie vor Jahrhunderten von Jagd und Fischfang. Ein Dogrib-Indianer von der Great Slave Lake-Region säubert Pelze für den Markt im Süden.

Die Steinschnitzereien der Eskimos gehören heute zu den bekanntesten Souvenirs einer Kanadareise.

Die Jagd auf Pelztiere war es, die das Land erschloß, und noch immer gehören kanadische Pelze zu den besten der Welt. Pelzkammer in Fort Edmonton Historical Park.

Sattel, Lasso, Sporen... sie sind noch »Werkzeuge« echter Cowboys und nicht bloße Verzierungen eines Filmstars. *Round-up* auf einer Ranch bei Heffley Creek, B. C.

Ein Cowboy kontrolliert eine Herde von reinrassigen Hereford-Kühen in der Nähe von Kamloops, B. C.

Cowboy-Romantik bei Longview, südlich von Calgary, Alberta

Die riesigen Douglas-Fichten an der Westküste

Hell's Gate am Ende des 50 km langen Grand Canyon of the Liard

Skifahren, Bergsteigen, Jagen... die Möglichkeiten in Kanada sind unendlich. Harper Mountain in der Nähe von Kamloops B. C. ist ein von einem Schweizer und einem Deutschen erschlossenes Skigebiet, ideal für Familien.

Canatrek-Bergführer begleiten kleine Gruppen im Auyuittuq National Park auf Baffin Island.

Peter Neumann, ein ehemaliger Förster aus Deutschland, heute in B. C. ansässig, mit seiner Jagdbeute.

Sandstrände, lange Küsten, Berge, flache Prärie, heiße Quellen – sie alle sind Kanada. In der Prärie, hier ein blühendes Rapsfeld bei Ohaton, Alta., beeindruckt der unendlich weite Himmel am meisten.

Rabbitkettle Hot Springs am nördlichen Rande des Nahanni National Park. Die farbigen Mineralienablagerungen – englisch *tufa* genannt – haben elegante Treppen geschaffen.

Im Westen ist einmal mehr das Meer... Brandung bei Long Beach im Pacific Rim National Park.

Im Westen fallen die Berge steil zum Meere ab. Die Inside Passage vom Mt. Estero aus (2200 m), Blick gegen Vancouver Island.

In der Sonne brütende Hänge, vereinzelte Föhren, im Talboden tiefgrüne, bewässerte Felder und Obstgärten, alle sind typisch für das Okanagan Valley in B. C. Bei Osoyoos in der Nähe der Grenze zu den USA.

Die Iron Gates, die ersten der turmhohen roten Sandsteinklippen des Sinclair Canyon, befinden sich im Kootenay National Park. Durch diese Schlucht führt die Straße nach Radium Hot Springs. Das geruch- und geschmacklose Wasser der Heißen Quellen (45°) wird gekühlt und in Freiluftbecken geleitet, die vom Park Service unterhalten werden.

Ausläufer des Niagara Escarpment nördlich von Toronto

Badlands im Dinosaur Provincial Park bei Brooks, Alberta

Juwel der Rockies: Banff vom Stoney Squaw Mountain aus gesehen

Wildtiere, die an vielen Orten nur noch im Zoo vorkommen, leben hier in freier Wildbahn. Der Kanada-Luchs wurde im Jasper National Park mit seiner Elchbeute überrascht.

Schwarzbären gibt es praktisch noch in jeder Provinz. Man begegnet ihnen aber vor allem in den Naturparks.

Kamerajagden sind ebenso faszinierend wie »echte« Jagdausflüge und bedeutend billiger. Junge Adler in den Kootenays.

Dickhornschafe sind in allen Gebirgsparks anzutreffen. Dieser herrliche Widder wurde in den Kootenays »geschossen«.

Vor der Küste des Pacific Rim National Parks tummeln sich riesige Walroßherden zusammen mit den vor dem Aussterben geretteten Seeottern.

Im Sommer kommen bis zu 1,5 Millionen Robben auf die Pribilof Islands, die westlich von Alaska im Beringmeer liegen. Weiter findet man dort über 100 Millionen Seevögel in 180 Arten!

Kein Volk mußte sich einem rauheren Klima anpassen als die Eskimos des kanadischen Nordens und Alaskas, und dennoch scheint kein Volk glücklicher zu sein.

getrieben, Cowboys reiten ihre Pferde zu den *Saloons*, und jedermann, vom Bankmanager bis zur Serviererin, zieht Jeans und Stiefel mit hohen Absätzen an und setzt einen breitkrempigen Hut auf.

Außerhalb der Stadt, Ort der XV. Olympischen Winterspiele 1988, bilden die Berge eine dünne blaue Linie am Horizont; der Highway stößt in die Ebenen der Weizenfelder vor. Hier, wo einst Millionen von Büffeln grasten, stehen noch die Gerippe von Lattenzäunen, die im Herbst montiert werden und im Winter den Schnee von der Straße abhalten.

Die Prärie ist auf ihre eigene Art faszinierend und gewiß nie eintönig. Immer wieder scheint der Highway schnurgerade in den Himmel zu wachsen, und stundenlang ist man versucht, auf den Gashebel zu treten und wie mit einem Bleifuß zu fahren. Stundenlang geht die Fahrt ohne viel Gegenverkehr an einsamen Farmen vorbei, die kilometerweit voneinander entfernt sind. Die Dörfer, klein, weit verstreut, die Häuser immer um ein paar hohe Weizenspeicher geschart, stehen abseits der Durchgangsstraße. In der Ferne sieht man den Zwiebelturm einer »russischen« Kirche und glaubt diese drei oder vier Kilometer entfernt. Der Farmer in seinem verbeulten Lieferwagen, sein Gesicht gebräunt und seine Augen halb zugekniffen vom ständigen Wind, sagt, es seien fünfzehn oder zwanzig Kilometer...

Dann folgt die Provinz mit dem wohlklingenden Namen Saskatchewan. Dieses Indianerwort heißt eigentlich *Sis-sis-katchewan-sepie* »zorniges Wasser«. Durch Regina, die Hauptstadt mit großzügigen Gartenanlagen und Wolkenkratzern, geht es weiter, unter einem riesigen, endlosen Himmel.

Auch in Manitoba reichen die Weizenfelder von Horizont zu Horizont. Hier sind viele Ukrainer zu Hause, die in den Ebenen ein ihrer Heimat so ähnliches Land gefunden haben. Noch heute pflegen sie ihre farbenfrohen Tänze und Volksbräuche.

Sogar in diesen scheinbar hindernislosen Ebenen sind die Bauingenieure auf Schwierigkeiten gestoßen. In der Nähe von Portage la Prairie brachte während der Konstruktion einer Brücke der gewöhnlich ruhig dahinfließende Assiniboine zweimal so gewaltige Sturzfluten, daß die Pfeiler fortgerissen wurden. Aber man wußte sich zu helfen, baute die Brücke über ein altes, ausgetrocknetes Flußbett, änderte dann den Lauf des Flusses und leitete ihn unter die fertige Brücke.

Die flache Prärie geht fast ein wenig überraschend wenige Kilometer östlich von Winnipeg, der Hauptstadt Manitobas, zu Ende, und der Highway führt nun in die ersten Ausläufer des Kanadischen Schildes. Der Weizenbau weicht der gemischten Landwirtschaft, Weidengehölz taucht auf, dann eine Art Parklandschaft, und schließlich beginnen einmal mehr die Wälder. Hier sind sie dunkel und geheimnisvoll und erstrecken sich über Tausende von Quadratkilometern bis weit in den Norden hinauf. Man muß hier unbedingt im Herbst unterwegs sein, in den Tagen des *Indian Summer* (ähnlich dem europäischen Altweibersommer, aber etwas später), wenn Millionen von

Birken, Eschen und Pappeln ihre goldene Pracht in Tausenden von Seen und Flüssen spiegeln, deren moorige Wasser dunkel sind wie Tabaksaft.

Von Dryden bis zum Lake Superior finden wir noch absolute Wildnis, und man erzählt noch heute die Geschichte vom Straßenstück, das über Nacht spurlos im Sumpf verschwand. Am Lake Superior selber wurden die Bauarbeiter und Baumaschinen in Barken an Land gesetzt und mußten sich den Weg zu den geplanten Straßenstücken selber bahnen. 147 Brücken entstanden hier, und riesige Felsmassen mußten dabei aus dem Weg geräumt werden. Nicht selten sprengten die Bautrupps Schluchten bis zwanzig Meter Breite in den Felsen, um eine gefährliche, unübersichtliche Kurve zu vermeiden.

Den See entlang bis nach Soo öffnet sich der Busch; die Hügel werden runder. Die vielen gutausgebauten Parkplätze und Raststellen verlocken zum Anhalten, und die Aussicht über den gewaltigen See – schon eher ein Meer – ist einzigartig. Unzählige lange Sandstrände laden zum Baden ein, verträumte Buchten mit vom Wind verkrüppelten Föhren zum Kanufahren, und das Leben mit Zelt und Schlafsack wird hier zum uneingeschränkten Genuß.

In diesem Gebiet, ungefähr 150 Kilometer nordöstlich des Sees, übrigens in einer der kältesten Gegenden Kanadas, mit Rekordtemperaturen bis zu minus 60° Celsius, arbeitete ich vor Jahren als Holzfäller.

Ich erinnere mich besonders an eine Nacht Ende März. Wir hatten die nötigen Quoten erreicht, und ich arbeitete noch ein paar Tage an einer fahrbaren Säge. Die Maschine stand weit draußen im Busch auf einer kleinen Anhöhe; mit ihr zersägten wir die langen und in riesigen Haufen aufgestapelten Baumstämme in die nötige Länge für die Papiermühlen, um sie dann auf Lastwagen zu den Seen zu transportieren. Wir hatten Nachtschicht. Die eisige Kälte kroch selbst durch die wollenen Jacken und Hosen. Es herrschte eine absolute Stille, wie man sie nur im Norden findet. Ein halbfertiger Mond hing am Himmel, und in seinem fahlen, bleichen Licht sah man kilometerweit. Dann begann das Nordlicht zu flackern. Wilde Flammen zuckten am Himmel, ballten sich zu gewaltigen Gestalten zusammen und flossen auseinander in einem faszinierenden Naturschauspiel. Wir standen und starrten, von der Magie des Nordens gepackt, bis das Kreischen der Säge und das rauhe »Come on you guys, get the hell back to work« des Vorarbeiters den Bann brachen. Doch der Norden hielt uns und ließ uns nicht mehr los. Wir fluchten über die Kälte, die harte Arbeit, später über die Moskitos und die Einsamkeit und gingen schließlich in die Zivilisation zurück. Doch die unerklärliche Kraft, die einen immer wieder in den Norden zieht, wird kaum kleiner, früher oder später geht man von neuem...

Doch für diesmal müssen wir weiter, nach Sudbury, der größten Nickelmine der Welt. Öde und kahl ist diese Stadt, umgeben von hohen Abräumhalden und blanken Felsen, und nur die Bewohner scheinen sich nicht daran zu stoßen.

Kurz nach Sudbury teilt sich der Highway. Trans-Canada No. 1 verläuft in Richtung Süden, vorbei am Tummelplatz und Ferienort der Bewohner von Toronto, die in der Muskokaregion mit ihren verträumten Seen, Flüssen und Wäldern zu Tausenden ihre Ferienhäuser haben.

Nun endlich bleibt der Busch zurück. Die Erde ist jetzt schwarz, tief und fruchtbar. Vor allem Holländer haben hier ihre Kunst bewiesen, aus Sumpf Land zu gewinnen. Ihre Gehöfte sind sauber und schmuck. Weiße Lattenzäune zieren Rasen und Blumengärten vor den Häusern, und entlang der langen Eingangswege stehen ganze Alleen von Ahornbäumen. Die riesigen Scheunen mit den typischen runden Dächern und den klassischen hohen Silos sind rot, grün oder weiß gestrichen und strahlen Reichtum, Wohlstand und Zufriedenheit der Farmer aus.

Darauf führt der Highway in das am dichtesten besiedelte Gebiet von Kanada, die großen Industriestädte. Toronto, Oshawa, Hamilton, London, Kitchener, Windsor tragen Wälder von Fernsehantennen, und ein Wirrwarr von Leitungen und Telefonstangen verunstaltet die Straßen.

Auf der fruchtbaren Niagara-Halbinsel übernimmt der Queen-Elizabeth-Expressway eine Zeitlang die Aufgabe der Nationalstraße. Die Halbinsel, ein einziger Obstgarten, ist weltberühmt, nicht nur wegen der grandiosen Wasserfälle, der Tausende von Hochzeitspaaren, die sie jedes Jahr besuchen, sondern auch wegen der herrlichen Pfirsiche, Aprikosen und Äpfel und des edlen Weines. Dann führt die Hauptstraße den Lake Ontario entlang weiter nach Montreal.

Die zweite Route, von Sudbury Richtung Montreal, führt abseits der besiedelten Zonen nach Ottawa. Die Hauptstadt des Landes am weiten Ottawa River ist hübsch gelegen. Das Parlamentsgebäude, mit dem riesigen Park, den alten Kanonen und Tausenden von Tulpen, ist ein vielbesuchter Touristenort.

Für das nächste Teilstück des Trans-Canada Highway müssen wir auf Französisch umstellen, denn nun passieren wir die bildhübschen Dörfer und Farmen der Franko-Kanadier. Die soliden großen Häuser aus rotem Backstein im ruhigen, fruchtbaren Tal des St.-Lorenz-Stromes machen einen schon fast bodenständigen Eindruck.

Aber nun erreichen wir Montreal, das Paris von Nordamerika. Der Park auf der Höhe des »Mount Royal« ist wohl der beste Ort, um die Stadt in ihrer ganzen Größe und Pracht zu überblicken. Wolkenkratzer, die mit denen in New York konkurrieren können, und schmale, intime Gäßlein, wo man glaubt, in Paris zu sein, stoßen hier oft unvermittelt aufeinander.

Montreal ist nicht Endstation der langen Reise. Weiter geht es – nun fast in einer anderen Welt – den St. Lorenz entlang nach Quebec, wohl einer der schönsten Städte Kanadas. Auch sie hat den bei Nordamerikanern so beliebten »Old country charm«. Da sind die berühmten »Plains of Abraham«, wo vor nicht allzuvielen Jahren der britische General James Wolfe die Franzosen besiegte. Da ist auch die herrliche »Promenade des Gouverneurs«, die elegante Straße, die hoch über dem Fluß der ganzen Breite der Stadt folgt und von wo aus die endlose Prozession der ein- und auslaufenden Schiffe am besten zu beobachten ist.

Weiter begleitet der Highway den Riesenstrom und führt durch eine Gegend, wo die Schiffe aus aller Welt und der Ackermann mit dem geduldigen Pferdegespann sich auf Steinwurfweite nähern. Die Dörfer mit den weißen, hohen Kirchtürmen erinnern an Europa; an einigen Orten backen die Farmersfrauen ihr Brot immer noch in Gemeinschaftsöfen im Freien.

In Cape Tormentine, New Brunswick, trifft der Highway wieder auf das Meer. Die Fähre überquert die *Northumberland Strait* nach Prince Edward Island. Wie ein einziger riesiger Garten mutet diese Insel an; ihre weichen, sandigen Küsten und Badestrände stehen im krassen Gegensatz zu den schroffen, felsigen Klippen der Festlandküste. Nun ist das Meer nie mehr weit, und salzige, herbe Luft begleitet die Route über das »Schottische Hochland«, entlang des Cabot Trail nach Cape Breton Island und zur Nordspitze von Nova Scotia. In North Sidney endet sie einmal mehr am Wasser.

Erst in *Port aux Basques,* dem westlichsten Punkt von Neufundland, beginnt der Highway wieder und führt noch einmal 1000 km nach Osten. Alles auf dieser rauhen, nebligen Insel scheint sich in Superlativen auszudrücken. Sie hat die älteste Geschichte, die humorvollsten Leute, die größte Armut, das fischreichste Meer, das teuerste Benzin und die wildeste Küste. In vielem gleicht sie dem weitentfernten Alaska: dieselben öden, von Nebel umhangenen Berge, unzählige namenlose Seen, dunke Wälder, die gleichen endlosen Sümpfe.

Noch vor ein paar Jahren war dieses Teilstück des Trans-Canada Highway das schlechteste im ganzen Land, und die Touristenbüros nannten es großzügig die »Straße der Abenteuer«. Heute ist diese romantische Zeit vorbei, und St. John's, das Endziel der großen Fahrt, kann auf einer Superstraße erreicht werden. Diese Stadt, die älteste in Nordamerika, weigert sich, eine Tafel aufzustellen, die das Ende des Highway anzeigt. »Selbstverständlich ist hier der Anfang«, sagen die Bewohner. Doch Anfang oder Ende ist nicht wichtig. Es fällt auf alle Fälle schwer, Abschied zu nehmen vom Highway, der, wenn es unbedingt sein muß und jemand irgendeinen Rekord aufstellen will, in acht Tagen befahren werden kann. Einem Highway aber auch, der dem Reisenden mit etwas Zigeuner- oder Vagabundenblut drei, vier oder gar sechs Monate lang ein einziges Abenteuer bietet, ist er doch nicht nur eine Verbindungslinie zwischen einzelnen Orten mit fremden Namen, sondern die Lebensader eines riesigen Landes mit wenig Einwohnern, ein Bindeglied für Bewohner, die oft grundverschieden voneinander sind, aber immer einig in einem: ihrer Liebe zum weiten herrlichen Land zwischen Pazifik und Atlantik.

Reisetips für den Trans-Canada Highway

Je nach der Größe Ihres Geldbeutels werden Sie auf ihrer Reise über den Trans-Canada Highway zwischen verschiedenen Unterkunftsmöglichkeiten wählen. Erstklassige Motels – meist an der Peripherie der Stadt und entlang der Durchgangsstraße gelegen – sind heute (1986) kaum mehr unter 40 Dollar erhältlich. Hotels, meist zentraler gelegen, offerieren Zimmer zu gleichen Preisen und bis zum Vierfachen davon.

An vielen Orten sind auch sogenannte »Housekeeping Cabins« zu vermieten, alleinstehende, saubere Häuschen mit einem oder zwei Zimmern, in denen man das Kochen und Waschen selber übernimmt. Besonders für Familien geeignet, aber etwas teurer.

Selbstverständlich am billigsten und gewiß auch am abenteuerlichsten sind immer noch Zelt und Schlafsack. Campingplätze gibt es überall an der Straße, mit Abstand die besten und schönsten in den National Parks und den Provincial Parks. Es lohnt sich jedenfalls, die Übernachtungen nach diesen Parks zu planen; längere Abstecher drängen sich auf, wenn diese Provincial Parks einmal nicht am Highway liegen. Holz für das Lagerfeuer und Trinkwasser sind immer gratis. Kosten pro Nacht 8–10 Dollar. In den Ferienmonaten lohnt es sich, frühzeitig anzuhalten (vor 3 Uhr), viele der Campingplätze sind täglich voll.

Neben den Campingplätzen in den Parks gibt es natürlich unzählige private Campingplätze (Kosten pro Nacht 8–15 Dollar). Nur zu oft gleichen sie einem Straßenkarneval und sind an scheußlichen Orten gelegen. Private Plätze sind meist sehr überfüllt. Hat man Glück, so gehts, wenn nicht, schätzt man am nächsten Abend den National oder Provincial Park um so mehr.

Selbstverständlich soll man nicht stur den Highway entlang rasen, sondern Abstecher einschalten, Nebenstraßen befahren – auch sie sind meist erstklassig –, an kleinen Orten anhalten und die Leute kennenlernen. Die Kanadier sind freundlich; ein Gespräch kommt leicht zustande. Gute Karten zeigen auch immer die Historischen Parks an, deren Besuch sich jederzeit lohnt.

Wildes Zelten ist auch in einem riesigen Land wie Kanada nicht zu empfehlen, ist aber noch möglich. Im heute so populären Camper, in dem man Bett und Kochgelegenheit mitführt, kann jederzeit angehalten und übernachtet werden, sollten die Campingplätze tatsächlich überfüllt sein. Die meisten Provincial Parks sind von 11 Uhr abends bis 7 Uhr früh geschlossen.

Kanadas Landschaft vom Zug aus

Das Wort »Landschaft« ist wohl kaum eine genügend starke Beschreibung für das, was man auf einer Bahnfahrt durch dieses Kanada Tag für Tag erlebt und vor Augen geführt bekommt. Es ist ein Naturschauspiel, das einen in einen eigentlichen Raumrausch versetzt, so daß man bald einfach weiterfahren will, Stunde um Stunde im Dome-Car (ein Aussichtswagen mit einer Plastikkanzel) sitzt, aus dem Fenster starrt und sich kaum entschließen kann, auch nur für die Mahlzeiten in den Speisewagen zu gehen.

Jeder, der aus den relativ engen Räumen Europas kommt, sollte sich eine Fahrt von einem Ozean zum andern leisten, als Einführung quasi, denn nur so wird er Kanada besser verstehen – und die Kanadier, die in diesem riesigen Land leben, für die eine Einkaufsfahrt von ein- oder zweihundert Kilometer nichts Besonderes ist, die vier- bis fünfstündige Autofahrten ins Theater mit einem Achselzucken hinnehmen und sich bei europäischen Besuchern fast entschuldigen, »daß es in der großen Landschaft manchmal stundenlang keine Abwechslung gibt.«

Es spielte nie eine große Rolle, ob man für diese Trans-Kanada-Reise die CN (Canadian National Railways) oder die CPR (Canadian Pacific Railway) wählte. 1978 hat eine neue staatliche Gesellschaft mit dem Namen VIA Rail Canada den Personenverkehr beider Gesellschaften unter einen Hut gebracht. Seither wird teure Doppelspurigkeit weitgehend vermieden und der Service ist attraktiver gestaltet. Vorgesehen – teilweise schon in Betrieb – sind die sogenannten »LCR«-Züge (Light, Comfortable, Rapid), die bis zu 190 km/h erreichen sollen. Der Umbau der Schienenwege für solche Geschwindigkeiten wird allerdings noch Jahre in Anspruch nehmen.

CN – Mehr als nur eine Eisenbahn

Die Canadian National Railways, die staatlichen Eisenbahnen, sind eine imposante Gesellschaft. CN unterhält eine Telefongesellschaft, eine Hotelkette, Werften, Lastwagen und Busse, eine Flotte von Fähren und Küstenschiffen. CN hat einen Schienenstrang von über 40 000 km, transportiert über 110 Millionen Tonnen Ware und – nun unter dem VIA-Zeichen – 10 Millionen Passagiere pro Jahr. Die Gesellschaft berührt alle 10 Provinzen, beide Territorien und 12 Staaten der USA.

Die Geschichte der staatlichen Eisenbahn, die übrigens in Toronto auch den höchsten freistehenden Turm der Welt bauen ließ, geht zurück auf den *Canadian National Railways Act* von 1919. Die Gesellschaft entstand durch den Zusammenschluß von fünf privaten, dann verstaatlichten Eisenbahnen: *The Grand Trunk, The Intercolonial, The Canadian Northern, The National Transcontinental, The Grand Trunk Pacific*. Der Zusammenschluß dieser Gesellschaften, die mehrheitlich am Rande des Konkurses standen, war nicht leicht, doch Sir Henry Thornton schaffte es. Heute hat die CN mehr als 135 000 Stück Rollmaterial (Wagen, Lokomotiven und Lastzüge) und beschäftigt über 80 000 Arbeitskräfte.

Obwohl während der letzten Jahre viele lokale Streckenabschnitte eingestellt wurden – die Bahn war gegenüber dem Auto und dem Flugzeug über die riesigen Distanzen nicht konkurrenzfähig –, offeriert die CN, heute allerdings unter VIA Rail, noch Dutzende von sogenannten »Maple Leaf Package Tours«, die nicht nur ganz Kanada, sondern auch Teile der USA einschließen. Diese Touren sind preisgünstig und enthalten – wie der Name sagt – ein ganzes Paket von Extras: Nebenreisen per Bus, Schiff oder Mietwagen, Mahlzeiten, Unterkünfte in Hotels, Sightseeing Tours.

Einschränkungen des Passagierverkehrs, die 1981 in Kraft traten und durch die ganze Streckenabschnitte stillgelegt wurden, sind von der neuen konservativen Regierung unter Mulrony wieder fast völlig aufgehoben worden. So ist auch die alte CN-Strecke Winnipeg–Edmonton–Jasper–Kamloops–Vancouver erneut in Betrieb. Die zweite transkontinentale Strecke führt nach wie vor über Winnipeg–Regina–Calgary–Banff–Kamloops nach Vancouver. Erkundigen Sie sich jedoch frühzeitig bei Ihrem Reisebüro nach Änderungen und dem neuesten Fahrplan von VIA Rail.

Canadian Pacific Railway – Ein Teil der kanadischen Geschichte

Die CPR (heute CP-Rail) ist eng mit der Geschichte des Landes verbunden. Diese transkontinentale Eisenbahn traf am 8. November 1885 zum erstenmal in Port Moody am Pazifik ein und machte das Land zu einer Einheit, die nun tatsächlich von Meer zu Meer reichte. Der erste fahrplanmäßige Personenzug verließ Montreal am 28. Juni 1886 und erreichte am 4. Juli Port Moody.

Die eigentliche Geburtsanzeige der CPR aber kam schon am 20. Juli 1871, als sich British Columbia dem *Dominion of Canada* anschloß. Entscheidend für diesen Entschluß war das Versprechen einer Bahnverbindung mit dem übrigen Land. Es bewog British Columbia zum schnellen Eintritt in den Bund. Was Kanada allerdings damit dem fernen Westen versprach, war wohl nur ganz wenigen Leuten klar. Die technischen Probleme, 1800 km Schienenstrang durch den Kanadischen Schild zu legen, weitere 1700 km durch die Prärie, dann 1000 km durch eine absolute Wildnis von gewaltigen Bergen und Wäldern, machten das Unternehmen zu einem der kühnsten seiner Zeit, und wer bedenkt, daß Kanada damals bloß vier Millionen Einwohner zählte, kann begreifen, daß viele Leute Macdonalds Traum von der Eisenbahn durch ein leeres Land für total verrückt hielten. Doch der Premierminister und seine Männer ließen sich nicht entmutigen; Landvermesser wurden entsandt, Geometer zogen durch das Felsengebirge, um nach dem besten Paß zu suchen, und es galt Geld aufzutreiben. Hier begannen denn auch schon die Probleme. Sandford Fleming, der Chefingenieur, hatte die Kosten auf gut 100 Millionen Dollar veranschlagt, aber vor unerwarteten

Schwierigkeiten gewarnt. Kanada war gar nicht in der Lage, eine solche Summe flüssig zu machen, und es mußte deshalb reiche Privatunternehmer finden.

Zunächst schien das nicht allzu schwierig, meldeten sich doch eine Gruppe von Leuten aus Montreal und eine zweite aus Toronto; sie erklärten sich bereit, eine Finanzierungsgesellschaft zu gründen. Die Rivalität zwischen den beiden war aber so ausgeprägt, daß sofort Schwierigkeiten entstanden, weil beide Firmenchefs Präsident der neuen Gesellschaft werden wollten. Macdonald gelang es schließlich, eine für beide Teile annehmbare Lösung zu finden, und man gründete eine private Gesellschaft. Inzwischen aber kam es zu einem Skandal; Macdonald wurde beschuldigt, Bestechungsgelder angenommen zu haben, was zum Rücktritt der Regierung und ein Jahr später zu Neuwahlen führte. Neuer Ministerpräsident wurde Alexander Mackenzie. Ausschlaggebend für die Ablehnung der privaten Gesellschaft – sie wurde nach den Neuwahlen aufgelöst – waren nicht zuletzt die Konzessionen, die ihr die Regierung eingeräumt hatte: mehr als 200 000 Quadratkilometer Land und eine Subvention von 30 Millionen Dollar.

Mackenzie war nicht vom Schlag Macdonalds; ihm fehlte dessen Kühnheit, und er wollte mit transkontinentalen Eisenbahnen nichts zu tun haben. Erst als British Columbia beinahe aus dem Staatenbund ausgetreten wäre, machte er sich daran, das Versprechen seines Vorgängers einzulösen. Am 1. Juni 1875 erfolgte der erste Spatenstich für die nun staatliche Canadian Pacific Railway. Schienen wurden allerdings nicht viele gelegt; man vermaß nur einige Strecken und traf Vorbereitungen. Noch immer wogte der Streit über die Linienführung in den Rocky Mountains hin und her, und erst 1878 waren sich Politiker und Techniker einig. In jenem Jahr wechselte erneut die Regierung, und die Einwohner von British Columbia waren des Wartens müde: Mackenzie hatte in seiner fünfjährigen Amtszeit zu wenig Schienen verlegt; Macdonald war einmal mehr im Sattel.

Zwei weitere Jahre vergingen, bis es dem Premierminister gelang, erneut private Mittel für sein Unternehmen zu sichern. Er verpflichtete zwei europäische Gruppen – Morton, Rose & Co., eine englische Firma, und Kohn, Reinach & Co., die Niederlassungen in Paris und Hamburg hatten –, eine kanadische Gruppe unter George Stephen zu unterstützen. Die beiden europäischen Firmen gründeten mit den kanadischen Geschäftsleuten ein Syndikat, das schließlich am 14. September 1880 von der kanadischen Regierung den Auftrag übernahm, die CPR zu bauen. Dem Syndikat wurden folgende Konzessionen gemacht: mehr als 100 000 km² Land, ein 1200 km langes bereits bestehendes Schienennetz, eine Barsubvention von 25 Millionen Dollar, ein Erlaß der Grundstücksteuer für zwanzig Jahre, Zollfreiheit für sämtliches eingeführte Material und die Zusicherung, daß während der nächsten zwanzig Jahre kein anderes Unternehmen die Baubewilligung für eine zweite Linie erhalten werde. Das Syndikat seinerseits verpflichtete sich, die Eisenbahn bis 1891 fertigzustellen und die Linie danach in gutem Zustand zu erhalten und zu führen.

Am 15. Februar 1881 unterschrieb der Generalgouverneur im Namen der Königin Victoria die CPR-Akte. Die größte Eisenbahngesellschaft der Welt war gegründet. Ein Jahr später, am 1. Januar 1882, stellte das Syndikat William Cornelius van Horne ein, um das Bauunternehmen zu leiten. Er versprach, noch im gleichen Jahr 800 km Schienen zu legen, was ihm mit 5000 Mann und 1700 Pferdegespannen auch bis auf 30 km gelang.

Van Horne änderte die Streckenführung durch die Prärie und wählte statt der Yellowhead-Route, die später von der CN benutzt wurde, den Kicking Horse Pass durch die Rocky Mountains.

Andrew Onderdonk leitete den Bahnbau von Westen her, sah sich aber bald unglaublichen Problemen gegenüber, mußte er doch im Fraser Canyon den Schienenstrang buchstäblich in eine senkrecht abfallende Felswand sprengen.

Nur mit größter Mühe gelang es van Horne immer wieder, genügend Geld für den Weiterbau aufzubringen, und erst die zweite Riel-Revolte überzeugte schließlich viele Kanadier davon, daß eine transkontinentale Eisenbahn ihren Nutzen hatte. Van Horne verpflichtete sich nämlich, in elf Tagen Truppen von Ottawa nach Saskatchewan zu transportieren, und die ersten Soldaten gelangten nach nur zwei Tagen Vorbereitungszeit in vier Tagen von Ottawa nach Winnipeg, wobei auf den noch nicht fertigen Strecken Eilmärsche stattfanden sowie Schlitten und andere Hilfsmittel eingesetzt wurden. Das ganze Land staunte, als innerhalb von 10 Tagen rund 7000 Mann im Westen ankamen und die Rebellion niederschlugen.

Am 7. November 1885 schlug Donald A. Smith in Anwesenheit von van Horne, Major Rogers und Sandford Fleming am *Eagle Pass* den letzten Nagel ein. Van Horne wurde gebeten, eine Ansprache zu halten. Er überlegte, strich sich durch den Bart und sagte: »Ich kann nur sagen, daß die Arbeit in jeder Hinsicht gut gemacht wurde.«

Diese Worte bedeuteten, daß ein Versprechen erfüllt und ein Traum Wirklichkeit geworden war: die CPR verband den Osten und den Westen eines Landes, das ohne diese Eisenbahn vermutlich gar nicht hätte existieren können.

NEW BRUNSWICK – LAND DER GEGENSÄTZE

Der erste Eindruck von New Brunswick ist der scheinbar endlose Wald. Über 80 Prozent der Provinz bilden einen Ozean aus Wald, mit mehr Abstufungen von Grün, als man je für möglich gehalten hätte; im Herbst raubt einem diese Farbenpracht den Atem. Ich erinnere mich an meine erste Fahrt durch diese Landschaft, von Mont Joli in Quebec nach Moncton: Wald, endlos, die Gegend menschenleer. So verlassen und ohne Verkehr war die Straße an jenem Sonntagmorgen, daß meine Frau und ich einen Gedanken an eine mögliche Panne mit unserem alten Ford schon gar nicht aufkommen lassen wollten und nur einen Wunsch kannten: so schnell wie möglich aus diesem endlosen Wald heraus. Später endlich das Meer, mehr Wald und wieder das Meer, Sandstrände. Im Wald vereinzelte kleine Gehöfte, ab und zu Dörfer, eine Tankstelle, ein Laden, zwei, drei Häuser. Aus dem Busch gehackte Wiesen, die Leute wortkarg, freundlich und eher arm. Als Kontrast rauchige Industrieorte, wie Edmundston und Bathurst, und im Innern das verträumte Fredericton als Hauptstadt. Saint John, hastig, grau, wie jede andere Stadt. Moncton, neu und modern.

Mit einer Küstenlinie von über 2000 km ist New Brunswick ein ideales Ferienland für alle, die abseits von Hast und Lärm die freie, friedliche Natur suchen. Überall riecht es nach Meer: Bay of Fundy, Northumberland Strait, Gulf of St. Lawrence, Chaleurs Bay ...

In New Brunswick sind einige der ältesten Siedlungen von ganz Kanada. 1604 nahmen de Monts und Champlain das Land für Frankreich in Besitz und brachten an der Mündung des St. Croix die ersten französischen Siedler an Land. Doch diese hatten nicht mit der Härte des kanadischen Winters gerechnet; 35 der 79 Pioniere erlebten den nächsten Frühling nicht mehr, die übrigen kehrten krank und halb verhungert nach Frankreich zurück. 1713 trat Frankreich New Brunswick ab, das 1763, nun zusammengeschlossen mit Nova Scotia, zu einer englischen Kronkolonie wurde. Doch bereits 1784 (beeinflußt vor allem von Tausenden von *Empire Loyalists* aus den USA) trennte sich New Brunswick wieder von Nova Scotia und wurde zur selbständigen Provinz.

Bei einer Fläche von rund 74 000 km² und 709 600 Einwohnern ist das Land immer noch spärlich besiedelt. An der Küste, im Norden und Nordosten, leben die Nachkommen der Akadier, die 1755 aus Nova Scotia vertrieben wurden und in diese abgelegene Gegend flüchteten. Sie sind Fischer oder arbeiten in Papierfabriken und in der übrigen Holzindustrie, während sie im

Landesinnern auf kargen Farmen ein zwar nicht reiches, aber doch zufriedenes Leben fristen. Den berühmten Lachsflüssen entlang verdienen sie sich ihren Lebensunterhalt als Jagdführer.

Besonders anziehend sind die langen, sandigen Küstenstriche der Ostküste, an denen das Wasser im Sommer wärmer ist als anderswo nördlich von Virginia. Nicht weniger als 70 Provincial Parks und zwei National Parks bringen dem Besucher diese herrliche Landschaft näher.

Wer glaubte, das Französische sei nur in Quebec zu Hause, stellt zu seiner Verwunderung fest, daß die Hälfte aller New Brunswicker französischer Muttersprache sind. Selbst Fredericton ist zweisprachig, und in den meisten der früher englischsprachigen Dörfern ist Französisch im Aufschwung begriffen. Dieser neue Trend ist am deutlichsten in Moncton spürbar, wo heute Französisch fast so stark vertreten ist wie in Montreal oder Sherbrook. Edmundston ist selbstverständlich fast gänzlich französisch; in Saint John spricht man noch immer Englisch, und das wird wohl auch so bleiben.

Acadian Trail – Küste und Geschichte

Eine der zahlreichen Möglichkeiten, diese Provinz am Atlantik kennenzulernen, ist eine Fahrt entlang des *Acadian Trail.* Diese Straße, die von Mont Joli in Quebec der Nord- und Ostküste folgt und nach Moncton führt, trägt die Nummer 11. Sie verläßt Quebec in Matapedia, und man betritt New Brunswick über die Brücke an der Mündung des *Restigouche River,* berühmt für die Atlantiklachse, die in seinen Wassern laichen. Das Fischen an diesem und anderen Flüssen ist allerdings für Nichteinheimische nicht billig: hier liegen einige der teuersten Fischereirechte der Welt. So meinte ein Amerikaner, der sich für ein Wochenende in eines der Jagdlager fliegen ließ, als er seinen ersten Salm fing: »Der Fisch kostet mich gute 5000 Dollar!«

Cambellton ist das kommerzielle Zentrum der Nordküste, mit dem drittgrößten Hafen der Provinz. Hier rüstet man sich für die Jagd- und Fischereiausflüge aus. Entlang der Küste führt der Acadian Trail nun nach Dalhousie – hier befindet sich New Brunswicks größte Zeitungspapierfabrik –, dann weiter nach Bathurst und vorbei an Fischerdörfern wie Jaquet River, Petit Rocher, Beresford, vorbei an Stränden, die zur richtigen Jahreszeit zum Baden einladen. Bathurst selbst ist das Handels- und Industriezentrum der Gegend und war die Heimat von *Nicolas Denys,* Gouverneur von Acadia und Autor des ersten Buches über das Land; es erschien 1672 in Paris.

Von Bathurst geht der Weg durch Fischerdörfer, deren Bewohner zugleich auch Farmer sind – Salmon Beach, Stonehaven, Pokeshaw, Maisonnette –, nach Caraquet. An dieser Küste taucht ab und zu das Geisterschiff der Chaleurs-Bay auf. Zugegeben, die Chancen, dieses brennende Schiff zu sehen, das in schweren Stürmen aufkreuzt, sind eher gering, doch Hunderte von Bewohnern schwören, daß es existiert.

In der Nähe von Caraquet befindet sich das *Acadian Village,* 40 Häuser aus allen Teilen von New Brunswick, die das Leben zwischen 1780 und 1880 bezeugen. Hier wird jeweils im August die Fischereiflotte gesegnet, eine schöne Zeremonie, an der über 60 Boote teilnehmen. Besuchen Sie auch den Fischmarkt am Kai oder fahren Sie mit einem Charterboot zur Hochseefischerei auf Thunfisch und Schwertfisch. Caraquet ist auch Ausgangspunkt für Fahrten zu den *Lamèque-* und *Miscou*-Inseln, die Zentren der Torfgewinnung sind. Viele Bewohner sprechen noch immer das sanfte Französisch ihrer Vorfahren.

Südwärts geht es nun vorbei an Dörfern, deren Bewohner vor rund hundert Jahren für den Schiffsbau tätig waren.

In Chatham befindet sich das *Miramichi Natural History Museum,* das unter anderem auch Dokumente der Familie Cunard besitzt. Joseph Cunard, Gründer der weltberühmten Schiffahrtslinie, kam 1820 von Halifax nach Chatham.

Weiter führt der Trail die Northumberland Strait entlang nach Moncton, vorbei an Kouchibouguac – dem Eingang zum gleichnamigen Nationalpark – oder über die Route No. 117 nach Loggieville, Miramichi, Bay du Vin, Escuminac, alles Orte, in denen sich die Bräuche, die Sprache und die Arbeit der Bewohner in den letzten zweihundert Jahren kaum verändert haben. Richiboucto mit seinen herrlichen Stränden ist ein Zentrum für die Hochseefischerei. In Bouctouche laden romantische Küsten zum Verweilen ein. Die ganze Gegend ist bekannt als *Lobster Bed,* »Hummerbett«. In Cocagne, einem der ältesten Dörfer der Gegend, ist das Meerwasser um einige Grad wärmer als Hunderte von Kilometer weiter südlich.

Bay of Fundy – Die ausgeprägtesten Gezeiten

Wer von Nova Scotia kommt, betritt New Brunswick in Aulac und erreicht Moncton über Sackville. Hier befindet sich die Mount-Allison-Universität, wo die Owens-Kunstgalerie das ganze Jahr ausgezeichnete Ausstellungen veranstaltet. Hier ist auch der einzige Ort in Nordamerika, wo noch handgefertigte Pferdekumte hergestellt werden ...

Von Moncton führt der *Fundy Trail* die Shepody Bay entlang über Hopewell Cape (oder die Chignecto-Bucht entlang durch den Fundy National Park) nach Penobsquis, Sussex, Saint John, St. George, St. Andrews und St. Stephen und nach Maine in die USA.

In Hopewell Cape gibt es die berühmten »Rocks«, mit Blumentöpfen oder Tannen bestückte Felsen, die der Frost, die Gezeiten und der Wind skulptiert haben. Für den Fotografen am schönsten sind sie am frühen Morgen und am späten Abend, am sichersten bei Ebbe ...

In der Nähe von Aulac müssen Sie unbedingt Fort Beauséjour besuchen – ein altes Fort der Akadier.

Saint John River – Vom Meer in die Wälder

Als ob die natürliche Schönheit des Saint John nicht schon genug wäre, bietet er noch zusätzlich zweimal pro Tag ein Naturschauspiel, das allein schon die Reise wert ist. Zweimal täglich fließt das Wasser, das sich normalerweise über eine viereinhalb Meter hohe Felswand ins Meer ergießt, stromaufwärts, dann nämlich, wenn eine doppelt so hohe Flutwelle die Stromschnellen nicht nur verschwinden, sondern aufwärtsströmen läßt. Dies sind die berühmten *Reversing Falls.*

Bis in die vierziger Jahre war der Saint John New Brunswicks wichtigster Transportweg. Heute verläuft der Trans-Canada Highway fast den ganzen Fluß entlang, und weitere 432 km geteerte Straßen folgen dem Flußlauf von Connors bis nach Saint John.

Die erste menschliche Besiedlung am Fluß geht 10 000 Jahre zurück, doch sind Spuren davon rar. Als de Monts und Champlain am 24. Juni 1604 den Fluß tauften, siedelten die Malecite hier, und noch heute leben Nachkommen dieses Stammes im Tal, zusammen mit Nachkommen von Franzosen, Schotten, Engländern und Holländern. Die meisten Bewohner aber stammen von den 14 000 Loyalisten ab, die um 1783 aus New York und New Jersey hier eintrafen, als die Unabhängigkeitskriege in den USA zu Ende gingen.

Die Straße, die dem Fluß folgt, bietet dem Besucher eine herrliche Aussicht. Da ist unweit der Mündung *Long Reach* (Longue Vue, wie die Franzosen die Landschaft nennen), mit 35 km Breite schon eher ein See als ein Fluß. Hier fließt das Wasser ruhig und träge um so viele Inseln herum, daß es oft schwer fällt, die Hauptströmung zu finden. Aus den umliegenden Hügeln kommen Bäche, von den Einheimischen »Bogans« genannt. Hauptort dieser Flußlandschaft ist *Gagetown,* von stattlichen Ulmen überschattet und typisch für das Innere von New Brunswick. Noch heute demonstrieren hier in einem ehemaligen Handelsposten aus dem Jahre 1760, dem ältesten Haus am Fluß, die weltberühmten *Loomcrofters* (Heimweber) ihre Webkunst. Die Schottenmuster (Tartans), die sie produzieren, sind Kunstwerke.

Weiter flußaufwärts liegen Fredericton – New Brunswicks Hauptstadt –, Medustic, Woodstock und Hartland. Hartland ist ein Zentrum des Kartoffelanbaus und hat auch die längste gedeckte Brücke der Welt: sie ist 400 Meter lang und überspannt seit 1896 den Saint John. Diese Brücke ist nur eine von über hundert gedeckten Brücken in der Provinz.

Zwischen Grand Falls, wo der Fluß über 28 Meter hohe Felsen stürzt, und Edmundston (mit einer großartigen Kathedrale, die die Stadt trotz der Papierfabriken immer noch beherrscht) ist das Land einsam und verlassen. Nur ab und zu grüßt ein Farmhaus. Östlich von Grand Falls ist New Denmark, die größte dänische Siedlung in ganz Kanada.

Zwischen Edmundston und Connors liegt das typische nördliche Waldland, das die *Acadian Pioneers* um die Mitte des 18. Jahrhunderts erschlossen. Noch immer wird hier französisch gesprochen, und viele Besucher behaupten, hier befinde sich der schönste Teil des Flusses. Wer die typischen Dörfer des Landes und deren Bewohner besuchen will, muß den Trans-Canada Highway verlassen und der alten Straße dem Fluß entlang folgen.

Nashwaak, Miramichi – Paradies für den Sportfischer

Von Fredericton führt eine über 224 km lange Straße durch eine verlassene Gegend, die New Brunswicks Hinterland aufs beste illustriert, nach Newcastle an der Northumberland Strait. Zuerst folgt sie dem Nashwaak River, um dann in Boiestown – dem geographischen Zentrum der Provinz – dem Miramichi River nach Osten zu folgen. Der Miramichi ist weltbekannt als Lachsfluß, und Boiestown ist ein Zentrum für Jagdführer, die die reichen Besucher in Kanus zu den besten Fischgründen staken. Experten halten die Silberlachse, die von Mai bis September gefangen werden, für die zartesten; doch die meisten Angler kommen von April bis Mai, wenn die Atlantik-Lachse den Fluß hochsteigen.

Städte in New Brunswick

Saint John – »Empire« der Empire Loyalists

Saint John ist New Brunswicks größte Stadt (rund 107 000 Einwohner), ein wichtiger, auch im Winter eisfreier Hafen und Kanadas älteste eingemeindete Stadt (1785). Sie steht auf felsigen Hügeln und umfaßt eine Gruppe von Halbinseln und Meereszungen, die alle mehr oder weniger um die Mündung des Saint John River gruppiert sind.

Der älteste und auch am zentralsten gelegene Stadtkern steht auf einer der vielen Halbinseln, im Westen vom Hafen, im Osten von Courtenay Bay flankiert. Spektakulär – wie übrigens überall an der ganzen Fundy-Bucht – sind die Gezeiten im Hafen, wo die Flut bis zu 10 m über das Niedrigwasser ansteigt.

Saint John erforscht man am besten zu Fuß. Eine ausgezeichnete Hilfe bietet der gutmarkierte »Loyalist Trail«, der an gut zwanzig Sehenswürdigkeiten vorbeiführt, die bis in die Moderne reichen.

Champlain sah die Mündung des Saint John bereits 1604, doch erst Charles de la Tour baute hier 1631 einen Handelsposten und begann mit den einheimischen Micmac Tauschgeschäfte zu betreiben. Offensichtlich ging es ihm in den Augen seiner Rivalen zu gut; zehn Jahre später begann eine lange

Fehde zwischen ihm und einem weiteren Franzosen, d'Aulnay de Charnsay, die viel Blut kostete und während der der Handelsposten mehrere Male den Besitzer wechselte. Aus der ganzen bizarren Angelegenheit entstand eine der schönsten kanadischen Legenden, in der vor allem Madame de la Tour eine heroische Rolle spielt.

1762 übernahmen die Engländer Saint John, doch erst die mehr als 6000 Loyalisten aus New England, die am 18. Mai 1783 im Hafen an Land gingen, stellten die Stadt so richtig auf die Füße. Holzindustrie und Schiffbau machten im 19. Jahrhundert die Stadt reich. Als die Zeit der großen Segelschiffe zu Ende ging, nahm auch der Aufschwung ein Ende, besonders nach der Feuersbrunst von 1877, die die halbe Stadt in Asche legte.

Erst in den sechziger Jahren des 20. Jahrhunderts brachten riesige Investitionen in den Bergbau, die Papier- und Metallindustrie, in Zucker- und Ölraffinerien und in einen Hochseehafen der Stadt neuen Auftrieb.

Fredericton – »Stadt der stattlichen Ulmen«

Fredericton, die Hauptstadt der Provinz, rund 120 km flußaufwärts von Saint John, liegt gegenüber der Mündung des kleinen Nashwaak River. Fredericton ist ideal für Besucher, sein Charakter ist fast ländlich. Die Ulmen und Ahornbäume überschatten die Straßen und bilden Alleen, die im Sommer Kühle spenden. Mit dem Fluß, dem Frederictons Hauptstraße – die Queen Street – folgt, ist die Hauptstadt nicht nur eine angenehme Stadt für kürzere oder längere Besuche, sondern auch das Kulturzentrum der Provinz. Dies verdankt sie vor allem ihrem großen Gönner, Lord Beaverbrook, der an der Universität von New Brunswick studierte und später als reicher Zeitungsbesitzer und Kabinettmitglied in England die Provinz seiner Kindheit nie vergaß.

Die Beaverbrook-Galerie, mit Werken von Kriegshoff, Sutherland, Salvador Dali, Churchill und vielen anderen, sollte sich niemand entgehen lassen. Sehenswert sind auch das Regierungsgebäude, *Christ Church Cathedral,* eines der schönsten Beispiele neugotischer Architektur in Nordamerika, *Military Compound* (hier im Museum ist ein ausgestopfter Frosch ausgestellt, der lebend 21 kg wog) und *The Green,* ein schöner Park am Fluß. In Fredericton stand bis vor kurzem eine der ältesten Kanufabriken in Kanada; hier wurden die berühmten »Chestnut Canoes« hergestellt. Steigende Unkosten und schlechter Absatz zwangen zur Aufgabe der Produktion.

Moncton – Atlantikkanadas Verkehrsknotenpunkt

Dank seiner günstigen Lage am schmalen Isthmus, der Nova Scotia mit dem andern Teil des Festlandes verbindet, ist Moncton zur zweitgrößten Stadt in New Brunswick herangewachsen. Es ist nicht nur ein Straßenknotenpunkt, sondern auch der größte Eisenbahnknotenpunkt östlich von Montreal und wird oft als die Nabe von Atlantikkanada bezeichnet. Diese moderne, fortschrittliche Stadt, gegründet von Pennsylvania-Deutschen, heute zur Hälfte französischsprachig, hat auch die einzige französische Universität östlich von Quebec, die Université de Moncton, deren *Centre d'Etudes Acadiennes* den besten Einblick ins alte Akadien erlaubt. Obwohl die Stadt von Holländern und Deutschen aus Pennsylvanien mit Namen wie Stief, Trietz und Lutz (heute Steeves, Trites und Lutes) gegründet wurde, ist sie heute inoffizielle Hauptstadt von Akadien. Die französischen – oder akadischen – Siedler nannten den Ort an der Biegung des Flusses Le Coude (Ellbogen). Erst nachdem Robert Monckton das nahe Fort Beauséjour eingenommen hatte, wurde die Stadt umgetauft.

Im übrigen ist Moncton nicht unbedingt mit historischen und anderen Sehenswürdigkeiten gesegnet. Selbst die *Tidal Bore,* die Fundy-Flutwelle, die sich den Petitcodiac River hinaufwälzt und einst einen guten Meter hoch war, geht jährlich zurück. Hinter einem 1969 erstellten Damm, auf dem die Straße den Fluß überquert, hat sich inzwischen so viel Schlamm und Sand angesammelt, daß die Flutwelle nur noch einige Zentimeter hoch ist.

Noch immer sehenswert ist jedoch Magnetic Hill. Gegenwärtig wird ein riesiger Park mit Freizeitanlagen eingerichtet. Wenn Sie hier in Ihrem Wagen den Hügel hinunter bis zu einem weißen Pfosten fahren, den Motor abstellen und den Gang herausnehmen, werden Sie zu Ihrer großen Überraschung feststellen, daß das Auto mit erstaunlicher Geschwindigkeit rückwärts den Hügel hinaufzurollen beginnt. Ein Besuch dieses seltenen optischen Phänomens sei dringend empfohlen.

Downtown Moncton erlebt gegenwärtig eine wahre Renaissance. Vor drei, vier Jahren hatten die großen Einkaufszentren in den Außenquartieren viele Geschäfte der Innenstadt zum Schließen gezwungen. Ein 1983 begonnenes Revitalisierungsprogramm, das auf mehr als zehn Jahre angelegt ist, brachte bis heute schon mehr als 140 Geschäfte in die Innenstadt zurück.

Die Fundy Inseln

In der Passamaquoddy Bay – einem Teil der Bay of Fundy – liegen die schönen Fundy Inseln, Deer Island, Campobello Island und Grand Manan Island. Fähren verbinden die Inseln mit Newbrunswicks Festland und dem Staate Maine. Schon die Fahrt mit den Fähren ist die Reise wert. Am bekanntesten ist wohl Campobello Island, mit dem berühmten »cottage« von Präs. Franklin D. Roosevelt (34 Zimmer!). Besonders eindrucksvoll sind diese Inseln auch für Vogelfreunde.

Auf einer Gruppe von Inseln, die bei den Einheimischen als West Isles bekannt sind und von denen Deer Island die größte ist, soll Kanadas erster Marine-Park entstehen.

NOVA SCOTIA – CIAD MILE FAILTE

Wer erst einmal weiß, daß selbst das hinterste Hinterland von Nova Scotia nicht mehr als 56 km vom Meer entfernt ist, daß die Halbinsel 7500 km Küste hat, beginnt zu verstehen, wie wichtig, wie immer gegenwärtig der Atlantik in dieser Provinz ist; jeder Wind trägt seinen salzigen, herben Geruch mit. Der Atlantik bringt denn auch noch heute den größten Teil des Einkommens: er beeinflußt Handel, Industrie und Tourismus.

Nova Scotia besucht man nicht bloß im Vorbeifahren: es ist Ziel. Auf dem Landweg ist die Provinz nur über eine schmale Landzunge zu erreichen, und selbst dieses Marschland liegt nur wenige Meter über dem Meeresspiegel, wenn die stürmische Fundy-Fluten hereinströmen.

Einer der Wahlsprüche Nova Scotias ist *Ciad Mile Failte* »hunderttausend Willkommen«, und dieses Willkommen ist überall spürbar. Ganz besonders gilt der Spruch für Cape Breton Island, das durch einen Damm über die Strait of Canso mit der restlichen Provinz verbunden ist. Hier wird heute noch gälisch gesprochen, die Sprache der schottischen Ansiedler, von denen der Spruch auch stammt.

Das Leben in Nova Scotia war während der letzten 50 oder 60 Jahre nicht leicht; verlassene Fischerdörfer und ganze Gebiete, die langsam wieder zur Wildnis werden, sind traurige Zeugen davon. Erfreulicherweise aber hat sich das in den letzten Jahren geändert; heute herrscht auch hier neue Hoffnung, nicht zuletzt dank der Ölfunde vor der Küste, dank dem Tourismus und der Industrie.

Es ist schwierig, das Wesen von Nova Scotia zusammenzufassen. Halifax mit seinem Hafen und dem Georgianischen Regierungsgebäude ist ebenso »typisch« wie etwa Lunenburg mit seiner Fischereiflotte, die Bras d'Or Lakes in Cape Breton Island oder die Kohlenbergwerke von Springhill. Doch niemand kann einer ganz bestimmten Gegend – Annapolis – den ersten Platz in der Geschichte der Provinz streitig machen. Hier, in Port Royal und Annapolis – die alten Festungen sind Historische Parks – wuchs der erste Garten Kanadas, lief die erste Mühle, verließ das erste Schiff eine Werft. Selbst Dichtung und Drama nahmen hier ihren Anfang, als Marc Lescarbot – ein Gefährte von Sieur de Monts und Champlain – sein Maskenspiel »Neptune's Theatre« schrieb, um die Monotonie jenes ersten endlosen Winters zu dämpfen. Champlain trug das Seine dazu bei und gründete den ersten gesellschaftlichen Klub in Kanada, »L'Ordre du Bontemps«.

Doch die Geschichte von Port Royal ist nur die Geschichte der ersten ständigen Siedlung. Vorübergehende Besuche und Ansiedlungsversuche begannen schon im Jahr 1000, als Leif Eriksson über den nördlichen Atlantik segelte. In Yarmouth befindet sich ein Runenstein, der nach Auskunft von Gelehrten eine Wikingerinschrift trägt. Fünfhundert Jahre später hißte John Cabot auf Cape Breton die englische Flagge. Frankreich stand nicht weit zurück, versuchte doch Baron de Lery schon 1518, Nova Scotia zu besiedeln, und 1523 kam *Da Verrazano* mit einer weiteren französischen Expedition; er gab dem Ort den Namen *Acadie.*

Während über hundert Jahren wogten nun die Streitigkeiten um den Besitz der Halbinsel zwischen Frankreich und England hin und her. Annapolis Royal wechselte mindestens sechsmal den Besitzer, bis 1763 Nova Scotia endgültig an England ging. Nur Cape Breton Island, wo die Franzosen eine stark befestigte Stadt gebaut hatten, blieb vorläufig noch französisch.

1753 trafen über 2000 Deutsche aus der Pfalz und dem Rheinland in Halifax ein. Sie gründeten später zusammen mit Protestanten aus der Schweiz Lunenburg und zeichneten sich im Schiffsbau aus. Noch immer sind Namen wie Eisenhauer und Weinacht in Lunenburg geläufig; noch immer ist der Hafen berühmt für seine Werften, und die Sprache der Bewohner verrät noch immer ihre Herkunft. Ebenfalls in der Mitte des 18. Jahrhunderts kamen ganze Schiffsladungen von Iren, denen über 10 000 Pflanzer aus Neuengland folgten, die zur Hauptsache in Annapolis siedelten. Nach dem Krieg von 1812 kamen Tausende von Negern nach Halifax, und später 25 000 Loyalisten, darunter mehr als die Hälfte aller damals lebenden ehemaligen Studenten von Harvard. Sie gründeten die Stadt Shelbourne. Zu Beginn des 19. Jahrhunderts trafen auch die ersten Schotten aus den »Highlands« ein, und innerhalb von 30 Jahren siedelten in Cape Breton Island um Pictou und Antigonish über 50 000 Schotten. So blicken heute die Bewohner Nova Scotias auf Vorfahren aus mindestens sechs verschiedenen Ländern zurück.

Vielleicht ist das Meer mit der regelmäßigen Wiederkehr der Gezeiten für den gemessenen Lebensrhythmus verantwortlich. Vielleicht hat aber auch einfach die Schönheit der Landschaft auf die Bewohner abgefärbt und sie gelehrt, noch Zeit zu haben, um einen Sonnenuntergang über dem Meer zu genießen, mit den Nachbarn zu reden oder die Wolken und die Stimmungen des Wetters zu beobachten.

Nova Scotia kennt diese ganz besondere Anziehungskraft und hat sich auf die eineinhalb Millionen Besucher eingerichtet, die jedes Jahr von dieser Ruhe angezogen werden.

Besuchen Sie hier vor allem auch die kleinen Dörfer an der Küste und im Landesinnern. Das mag zwar heißen, daß Sie mit schmalen, abgelegenen Kiesstraßen Vorlieb nehmen müssen, doch die landschaftliche Schönheit lohnt die Mühe. Reden Sie mit den Einheimischen; sie sind freundlich und äußerst zuvorkommend, beginnen aber selten von sich aus ein Gespräch.

Wenn Sie herausfinden, wer die einheimischen Holzschnitzer und Weber sind, werden Sie mit herrlichen Andenken belohnt. Wenn die Fischer vom Fang heimkommen, gibt es an den Straßen frische Fische, Hummer und alle anderen Meeresfrüchte, dazu manchmal Bauernbrot und je nach der Jahreszeit frische Früchte und Gemüse. Wer kampiert, kann dadurch viel Geld sparen. Unterkünfte und Restaurants sind in diesen kleinen Dörfern abseits der Durchgangsstraßen selten. Sollten Sie aber einmal von der Nacht überrascht werden, weiß der Besitzer des Dorfladens oder der Dorfgeistliche bestimmt die Adresse einer Familie, die Sie für wenig Geld unterbringt. Für den weniger abenteuerlustigen Touristen hat das Touristenbüro sechs klar markierte Autorouten zusammengestellt, die den Besucher leicht zu den wichtigsten Sehenswürdigkeiten führen.

Sunrise Trail – Warme Strände und Geschichte

Vielleicht scheint es etwas übertrieben, von »warmen« Stränden in Nova Scotia zu sprechen; viel zu oft wird ja Kanada noch automatisch mit Kälte assoziiert. Tatsache aber ist, daß die Wasser an der Küste des Sunrise Trail – zwischen Amherst und dem Canso-Damm – mit denen New Brunswicks zu den wärmsten nördlich von Carolina gehören. Die mittleren Meerestemperaturen im Sommer betragen hier rund 20 °C.

Der Sunrise Trail erlaubt einen Einblick ins echte Nova Scotia. An der Route liegen Fischerdörfer wie Tatamagouche (im Museum sind Erinnerungen an Anna Swan, die Riesin von Nova Scotia, die über 2,40 Meter groß war und bei ihrer Geburt schon 9 kg wog) und Pictou mit seinem mehrtägigen Hummerfest im Juli. In Pictou steht auch ein Micmac-Museum mit von de Monts und Champlain um 1600 ins Land gebrachten Tauschgegenständen aus zwei alten Grabhügeln. Da ist auch die Fahrt um Cape George, die den Besucher ein wenig auf die Schönheiten des ihm noch bevorstehenden Cabot Trail vorbereitet. In Antigonish, das vor mehr als 200 Jahren von gälischen Schotten besiedelt wurde, ist die St.-Francis-Universität. Hier finden auch Kanadas älteste »Highland Games« statt, in denen sich Schotten in Kilts aus ganz Nordamerika in den alten Sportarten messen. Übertroffen wird dieses farbige Volksfest von Schotten nur noch in Pugwash, wo sich die »Clans« aus aller Welt treffen und wo selbst die Straßennamen auf Englisch und Gälisch angeschrieben sind.

Cabot Trail – Von Schotten und Franzosen

Der Canso-Damm bringt den Besucher in einen ganz besonderen Teil von Nova Scotia, und man muß nicht sehr weit fahren, um zu verstehen, warum diese Gegend mit dem Cabot Trail und den dramatischen Bras d'Or Lakes so viele Besucher anzieht.

Neben seiner reizvollen Landschaft ist Cape Breton Island aber auch aus der Geschichte bekannt, die auf die Landung von Giovanni Caboto zurückgeht und ebenfalls im äußerst eindrucksvollen Fort Louisbourg zum Ausdruck kommt.

Louisbourg National Historic Park liegt allerdings nicht am eigentlichen Cabot Trail, sondern südlich von Sidney an den Routen No. 22 oder 255. Das alte Fort nimmt heute langsam wieder die Form an, die die Garnisonstadt nach der zwanzigjährigen Bauzeit hatte, und ist eines der gewaltigsten Rekonstruktionsprojekte der Welt. Die großartige gemauerte Zitadelle wurde während der Konstruktion so teuer, daß Ludwig XV. einmal sagte, mindestens den Turm erwarte er über den Atlantik hinweg sehen zu können.

Die Festung war der Heimathafen einer riesigen Fischereiflotte, von Piraten und Freibeutern, die die Schiffe von England plagten. 1760 zerstörten die Engländer die Festung, die bis 1961, dem Beginn der Rekonstruktion, mehr oder weniger als bloßer Steinhaufen neben einem kleinen Fischerdorf lag.

Heute ist ungefähr die Hälfte der Festungsstadt restauriert, nachdem die Architekten über 600 000 Seiten Pläne, Karten und Skizzen studierten, um auch die letzten Details getreu nachbauen zu können. Über zwei Millionen Gegenstände barg man aus den Ruinen, um sie von neuem zu verwenden. Zum Historischen Park, der 35 km^2 mißt, gehört auch ein Leuchtturm, der 1923 auf den Ruinen des ersten kanadischen Leuchtturmes erstellt wurde. Dieser war zwischen 1730 und 1733 gebaut worden und benutzte als Energie Tran.

Die gewaltige Rekonstruktion der ehemaligen französischen Festung ist für Cape Breton Island auch von wirtschaftlicher Bedeutung. Über 200 Arbeiter, meist ehemalige Kumpel, die bei der Schließung der Kohlenminen ihre Arbeit verloren, haben einen neuen Beruf gelernt und sind heute am Projekt beschäftigt.

North Sidney, der Ausgangspunkt für die Fähre zwischen Nova Scotia und Neufundland, ist nicht besonders attraktiv; Stahlfabriken mit ihrem umweltverschmutzenden Qualm tragen nicht gerade zur Verschönerung der Stadt bei. Doch North Sidney ist der Ausgangspunkt für viele Ausflüge auf der Insel, so nach St. Ann's, wo die einzige gälische Schule in Kanada steht und eine unvergeßliche Aussicht auf die Bras d'Or Lakes besteht, die schon eher einem Meer gleichen. Auch Chéticamp, auf der andern Seite der Insel, wo die Nachkommen der Akadier noch französisch sprechen und die Künstler in ihren »Artisanats« ihre Kunstwerke anbieten, ist einen Besuch wert.

Marine Drive – Entlang der Ostküste

Eine weitere Route von Halifax zum Canso-Damm folgt der Ostküste und ist auf der Straßenkarte als *Marine Drive* angezeigt. Die rund 400 km lange

Der Mirimachi River in New Brunswick – hier in der Nähe von Blackville – ist als Lachsfluß weltberühmt. Die Angler werden von Jagdführern in Kanus zu den besten Fischgründen gestakt.

Jahrhundertelanger Frost, Wind und Gezeiten waren die Bildhauer der Rocks, Sandsteinfelsen am Hopewell Cape in der Nähe der Mündung des Petitcodiac River in New Brunswick. Für den Fotografen sind sie am frühen Morgen und späten Abend am schönsten, am sichersten aber bei Ebbe!

Stattliche Ulmen überschatten Waterford Street in Fredericton, Hauptstadt von New Brunswick.

Das Hochsteigen der Lachse in die Flüsse, um zu laichen, ist ein faszinierendes Schauspiel – und für den Angler ein Traum. Der Atlantiklachs kehrt nach dem Laichen wieder ins Meer zurück, der Pazifiklachs stirbt.

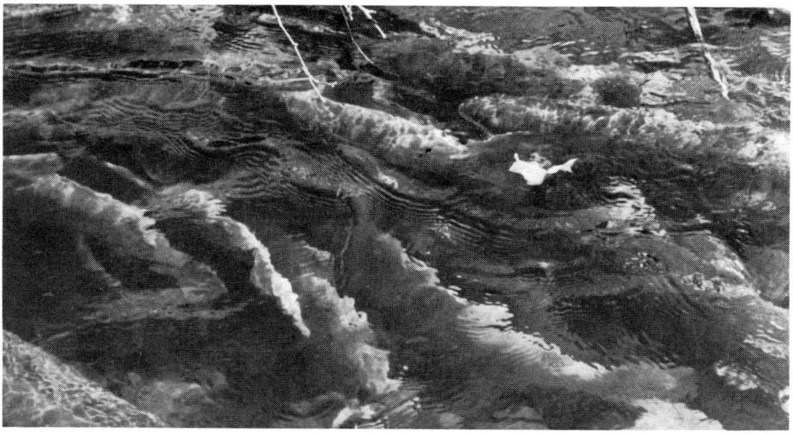

Der Cabot Trail, der über 300 km der nördlichen Cape Breton Island entlang führt, ist eine der schönsten Routen überhaupt. Selten sehr weit vom Meer entfernt, löst hier eine überwältigende Aussicht die andere ab.

Mahone Bay an der südöstlichen Küste von Nova Scotia war nicht immer ein so friedliches Städtchen wie heute. Es war eine Hochburg für Piraten und auf der nahen Oak Island wird noch immer nach Schätzen gesucht.

Atlantikkanada. Noch immer beherrscht das Meer den Alltag, bestimmt den Lebensrhythmus. Segelboote im Hacket Cove, N. S.

Auch entlang des Sunrise Trail sind Fischerboote und Hummerfallen überall anzutreffen.

Hummerfischen an der atlantischen Küste ist ein harter Beruf. Er hat das Gesicht dieses Kanadiers gezeichnet.

Das Meer ist in Nova Scotia allgegenwärtig und ist nie mehr als 54 km entfernt. Cape Breton Highlands N. P. ist besonders dramatisch und für den Besucher leicht zugänglich.

Weitläufige, rote Sandstrände und rote Sandsteinklippen sind ein Wahrzeichen von P. E. I., wie hier bei North Rustico Beach.

Die Inseln Lamèque und Miscou sind Zentren der Torfmull-Industrie.

Die kalte Labradorströmung bringt Eisberge selbst im Juni und Juli noch vor die Küste Neufundlands. Newman Sound im Terra Nova National Park.

Der Friedhof von Salvage Harbour an der Bonavista Bay, Nfdl., bietet eine Aussicht, die ihresgleichen sucht. Bonavista Bay ist ein Zentrum für die Hochseefischerei auf Thun- und Schwertfisch.

Eine wild zerklüftete, oft fast düstere Landschaft (Bonne Bay Nfdl.)... Tausende von Seevögeln (Kormoran im Forillon N. P. auf Gaspé)... Elche, die im Wasser den Fliegen zu entgehen versuchen...

Straße führt unzählige Buchten entlang, folgt mehr oder weniger auf dem ganzen Weg der Küste und berührt einige der reichsten Jagdgründe für Großwild.

Es war denn auch ein Jäger, der vor gut hundert Jahren in der Nähe von Tangier bei der Elch-Pirsch Gold fand und damit den Goldrausch von Nova Scotia auslöste. Ähnliche Geschichten erzählt man sich auch in anderen Orten entlang des Marine Drive, zum Beispiel in Goldville (29 Einwohner), wo eine Frau beim Blumenpflücken einen Goldklumpen fand; später buddelte man hier Millionen aus der Erde.

Heute sind die »goldenen« Zeiten vorbei, aber Elchjagd und Tourismus ersetzen sie nicht schlecht. Die Gegend ist auch ein Paradies für Sportfischer, denen Lachs und Forelle mehr bedeuten als alles Gold. Mooseland, Elmsvale, Sheet Harbour, Moser River und Ecum Secum sind einige der Zentren für den Fischer, während vor der Küste von Liscomb, Fisherman's Harbour und Bickerton Hochseefischen mit Charterbooten Trumpf ist.

Entlang des ganzen Marine Drive geht das Leben in einem gemessenen Trott vor sich. Die Bewohner der Region sind Bauern, Fischer, Holzfäller – oft alles in einem –, und ihr Lebensrhythmus folgt im engen Kontakt mit der Natur und den Jahreszeiten.

Die Lighthouse Route – Leuchttürme und Piratenschätze

Die Lighthouse Route folgt der Südküste und führt rund 360 km lang von einem rot-weiß gestrichenen Leuchtturm zum andern. Hier kommt der »Strandnarr« ganz auf seine Rechnung. In jeder Bucht und auf jeder Insel sind Sandstrände. Hier befinden sich auch die Buchten und versteckten Häfen, die einst den Piraten und Freibeutern Schutz boten, als diese den Neuengländern weiter im Süden das Leben schwer machten. Auf Oak Island in der Mahone-Bucht zum Beispiel vergrub der berühmte oder berüchtigte Kapitän Kidd einen Teil seiner Millionenschätze; seit gut hundertfünfzig Jahren versuchen Schatzgräber hier ihr Glück. In rund 30 Meter Tiefe dringt Wasser in die Schächte ein, die ein gutes Dutzend Expeditionen in den Boden zu treiben versucht haben.

Überall an der Küste findet man Fischerdörfer mit Bootswerften. Sie bauen alles, was schwimmt: Kanus, Segelschiffe, Yachten. Eines der bekanntesten dieser Dörfer und zugleich Zentrum der Werften ist Lunenburg, der Heimathafen des berühmten Schoners »Bluenose«, der heute das kanadische 10-Cent-Stück ziert.

Die frühen Einwanderer aus Deutschland und der Schweiz waren ursprünglich als Bauern tätig, rodeten die Wildnis und begannen erst später, vor der Küste zu fischen. Doch bald bauten sie ihre eigenen Boote, die Werften wurden größer und berühmt. In Lunenburg entstand auch eine genaue Kopie des berühmten Seglers, »Bluenose II«, die heute in den Sommermonaten von Halifax aus Rundfahrten unternimmt. *Lunenburg Fair* zieht jeden Sommer über 50 000 Besucher an. Hauptereignis dieses fünftägigen Festes ist das Dory-Rennen, bei dem sich je zwei Mann in kleinen Ruderbooten mit Rivalen aus der USA messen.

Ebenso berühmt und vielbesucht ist Peggy's Cove, mit seinen riesigen Granitblöcken ein Paradies für Maler und Fotografen. In der Nähe liegt Mahone Bay mit ihren 365 Inseln, eine für jeden Tag des Jahres, wie die Einheimischen sagen.

Evangeline Route – Eine tragische Heldin und Obstgärten

Die Straße trägt den Namen der tragischen Heldin aus Longfellows berühmtem Gedicht »Evangeline«; sie führt rund 520 km die Fundy-Bucht entlang von Yarmouth nach Halifax. Longfellows Gedicht erzählt die Geschichte von Evangeline und Gabriel, die während der Ausweisung der Akadier aus Nova Scotia getrennt wurden. In Grand Pré, in der Nähe der Mündung des Avon River, befindet sich ein Park, wo *le grand dérangement* »die große Ausweisung« stattfand.

Dieser *Trail* durchquert zwei grundverschiedene Regionen. Hier ist zunächst einmal »French Shore«, die Heimat der ersten Akadier, von denen viele nach der Vertreibung durch die Engländer wieder zurückkehrten und noch heute ihr altes Französisch sprechen. 300 Familien legten den Rückweg von Boston zu Fuß zurück.

Von Digby verkehrt die Fähre über die Fundy-Bucht nach Saint John in New Brunswick. Das Dorf Bear River ist mit seinen steilen Hügeln und dem europäischen Charakter in ganz Atlantikkanada als »die Schweiz von Nova Scotia« bekannt.

Die zweite Region ist Annapolis Valley, eine der fruchtbarsten Gegenden Nova Scotias. Hier reihen sich Obstgärten an Obstgärten, unterbrochen nur von bildschönen Dörfern, ihre Hauptstraßen überschattet von großen Laubbäumen. Ende Mai und Anfang Juni ist das Land ein Meer von Apfelblüten mit einem geradezu verwirrenden Duft.

Glooscap Trail – Entlang des Minas Basin

Benannt nach Glooscap, dem legendären Gott der Micmac, der auf den *Blomidon Mountains* lebte, führt die rund 350 km lange Route von Amherst nach Cape Blomidon. Hier ist die Küste wild und unberührt, gepeitscht von den ausgeprägtesten Gezeiten der Welt. In Parrsboro steigt die Flut mehr als 12 m; bei Ebbe liegt der Hafen trocken, und der Sand erstreckt sich fast zwei Kilometer ins Meer hinaus. Hier spannen die Fischer bei Ebbe ihre Netze auf und »pflücken« dann die Fische vom Wagen aus.

In der Nähe von Eastbay, östlich von Parrsboro, sind 250 Millionen Jahre alte Fußabdrücke von Dinosauriern und von prähistorischen Eidechsen zu sehen, während in Joggins, unweit von Amherst, ganze versteinerte Wälder von 30 m hohen Felsklippen ins Meer abfallen.

In Truro, einer Stadt mit 14 000 Einwohnern, ist die Tidal Bore zu sehen, die zweimal täglich eineinhalb Meter hoch den Salmon River hinaufstürmt. Im Nordwesten der Stadt liegt *Wentworth Valley*, das älteste Skigebiet von Atlantikkanada; es besteht seit 1946.

Die wunderbarste Aussicht bietet der höchste Punkt von Cape Blomidon. Der Blick schweift nicht nur über das gewaltige Minas Basin der Fundy-Bucht, sondern auch über die Täler von sechs Flüssen. Kein Wunder, daß Glooscap diese Gegend zu seiner Heimat wählte.

Städte in Nova Scotia

Halifax – Wolkenkratzer und enge Straßen, die Cook kannte

Halifax ist mit 124 000 Einwohnern Atlantikkanadas größte Stadt; als wissenschaftliches Zentrum steht es hinter Ottawa und Toronto an dritter Stelle. Die Stadt liegt auf einer Halbinsel, ist auf drei Seiten vom Meer umgeben und hat einen der besten Häfen der Welt. Er ist den ganzen Winter hindurch eisfrei, und jährlich laufen hier über 3500 Schiffe aus der ganzen Welt ein und aus.

Als erste kanadische Stadt, die hauptsächlich von Engländern besiedelt wurde, hat Halifax seinen britischen Charakter bis auf den heutigen Tag erhalten. Doch es ist auch eine sehr moderne Stadt, die gegenwärtig in den alten Stadtteilen kostspielige Sanierungsarbeiten unternimmt. Es versteht sich, daß Halifax in Sachen Unterkunft und Unterhaltung alles bietet, was man von einer Hafenstadt erwartet.

Die Zitadelle auf dem Hügel beherrscht die Stadt. Diese riesige, sternförmige Festung, die Cornwallis baute, als er 1749 Halifax gründete, bietet dem Besucher nicht nur einen Überblick über die Stadt, sondern mit ihren Museen und Ausstellungen auch über die Stadtgeschichte.

Noch immer trifft man auf Überreste der gewaltigen Explosion vom 6. Dezember 1917, die mehr als 1600 Menschen tötete und Tausende schwer verwundete. Rund $2^1/_2$ km² wurden dem Erdboden gleichgemacht, als das französische Munitionsschiff *Mont Blanc* mit dem norwegischen Frachter

Imo kollidierte. Ein Teil eines Ankers liegt noch immer vier Kilometer von der Meerenge entfernt, in der die *Mont Blanc* in Brand geriet. Zeugen einer anderen Schiffstragödie sind die langen Reihen von Gräbern, die an den Untergang der Titanic (1912) erinnern.

Halifax besitzt eine fast endlose Reihe von Sehenswürdigkeiten; an einem einzigen Tag kann man sie nicht anschauen. Eine der schönsten ist der schon erwähnte Zitadellhügel, jetzt ein Historischer Park. Zur Zitadelle gehört die 1803 aufgestellte alte Stadtuhr (Old Town Clock), ebenfalls die »Mittagskanone« (Noon Gun), die seit der Stadtgründung jeden Tag abgefeuert wird. Einen Besuch wert ist auch die Dalhousie-Universität aus dem Jahre 1818, mit 7000 Studenten und 800 Lehrkräften. Von ganz besonderem Interesse ist das Fährensystem, das Halifax mit seiner Schwesterstadt Dartmouth verbindet, es ist seit 1752 in Betrieb. Halifax hat die ältesten Hafenanlagen Nordamerikas; sie wurden bereits unter Kapitän James Cook begonnen.

Scotia Square im Herzen der Stadt ist ein Paradies für den Kauflustigen; hier befinden sich unter anderem ein großes Hotel und über 100 Läden und Boutiquen, die Kunsthandwerk aus ganz Nova Scotia anbieten. Es empfiehlt sich, den Wagen in einem der Parkhäuser am Scotia Square zu lassen, denn das Parkieren in der Stadt ist oft problematisch.

Der Flughafen von Halifax ist 40 km vom Hafen entfernt. Ein Helikopterdienst bringt Besucher für teures Geld in zehn Minuten ins Zentrum; der Flughafenbus kostet nur ein Viertel davon.

Dartmouth – Stadt der Seen

Dartmouth, Halifax gegenüber an der Ostseite des Hafens, entstand 1750, ein Jahr nach Halifax, hat 65 000 Einwohner und – so behaupten die Broschüren – 26 Seen. Zwei moderne Brücken und das schon erwähnte alte Fährensystem verbinden die beiden Schwesterstädte.

Dartmouth ist vor allem ein Industriezentrum, mit riesigen Ölraffinerien, aber auch die Stadt der kanadischen Navy. In Shannon Park, in der Nähe des Eingangs zum Bedford Basin, leben Tausende von Angehörigen der Navy sozusagen in einer Stadt innerhalb der Stadt, mit eigenen Schulen, Kirchen und Spielplätzen. Unweit davon befindet sich das *Bedford Institute of Oceanography*. Dieses größte kanadische Zentrum für die Erforschung des Meeres studiert Gezeiten, Strömungen, Meeresboden und Eisformationen. Die geführten Touren in den Sommermonaten sind faszinierend für jeden.

Yarmouth – Wichtiger Einreiseort

Für Tausende von Besuchern vor allem aus den USA ist Yarmouth an der Südspitze der Provinz der Ausgangspunkt ihrer Kanada-Reise. Hier legen die

Fähren an, die Nova Scotia mit Bar Harbour und Portland in Maine verbinden.

Mit 8500 Einwohnern ist Yarmouth zwar eine kleine Stadt, aber als Fischerdorf ein Touristenziel ersten Ranges. Äcker und Wiesen, mit Steinmauern umgeben, die aus Schottland und England zu stammen scheinen, Erdbeerfelder, die Boston und andere Zentren mit den süßen Früchten beliefern, Möglichkeiten zum Entspannen, zum Fischen und Jagen: das alles hilft mit, die Stadt anziehend zu machen. Die Küste um Yarmouth ist wild, vom Wind und der stürmischen See gepeitscht.

Yarmouth blickt auf eine lange Seefahrertradition zurück, die in den Tagen der großen Segelschiffe ihren Höhepunkt erreichte, als Nova Scotia die drittgrößte Handelsflotte der Welt stellte und nur hinter England und den USA zurückstand.

Aus jenen Tagen stammt auch der Yarmouth-Leuchtturm auf *Cape Forchu,* dessen Licht noch aus 50 km Entfernung zu sehen ist. Die rauhen Felsen, auf denen er steht, fallen steil in den Atlantik ab und sind von der Brandung umspült. Sie sollten sie unbedingt besuchen.

Yarmouth ist besonders für Liebhaber der Wikingergeschichte in Nordamerika interessant, denn im Yarmouth County Historical Museum befindet sich ein großer Stein mit merkwürdigen Zeichen. Nach Ansicht einiger Fachleute sind es Runeninschriften der Wikinger aus der Zeit um das Jahr 1000, nach Meinung anderer dagegen Inschriften der Micmac-Indianer, dritte halten sie für das Ergebnis der Erosion... Sie können sich Ihre eigene Meinung bilden.

PRINCE EDWARD ISLAND – WO KANADA GEBOREN WURDE

Prince Edward Island, im Golf von St. Lorenz, rund 15 km von der Küste New Brunswicks und Nova Scotias entfernt, ist mit einer Fläche von 5657 km² die kleinste Provinz Kanadas, mit 124 000 Einwohnern aber auch eine der am dichtesten besiedelten. Trotzdem herrschen hier noch jene Ruhe, jener Frieden und jene Zufriedenheit, die den idealen Ferienort prägen. Kein Wunder also, daß die Provinz jährlich Tausende von Besuchern anlockt, die sich inmitten von grünen Feldern, an Dünen und herrlichen Sandstränden zu entspannen suchen. Selbst Charlottetown, die Hauptstadt, sieht wie ein kleines Marktstädtchen aus.

Ein Grund für diese Ruhe ist ohne Zweifel die Schönheit der Insel. 90 Prozent der Landfläche werden landwirtschaftlich genutzt, und rund 75 Prozent der Bevölkerung sind in der Landwirtschaft tätig; hie und da treibt jemand zusätzlich Fischfang (oder umgekehrt). Diese Zusammenarbeit mit der Natur bestimmt den Lebensrhythmus, der den Besucher aus einer hastigeren Gegend so sehr anspricht.

Die Insel bietet erstklassige Gelegenheit zum Baden und Wandern entlang der Dünen und Strände. Sie wurde auch schon als »zwei große Strände mit einem Kartoffelfeld dazwischen« beschrieben. Vor der Küste ist das Hochseefischen mit Charterbooten sehr beliebt und relativ erschwinglich; Prince Edward Island ist denn auch die »Thunfischkapitale der Welt«. Dieser Titel wird der Insel allerdings von Nova Scotia streitig gemacht.

Die Bewohner, Nachkommen von Schotten, Engländern, Iren und Akadiern, sprechen heute vorwiegend englisch und sind sehr stolz auf ihre Heimat. Ebenso stolz sind sie auf Lucy Maud Montgomery, die Autorin des Buches »Anne of Green Gables«, das, in viele Sprachen übersetzt, noch immer Kinder und Erwachsene fasziniert.

P.E.I. (so nennen die Kanadier die Insel) wurde von Jacques Cartier entdeckt; vorher war es die Heimat der Micmac. Später erhielt die Insel von Champlain den Namen »Ile St. Jean«, gehörte dann während einiger Zeit zu Nova Scotia, wurde schon 1769 zur selbständigen Kolonie und erhielt dreißig Jahre später den heutigen Namen. 1873 wurde sie zur siebten Provinz Kanadas, nachdem neun Jahre vorher die »Väter der Konföderation« in Charlottetown zum erstenmal zusammengekommen waren. Wirtschaftlich ist diese kleinste Provinz des Landes nicht sehr bedeutend, doch sind die Produkte des Landes – vor allem Saatkartoffeln und Gemüse – weithin bekannt. Die Austern, gezüchtet in der Malpeque Bay, gelten in Montreal als Delikatessen, und die Rennpferde – vor allem Traber – machen denen von Kentucky Konkurrenz.

Die Anreise auf die Insel bietet keine Probleme, im Gegenteil, sie trägt viel zur Ferienstimmung bei. Von New Brunswick aus (Cape Tormentine) verkehrt jahraus, jahrein ein Eisbrecher – im Sommer zusammen mit einem Fährschiff; die Überfahrt dauert rund 45 Minuten. Nova Scotia ist durch eine Fähre von Caribou aus ebenfalls mit der Insel verbunden: Überfahrt eineinhalb Stunden. Im Juli und August, den Ferienmonaten in Kanada, verkehren täglich über 100 Kurse, wobei ein Schiff zwischen 60 und 160 Autos aufnehmen kann. Eine dritte Fähre verbindet die Insel von Souris aus mit den Magdalen Islands, die rund 120 km entfernt sind. Im Januar 1988 haben sich die Bewohner von P.E.I. in einem Referendum mit einer Mehrheit von 65% dazu entschieden, eine sichere Verbindung (Tunnel oder Brücke) mit dem Festland in Planung zu geben. Wann und wie diese zustande kommt, läßt sich noch nicht absehen.

Die kleine Provinz verfügt über ein ausgezeichnetes Straßennetz, das mit 5500 km auch den hintersten Winkel und das äußerste Kap erreicht. Und um es den Touristen noch leichter zu machen, sind drei Routen markiert, die zu den schönsten Gegenden, den lieblichsten Buchten und Fischerdörfern sowie den eindrucksvollsten Leuchttürmen führen. Die drei Touren, *Lady Slipper Drive* im Westen, *Blue Heron Drive* in der Mitte und *King's Byway* im östlichen Teil, sind auf der offiziellen Autokarte eingetragen. Man sollte sich für jede dieser Routen einen ganzen Tag Zeit nehmen und dabei von der Hauptstraße abweichen.

Lady Slipper Drive – Irisch Moos und Austern

Von Summerside, dem zweitgrößten Städtchen der Provinz, führt der Lady Slipper Drive die Malpeque Bay entlang. In dieser Bucht werden Austern gezüchtet. In der *Environment Canada Research Station* in Bideford, die Sie besuchen können, sind es mehr als 30 Millionen jährlich. Weiter die Küste entlang führt die Straße über einen Damm nach Lennow Island – berühmt für herrliche indianische Kunstgegenstände – und nach Alberton – hier in der Nähe landete Jacques Cartier –, passiert Tingish und führt dann zum einzigartigen North Cape. Die gegenüberliegende Küste entlang führt die Straße nun, unzähligen Stränden folgend, nach West Point, umfährt Egmont Bay und kehrt nach Summerside zurück. An dieser Route sind die Nachkommen der Akadier zu Hause, und in Dörfern wie Egmont Bay oder Mount Carmel spricht man noch immer ein sanftes Französisch.

Mitte Oktober geht die Fischereisaison zu Ende. Dann sammeln die Fischer Irisch Moos, Rot- und Braunalgen, aus denen das Emulgiermittel *Carrageenan* gewonnen wird, die aber auch als Heilmittel dienen.

Blue Heron Drive – Nationalpark und »Anne of Green Gables«

Der Blue Heron Drive, die kürzeste der drei Routen, führt den Besucher an die Nordküste und zurück an die Meereslandschaft der Südküste. Die Route beginnt in Charlottetown, der Provinzhauptstadt, führt zur Rustico Bay und zur New London Bay. Rustico Island ist ein Teil des Prince Edward Island National Park. In Cavendish mit seinen herrlichen Stränden und einem weltberühmten Golfplatz steht Green Gables, Schauplatz des bekannten Romans von Lucy Maud Montgomery, das jedes Jahr Tausende von Besuchern anlockt. Über Kensington und die Malpeque Bay erreicht man wieder Summerside und folgt von hier aus der Südküste, von wo aus bei schönem Wetter am Horizont das Festland zu sehen ist. In Cape Traverse steht ein Denkmal, das an jene Zeiten erinnert, als Post und Passagiere noch in Ruderbooten nach New Brunswick gebracht wurden. In dieser Gegend sind auch die roten Klippen am schönsten; hier nisten die Reiher, die der Route den Namen gegeben haben und die in den seichten Wassern nach Nahrung suchen.

King's Byway – Kaps und Leuchttürme

Ebenfalls von Charlottetown bringt der King's Byway den Besucher gegen Süden und Osten, vorbei an Dutzenden von Buchten und Kaps, jedes mit einem Leuchtturm, vorbei an geschützten Häfen, Fischerdörfern und verträumten Stränden. Wer aus irgendwelchen Gründen nicht genügend Zeit hat, um die ganze Insel zu sehen, sollte mindestens diese Route nicht missen.

In East Point umfährt die Straße die Spitze der Insel und führt Richtung Charlottetown, vorbei an North Lake, der »Thunfischkapitale der Welt«, vorbei an Kartoffel- und Tabakfeldern, über Brücken und Flüsse, und einmal mehr an Sandstränden.

Souris ist fürs Hochseefischen bekannt, für seine Hummerindustrie, seinen schönen Strand und die Autofähre, die das Dorf mit Cap-aux-Meules auf den Magdalen-Inseln verbindet.

Es versteht sich, daß auf dieser Insel, wo das Meer so allgegenwärtig ist, Camping ganz groß geschrieben wird. Überall sind gute Campingplätze, auch Provincial Parks, der Nationalpark und historische Stätten. Zu tun gibt es neben dem einfachen Faulenzen immer etwas: Fischen, Kanufahren, Reiten. Als das »Kentucky von Kanada« scheint die ganze Insel in Pferde vernarrt, und in Charlottetown und in Summerside finden während der Ferienzeit praktisch jeden Abend Trabrennen statt. Wetten ist zwar nicht obligatorisch, doch trägt es zur Spannung und Abwechslung bei.

Die Rückfahrt zum Festland – mit oder ohne einen Sack voll Geld – muß nicht auf dem gleichen Wege wie die Hinfahrt erfolgen. Die Rückfahrkarte der Fähre wird nämlich in New Brunswick und in Nova Scotia anerkannt.

Aber bevor Sie die Insel verlassen, sollten Sie an einem *Lobster Supper* teilnehmen. Diese Hummeressen ermöglichen einen ausgezeichneten Kontakt mit den Einheimischen. Sie finden von Mitte Juni bis in den Oktober hinein statt, meist von 4 Uhr nachmittags bis 9 Uhr abends (nähere Angaben beim Tourist Office).

Charlottetown – Die Wiege Kanadas

Kein Besucher sollte auf einen Aufenthalt in dieser schönen Stadt verzichten, die zwar eher einem ländlichen Marktflecken gleicht als einer Provinzhauptstadt. Charlottetown – übrigens die einzige Stadt auf der Insel – nennt sich »Geburtsort von Kanada«, weil hier im September 1864 die Väter der Konföderation zum erstenmal zusammenkamen, um über die Zukunft des Landes zu diskutieren.

300 französische Kolonisten siedelten 1720 hier, am besten Hafen auf der Insel, und nannten den Ort *Port la Joie*. Die Briten übernahmen 1758 die Siedlung und gründeten sechs Jahre später auf der gegenüberliegenden Seite des Hafens Charlottetown.

Im Herzen der Stadt steht das 1964 gebaute *Confederation Center*, ein nationales Denkmal zur Erinnerung an die Väter der Konföderation, das zwei Straßenblöcke einnimmt. Es steht unmittelbar neben dem historischen *Province House*, in dem der Raum, wo das geschichtlich wichtige Zusammentreffen stattfand, so erhalten worden ist, wie er damals war. Das Confederation Center enthält auch ein Theater mit 1000 Sitzplätzen, eine Bibliothek, eine Kunstgalerie und ein Museum. Hier findet jedes Jahr *Charlottetown Festival* statt, bei dem vor allem kanadische Musicals aufgeführt werden. Ebenfalls im Center zu Hause ist das *Feux Follet*, eine nationale Ballettgruppe, deren Aufführungen über die Stadt hinaus bekannt sind und deren Themen sich fast ausschließlich auf die Geschichte Kanadas konzentrieren.

Government House, ein imposantes Haus im Kolonialstil aus dem Jahre 1834, überschaut Victoria Park und den Hafen. Eine weitere Sehenswürdigkeit ist *St. Dunstan's Basilica*, eine der größten Kirchen im östlichen Kanada, bekannt durch zwei gotische Türme, wertvolle italienische Schnitzereien und eine sehr eindrucksvolle Fensterrose. Echte zweistöckige Busse aus London machen täglich Rundfahrten durch die Stadt, doch ist Charlottetown so kompakt, daß diese Touren nicht nötig sind, am besten lernt man die Stadt zu Fuß kennen. Besonders interessant ist der Hafen oder ein Spaziergang durch *Old Charlottetown*, wo sich in vielen der historischen Bauten heute Boutiquen, Kunsthandwerkläden, Restaurants und Antiquitätenläden befinden.

NEUFUNDLAND – DIE WIEGE DER NEUEN WELT

Lange bevor Neufundland zur »Wiege der Neuen Welt« wurde, war die Provinz – sie besteht aus der Insel und einem rund 300 000 km² großen Teil von Labrador – die Heimat einer mindestens 4000 Jahre alten Indianerkultur. Ausgrabungen aus dem Jahre 1968 in *Port-au-Choix* an der *Strait of Belle Isle* bestätigen das.

Wenige Jahre vorher (1961 bis 1967) erlangten die Ausgrabungen von *L'Anse aux Meadows,* 450 km nördlich des Trans-Canada Highways, Weltruf, weil sie erstmals die Überreste einer Wikingersiedlung aus dem Jahre 1000 aufdeckten. L'Anse aux Meadows ist heute ein historischer Park und bestimmt einen Abstecher wert. Drei Hütten, aus Rasenstücken, wie sie die Wikinger bauten, sind für Besucher zugänglich. Nachahmungen der Funde, die beweisen, daß die Wikinger um das Jahr 1000 hier waren, sind ebenfalls zu sehen.

Doch die ersten schriftlichen Aufzeichnungen der »Entdecker« erfolgten erst 500 Jahre nach den Wikingern, als John Cabot von Bristol auf Neufundland landete. Die bitteren Kämpfe zwischen England und Frankreich um den Besitz von Neufundland, die sich hauptsächlich um die Fischgründe abspielten, endeten erst 1762, als St. John's endgültig von den Engländern übernommen wurde, die dann die Franzosen prompt auswiesen.

Neufundland und Labrador waren lange eine britische Kolonie, später ein Dominion innerhalb des Commonwealth und wurden erst am 31. März 1949 zur zehnten Provinz Kanadas.

Heute ist es keine Schwierigkeit mehr, die einst abgelegene und wilde Insel zu sehen. Mit dem Fährschiff erreicht man nach rund sechsstündiger Überfahrt von Nova Scotia *Port-aux-Basques* und folgt dann dem Trans-Canda Highway nach dem 900 km entfernten St. John's. Eine zweite Fähre (Juni bis September) verbindet North Sidney in Nova Scotia mit Argentia im östlichen Neufundland, 126 km von St. John's entfernt.

Der Trans-Canada Highway führt in einem riesigen Halbkreis zuerst nach Norden bis *South Brook,* wendet sich dann gegen Osten zum Terra Nova National Park, schwingt südwärts zur Avalon Peninsula und erreicht schließlich St. John's, die östlichste Stadt Neufundlands, nur rund 2700 km von Irland entfernt. Die ganze Strecke kann wenn nötig im 100-km/h-Tempo an einem einzigen Tag befahren werden, doch ist das sicher nicht die richtige Art und Weise, dieses vielfältige und geschichtsträchtige Land zu sehen. Abstecher sind bei einem Straßennetz von über 10 000 km überall möglich.

Die Provinz gliedert sich in vier Gebiete. Wer von der Fähre kommt, betritt zuerst den »Westen« mit seinen endlosen Tälern, den riesigen Wäldern und den düsteren Bergen. Hier sind einige der besten Lachsflüsse der Provinz; die Bäche und Bächlein winden sich durch einen der besten Jagdgründe, wo Jäger, die dem Elch, Karibu oder Bären nachstellen, selten ohne Trophäe heimkehren. Zelt- und Picknickplätze sind zahlreich.

Ebenso zahlreich und vielfältig sind die Campingplätze im zentralen und östlichen Neufundland. Großzügige Straßen erleichtern das Reisen nach früher sehr abgelegenen Orten wie der Burin Peninsula, mit Erzminen und Schiffsbau, der Bonavista Peninsula, die in der Geschichte eine so wichtige Rolle spielt, oder zur Notre Dame Bay, wo eine ganze Reihe von Dämmen und Brücken verschiedene Inseln miteinander verbindet.

Eine schmale Landbrücke zwischen Trinity Bay und Placentia Bay verbindet die restliche Provinz mit der Halbinsel Avalon, wo einst Piraten und Freibeuter in den großen und kleinen Buchten Schutz und Unterkunft fanden, wo heute noch die Fischer zur See fahren, wo sich die Fischerdörfer während der letzten zweihundert Jahre kaum verändert haben und noch immer an den rauhen Felsen zu hängen scheinen.

Das vierte Gebiet ist Labrador. Südwestlich der Burin Peninsula, nun auf dem Highway 210 vom Trans-Canada Highway aus erreichbar – sind die Inseln Miquelon und St. Pierre. Der ausgeprägte europäische Charakter der Inseln, die zu Frankreich gehören, fasziniert den Besucher.

West- und Nordküste – Jakitars und alte Sprachen

Die Westküste ist oder war die Heimat der »Jakitars« – ein Wort, das, im falschen Moment gebraucht, immer noch zu einer Prügelei führen kann –, deren Vorfahren Mischlinge von Franzosen und Indianern waren. Zentren dieser Region sind St. George's Bay und Port au Port Peninsula. In Dörfern wie Point-au-Mal, Mainland, Lourdes ist Englisch immer noch die zweite Sprache; die Leute hier ziehen das Französische vor, das ihre Vorfahren im 17. und 18. Jahrhundert aus der Heimat mitbrachten. Experten sagen, es handle sich um eines der altertümlichsten, schönsten und reinsten Formen des Französischen, die heute noch zu hören sind. Der Fortschritt ist aber auch hier eingekehrt, und die gleichen Experten sagen voraus, daß diese Sprache in einer weiteren Generation verschwinden wird.

Entlang der Nordküste von Neufundland können selbst Englischsprachige auf Sprachschwierigkeiten stoßen, dann nämlich, wenn die einheimischen Fischer in ihre alten Dialekte verfallen. Wenn sie das alte *Cornish* oder *Devon* sprechen, so hört sich das wie eine Fremdsprache an.

Südlich von St. John's, auf der Halbinsel Avalon, in den Fischerdörfern von Bay Bulls, Witless Bay, La Manche, Aquaforte, Ferryland, Renews und wie sie alle heißen, erzählt man noch heute Geschichten und Abenteuer von Piraten und Freibeutern, Walfängern und Propheten. Versuchen Sie unbedingt, mit den Einheimischen ins Gespräch zu kommen; sie haben alle ein natürliches Talent fürs Erzählen und sind stolz auf ihre Vergangenheit.

Fast ebenso zahlreich wie die Seevögel sind an dieser Küste die Wracks. Obwohl hier im Herbst Orkane häufig sind, rissen hauptsächlich Nebel, Gezeiten und unberechenbare Strömungen die Schiffe ins Verderben. Da war der Schoner »Harpooner« mit 600 Mann an Bord, beim Clam Cove Brook sind die Gräber von 237 Opfern der »Anglo-Saxon«, die 1863 unterging, und bei St. Shotts diejenigen von 400 des Seglers »Little Drake«.

Placentia – Die alte Hauptstadt

Placentia, unweit von Argentia in der Placentia Bay, ist die alte Hauptstadt der Franzosen, die während des 17. Jahrhunderts hier an der Macht waren. Auf den steilen, bewaldeten Hängen hinter dem Städtchen stehen die Ruinen der alten Festung, die diese Gegend zu einer fast uneinnehmbaren Hochburg zwischen Europa und den Großen Seen machte.

Die genaue Geschichte der ersten französischen Siedlungen – wie übrigens auch der englischen – ist unklar und nur in spärlichen Berichten des frühen 16. Jahrhunderts greifbar. Sicher ist jedoch, daß in Placentia die erste Kirche in Kanada gebaut wurde, und zwar von Portugiesen. Im 17. Jahrhundert wurde sie dann von den Franzosen, im 18. Jahrhundert von den Engländern restauriert. Das Städtchen war lange Zeit auch ein Fischereizentrum der Basken, von denen einst über 6000 hier lebten. Um 1622 siedelten die Franzosen in der Gegend. Sie brachten »Zivilisation« auf die Insel und hielten über 50 Jahre lang auch das Zepter in der Hand. Während dieser Zeit zerstörten sie mit Ausnahme von Bonavista mehr oder weniger jede englische Ansiedlung. Bald begannen die Engländer zurückzuschlagen, und nun wogte der Krieg hin und her, um erst 1713, mit dem Abschluß des Vertrages von Utrecht, vorübergehend zum Stillstand zu kommen. Die letzten Schüsse zwischen Engländern und Franzosen fielen 1796. Viele Franzosen kehrten nun nach Frankreich zurück, siedelten auf den Inseln St. Pierre und Miquelon oder flüchteten in die Wildnis, vorwiegend an die Westküste.

Ein Abstecher – rund 60 km – führt von Placentia nach Cape St. Mary's, dem einzigen auf dem Landweg erreichbaren Schongebiet für Vögel in Neufundland. Ein Besuch dieser Nistgründe von Tausenden von Tölpeln und Dreizehenmöven ist vermutlich eines der eindrücklichsten Erlebnisse jeder Neufundlandreise. Steile, gefährliche Felswände fallen Dutzende von Meter zum Meer ab, und eine Landung per Boot ist in der starken Brandung praktisch unmöglich. Bevor die Straße ins Hinterland existierte, wurden während langer Zeit die Vorräte für den Leuchtturm mit einer Seilbahn über die steilen Wände und Klippen transportiert.

Für Besuche der anderen, ebenfalls weltberühmten Vogelschongebiete in Neufundland – Witless Bay, mit Millionen von Seeschwalben, Alken und Sturmvögeln, Funk Island, 150 km nordöstlich von Neufundland, und Baccalieu am nördlichen Eingang der Conception Bay – brauchen Sie eine Bewilligung.

Marine Drive – Von Kraken und Museen

Ein zwölfjähriger Junge bewies 1873 in *Portugal Cove* ein für allemal, daß die Riesentintenfische oder Kraken tatsächlich existieren. Als eines dieser Monstren sein Boot zum Kentern zu bringen versuchte, hieb er ihm zwei Arme ab und brachte seine Beute an Land; der kleinere war über 6 m lang.

Portugal Cove liegt am *Marine Drive,* einer Route, die auf ideale Weise diese Landschaft erschließt. Sie führt von St. John's nach Cape Francis, dann die Trinity Bay entlang nach Whitebourne am Trans-Canada Highway, umfährt also die ganze Conception Bay und trägt aus verständlichen Gründen den Namen »The Road around the Bay«.

An der gleichen Route liegen die Dörfer Colliers, Brigus und Cupids, eines schöner und romantischer als das andere, alles Fischerdörfer, deren Bewohner sich aber auch in der Landwirtschaft betätigen.

Unweit davon liegt *Hibb's Hole,* mit dem besten Museum der Insel. Es enthält Hunderte von Gegenständen, die die Fischer zusammengetragen haben, handgefertigte Werkzeuge und Kunstgegenstände. *Harbour Grace* an der gleichen Route war einst die Hochburg der Robbenfischer, die in den 1850er Jahren mit über 400 Schiffen 15 000 Mann stark nach Norden fuhren und jährlich über eine halbe Million Robben fingen.

Alexander Bay – Traurige Geschichte

In der herrlichen Alexander Bay – sie liegt zum Teil innerhalb des Terra Nova National Park – an Neufundlands Ostküste kann man heute noch Steinwerkzeuge der Beothuk aus dem Sand graben. Bis vor kurzer Zeit war die Bucht unter dem Namen »Bloody Bay« bekannt, weil sich hier das Wasser vom Blut der Beothuk rot färbte, als diese von den ersten europäischen Fischern niedergemacht wurden.

Alexander Bay ist aber lange nicht der einzige Ort, wo die Beothuk umgebracht wurden; das Abschlachten der Beothuk ist eines der traurigsten Kapitel der kanadischen Geschichte.

Während der ersten zweihundert Jahre der englischen Kolonialherrschaft auf Neufundland war es den Fischern verboten, sich auf der Insel anzusiedeln, und die Schiffskapitäne wurden zur Rechenschaft gezogen, wenn sie im Herbst nicht mit der vollzähligen Besatzung nach England zurückkehrten. Damals bestand ein Teil der Besatzung eines Fischerbootes auch aus Frauen – jeweils ungefähr 40 Prozent –, doch auch sie waren kaum mehr als Sklaven der Schiffsbesitzer und Kapitäne. Verständlicherweise waren viele von ihnen gewillt, von den Schiffen zu desertieren und in der Wildnis zu leben. So kamen die ersten Siedler nach Neufundland, rauhe Leute, viele unter ihnen waren mit dem Gesetz in Konflikt geraten; sie waren zum Überleben völlig auf die Wildnis angewiesen. Sie leiteten das Gemetzel an den Beothuk ein. Mit der Zeit wurde das ganze fast zu einem Sport, der erst eingestellt wurde, als es zu spät war.

Neufundland – Famish Gut und Toslow John

Es ist praktisch unmöglich, während einer einzigen Reise ganz Neufundland kennenzulernen. Die Küste der Insel, rund 10 000 km lang, ist einfach zu vielseitig, zu lang, um auf einmal besucht zu werden. Doch es gibt Orte, die gewissermaßen Neufundland symbolisieren.

Orte wie Toslow.

Wer in Famish Gut (Hohler Bauch) ein Boot besteigt und in der Placentia Bay den Spuren der ersten Franzosen folgt, die westwärts den Engländern zu entgehen suchten, kommt zu einer Gruppe von Inseln mit Namen wie Red Island, Merasheen, Sound Island, Bar Haven und Isle Valen, mit Dörfern wie Haystack, Harbour Buffet, Great Turtle, Tacks Beach und Rose-au-Rue. Alle diese Inseln waren einst bewohnt; heute sind die meisten Menschen fortgezogen.

Eine dieser Buchten, vielleicht noch schöner als die anderen, wurde von den französischen Fischern *La Tasse de l'Argent* genannt, »die silberne Tasse«. Als aber eine Generation der anderen folgte und die Sprache verloren ging, wußten die Bewohner nicht mehr, was der Name bedeutete, und aus Tasse de l'Argent wurde *Toslow John*. Doch niemand wußte etwas über »Toslow John« – er hatte ja auch nie existiert –, und so blieb noch *Toslow*. Inzwischen aber war Toslow zum Symbol des harten Lebens in den Outports, den Außenposten, geworden, zum Symbol aller schwer zugänglichen Fischerdörfer entlang der wilden Küste. Lieder entstanden, und Toslow entwickelte sich zum Symboldorf Neufundlands. Wer heute zum einstigen »Tasse de l'Argent« kommt, findet nichts mehr vom alten Dorf vor. Die Bewohner zogen nämlich vor ein paar Jahren mit Booten, Häusern und Fischernetzen auf eine andere, größere Insel in der Placentia Bay. Irgendwie scheint dies richtig. So ist »Tasse de l'Argent« oder »Toslow« für immer ein Denkmal für das alte Neufundland, so wie es war, als die ersten Siedler kamen.

Labrador – Eskimo im 20. Jahrhundert

Reisen nach Labrador, wenn man nicht das Flugzeug benutzen will, mit dem »Coastal Ship«, dem Küstenschiff, das praktisch jeden Ort an der Küste anläuft, sind in den Sommermonaten fast Mode geworden. Die Fahrt von St. John's nach *Nain,* dem nördlichen Endziel, und zurück dauert 14 Tage, und frühzeitige Buchungen bei CN sind unbedingt empfehlenswert.

Noch hat sich die Küste hier kaum verändert. Noch ist sie mit den Tausenden von Inseln eine der letzten unverdorbenen Gegenden auf dieser Erde. Ihre »Spezialität« sind die Eisberge. Von der Westküste Grönlands her bringt sie der Labradorstrom nach Süden, wo sie schließlich der warme Golfstrom »auffrißt«. Eine endlose herrliche Parade zieht hier vorbei; einige sind ganz weiß, andere bieten eine endlose Variation von Blau und Grün oder Schlösser mit Zinnen und Türmen, und dahinter erstreckt sich das tiefblaue Meer. Dazu kommen Walfische, Robben, Tausende von Seevögeln und natürlich die Kimmungen, die hier an der Labradorküste so einzigartig sind. Nur wer sie je gesehen hat, diese Inseln über dem Horizont, auf dem Kopf stehend, im Himmel hängend, wird glauben, daß sie tatsächlich existieren und so schön sein können.

Reine oder fast reine Eskimosiedlungen beginnen erst nördlich von *Hopedale* und *Nain,* obwohl schon in dieser Stadt praktisch nur Eskimo leben. Südlich davon siedeln die Nascaupi-Indianer, die zu den wenigen Eingeborenen des nordamerikanischen Kontinents gehören, die noch das Leben ihrer Vorfahren führen. Viele leben das ganze Jahr hindurch in Zelten, fischen und jagen wie vor Generationen. Die Nachkommen der Mischlinge von Eskimo und Franzosen, die aus Nova Scotia hierher geflüchtet waren, bilden eine dritte Gruppe, die »Livyers«, die sich nun als die einheimischen Weißen betrachten und für die Eskimo nicht viel übrig haben.

Im westlichen Labrador allerdings, in Labrador City, Wabush und in Churchill Falls, ist das 20. Jahrhundert fast explosionsartig ausgebrochen. Die Minen in und um Labrador City produzieren heute 50 Prozent des kanadischen Eisenerzes, die riesigen Fälle am Churchill River sind gebändigt worden und liefern 7 Millionen PS.

Die Einwohnerzahl von Labrador – des Teiles, der zu Neufundland gehört – ist innerhalb weniger Jahre von 15 000 auf 100 000 angestiegen. Mehrere Flüge täglich verbinden Labrador City mit St. John's, Deer Lake, Moncton und Montreal. Die Stadt ist zudem von Sept-Iles am St. Lorenz in einer 14stündigen Bahnfahrt zu erreichen.

Noch sind die Straßen hier nicht sehr zahlreich, doch ist auch das nur eine Frage der Zeit.

Städte in Neufundland

St. John's – Kanadas älteste Stadt

St. John's hat eine einzigartige Atmosphäre, mehr Charakter, eine würzigere Essenz und einen tieferen Sinn für Geschichte als jede andere Stadt auf dem kanadischen Festland. Und wenn an einem kalten, nebligen Tag im März das Heulen der Schiffssirenen das Auslaufen der Fangflotte ankündet, bleibt jedem Neufundländer einen Augenblick das Herz stehen.

Die früher so aktive Robbenfischerei ist heute fast stillgelegt. Doch Ende März, Anfang April beginnen die fremden Fischer einzulaufen: Portugiesen, Spanier, Russen, Japaner und Polen. Im langen Hafen drängen sie sich zusammen, um Köder, Salz, Wasser, Treibstoff und Nahrungsmittel aufzunehmen, bevor sie zu den Bänken vor Neufundland fahren oder Schutz vor den schweren Stürmen suchen, die diese Gegend plagen und die während der letzten 500 Jahre Tausenden von Fischern das Leben gekostet haben.

Die Portugiesen kommen zuerst, gewöhnlich um Ostern, mit ihrer Flotte von weißen Hilfsschiffen und schwarzen Motorbooten. Für sie ist St. John's der Heimathafen in der Neuen Welt; sie werden als vertraute Freunde aufgenommen, und in den Schaufenstern weisen Tafeln darauf hin, daß man hier portugiesisch spricht. Die nächsten, die Spanier, sind ruhiger und sprechen kaum mit den Einheimischen. Während langer Zeit war Neufundland »off-limits« für sie; zu oft waren sie in der Vergangenheit als Feinde erschienen. Russen, Japaner sind relative Neulinge, doch ihre riesigen Fabrikschiffe können beim besten Willen nicht übersehen werden. Alle sind freundlich und tragen viel zur weltstädtischen Atmosphäre bei. Die Fremden sind aber nicht die einzigen, die diesen Hafen ansteuern: auch die Einheimischen fischen vor der Hauptstadt, in deren Grenzen noch zwei aktive Fischerdörfer liegen. Die frühe Morgenstille wird unterbrochen vom Husten der Dieselmotoren von Fischerbooten, die auslaufen, um vor *Cape Spear, Sugarloaf* und *Blackhead* die Kabeljaunetze einzuholen. Am östlichen Rand der Stadt liegt *Quidi Vidi Village,* ein Fischerdorf, das sich in den letzten zweihundert Jahren kaum verändert hat. In der Nähe ist Quidi Vidi Lake, wo jährlich im August die St. John's Regatta stattfindet, die älteste Sportveranstaltung in Nordamerika; sie lockt Tausende von Besuchern aus aller Welt an.

Während der ersten 400 Jahre war St. John's nur ein auf die *»Bristol Company of Adventurers«* von 1503 zurückgehendes Fischerdorf. Als 1583 Sir Humphrey Gilbert eintraf und hier als erstem Ort in der Neuen Welt englische Gesetze einführte, war St. John's bereits ein Städtchen mit Schiffen aus aller Welt in seinen Häfen. Die zwei Pfade, die damals zwischen den Fischläden und den Händlern hindurchführten, »Upper Path« und »Lower Path«, existieren noch immer und heißen heute *Duckworth Street* und *Water*

Street. Zwar haben sie jetzt Neonbeleuchtung und sind mit Parksäulen bestückt, doch der Fischgeruch und das Donnern der Brandung sind noch immer allgegenwärtig.

Nur wenige Häuser gehen vor die Zeit der großen Feuersbrunst (1892) zurück, doch die Altstadt ist erhalten geblieben. Selbst das moderne St. John's, mit seinen Shopping Centers, Wohnblöcken, Flugplätzen, Überführungen aus Beton, Stahl und Asphalt, hat sich ganz einfach um den alten Stadtkern gruppiert. Die alten Straßen existieren noch immer; oft sind sie so steil, daß sie als Treppen angelegt wurden.

St. John's ist vor allem eine Handelsstadt, ein übergroßer Marktplatz. Seit frühester Zeit sind die Händler die Aristokraten; ihre Aristokratie beruhte aber nicht ausschließlich auf materiellem Reichtum; man mußte mit mindestens 15 Ländern Handelsbeziehungen haben. Die alten Familien halten noch immer zusammen.

Den besten Überblick über die Stadt mit den herrlich bunt gestrichenen Holzhäusern, die die steilen Hügel hinaufklettern, über den Hafen und die Hügel dahinter hat man von *Signal Hill* aus, der als 180 Meter hoher Felsen steil aus dem Meer emporragt. Der Hügel ist mit alten Kanonen bestückt und heute ein Historischer Park. Hier empfing am 12. Dezember 1901 Marconi die erste drahtlose Nachricht aus dem rund 2700 km entfernten England. Und hier überwachte die »Queen's Battery« den schmalen Eingang zum Hafen.

Ein Theater, eine Bibliothek, Archive, drei Kunstgalerien sowie Kunst- und Kunsthandwerksschulen und ein Schiffsmuseum befinden sich im *Arts and Culture Center* der Stadt. Das *Newfoundland Museum* besitzt eine wichtige Beothuk-Sammlung und Andenken an die ersten Siedlungsversuche der Franzosen und Engländer.

Am 1. September 1988 ging hier ein Kapitel in Neufundlands Transportgeschichte zu Ende. An jenem Tag legte die Provinz den Eisenbahnverkehr still. Die berühmte »Newfie Bullet«, wie die Bahn wegen des langsamen Tempos von amerikanischen Soldaten getauft wurde, fährt nun nicht mehr.

Der erste Personenzug verließ St. John's am 29. Juni 1898 und bewältigte die 875 km lange Strecke nach Port-aux-Basques in 28 Stunden. Später wurden Seitenlinien gebaut, von Clarenville nach Bonavista, von Broad Cove nach Heart's Content, von Deer Lake nach Bonne Bay und von Goobies nach Fortune Bay ...

Die Schmalspurbahn verdiente kaum Geld und zeigte nur während des Zweiten Weltkrieges, als amerikanische Soldaten sie benützten, einen Profit. Geschichten über den Bummelzug könnten Bücher füllen. Eine erzählt von der Frau, die am Ende der Fahrt den Schaffner um einen Arzt bat, weil sie kurz vor der Niederkunft stand. Sie hätten den Zug in ihrem Zustand gar nicht benützen dürfen, schimpfte dieser. Meinte die Frau: Ich war noch nicht schwanger, als ich in St. John's den Zug bestieg ...

Corner Brook – Papier für die Welt

Corner Brook, an der *Bay of Islands,* an Neufundlands Westküste, ist die zweitwichtigste Stadt der Provinz. Der Trans-Canada Highway verbindet die rund 30 000 Einwohner mit der Provinzhauptstadt. Die Stadt an der Mündung des Humber River, eines bekannten Lachsflusses, besitzt auch eine der größten Papierfabriken der Welt, die *Bowaters Newfoundland Limited,* mit einer Kapazität von über 400 000 Tonnen pro Jahr, die Zeitungspapier in die ganze Welt exportiert.

Das zehnstöckige *Government Center* gehört zu den schönsten Gebäuden der Stadt. Unweit davon befindet sich das *Arts and Culture Center,* das ein Theater, ein Museum, Kunstgalerien und ein Schwimmbad beherbergt. *Glynmill Inn* war einst das einzige Hotel der Stadt. Sein englischer Stil stammt aus dem Jahr 1920.

40 km nordöstlich von Corner Brook liegt *Deer Lake,* wo ein Elektrizitätswerk den Strom für die Papierfabrik erzeugt. Von hier wendet sich der Trans-Canada Highway gegen Osten, und eine 450 km nach Norden führende Straße zweigt hier ab. Die Atlantiklachse, die vom Meer zurückkehren und im *Sir Richard Squires Memorial Park* die Big Falls überspringen, bieten ein faszinierendes Schauspiel. Dieser Park liegt gute 40 km nordöstlich von Deer Lake.

Die Straße Nr. 430 führt von Deer Lake gegen Norden. Sie folgt auf dem ganzen Weg den herrlichen, dunklen Long Range Mountains und durchquert den Gros Morne National Park.

Weiter nördlich, in St. Barbe, führt eine Fähre über die schmale Strait of Belle Isle und verbindet den Ort mit Blanc-Sablon in Quebec. Endziel dieser »Seitenstraße« ist L'Anse aux Meadows mit dem Historischen Park.

QUEBEC – EINE WELT FÜR SICH

Quebec ist eine Welt für sich, eine große, weitläufige und schöne Welt. Hier ist es auch nicht mehr möglich, wie bisher ganz aus der Politik herauszubleiben, schon gar nicht seit dem 15. November 1976, als die *Parti Québécois* ans Ruder kam und während neun Jahren eine politische Abtrennung Quebecs vom übrigen Kanada anstrebte. Diese Gefahr ist heute vorbei: Seit dem Ende 1985 gibt es wieder eine liberale Regierung, die *Parti Québécois* unterlag. Eine Erklärung der Situation scheint hier angebracht.

Es gibt heute eine immer größere Zahl von Quebecern, die nicht mit den übrigen Kanadiern in einen Topf geworfen werden wollen. Zu oft, so sagen sie sicher mit einigem Recht, seien sie diskriminiert worden.

Noch hat Quebec scheinbar die Eroberung Neufrankreichs durch die Briten vor zweihundert Jahren nicht verwunden. Noch ärgern sich die Quebecer über die Gleichgültigkeit und manchmal sogar Feindseligkeit der Anglokanadier gegenüber der französischen Sprache.

Das ganze heutige Dilemma läßt sich aber nicht einfach auf die »Boshaftigkeit« der Briten und ihren Snobismus zurückführen. Als Frankreich seine Rechte in Kanada abtrat, konnten die Engländer zwar längere Zeit machen, was sie wollten: Sie übernahmen den Pelzhandel, dann das Bankgeschäft, die Bergwerke und alles, was Profit einbrachte. Dazu kam aber auch, daß die katholische Kirche, die während langer Zeit das Schulwesen kontrollierte, es für besser hielt, die Quebecer auf dem Lande zu halten, und während Generationen erhielt nur eine relativ kleine Anzahl von ihnen eine genügende Schulbildung, um mit dem Handel und der Technologie Schritt zu halten. Erst als die stetig zunehmende Einwohnerzahl immer mehr Leute zwang, das Land zu verlassen, um in den Dörfern und Städten Arbeit zu finden, wurde dieser Bildungsrückstand offenkundig, und zu diesem Zeitpunkt hatten die Anglokanadier die Situation bereits fest in der Hand. Quebec wurde eine Mischung aus 18. und 20. Jahrhundert und übersprang weitgehend das 19. Jahrhundert.

Heute allerdings beginnen sich die Dinge zu ändern. Waren es bis jetzt die Frankokanadier, die Englisch lernten, so werden in Zukunft die Auswärtigen in Quebec Französisch lernen müssen, was mir persönlich auch richtig scheint. Damit ist aber noch nicht alles gesagt.

Selbstverständlich macht nicht nur die Sprache – nicht einmal in erster Linie die Sprache – Quebec zu einer Welt für sich. Dazu kommen ein anderer Lebensstil, eine andere Kultur, andere Bräuche, eine andere Vergangenheit.

Von 60 000 zu 6 Millionen Einwohnern

Quebecs Geschichte ist reich und turbulent. Auf dem Höhepunkt der französischen Machtentfaltung in der Neuen Welt regierte der Gouverneur von Quebec über ein Gebiet von der Hudson Bay zum Golf von Mexiko und vom Golf von St. Lorenz bis zu den Rocky Mountains. Nur gerade das relativ kleine Neuengland entging der Autorität der französischen Könige und der katholischen Kirche.

Heute ist Quebec auf einen kleinen Teil des einstigen Riesenreiches zusammengeschrumpft, ist aber mit einer Fläche von 1 540 000 km² immer noch die größte aller zehn Provinzen, und mit seiner Einwohnerzahl von 6 290 000 steht es nur hinter Ontario zurück.

Es ist milde ausgedrückt überraschend, daß Kultur, Sprache und Lebensstil von ursprünglich 60 000 Franzosen, die sich binnen zehn Generationen hundertfach vermehrten (spätere Einwanderer änderten wenig an der Bevölkerungszusammensetzung), bis auf den heutigen Tag erhalten blieben, umsomehr wenn man bedenkt, daß die Bevölkerung während der letzten zweihundert Jahre unter englischer Herrschaft stand. Zugegeben, ihre Sprache ist nicht das Französisch von Paris, sondern enthält Wörter, die man in Frankreich nicht mehr kennt, und auch solche, die fast gewaltsam dem Englischen entrissen worden sind, wie zum Beispiel »soda-fontaine« (englisch: soda-fountain: Theke, von der aus Soda und Ice Cream verkauft werden). Der vorherrschende Dialekt ist das sogenannte »joual«, er ist ebenso echt wie das Englisch der Londoner Taxichauffeure oder das Schottische.

Die North-Shore – Das Land, das »Gott dem Kain gab«

Ich habe diese französischsprachige Provinz viel bereist. Doch die eindrucksvollste Fahrt war meine erste, als ich vor mehr als dreißig Jahren per Schiff den St.-Lorenz-Strom hinaufkam. Rund 24 Stunden glitt der Überseedampfer durch die *Strait of Belle Isle* und entlang der rauhen, oft monotonen Nordküste. Wäre nicht diese felsige Küste gewesen, nach Jacques Cartier »das Land, das Gott dem Kain gab«, hätte man geglaubt, immer noch auf hoher See zu sein. Dann tauchte auch auf der linken Seite Land auf, Anticosti Island. Zwischen 1926 und 1971 war die Insel im Besitz von Papierfabriken und wurde 1975 von Quebec gekauft, dessen Regierung sie heute als Park verwaltet.

Weiter westlich kam nun auch das Südufer in Sicht. Rechteckige Farmen, jede eingezäunt, jede an den Fluß anstoßend, zogen sich vom Ufer weg bis weit zurück gegen die sanft auslaufenden Hügel der Notre Dame Mountains. Überall ragten die Silbertürme der Dorfkirchen empor, jeder mit einem Kreuz und dem so typischen gallischen Wetterhahn. Doch das Nordufer behielt sein dunkles, abweisendes Gesicht, und die Wälder schienen noch dichter zu werden. Vereinzelte rauchende Kamine verrieten abgelegene Sägemühlen und Papierfabriken.

Erst an der Mündung des Saguenay, mit seinem Fjord, den 500 Meter hohen Felswänden, die steil in den Fluß abfallen, und Tadoussac, einer der ältesten europäischen Siedlungen (1599), begann ich so richtig zu begreifen, daß sich das Schiff nicht mehr im Golf befand, sondern bereits 1300 km im Landesinnern. Zu beiden Seiten des Flusses, der hier noch immer 20–30 km breit ist, tauchte nun eine ununterbrochene Kette von Dörfern auf; alle waren während langer Zeit nur auf dem Wasserweg erreichbar gewesen.

Nun begann sich der Duft von Salz und Tang zu verlieren, und es roch nach Klee, Tannen und Föhren. Inseln tauchten auf, fast alle bewohnt; die Strömung wurde lebhafter. In der Nähe von Rimouski war der Flußlotse an Bord gekommen; er führte das Schiff durch die Enge von Berthier und steuerte es eine Stunde später in den Flußarm, der nach Quebec führte.

Ausgangspunkt Quebec – Von Beaupré bis Gaspé

Quebec City ist Ausgangspunkt für die Regionen Beaupré, Charlevoix, The North Shore, The Saguenay, Lac-Saint-Jean und Gaspé.

Die Beaupré-Küste beginnt am östlichen Rand der Stadt und erstreckt sich über gut 40 km bis nach Cap Tourmente. Hier war die eigentliche Wiege Neufrankreichs. Auf diesem fruchtbaren Land siedelten die ersten Franzosen; sie verpflegten die wachsende Stadt, und einige der heutigen Farmer stammen in gerader Linie von diesen ersten Siedlern ab.

Kurz bevor sich nahe Montmorency der Montmorency River in den St. Lawrence ergießt, fällt er über einen 83 Meter hohen, spektakulären Fall. Im Winter bildet der Sprühregen einen bis zu 20 m hohen Eiskegel.

Von Montmorency führt eine Brücke auf die herrliche *Ile d'Orléans,* und in Saint-Anne-de-Beaupré ist der weltberühmte Wallfahrtsort, den jährlich über eine Million Pilger besuchen. 1658 wurde hier die erste Kapelle gebaut; die beachtenswerte Basilika mit den großartigen Säulen und Glasmalereien steht seit 1970.

Zwischen dem Kap und der Mündung des Saguenay liegt das Charlevoix, im Westen ebenfalls reiches Farmland, weiter östlich mit Sägereien, von denen einige 300 Jahre alt sind, und modernen Papierfabriken. Die explosionsartige Entwicklung begann hier erst vor wenigen Jahren, als in Nouveau Quebec und in Labrador die riesigen Eisenerzlager erschlossen wurden und die Regierung begann, die Flüsse zu zähmen. Heute gelangen Millionen Tonnen Erz aus dem Norden in die Häfen an der Küste und in die Stahlwerke des ganzen Kontinentes. An die Stelle der schlechten Straßenstücke, die einst die Fischerdörfer verbanden, ist heute eine Superstraße getreten. Aus dem einstigen »Land für Kain« ist eine Goldgrube geworden.

Der Saguenay ist eines der großen Naturwunder Nordamerikas, ein echter Fjord, ausgeschliffen von Gletschern der letzten Eiszeit, an der Mündung fast zwei Kilometer breit und von seltener Schönheit. Stromaufwärts von Tadoussac wird der Fluß tiefer und teilt sich in Chicoutimi in zwei Arme auf, die beide den Lac-Saint-Jean entwässern. Der Fluß ist schon seit Jahren eine leichte Zufahrtsroute ins Hinterland, und noch heute unternehmen abenteuerliche Kanuten die lange Reise zur James Bay.

Inzwischen ist das Tal zu einem der reichsten Industriegebiete Quebecs geworden. Schon vor 75 Jahren entstanden hier die ersten Elektrizitätswerke, und der Überfluß an billiger Energie brachte das größte Aluminiumschmelzwerk der Welt nach Alma.

An der Mündung des Saguenay sind im Sommer die Beluga zu sehen, die St.-Lorenz-Walfische. Wer in der Gegend ist, sollte unter keinen Umständen auf eine Bootsfahrt verzichten; sie ist von Tadoussac wie auch von Chicoutimi aus möglich.

Ganz spektakulär ist die Geschwindigkeit, mit der die Gezeiten den Saguenay ein- und auslaufen und wilde Strömungen und Wirbel verursachen. So legt die Flut die Strecke zwischen Tadoussac und Chicoutimi – 110 km – in 45 Minuten zurück.

Die Fahrt das Südufer entlang, um die Gaspé Peninsula und die Baie de Chaleur entlang zurück nach Quebec City, rund 1600 km, ist eine Fahrt in Quebecs vielfältige Vergangenheit. Viele der sauberen und schmucken Dörfer, die so sehr an Europa erinnern – silberne Kirchtürme, Blumen vor den Fenstern, Dorfbrunnen, Künstler, die am Straßenrand ihre Werke anbieten, ebenfalls frisches Brot und Wein –, stammen aus der Frühzeit der Besiedlung: Gaspé, Matane, Mont-Joli, Rimouski, Trois-Pistoles, Rivière-du-Loup, Percé... Auf der ganzen Strecke führt die Straße auf einer Terrasse den Fluß und das Meer entlang, und eine herrliche Aussicht scheint die andere überbieten zu wollen. Überall wird französisch gesprochen, oft nur französisch.

Vielleicht die großartigste Aussicht bieten Forillon National Park und der berühmte Felsen von Percé. Von einer ganz besonderen Schönheit ist aber auch die Gegend zwischen Mont-Joli und New Brunswick. Ein weites Hochplateau, juraähnliche Weiden, schmucke Dörfer, weidende Kühe und Schafe, ein riesiger Himmel und eine unglaublich klare Luft laden zum Bleiben für immer ein.

Saint-Jean-Port-Joli an der Route ist zu einem Künstlerdorf geworden. Zuerst fanden sich Holzschnitzer hier zusammen. Ihnen folgten Bildhauer, Kupferschmiede, Kunstmaler. Typisch für die hübschen Dörfer, die alle auf das frühe 17. Jahrhundert zurückgehen, ist auch Saint Flavie, der Ausgangspunkt zum eigentlichen Gaspé.

Das Olympische Stadion in Montreal, in dem 1976 ein Teil der Sommerspiele stattfand, hat erst im April 1987 das seit Anfang geplante Dach erhalten, das bei schönem Wetter zurückgeschoben werden kann.

Salle Wilfrid Pelletier, eines der drei Theater des Place-des-Arts-Komplexes, ist einer der schönsten Konzertsäle in Nordamerika mit einer perfekten Akustik. Hier sind Montreals Symphonieorchester und Les Grands Ballets Canadiens zu Hause.

Der bei den Nordamerikanern so beliebte *Old Country Charm* kommt auf der Place Ville-Marie in Montreal am besten zum Ausdruck.

Quebecs Skyline wird vom Château Frontenac dominiert. Gebaut 1893–95 aus roten Backsteinen und mit Türmen und Zinnen aus sanftgrünem Kupfer verziert, ist es eines der großen Hotels Kanadas. Davor ist die Dufferin Terrace.

Das Champlain-Denkmal, das den Gründer der Stadt ehrt, befindet sich am Nordende der Dufferin Terrace. Die *calèches* sind die beliebtesten Touristentransportmittel in Quebec.

La Grande Hermine im Cartier-Brébeuf-Park in Quebec ist eine Nachahmung des Schiffes, mit dem Cartier 1535 den St. Lorenzstrom hinaufsegelte.

Hundeschlittenrennen sind ein Teil des Bonhomme Carnaval in Quebec City.

Le Pont Victoria überspannt Schleusen im St.-Lorenz-Seeweg und verbindet Montreal mit der South Shore der Metropole.

Die Höfe auf der Ile d'Orléans erinnern ans ländliche Frankreich. Einige sind 300 Jahre alt. Im Hintergrund die Beaupré-Küste.

Die alten Künste von Quebec werden noch immer in Ehren gehalten. Der Töpfer arbeitet in der Maison des Jésuites in Quebec City.

In Petit Cap am Nordufer des St.-Lorenz-Stromes wird – wie an vielen Orten in Quebec – nur französisch gesprochen.

Im Fischerdorf Saint-Maurice-de L'Echouerie an der Nordküste der Gaspé Peninsula herrscht eine reine frankokanadische Tradition.

In Quebec, wie hier in Mt. St. Anne, wird der Wintersport groß geschrieben.

Winterlandschaft im Forillon National Park, Quebec, Gaspé Peninsula

Frankokanadische *draveurs* – hier auf dem Ste. Anne River im Laurentide Provincial Park, Quebec, flößen Holz in die Papiermühlen. Die Boote, die sie zum Auseinanderbrechen von verkeilten Haufen benützen, sind die *pointeurs*.

Man muß nur wenige Kilometer aus Toronto herausfahren, um die Weite der kanadischen Landschaft zu erleben, wie dieser Blick von der Straße Nr. 10, ca. 30 km nördlich von Toronto aus aufgenommen, zeigt. Das einstige Farmland – im Herbst leuchtet es in einer unvorstellbaren Farbenpracht – wird heute immer mehr überbaut, und auch von hier fahren die Leute zur täglichen Arbeit in die Riesenstadt.

Torontos jüngstes Wahrzeichen, CN-Tower, wie es sich vom Toronto Island Park aus präsentiert. Den Park erreicht man mit Fährschiffen.

Die «Four-O-One» – Straße Nr. 401, in Toronto. Über diese Superstraße die bis zu 12 Fahrspuren aufweist, rollen täglich Zehntausende von Autos in die Stadt.

Toronto ist eine Mischung von vielen Kulturen. Hier spiegeln sich alte Kirchen in modernen Hochhäusern.

Kensington Market – wo man neben Englisch alle Sprachen der Welt hört.

Ethnische Gruppen bringen Farbe in die Stadt, wie hier beim Umzug von Indern.

University Avenue ist im Sommer eine Oase aus Rasen und Blumen.

RCMP und Peace Tower – zwei Symbole Ottawas. Der 100 m hohe Turm beherrscht den Parlamentshügel der Landeshauptstadt. Von Mitte Juni bis Ende September findet hier die tägliche *Changing of the Guard* (Wachablösung) statt.

Das runde Gebäude hinter dem Peace Tower beherbergt die Parlamentsbibliothek. Die Decke ist 60 m hoch.

Das Champlain-Denkmal auf Nepean Point, Ottawa. Von hier ist die Aussicht auf die Schwesterstadt Hull am schönsten.

Rund 500 000 Schlittschuhläufer benützen jährlich den zugefrorenen Rideau-Kanal, der auf einer Länge von 8 km beleuchtet ist.

Die Niagarafälle – obwohl längst nicht die höchsten der Welt – bieten ein eindrückliches Schauspiel, das sich kein Kanadareisender entgehen lassen darf. Im Vordergrund die kanadischen Horseshoe Falls, 60 m hoch und 700 m breit. Die Fälle wurden erstmals von Louis Hennepin 1678 beschrieben, einem Ordensmann, der mit dem Forscher La Salle unterwegs war. Hochzeitspaare, Akrobaten und gewöhnliche Touristen besuchten das Weltwunder seit dem frühen 18. Jahrhundert.

Papierholz in Thunder Bay. Die Stadt – 1970 aus dem Zusammenschluß von Port Arthur und Fort Williams entstanden – liegt mitten in Kanadas wichtigster Gegend für die Holzproduktion und ist Einschiffungsort für Prärieweizen.

Die berühmten Flower-Pots befinden sich im Georgian Bay Islands National Park.

Shakespeare-Bühne in Stratford, Ontario. Rund 400 000 Personen kommen jährlich in dieses Städtchen am Avon River, um die berühmten Festspiele zu sehen. Das Theater, in dem auch Werke von Molière, Jonson, Chekhov und Ibsen aufgeführt werden, hat 2258 Sitzplätze – keiner ist mehr als 20 m von der Bühne entfernt.

Schleusen Nr. 4, 5, 6 und 7 im Welland Kanal, der die Niagara-Halbinsel durchquert und Lake Ontario mit Lake Erie verbindet.

Ausgangspunkt Montreal – Von den Eastern Townships zum Gatineau

Südquebec, besser bekannt als die Eastern Township (im Gegensatz zur Western Township oder den Cantons in Ontario) liegt zwischen dem Chaudière River und Ontario und erstreckt sich vom St. Lorenz bis zu den US-Staaten Vermont, New Hampshire und Maine. Die Gegend sieht der von Neuengland ähnlich und ist von typischer Apalachenstruktur. Besiedelt wurde sie in zwei Wellen.

Zuerst kamen die Franzosen; sie siedelten hauptsächlich in den »Seigniories«, die entlang der Flußläufe entstanden. Nach 1763 beschlossen die Briten, das noch unbesiedelte Hinterland als Pufferzone zwischen Neuengland und Kanada zu belassen, so daß die Gegend erst um 1792 vermessen wurde. Dann kamen die ersten englischen Siedler, hauptsächlich Loyalisten aus Neuengland, und eine Generation später entlassene Soldaten und Einwanderer aus England, von denen aber viele später gegen Westen oder in die Städte weiterzogen, und heute spricht man nur noch in wenigen Dörfern englisch; das Gebiet ist fast zu 90 Prozent französischsprachig.

Ebenso französisch und zugleich sehr international ist die Region nördlich von Montreal, östlich des Ottawa River, bekannt als die *Laurentians, Gatineau* und das Ottawa-Tal.

Die Laurentians sind das älteste Gebirge der Welt. Sie entstanden in der präkambrischen Zeit und türmten sich einst in den Himmel hinein. Wind und Wetter von Tausenden von Jahren haben sie zurückgeschliffen, und Gletscher gruben tiefe Furchen für die heutigen Flußläufe. Geblieben sind Hügel von sanfter Schönheit; sie leuchten im Herbst in einer Farbenpracht, die sich jeder Beschreibung entzieht. Nur 50 km von Montreal entfernt und über Superstraßen erreichbar, sind sie ein Ferienparadies ersten Ranges. In einem 150 km breiten Streifen, 50 bis 130 km nördlich von Montreal, liegen nicht weniger als 150 Kurzentren, Ferien- und Wintersportplätze; am bekanntesten ist vermutlich Mont Tremblant. Das an Seen, Flüssen und Wildnis reiche Land ist auch ein Paradies für Jäger, Fischer und Kanuten.

Quebecs Nordwesten – Bergwerke und Staudämme

Von Montreal führt die Straße No. 117 durch den *Vérendrye Park* gegen Norden und Westen in ein dicht besiedeltes Gebiet, das als »Abitibi-Region« oder der »Nordwesten von Quebec« bekannt ist. Bis vor wenigen Jahren kamen nur Sportfischer und vereinzelte Jäger in diese Gegend, die bis 1898 zu den Northwest Territories gehörte. Noch 1920 war die ganze Gegend unzugängliche Wildnis. Ihre Besiedlung von Ontario bis nach Val d'Or und vom Lake Témisquamingue – einer Ausweitung des Ottawa River – bis zur James Bay begann 1922, als die CN ihre transkontinentale Eisenbahnlinie durch das Gebiet baute. Der Reichtum dieses Landstriches liegt in den Erzvorkommen. Wie in Ontario, gegen Westen, ist das Gebiet reich an Gold, Silber, Kupfer, Zink und anderen Metallen, die oft alle im gleichen Erz vorkommen. Ebenso wichtig werden die großen Elektrizitätswerke, die gegenwärtig an der James Bay entstehen. Dazu kommen der Reichtum an Fischen und Großwild und die trotz der relativ nördlichen Lage leichte Erschließung. Größte Stadt der Gegend ist Val d'Or mit 20 000 Einwohnern. Hier wurden 1933 die ersten Goldfunde gemacht. Sie verwandelten das kleine Dorf in zwei Jahren in ein modernes Klondike.

Le Chemin de Roy – Ein hartes Kanurennen

Zwischen Montreal und Trois Rivières sowie Cap-de-la-Madeleine und Quebec City folgt die heutige Straße dem Verlauf der ersten offiziellen Hauptstraße in Kanada, dem Chemin de Roy. Entlang der ganzen Route zweigen Straßen gegen Norden ins Hinterland ab, das reich an Seen, Flüssen und Wäldern ist. Eine der schönsten dieser Routen folgt dem Ufer des Saint-Maurice und durchquert die Industriezentren von Shawinigan, Grand'Mère und weiter im Norden La Tuque.

Zwischen La Tuque und Trois Rivières findet jedes Jahr im September ein weltberühmtes Kanurennen statt. Es führt über eine Distanz von 256 km, die in drei Tagesetappen zurückgelegt werden. Der Fluß war schon sehr früh eine Kanuroute für die Indianer und später die Coureurs de bois. Trois Rivières besaß im frühen 18. Jahrhundert eine Kanufabrik, wo die großen Birkenrindenkanus hergestellt wurden. Viele der legendären Voyageurs stammten denn auch aus Trois Rivières und der näheren Umgebung.

Noch weiter im Norden, nördlich von Abitibi-Region, Lac-St-Jean und North Shore, liegt ein riesiges Plateau mit Seen, Flüssen und Wald, abgelegen und ohne Straßen. Es macht 70 Prozent der ganzen Quebecschen Labrador-Halbinsel aus und wird begrenzt von James Bay, Hudson Strait, Ungava Bay und dem neufundländischen Teil von Labrador.

Nouveau Quebec, das ungefähr bis zum 56. Breitengrad reicht, ist dicht bewaldet, dann folgt ein Abschnitt mit spärlicher Vegetation und schließlich »Le Grand Nord«, die echte Tundra. Die Bevölkerung von 20 000 Menschen konzentriert sich auf wenige Minenstädte, Gagnon, Shefferville, Fort George, Poste-de-la-Baleine, Povungnituk, Fort Chimo. Hauptattraktion dieser Gegend sind große Eisenerzminen, riesige Staudämme, verstreute Indianer- und Eskimosiedlungen, Jagd, Fischerei und die Wildnis selbst.

Trois Rivières – Ein Schweizer mit englischem Adelstitel

Kanadas erste Schwerindustrie und Eisenverarbeitung entstand aber nicht im Norden der Provinz Quebec, sondern in der Nähe von Trois Rivières zwischen Montreal und Quebec City. Hier wurden 1729 die *Forges-de-Saint-Maurice* gegründet, die während der nächsten 150 Jahre Hufnägel, Schiffskanonen, Holzöfen und Stahlplatten für den Schiffsbau herstellten.

Im Zusammenhang mit der Entwicklung dieser Stahlwerke taucht der Name eines Schweizers mit englischem Adelstitel auf, der 1778 gar Generalgouverneur von Kanada wurde – Sir Frederick Haldimand. Sir Frederick, dessen Lebensgeschichte in Tagebucheintragungen erhalten ist, die heute im British Museum liegen, wurde 1718 in Yverdon geboren, war Söldner in den Truppen des Königs von Sardinien, trat unter Friedrich dem Großen in preußische Dienste und diente später in der Schweizergarde in Holland. Als England für den Siebenjährigen Krieg Truppen mobilisierte, trat Haldimand 1754 in die Dienste George II. und wurde vier Jahre später Offizier der Royal Americans (ein Regiment aus Schweizern und Deutschen aus Pennsylvanien) bei einer Expedition gegen die Franzosen in Kanada. 1760 stand Haldimand vor den Toren von Montreal und wurde von Lord Amherst beauftragt, die Kapitulation der Franzosen und deren Abmarsch zu überwachen. Für diese Dienste erhielt er das englische Bürgerrecht.

Zwei Jahre später kam Haldimand als Gouverneur der Region nach Trois Rivières, baute ein Haus und begann – wie schon vorher in Niagara – Versuchsgärten anzulegen, Straßen zu bauen und das Stahlwerk zu erweitern, das schon damals 800 Arbeiter beschäftigte. Später diente Haldimand in Florida und New York und kehrte 1775 nach London zurück. 1778 übernahm er in Quebec den Posten des Generalgouverneurs von Kanada.

Während seiner langen Jahre in Quebec gewann der Schweizer Junggeselle den Respekt der Engländer und der Franzosen. 1785 kehrte er nach London zurück und starb sechs Jahre später in seiner Heimat, in Yverdon.

Vive le Québec Libre?

Eine Reise in Quebec ist immer auch eine Reise in eine bewegte Vergangenheit, in die Zeit, als Kanada eine Nation wurde, eine Nation, die vor ein paar Jahren auseinanderzubrechen drohte und während einiger Zeit ein Québec Libre in den Bereich des Möglichen rückte.

Zu einer ersten ernstlichen Spaltung in Quebec kam es 1967, als Charles de Gaulle in Montreal seine »berühmte« Rede hielt. Die gemäßigte »Parti Québecois« war damals nicht viel mehr als eine kleine Splittergruppe am Rand der Quebecschen Politik, die nun aber rasch an Boden gewann. Am

15. November 1976 gaben 41 Prozent der vorwiegend französischsprachigen Wähler ihre Stimme René Lévesque, der von da an alle seine Kräfte für ein »freies« Quebec einsetzte. Sein Traum ging am 20. Mai 1980 – zumindest vorläufig – zu Ende. Die Frage an die Wähler von Quebec, ob sie der Regierung das Mandat für erste Verhandlungen über eine unabhängige Nation Quebec geben wollten, wurde zu 59,5% mit Nein beantwortet. 94 von 110 Wahlbezirken in ganz Quebec haben sich nach einem äußerst heftigen Wahlkampf, der Familien und Freunde trennte, für ein Verbleiben bei Kanada ausgesprochen. Während sich in den französischsprachigen Regionen Ja- und Neinstimmen die Waage hielten, gab es in den englischsprachigen Sektoren bis zu 80% Neinstimmen.

Von diesem Sieg der Föderalisten erhoffte man sich eine gewisse Stabilisierung, doch dauerte die Atempause nicht lange. Wie zu erwarten war, hat René Lévesque, der im Frühjahr 1981 in Neuwahlen bestätigt wurde, das Abkommen über die neue Verfassung zwischen Ottawa und den Provinzen, das Anfang November 1981 zustande kam, nicht unterschrieben. Dieses Abkommen führte dazu, daß am 15. April 1982 nach 115 Jahren der British North America Act (BNA) endlich von London nach Ottawa kam. Damit hatte Kanada nun eine eigene Verfassung.

René Lévesque, der 1985 zurückgetreten war, starb am 1. November 1987 an einem Herzschlag. Die *Parti Québecois* hat in der Zwischenzeit viel von ihrer Popularität verloren. Die Wahlen vom 2. Dezember 1985 brachten den Liberalen Robert Bourassa ans Ruder zurück, der neun Jahre zuvor von Lévesque besiegt worden war. Die Mehrzahl der Quebecer hat sich also inzwischen für ein Verbleiben bei Kanada entschieden.

Noch mehr zur Stabilität trug das sogenannte Meech-Lake-Abkommen von 1987 zwischen Ottawa und Quebec bei. Quebec wurde darin als »Besondere Provinz« anerkannt und unterzeichnete auch die neue Verfassung. Wie lange die Ruhe andauern wird, weiß niemand. Lévesques ehemaliger Finanzminister, Jacques Parizeau, ist ein fanatischer Separatist und strebt die Führung der *Parti Québecois* an. Damit besteht die Gefahr, daß man in die Zeit vor dem Referendum zurückfällt.

Städte in Quebec

Montreal – Das Paris von Nordamerika

Montreals »joie de vivre« scheint irgendwie im krassen Gegensatz zu seiner religiösen Vergangenheit und zu seinem immer noch existierenden religiösen Charakter zu stehen. Es hat mehr Bars als die meisten nordamerikanischen Städte, aber zugleich auch über 550 Kirchen. Die Stadt auf einer 50 km langen Insel im St.-Lorenz-Strom ist eine Mischung von Englisch und Französisch, von zwei Kulturen plus amerikanischem Fortschritt. Sie ist die zweit-

Montreal

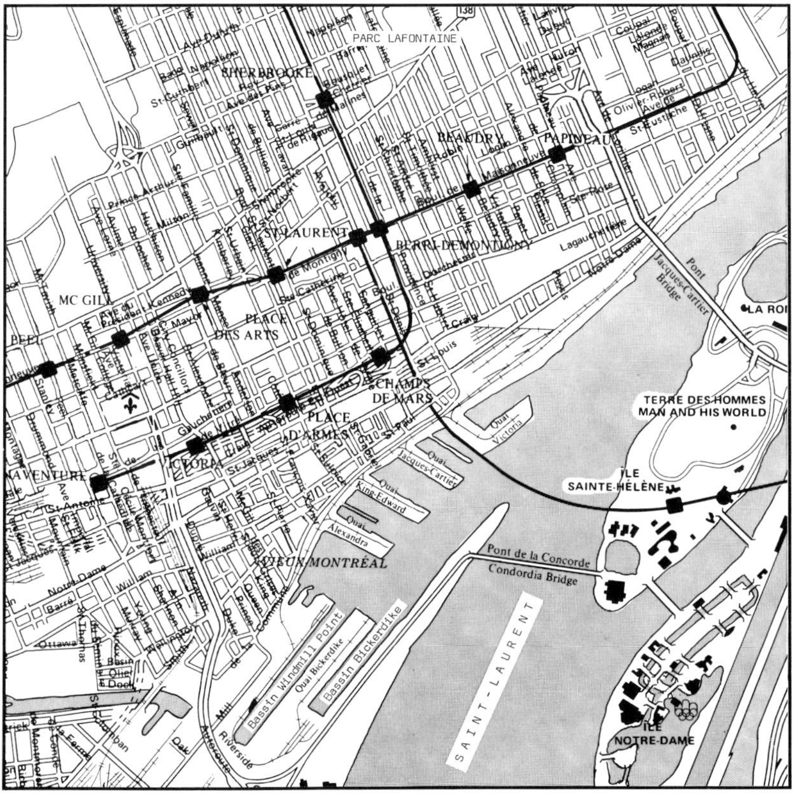

größte französischsprachige Stadt der Welt, und ihre fast 3 Millionen Einwohner machen rund 45% der Gesamtbevölkerung von Quebec aus, von der nur ein Drittel nicht französischer Muttersprache ist.

Eines der schönsten Wahrzeichen, kilometerweit sichtbar und zugleich selber eine einmalige Aussicht bietend, ist der 250 Meter hohe Mont Real, dem die Stadt ihren Namen verdankt. Der Zusammenfluß des Ottawa und des St. Lorenz steht dem Mont Real an landschaftlicher Schönheit nur um weniges nach. Die beiden Flüsse bilden hier einen natürlichen Hafen, der, obwohl 1600 km vom Atlantik entfernt, der größte im Osten Kanadas ist und mit 130 Anlegeplätzen jährlich 5000 bis 6000 Schiffe aufnimmt. Hier beginnt auch der weltberühmte *St. Lawrence Seaway,* der die Stadt – und mit ihr die weite Welt – mit den Großen Seen weit im Innern des Landes verbindet. Die Aussichtsterrasse auf dem *Seaway Authority Building* bietet den besten Blick auf die interessante Saint-Lambert-Schleuse.

Jacques Cartier sah als erster Europäer diese günstige Lage, als er 1535 hier das Indianerdorf Hochelaga vorfand, mit 3500 Einwohnern eine der größten Indianersiedlungen des Kontinents. Auch Champlain erkannte die Vorteile der geographischen Lage, war aber anderweitig beschäftigt, und erst Paul de Chomedey, Sieur de Maisonneuve, Jeanne Mance und 40 wagemutige Männer gründeten schließlich 1642 die Stadt.

Die friedliche Existenz dieser religiösen Siedlung dauerte allerdings nicht lange; schon ein Jahr später begannen die Angriffe der Irokesen, die während der nächsten 50 Jahre die neue Stadt nie zur Ruhe kommen ließen, und wer heute die Geschichtsbücher liest, wundert sich, daß die Siedlung nicht aufgerieben wurde, sondern sogar wuchs. Als nämlich die Irokesen 1701 endlich zu einem Friedensvertrag bereit waren, war die Einwohnerzahl schon auf über 2000 gestiegen.

Nur einige der berühmten Männer aus dem alten Montreal seien hier genannt: Cavelier de la Salle, der heute in Chicago geehrt wird, Daniel Greysolon du Luth, der bis in die Gegend des heutigen Lake Superior vorstieß und dessen Namen die größte Stadt der Region trägt, die Brüder Le Moyne, die nicht nur die James Bay und die Hudson Bay erforschten, sondern später auch New Orleans und Louisiana gründeten.

Während des ganzen 18. Jahrhunderts beherrschte der Pelzhandel Montreals Wirtschaft, und die Stadt war dank der fruchtbaren Umgebung völlig selbständig und unabhängig. Dennoch ergab sich Montreal 1760 den Engländern widerstandslos.

Die britische Übernahme änderte allerdings sehr wenig am Lebensstil der Stadt. Einige Engländer siedelten sich hier an und bauten den Pelzhandel aus. Anstatt zu warten, bis die Indianer die Pelze zum Handelsposten brachten, sandten die neuen Herren ihre Händler zusammen mit französischen Voyageurs ins Hinterland und erschlossen so das Land weiter. 1784 gründeten ein paar schlaue Schotten die Northwest Company, schalteten die Konkurrenz aus und beherrschten während der nächsten 50 Jahre den Handel in Montreal. Erst als die Rivalität mit der älteren Hudson's Bay Company zu groß wurde, schlossen sich die beiden Gesellschaften 1821 zusammen.

Wer in der modernen Zeit ein oder zwei Ereignisse sucht, die Montreal der Welt vorstellten, muß zweifellos die Weltausstellung 1967 und die Olympischen Spiele 1976 nennen. Sie brachten die Welt ins Land, und heute ist die Stadt von einer Schönheit, die jeder Kanada-Reisende sehen muß: Place Ville Marie, Place Victoria, ultramoderne Hotels, die von Menschenhand geschaffene Insel mit Terres des Hommes, eine moderne Untergrundbahn. Seit 1985 erlebt Montreal einen ungewöhnlichen wirtschaftlichen Aufschwung. Die Stadt wächst nicht nur in den Himmel hinein, sondern geht auch immer mehr »unter den Boden«. Montreals *Underground City* mit Tunnels, Einkaufstraßen und Metrostationen ist heute mehr als 13 km lang und bietet – vor allem im schneereichen Winter – sicheren Zugang zu vielen

Hotels, Restaurants, Banken, Kinos, Theatern, Warenhäusern sowie unzähligen Läden und Boutiquen. Wichtigstes Bindeglied ist die Metro, die täglich mehr als 200 000 Menschen befördert. Ihr Netz ist heute 55 km lang; die beiden Hauptlinien verlaufen parallel in Ostwestrichtung, im Norden unter dem Maisonneuve Boulevard, weiter südlich unter Viger Street.

Montreal ist das Kulturzentrum von Französisch-Kanada. Orchester, Sänger, Ballett- und Theatergruppen treten in den drei Konzerthallen an der Place des Arts auf, und La Poudrière – einst ein Pulvermagazin – auf St. Helen's Insel bietet Werke in vielen Sprachen.

Einige weitere Sehenswürdigkeiten sind:

Canadian Imperial Bank Building Mit 45 Stockwerken eines der höchsten Gebäude im Commonwealth. Die Aussichtsterrasse bietet eine unvergeßliche Aussicht über die Stadt, das Ottawa- und das St.-Lorenz-Tal.

Cité du Havre Auf drei Seiten von Wasser umgeben, befindet sich hier das Broadcast Center, das Museum of Contemporary Art, Habitat, das Expo-Theater und das Autostade, ein Stadion mit 33 000 Sitzplätzen.

McCord Museum Gilt als eines der schönsten Museen in Nordamerika, besonders über kanadische Geschichte. Die Sammlung über den kanadischen Pelzhandel ist beeindruckend.

Dow Planetarium Kanadas größtes Planetarium hat eine Aluminiumkuppel, auf die über 9000 Sterne, Kometen, Wolken, Nordlichter, Gewitterstürme und dergleichen projiziert werden können.

Hotel-Dieu Hospital Das Archiv dieses Spitals, das seit 1642 ununterbrochen benutzt wird, enthält eine Glocke, die nicht nur zum Gebet rief, sondern auch vor Angriffen der Irokesen warnte. Verschiedene Gegenstände, die Jeanne Mance, der Gründerin, gehörten, sind ebenfalls erhalten geblieben.

Lachine Manor Das aus Feldsteinen gebaute Haus (1670) ist eines der ältesten Gebäude in Kanada und jetzt ein Museum. Eine Gedenktafel erzählt von einem Massaker, bei dem 1689 die Irokesen über 200 Siedler töteten.

McGill University Die Universität stammt aus dem Jahre 1821 und ist berühmt durch ihre Medizinische Fakultät.

Montreal Museum of Fine Arts Das älteste Kunstmuseum (eines der besten) in Kanada zeigt Gemälde, die von den holländischen und englischen Meistern bis in die Gegenwart reichen. Zu den wertvollsten Stücken gehören Skulpturen von Riemenschneider und Moore, Gemälde von Picasso, römische und syrische Glasarbeiten und eine 5000 Jahre alte chinesische Vase.

Notre Dame Church Kanadas größte Kirche bietet 7000 Gläubigen Platz. Sie sieht der Kathedrale Notre Dame in Paris ähnlich, hat 70 Meter hohe Zwillingstürme und eine der größten Glocken der Welt, den über 10 Tonnen schweren »gros bourdon«.

Old Montreal Schmale Sträßchen mit Pflastersteinen, mit Feldsteinen gebaute alte Häuser und Lagerhäuser in diesem Quartier – einst das Pelzhandelszentrum – sind heute renoviert und werden wieder benutzt – als Antiquitäten- und Kunstläden, Restaurants, Museen und Künstlerstudios.

Olympic Park Das Olympische Stadion mit 55 000 Sitzplätzen wurde für die Spiele von 1976 gebaut. Die gewaltige Anlage, seit 1987 mit einem Dach versehen, mit dem Velodrom lohnt einen Besuch.

Place des Arts Die Salle Wilfrid Pelletier, einer der drei Konzertsäle und Theater, ist einer der besten Säle in Nordamerika und das traditionelle Haus des Sinfonieorchesters von Montreal.

Place Victoria Hier befindet sich ein 47stöckiges Gebäude (Sitz der Montrealer Börse) mit der vier Stockwerk hohen, größten Glasskulptur der Welt. Sie wurde in Murano hergestellt und besteht aus 3000 Stücken.

St. Joseph Oratory Die riesige Basilika, die 15 000 Gläubigen Platz bietet, entstand zwischen 1924 und 1967 aus einer kleinen Kapelle an den Hängen des Mont Real und wird heute als weltberühmte Kirche jährlich von über 3 Millionen Menschen besucht. Die achteckige Kuppel mit einem Durchmesser von 40 m ist ein Wahrzeichen Montreals und nach derjenigen von St. Peter in Rom die zweitgrößte der Welt.

Université de Montréal und Université du Québec Sie gehören zu den größten französischsprachigen Universitäten der Welt.

Quebec City – Touristenstadt

Die herrliche Lage an einer Verengung des St.-Lorenz-Stromes, das turmhohe Cape Diamond, »old world charm«, grüne Parks, enge Gassen und moderne Hotels machen Quebec City zu einer idealen Touristenstadt.

Während langer Zeit hatte Quebec im französischen Reich in Nordamerika eine Schlüsselstellung inne und war eine Stadt der Verwalter, Pelzhändler, Nonnen, Priester und Bischöfe, deren Bistum sich bis zum Stillen Ozean und bis zum Golf von Mexiko erstreckte.

Heute ist Quebec die Hauptstadt der Provinz, ein Handelszentrum, ein das ganze Jahr hindurch geöffneter Hafen und ohne Zweifel eine der schönsten Städte des Landes. Seine schmalen, mit Pflastersteinen besetzten Straßen, eingerahmt von alten Häusern und Kirchen, werden am besten zu Fuß erforscht.

Schon kurze Zeit nach ihrer Gründung durch Ghamplain (1608) wurde die Stadt in die »Upper Town«, das Zentrum der Administration und der Verteidigung, und die »Lower Town«, das Zentrum des Handels, unterteilt. Noch heute ist der obere Stadtteil durch eine Drahtseilbahn zu erreichen, deren »Talstation« sich im Louis-Jolliet-Haus befindet (1683), dessen einstiger Besitzer den Mississippi erforschte.

Obwohl mit dem Bau einiger der heute noch existierenden Festungswerke der Stadt schon kurz nach der Gründung begonnen wurde, stammen die meisten aus den Jahren 1823–1832, als sie von den Briten restauriert

Quebec

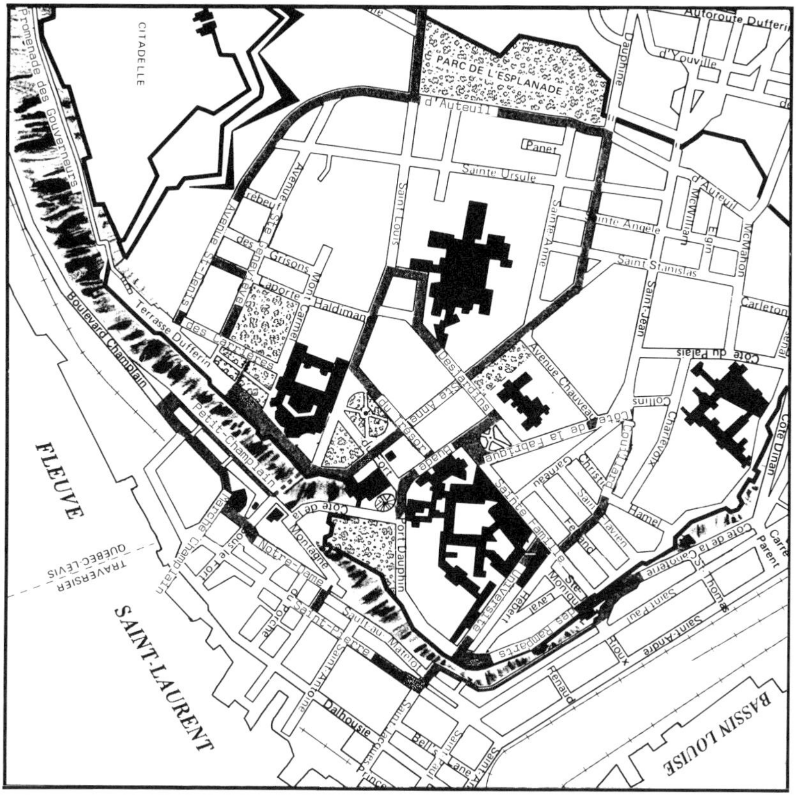

wurden. So sind auch die Stadttore, die der Besucher heute antrifft, Rekonstruktionen.

Der Siebenjährige Krieg begann 1756, doch erreichten die englischen Truppen unter Wolfe erst drei Jahre später Quebec, das unter der Führung von General Montcalm stand. Ein erster Angriff von Wolfe acht Kilometer nordöstlich der Stadt wurde abgewehrt, doch gelang es dem General nach einer sechswöchigen Belagerung am 13. September, den Fluß zu überqueren und Montcalm aus der Stadt zu locken. Die Schlacht auf den *Plains of Abraham* dauerte nur 20 Minuten und forderte über 1200 Tote und Verwundete. Beide Generäle fielen, und am 18. September kapitulierte die Stadt.

Nach 1775, als die Amerikaner die Stadt angriffen und zurückgeschlagen wurden, entwickelte sich Quebec zu einem wichtigen Schiffsbauzentrum. Hier entstand zum Beispiel die *Royal William*, eines der ersten Dampfschiffe; sie überquerte 1833 den Atlantik.

Weltbekannt ist Quebecs *Winter Carnival,* der jeden Februar stattfindet und dessen Höhepunkt das Bootrennen über den vereisten St.-Lorenz-Strom bildet. Weitere Sehenswürdigkeiten:

Artillery Park Hier befinden sich einige der schönsten Beispiele französischer Militärarchitektur, mit der *Dauphine Redoubte,* der 170 Meter langen Kaserne und dem Haus des Kommandanten.

Basilica de Notre Dame Die Kirche des Erzbischofs von Quebec ist berühmt durch ihre zwei ungleichen Türme. Die heutige Fassade stammt aus dem Jahre 1843.

Battlefields Park Granittafeln auf diesem 200 Juchart großen Park erzählen den Verlauf dieser entscheidenden Schlacht in Kanadas Geschichte, der Schlacht auf den Plains of Abraham. Das Museum von Quebec, das sich im Park befindet, beherbergt eine reiche Sammlung von frankokanadischen Gemälden, antiken Möbeln und die Archive der Provinz, mit Dokumenten, die auf den Anfang von Neufrankreich zurückgehen.

Château Frontenac Das schloßähnliche Hotel aus roten Backsteinen, mit grünen Kupferdächern und Türmen aus dem Jahre 1895, beherrscht die Silhouette von Quebec. Es ist eines der besten Hotels in ganz Kanada, und wer Gelegenheit hat, sollte einen Aufenthalt hier nicht verpassen.

Citadel Quebecs sternförmige Zitadelle aus grauen Steinen steht auf dem höchsten Punkt von Cape Diamond, gute 130 m über dem Fluß.

Dufferin Terrace Die breite Bretterstraße, die von der Place des Armes zum Nordende der Zitadelle führt und sich dort mit der *Governors Promenade* vereint, bietet eine unvergleichliche Aussicht über den Fluß, auf dem jährlich 6000 Schiffe aus aller Welt vorbeiziehen.

Hôtel-Dieu Hospital In den Kellergewölben dieses ältesten Spitals in Nordamerika versteckten sich einst während der Belagerung von Quebec die Nonnen und Patienten. In einem neuen Anbau befindet sich ein Museum mit Reliquien der Märtyrer Brébeuf, Gabriel und Lalemant.

Notre Dame des Victoires Die kleine Steinkirche aus dem Jahre 1688 birgt Gemälde von Rubens und Vanloo und herrliche Schnitzereien.

Parliament Buildings Sitz der Quebec National Assembly ist ein elegantes Gebäude im Renaissancestil. Statuen von frankokanadischen Bildhauern wie Hébert, Laliberté und Brunet stellen Wolfe, Montcalm, Frontenac, Lévis, Talon, La Vérendrye und andere dar.

Place Royale Am Ort, wo Samuel de Champlain das erste Land rodete, um die Siedlung zu erbauen, ist heute der älteste Stadtteil wieder renoviert. Seit die jahrelangen Arbeiten abgeschlossen sind, werden die ungefähr 75 aus dem 17. und 18. Jahrhundert stammenden Häuser der Place Royale alle wieder bewohnt.

Talons Vault Die Kellergewölbe der ersten kommerziellen Brauerei in Kanada wurden 1668 von Jean Talon erbaut. Heute sind die Gewölbe unter der Brauerei O'Keefe ein Museum.

Université Laval Rund 12 000 Studenten besuchen die Vorlesungen dieser ältesten französischen Universität in Kanada.

Urseline Convent Die Kapelle dieses Klosters aus dem Jahre 1644 besitzt einige der ältesten Holzschnitzereien in Quebec. In der Klostermauer, in einer Bresche von einer britischen Kanonenkugel, liegt Montcalm begraben.

Zu Quebec gehörig – Iles de la Madeleine

Wer die See ganz besonders liebt, etwas mehr Zeit zur Verfügung hat, die Einsamkeit und das Ungewöhnliche sucht, macht einen Ausflug auf die Magdalen Islands. Sie gehören vermutlich zu den schönsten Orten in Kanada und werden bis heute eigentlich sehr wenig besucht. Der Grund dafür drängt sich auf; die Inseln sind zu abgelegen: 110 km von der Nordküste von Prince Edward Island, 160 km von Neufundland, 96 km von Cape Breton und rund 250 km von Gaspé aus. Die Fähre, die im Sommer täglich, im Winter weniger regelmäßig, zwischen Souris, P.E.I. und Cap-aux-Meules, verkehrt (5 Std.), ist während der Ferienzeit oft überfüllt. Es gibt lange Wartezeiten. Viele Besucher kommen mit der »Eastern Provincial Airways« von Charlottetown oder mit »Québecair« von Québec und Montreal.

Rote Sandsteinklippen – so weich und rot, daß sie einst zur Herstellung von Farbe benützt wurden –, bizarre, von Wind und Wellen geschaffene Skulpturen, endlose Sandstrände, verlassen und über 100 km lang, und ebenso verlassenes und verträumtes Grasland bieten vor allem ein Paradies für den Zeltler. Hier ist es noch einfach, von Cap-aux-Meules die Dünen entlangzufahren, irgendwo Halt zu machen, der Brandung zuzuhören, auf den Wellen zu reiten, das Zelt aufzuschlagen und die täglichen Sorgen und Nöte zu vergessen.

Normalerweise ist weit und breit keine Seele zu sehen, höchstens eines der über 180 Wracks, die vor der Küste liegen, machen doch die Magdalen Islands als »Friedhof des Atlantiks« den Sable Islands Konkurrenz.

Die rund 13 500 *Madelinots* sind zum größten Teil französischer Abstammung, die Nachkommen von aus Nova Scotia vertriebenen Akadiern, die sich um 1765 auf den Inseln ansiedelten. Die meisten sind Fischer; sie betreiben ihre eigenen Verarbeitungsanlagen und bringen ein Viertel des ganzen Fischfanges von Quebec ein. Wie überall in den Atlantikprovinzen sind die Fischer auch hier äußerst freundlich und hilfsbereit; ein Besucher hat keine Schwierigkeiten, einen Tagesausflug auf einem Fischerboot zu unternehmen. Noch sind die Unterkünfte auf den Inseln nicht sehr zahlreich, und es ist nur zu hoffen, daß diese nie kommerzialisiert werden. Es versteht sich auch von selbst, daß diese Inseln für den Vogelfreund einmalig sind, beherbergen sie doch buchstäblich Tausende von Seevögeln.

ONTARIO – ÜBER EINE HALBE MILLION SEEN

Ontario – mit 1 068 587 km² Kanadas zweitgrößte Provinz – erstreckt sich von der relativ flachen und fruchtbaren Farm- und Industrielandschaft im Süden bis zum nördlichen Schild, der sich vorwiegend für den Bergbau und die Papierindustrie eignet. Diese gigantische Landmasse verbindet den Osten Kanadas mit dem Westen; Thunder Bay – der Getreidehafen an den Großen Seen – liegt fast genau in der Mitte zwischen Victoria in B.C. und Sidney in Nova Scotia.

Ontario ist eine der reichsten und auch am schnellsten wachsenden Provinzen; seine fast achteinhalb Millionen Einwohner machen ein Drittel der Gesamtbevölkerung des Landes aus. Obwohl hier Toronto, Ottawa und ein Dutzend andere Großstädte liegen, sind weite Flächen der Provinz dennoch weder überbaut noch überlaufen.

Noch besteht auch hier echte, unberührte Wildnis, und je weiter man gegen Norden vorstößt, umso wilder und abgelegener wird sie. Die Flüsse und Seen sind hier so zahlreich, daß niemand ihre genaue Zahl kennt. Konservative Schätzungen belaufen sich auf eine halbe Million; nur gut die Hälfte davon trägt einen Namen.

Ontario ist überhaupt mit Wasser gesegnet; 17% seiner Fläche ist Süßwasser. Schon die Grenze gegen Süden, rund 2700 km, besteht aus Wasser, vom St. Lorenz die Großen Seen entlang bis zur See- und Flußlandschaft, die an Minnesota anstößt. Im Norden bildet der Ottawa River die Grenze, und weiter nördlich, an der James Bay und der Hudson Bay, reicht die Provinz gar noch an Gezeitengewässer.

Rund 30 Millionen Besucher, davon 20 Millionen Amerikaner, kommen jährlich, um diese Wildnis von Seen und Wäldern zu genießen.

Ontarios Süden – Wo das Land den Fabriken weicht

Der Süden von Ontario – die südlichste Spitze von Point Pelee National Park liegt auf der gleichen geographischen Breite wie Kalifornien oder Rom – ist noch vorwiegend Agrargebiet, wo Getreide, Gemüse, Mais, Früchte, Tabak und auf der Niagara-Halbinsel Steinobst und Reben angebaut werden.

Immer mehr wird diese Region ein Gebiet mit Fabriken, und schon heute »zieren« Industriestädte die Nordküste des Lake Ontario. Da gibt es Stahlwerke in Hamilton, Autofabriken in Oshawa und Oakville, petrochemische Unternehmen in Windsor und Sarnia.

Das Herz dieser Region ist Toronto, mit Wolkenkratzern, die die Hauptsitze der meisten großen Firmen in Kanada beherbergen, mit Bay Street, Kanadas Finanzzentrum, und Yonge Street, Kanadas Hochburg für junge Leute und »Sin-Strip«. Hier sind auch die Gebäude der Provinzregierung, die großen Universitäten und eine ganze Reihe von anderen Superlativen: Untergrundbahn, Börse, Tageszeitung (The Star), Museen, Pferderennbahn...

Südontarios Grenze gegen Norden bildet der Ottawa River, und an einem steilen, bewaldeten Abhang dieses Flusses steht auch Ottawa, die Landeshauptstadt. Gegenüber liegen Hull ünd Quebec. Ottawa ist offiziell zweisprachig, und an seiner Universität wird französisch und englisch gelesen.

Im Norden von Toronto liegt die Muskokaregion, ein Ferienparadies mit Seen, Flüssen, Wald und Felsen vor allem für die Leute von Toronto, die hier zu Tausenden ihr Wochenende verbringen.

Noch weiter nördlich liegt Ontarios reiches Bergbaugebiet. Gefördert werden Gold und Silber in Kirkland Lake, Cobalt und Timmins, Nickel in Sudbury. Die Landschaft um Sudbury ist abstoßend und faszinierend zugleich. Mehr als hundert Jahre Erzabbau und Verhüttung haben riesige Abraumhalden zurückgelassen, während Rauch und Abgase in den Tagen vor dem Umweltschutz alle Pflanzen im Umkreise von vielen Kilometern zerstörten. Eine Mondlandschaft, wie sie sonst kaum anzutreffen ist.

Heute beginnt die Stadt allerdings wieder zu grünen. Dazu hat ihre weitere Umgebung - herrliche Provincial Parks, Wälder und Seen, so zum Beispiel Killarney Provincial Park mit den La Cloche Mountains, südwestlich von Sudbury an der Georgian Bay - sehr viel beigetragen.

Ontarios Nordwesten – Einsame Wildnis

Nördlich von Sudbury ist Ontario leer und verlassen, und die einzigen Anreisemöglichkeiten sind Kanu oder Flugzeug. Nur eine einspurige Bahnlinie verbindet Cochrane – an der Hauptlinie der CN – mit Moosenee an der Mündung des Abitibi (James Bay). Der tägliche Zug (außer Freitag), der die 300 km lange Strecke befährt, trägt zwar den Namen »Polar Bear Express«, hält aber wenn nötig mitten auf der Strecke, um einen einsamen Jäger oder Indianer aufzunehmen oder aussteigen zu lassen.

Eine weitere Bahnfahrt, die Sie auch nicht verpassen sollten, führt von Sault Sainte Marie mit den *Algoma Central Railways* in die Agawa-Schlucht.

Der *North Channel* führt zu den Schleusen von Sault Sainte Marie, die zu einem der meistbenutzten Wasserwege der Welt gehören. Hier passieren die Getreide- und Erzschlepper, die von den kanadischen und amerikanischen Häfen am Lake Superior zum St. Lorenz fahren.

Der westliche Teil von Ontario, nördlich von Lake Huron und Lake Superior, ist so rauh und abgelegen, daß seine unzähligen Seen und Flüsse kaum besucht werden. Wer aber ein Flugzeug chartert und sein Fischerglück in diesen Seen versucht, wird dieses Erlebnis nicht so schnell vergessen. Hier beißt wirklich bei jedem Wurf ein Fisch.

Thunder Bay am Nordufer des Lake Superior ist das Einschiffungszentrum für Weizen aus der Prärie. Rund zwei Dutzend riesige Weizenspeicher stechen wie gigantische Orgelpfeifen in den Himmel. Westlich davon beginnt ein weiteres Paradies für den Wassersportler. Eine einsame Kiesstraße führt noch weiter in den Norden, zu einer Minenstadt namens *Pickle Crow,* »Eingemachte Krähe«, und verliert sich dann in der Leere. Zentrum dieser Region ist Kenora, mit 10 000 Einwohnern die größte Stadt in einem Umkreis von 100 km.

Ontarios Seen – Canoe Country, Ferien auf der Yacht

Es versteht sich fast von selbst, daß in einem Land wie Ontario ein Boot entwickelt wurde, das die fast endlosen Ketten von Seen und Flüssen in brauchbare Transportwege verwandelte: das Kanu. Jacques Cartier begegnete ihm schon in den Atlantikprovinzen; Champlain fand es später in Quebec und Ontario. Missionare, Tauschhändler, Pelzjäger, Forscher und die legendären Voyageurs benutzten alle das Kanu, weil sie erkannten, daß sich unter den europäischen Booten keines besser geeignet hätte. So hat das Kanu einen Platz im Herzen des Kanadiers gefunden, auch wenn die Birkenrinde dem Fiberglas, Polyester, Aluminium und Zedernholz gewichen ist.

Geradezu für den Kanusport gemacht sind die zwei großen Provincial Parks *Algonquin* und *Quetico.* Hier bieten die »Outfitters« Hunderte von Kanus an, die sie mit kompletter Ausrüstung – Nahrung, Kleidung, Moskitonetz und Sonnenbrille eingeschlossen – an Besucher vermieten. Mit exakten Karten und Kompaß kann sich hier ein Kanute für einen Tag, eine Woche, einen Monat oder mehr auf den Weg machen. Und nichts läßt einen die Hast in den großen Städten schneller vergessen.

Doch das Kanu ist bei weitem nicht das einzige Wasserfahrzeug, das einem Bootsnarren Ontario vor Augen führen kann. In einer etwas »zivilisierteren« Gegend liegt ein geradezu idealer Wasserweg, die Trent-Severn-Route. Sie bringt den Besucher von Lake Ontario über Seen, Kanäle und Schleusen durch das Herz der Provinz in die Georgian Bay. Es ist denn auch kein Wunder, daß an einem schönen Sommertag auf diesem Kanalsystem jede erdenkliche Bootsart zu finden ist.

Seit der Fertigstellung des Trans-Canada Highway ist ein weiteres Ferienparadies leicht erreichbar geworden, die »Lake-of-the-Woods«-Region. Dieser See ist zwar nur 90 km lang und fast ebenso breit, hat aber so viele

Arme, Buchten und Inseln (14 632), daß die gesamte Küstenlinie länger ist als die des Lake Superior, rund 100 000 km. Der See ist für europäische Begriffe unglaublich klar und sauber, obwohl die Zahl der Anwohner im Sommer auf 40 000 steigt.

Eine Tagesreise von Toronto entfernt und deshalb auch stärker überlaufen ist die Muskokaregion. Das Wort *Muskoka* geht auf einen Indianerdialekt zurück und bedeutet »Blauer Himmel«. Die meisten Indianer sind verschwunden, und anstelle ihrer Tipis und Rindenhäuser drängen sich nun Hotels, Motels und Weekendhäuser. Dennoch ist der wilde Zauber von Felsen, Föhren und Wasser zum größten Teil geblieben. Auch der Himmel ist noch immer tiefblau, denn bis jetzt gibt es hier in dieser Gegend nicht viel Industrie. Noch ist die Muskokaregion das Ferienland von Ontario, obwohl auch die *Haliburton Highlands* östlich davon ihr an landschaftlicher Schönheit kaum nachstehen und immer mehr besucht werden.

Ontarios »Fairs« – Wo man die Einheimischen trifft

Von ganz besonderer Anziehungskraft in Ontario sind die »Fairs«, die Messen oder Ausstellungen, die von Mitte August bis tief in den Oktober hinein in Hunderten von Dörfern und Kleinstädten abgehalten werden. Sie sind die idealen Orte, um unter die einheimische Bevölkerung zu kommen und Einblick in ihren Lebensstil zu erhalten. Wie die berühmte C.N.E. (Canadian National Exhibition), die jedes Jahr ab Mitte August für drei Wochen ihre Tore öffnet, sind die Ausstellungen hauptsächlich auf die Landwirtschaft ausgerichtet. Ebenso interessant und immer einen Besuch Wert sind die unzähligen größeren und kleineren Museen und Kunstausstellungen, die Sie in allen der bildschönen Kleinstädte und Dörfer in Ontario finden.

Englische Gegenwart – Französische Geschichte

Die Mehrzahl der Bewohner Ontarios sind entweder WASP (White Anglo-Saxon Protestants) oder haben mindestens den Lebensstil dieser Gruppe angenommen. Seit über 150 Jahren projizieren sie dieses Bild und haben damit nicht nur den geschichtlichen Tatsachen den Rücken gekehrt, sondern auch den Realitäten der Gegenwart. Ontario ist keineswegs nur WASP, davon überzeugt schon ein Besuch des Kensington Market in Toronto.

Auch Ontarios Siedlungsgeschichte ist selbstverständlich französisch. Soviel wir wissen, war der erste Europäer in dieser Gegend der Franzose Etienne Brûlé, der 1608 im Alter von 16 Jahren ins Land kam. Er war der erste von Tausenden, die sich von seiner Großartigkeit faszinieren ließen und es zu ihrer Heimat machten.

Franzosen bauten auch die erste feste Siedlung in Ontario. Sie wurde an der Georgian Bay von Jesuiten gegründet. Auch die erste militärische Anlage war französisch. Nach ihrem Gründer Frontenac getauft, stand sie dort, wo heute Kingston liegt.

Franzosen unternahmen die ersten Forschungsreisen, und der Franzose Lamotte sah (zusammen mit dem belgischen Pater Hennepin) als erster Weißer die Niagara-Fälle.

Die Franzosen kannten nicht nur das heutige Südontario, sondern auch den Norden. Lange bevor die ersten Engländer im Süden für ihre Siedlungen Land zu roden begannen und schließlich gegen Norden vorstießen, hatten die Franzosen dort auf den Portagen Spuren hinterlassen, als sie auf der Suche nach Biberfellen von See zu See, von Fluß zu Fluß vordrangen.

Heute leben im nördlichen Ontario wieder zahlreiche Frankokanadier, und in einigen Dörfern spricht man ausschließlich französisch. Doch sie sind Zuzüger aus Quebec und nicht die direkten Nachkommen der ersten Franzosen.

Nach dem Friedensvertrag von Paris (1763) gingen alle französischen Siedlungen an die Engländer, die sich aber vorerst nicht für eine weitere Besiedlung interessierten, sondern in erster Linie Felljäger waren. Erst die amerikanische Revolution brachte eine Änderung: Ontario wurde wie vorher schon die Atlantikprovinzen die neue Heimat von Empire Loyalists, die hier Land erhielten und bald die ersten Farmen bauten. Viele Loyalisten waren allerdings nicht Engländer, sondern Söldner in englischen Diensten, darunter zahlreiche Deutsche aus Hessen und Schweizer. Sobald sie ihr eigenes Land besaßen, wurden sie »englischer« als alle Engländer.

Inzwischen sind natürlich weitere Vertreter anderer Nationen nach Ontario gekommen, rund zwei Millionen, das heißt mehr als die Hälfte der Einwanderer nach dem Zweiten Weltkrieg. Rund eine Million davon wohnt heute in Toronto.

Das Straßennetz – 140 000 km

Was das Reisen in allen Gebieten mit Ausnahme des Nordens relativ leicht macht, ist das ausgezeichnete Straßennetz von rund 140 000 km Länge. Die »Four-o-one« (401) zum Beispiel führt nach Morrisburg am St. Lorenz, wo sich »Upper Canada Village« befindet, eines der besten lebenden Museen in Kanada, ein Dorf, das den Besucher gute hundert Jahre in die Vergangenheit versetzt. Das ganze Dorf – es wurde beim Bau des St.-Lorenz-Stromes auf höheren Grund versetzt – ist authentisch oder exakt nachgeahmt. Dabei wurden die gleichen Werkzeuge und Materialien verwendet wie im frühen 19. Jahrhundert.

Die Straße No. 27 führt von Toronto in ein weiteres rekonstruiertes Dorf, allerdings in einer anderen Gegend und mit einer völlig anderen Vergangenheit. In Midland, im Herzen des alten Huronia, steht am Wye River das Dorf *Saint Marie among the Hurons,* eine Rekonstruktion des Dorfes, das die Jesuitenmissionare 1639 errichteten. In der Kirche befindet sich das Grab von Saint Brébeuf, das einzige lokalisierte Grab der Jesuitenmärtyrer, die 1649, als die Irokesen ihr Dorf niederbrannten, so brutal gefoltert wurden. Neben den Palisaden und Gebäuden der Jesuiten steht hier auch ein rekonstruiertes Huronendorf mit einem Langhaus, das zehn bis zwölf Familien Unterkunft bot.

Eine andere bekannte Straße, der Queen Elizabeth Expressway, führt von Toronto zu den Niagara-Fällen. Diese Wasserfälle sind zwar bei weitem nicht die höchsten der Welt, aber dennoch äußerst spektakulär. Der Expressway führt durch eine von Kanadas reichsten Obst- und Weingegenden, und von Toronto und anderen Zentren aus sind Bustouren leicht zu arrangieren. Die Fälle ziehen jedes Jahr über 12 Millionen Besucher an. Sie sind von verschiedenen Orten aus zu besichtigen, unter anderem von der »Maid of the Mist« aus, die praktisch unter die Fälle fährt, oder von Terrassen, die durch Tunnels erreicht werden und von sprühendem Wasser übergossen werden. Ebenso interessant sind die kommerziellen »Wunder« der Gegend, die den Ort zu einem riesigen nordamerikanischen Jahrmarkt machen.

In Niagara-on-the-Lake, unterhalb der Fälle, findet jeden Sommer das Shaw-Festival statt, das zusammen mit den Shakespeare-Festspielen in Stratford den Höhepunkt des kanadischen Theaterlebens bildet.

Heute sind die riesigen Hartholzwälder, die einst das ganze Gebiet bedeckten, zum größten Teil verschwunden und haben behäbigen Farmen Platz gemacht. Doch steht in gewissen Gegenden selbst in der Nähe von Toronto noch genügend Wald, um das Land im Herbst in eine unglaubliche Farbenpracht zu verwandeln.

Städte in Ontario

Toronto – Die menschliche Stadt

Während langer Zeit eher abschätzig als »Toronto the Good« bekannt, erlebte Ontarios Hauptstadt in den sechziger Jahren einen Boom, der sie zu einer der am schnellsten wachsenden Städte in Nordamerika machte. Mit nahezu drei Millionen Einwohnern hat Toronto heute sogar Montreal überholt und steht flächenmäßig nur hinter Winnipeg zurück. Während dieser schon fast explosionsartigen Entwicklung bestand lange die Gefahr, daß sich die Stadt in ein zweites New York, Chicago oder Los Angeles verwandeln

Toronto

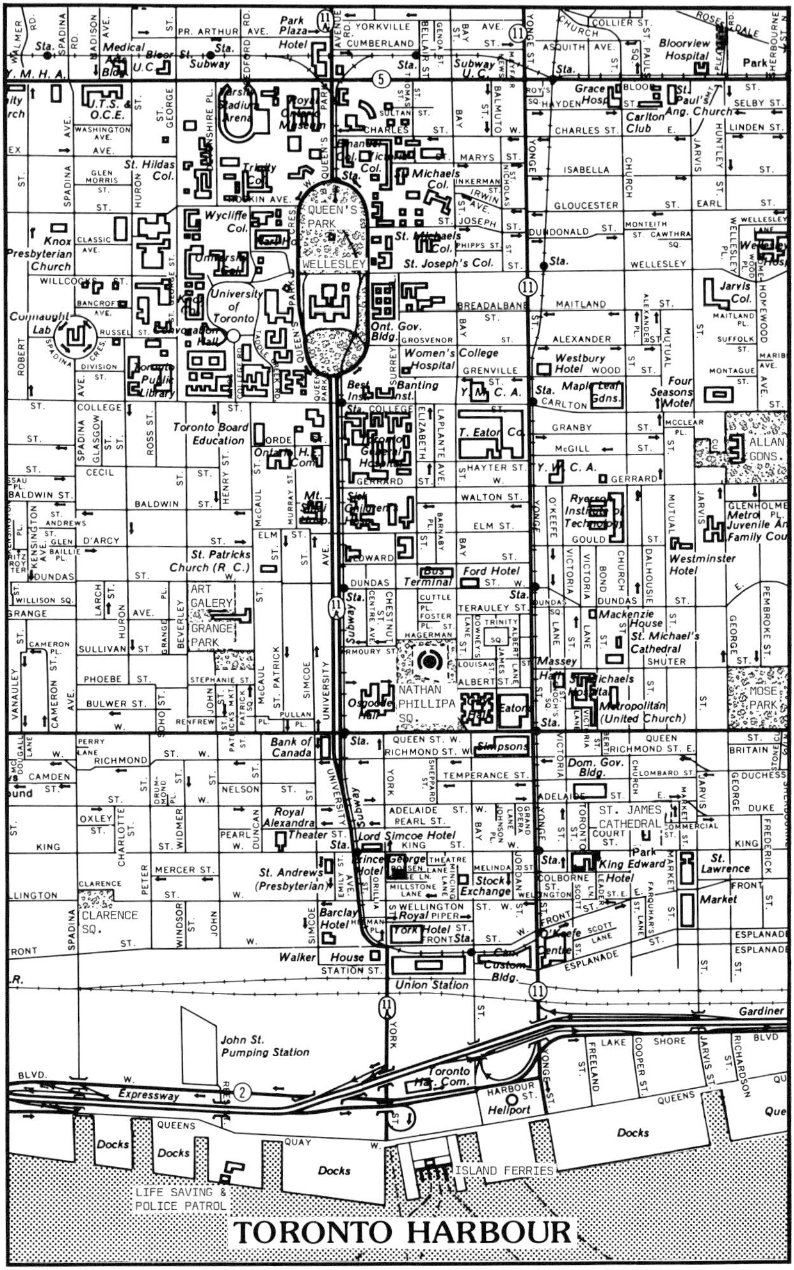

TORONTO HARBOUR
Y.M.H.A.
Medical Arts Bldg.
Bloor St. Subway
PR. ARTHUR AVE.
Park Plaza Hotel
YORKVILLE
CUMBERLAND
Subway U.C.
ASQUITH AVE.
COLLIER ST.
Bloorview Hospital
Park
U.T.S. & O.C.E.
Royal Ontario Museum
Varsity Stadium Arena
Trinity Col.
St. Hildas Col.
Victoria Col.
St. Michaels Col.
St. Joseph's Col.
QUEEN'S PARK
WELLESLEY
Wycliffe Col.
University of Toronto
Convocation Hall
Knox Presbyterian Church
Connaught Lab
Toronto Public Library
Ont. Gov. Bldg.
Women's College Hospital
Banting Inst.
Best Inst.
Grace Hosp.
Carlton Club
St. Paul's Ang. Church
Jarvis Col.
Westbury Hotel
Maple Leaf Gdns.
Four Seasons Motel
Y.M.C.A.
Y.W.C.A.
T. Eaton Co.
ALLAN GDNS.
Toronto Board Education
Ontario H.E. Com.
Toronto General Hospital
Mt. Sinai Hosp.
Sick Childrens Hosp.
Ryerson Institute of Technology
Metro Juvenile And Family Court
Westminster Hotel
St. Patricks Church (R.C.)
ART GALERY
GRANGE PARK
Bus Terminal
Ford Hotel
Mackenzie House
St. Michael's Cathedral
NATHAN PHILLIPA SQ.
Osgoode Hall
Eaton
Massey Hall
St. Michaels Hospital
Metropolitan (United Church)
MOSE PARK
Bank of Canada
Simpsons
Dom. Gov. Bldg.
ST. JAMES CATHEDRAL
Royal Alexandra Theater
Lord Simcoe Hotel
Prince George Hotel
King Edward Hotel
St. Lawrence Market
St. Andrews (Presbyterian)
Stock Exchange
CLARENCE SQ.
Barclay Hotel
Royal York Hotel
O'Keefe Centre
Walker House
Can. Custom Bldg.
Union Station
Gardiner Expressway
John St. Pumping Station
Toronto Har. Com.
Heliport
Docks
ISLAND FERRIES
LIFE SAVING & POLICE PATROL
QUEENS QUAY W.
LAKE SHORE BLVD.

würde. Doch weitsichtige Planung und gute Führung ließen sie statt dessen zu einer der menschlichsten Großstädte in Nordamerika werden. Der Bau von Super-Expreßstraßen, die die Stadt mit »Blech« zu überschwemmen drohten, wurde abgeblasen, und an ihrer Stelle entstand ein Massenverkehrssystem, das Bewunderer aus aller Welt anlockt.

Irgendwie ist es hier gelungen, die Fehler anderer Städtebauer zu vermeiden und weltstädtisch zu werden, ohne alle Menschlichkeit zu verlieren. Heute ist Toronto ohne Zweifel eine der internationalsten und lebhaftesten Städte Kanadas, zugleich das Zentrum der anglokanadischen Kultur (im Gegensatz zur frankokanadischen in Montreal) und das Finanzzentrum des Landes.

Zur internationalen Atmosphäre beigetragen haben vor allem die Einwanderer aus aller Welt, die Vertreter aus über 60 Nationen: ihre Bräuche, Sprachen und Kulturen lassen die Stadt heute so farbenprächtig erscheinen.

Symbol dieses modernen Toronto sind zum Beispiel die spektakuläre »City Hall« und Nathan Phillips Square, auch der CN Tower, mit einer Höhe von über 600 m der höchste freistehende Turm der Welt. Verbesserungen am Stadtbild sind hier nicht nur ein Ding der Vergangenheit, sondern werden fortwährend ausgeführt. So ist gegenwärtig das Metro-Center im Bau begriffen, ein Milliardenprojekt, das den alten Rangierbahnhof in ein neues »Downtown« verwandeln wird. In der Nähe liegt auch Harbour-Square, ein weiteres Projekt, das das Seeufer in Parks, Strände, Schwimmbecken, Spielplätze und Rasen verwandeln wird, zusammen mit einer Esplanade und einem Hafen.

Toronto hat in letzter Zeit einen außergewöhnlichen Aufschwung erlebt. So wurden zum Beispiel 1987 rund 75 000 Geschäfte eröffnet, und 17 Millionen Besucher gaben mehr als zwei Milliarden Dollar aus. Torontos neueste Attraktion ist das gedeckte Stadion – Sky Dome –, das am 3. Juni 1989 eröffnet wurde. Es ist Teil des Harbourfront-Entwicklungsplans.

Fortschrittlich sind auch alle anderen Stadtteile, die zusammen »Metro-Toronto« ausmachen, Etobikoke, York, North York, East York und Scarborough. Toronto ist übrigens die einzige Stadt in Kanada, die neben einer ausgezeichneten Untergrundbahn und einem guten Bussystem auch noch das Tram kennt.

Sich in dieser weitläufigen Stadt zurechtzufinden, ist relativ einfach, verlaufen doch alle Straßen (alle wichtigen wenigstens) rechtwinklig zueinander. Yonge Street ist immer noch die Hauptstraße, Torontos Broadway, wo die großen Warenhäuser stehen, die Kunstgalerien, Antiquitätenläden, die Kinos und Massagesalons. Östlich davon verlaufen Church Street, Jarvis Street, Sherbourne Street und Parliament Street, alle ebenfalls von Süden nach Norden. Westlich von Yonge Street folgen Bay Street (Kanadas Finanzzentrum), York Street, University Avenue, Spadina und Bathurst Street.

In west-östlicher Richtung, parallel zum See also, verlaufen vom See her gegen Norden Lakeshore Boulevard, Gardiner Expressway, Front Street, King Street, Queen Street, Dundas Street, College und Bloor Street. Wer sich verirrt hat, kehrt ganz einfach zur Yonge Street zurück, unter der auch eine Subway verläuft.

Viel zur Menschlichkeit Torontos beigetragen haben auch zahlreiche Grünflächen und Parks, die über die ganze Stadt verstreut sind. Einige sind so groß und natürlich, daß man sich oft nur schwer vorstellen kann, mitten in einer Metropole zu sein. Da ist zum Beispiel *Island Park,* rund 140 Juchart groß und nur mit der Fähre erreichbar. Oder *High Park,* mit über 400 Juchart, oder Edward's Garden in Don Mills am Don River.

Boutiquen, Restaurants, Buch- und Antiquitätenläden typisch europäischer Prägung finden wir in York Ville, einer zwei Straßenblöcke langen Gegend, die einst eine Hippyhochburg war.

Ganz speziell international ist aber Kensington Market an Spadina und Dundas Street. Hier wird buchstäblich alles angeboten, und zwar auf der Straße, vom geräucherten Aal bis zum lebenden Huhn, vom Käse aus Österreich bis zum gesalzenen Fisch aus Portugal, von Früchten aus den Antillen bis zur Kuckucksuhr aus der Schweiz. Hier herrscht ein sprachliches Durcheinander, das jeder internationalen Hafenstadt Ehre antun würde, nur Englisch ist nicht zu hören.

Selbstverständlich können Sie Toronto nicht in einem Tag sehen oder erleben. Ebenso unmöglich scheint es, hier alle Sehenswürdigkeiten aufzuzählen, doch ein Versuch sei hier gemacht:

Art Gallery of Toronto Nach der National Gallery in Ottawa ist dies die zweitgrößte Galerie in Kanada. Neben Werken aller namhaften kanadischen Künstler hängen hier solche von Picasso, Renoir, Monet, Delacroix.

CN Tower Der höchste freistehende Turm der Welt mit einem drehbaren und teuren Restaurant auf rund 400 Meter Höhe bietet eine Rundsicht, die einem den Atem raubt, nicht nur über die Stadt, sondern auch über das Hinterland. Diese Aussicht bezahlen Sie mit Schlangestehen am Lift.

CNE Die Canadian National Exhibition ist die größte jährliche Messe der Welt. Sie findet im Spätsommer statt.

Casa Loma Das verrückte Schloß wurde 1911–1914 von Sir Henry Pallet erbaut, der es dann während 12 Jahren bewohnte. Mit seinen hundert Zimmern, riesigen Ställen aus Marmor, Geheimgängen, Wänden aus Eiche, Teak und Nußbaum und Badezimmern mit goldenen Hähnen ist es ein beliebtes Ausflugsziel und wird heute von der Stadt verwaltet.

Massey Hall Hier ist Torontos Sinfonieorchester zu Hause. Der Konzertsaal stammt aus dem Jahre 1894 und ist berühmt für seine Akustik.

New Massey Hall Vom CN Tower ist auch die runde Glaskonstruktion der neuen Massey Hall zu sehen, ein beeindruckendes Konzertzentrum, das vom Architekten Arthur Erickson entworfen wurde.

Metro-International Caravan Ein neuntägiges Volksfest, das jeweils im Juni von rund 50 ethnischen Gruppen der Stadt organisiert wird. Hier hat man Gelegenheit, ein englisches Pub oder ein griechisches Taberna zu sehen, mexikanische Mariachis oder russische Balalaikas zu hören.

Metro-Toronto-Zoo Über 5000 Tiere leben hier in Gruppen, die Amerika, Afrika, Indien und den Malajischen Archipel, Eurasien und Australien vertreten.

O'Keefe Center Kanadas größter Konzertsaal hat 3200 Sitzplätze und wird für Konzerte, Schauspiele und Ballettvorführungen benutzt.

Ontario Place liegt auf drei künstlichen Inseln im Lake Ontario. In seinem Forum finden von Mai bis September Sinfonie- und Rockkonzerte, Folk Music-, Opern- und Ballettaufführungen statt. Ontario Place ist auch ein Kinderparadies.

Royal Ontario Museum Das ROM, wie es allgemein genannt wird, ist eines der wichtigsten Museen der ganzen Welt. Es ist vor allem berühmt durch seine Sammlung chinesischer Kunst.

St. Paul's Church Das östliche Rosenfenster in dieser zweitgrößten Kirche Kanadas ist eines der schönsten überhaupt. Auch *St. Michael Cathedral* und *St. James Cathedral,* die Sie ebenfalls besuchen sollten, haben wertvolle Glasmalereien.

University of Toronto Mit über 40 000 Studenten Kanadas größte Universität.

Woodbine Racetrack Hier findet seit 1860 jedes Jahr das *Queen's Plate* statt, ein Pferderennen mit in Kanada gezüchteten Dreijährigen. Mit über 800 Juchart ist Woodbine Nordamerikas größte Pferderennbahn.

Ottawa – Kanadas Hauptstadt

Königin Victoria wählte 1857 Ottawa zur kanadischen Hauptstadt und beendete damit den Wettstreit zwischen Montreal, Quebec, Toronto und Kingston. Ihre Entscheidung fand aber nicht nur Zustimmung, schrieb doch ein Journalist jener Zeit: »Ottawa, ein subarktisches Holzerdorf, ist in ein politisches Cockpit verwandelt worden...«

Ottawa, bis 1855 als Bytown bekannt, war tatsächlich ein Dorf mit blühender Holzindustrie gewesen und wurde erst mit der Ernennung zur Hauptstadt zum »Westminster der Wildnis«. Die Wahl der Königin war endgültig, und bereits 1859 begann der Bau der Parlamentsgebäude.

Inzwischen ist Ottawa – an der Mündung des Rideau in den Ottawa – längst erwachsen geworden, beherbergt doch die Stadt heute, zusammen mit Hull, mehr als 700 000 Einwohner und über fünfzig Botschaften. Die eher strikte und trübe Erhabenheit der Gebäude aus der viktorianischen Zeit ist durch moderne Architektur ausgeglichen und durch Parks, ganze Blumenfelder und saubere Plätze mit vielen Brunnen verschönert worden. Die Entwicklung der Stadt wird durch die *National Capital Commission* überwacht, die Bauvorschriften herausgibt und übrigens im Winter den Rideau Canal in ein 10 km langes Eisfeld verwandelt. Diese Kommission hat auch die *Sparks Street Mall* ins Leben gerufen, benannt nach dem ersten Siedler in der Gegend, ein wahres Fußgängerparadies.

Ottawa ist aber nicht bloß eine schöne Stadt mit Geschichte und Prunk, Festspielen und Ausstellungen, sondern auch Regierungssitz. Die Parlamentsgebäude mit dem 100 Meter hohen Friedensturm sind denn auch ein vielbesuchtes Ausflugsziel. Die drei Hauptgebäude haben gotische Türme und steile Kupferdächer, die schon lange ein sanftes Grün angenommen haben.

Ottawas andere wichtige Sehenswürdigkeiten seien hier auszugsweise und in alphabetischer Reihenfolge kurz erwähnt:

Canadian Museum of Civilization Am Hull-Ufer des Ottawa River ist in der Nähe der Macdonald-Cartier-Brücke dieses neue Museum entstanden. Von hier ist jetzt der Blick auf das Parlament am schönsten.

Central Experimental Farm Im Herzen der Stadt liegt die über 1200 Juchart große Versuchsfarm, die zugleich der Hauptsitz des Landwirtschaftsministeriums ist.

Nepean Point Der Aussichtspunkt hoch über dem Fluß bei der Alexandra Brücke bietet einen herrlichen Blick auf die Parlamentsgebäude, auf Hull und die Gatineau Hügel in Quebec.

Château Laurier Das berühmte Hotel aus Granit und Sandstein von Indiana mit seinen Türmen und Türmchen wurde 1912 eröffnet.

National Arts Center Dieser moderne Betonbau am Westufer des Rideau Canal beherbergt ein Opernhaus und ein Theater. Aufführungen reichen von Sinfoniekonzerten zu Avant-Garde-Jazz, von Shakespeares Dramen zu Untergrundfilmen.

National Gallery Kanadas größte Kunstsammlung umfaßt über 40 000 Werke. Hier ist heute jeder wichtige kanadische Künstler vertreten. Daneben sind auch Werke von Piero di Cosimo, Canaletto, Rubens, Rembrandt, El Greco, Murillo, Turner, Corot, Degas, Mondrian ausgestellt. Im März 1988 wurde am Sussex Drive die neue National Gallery eröffnet, die man aus Granit und Glas auf einen Felsvorsprung über dem Ottawa River gebaut hatte. Seitdem bildet sie einen weiteren Anziehungspunkt der Stadt und zählte im September des gleichen Jahres bereits mehr als 700 000 Besucher.

National Museum of Man Kunstgegenstände, Filme und Dias zur Kultur der Indianer und Eskimos, der kanadischen Volkskunst und Entwicklungsgeschichte Kanadas.

Ottawa City Hall Eine ungewöhnliche freistehende Treppe aus weißem Marmor und Aluminium ist die Attraktion dieses achtstöckigen Gebäudes, das die Rideau-Fälle überschaut.

Für die Erläuterungen zu den Farbabbildungen siehe Seite 248

1

2

3

4

5

6

7

8

9

10

11

12

14

15

16

17

18

19

20

21

22

23

24

25

26

27

28

29

30

31

32

33

34

35

36

37

38

Ottawa Civic Center Hier sind ein »Football«-Stadion und eine Arena mit über 9000 Sitzplätzen. Das Stadion selber verfügt über 27 500 Sitzplätze.

Parliament Building Die drei großen Gebäude dominieren vom Parlamentshügel aus die Stadt. Im »Peace-Tower« ist ein aus 53 Glocken bestehendes Glockenspiel, dessen tiefste Glocke über 10 Tonnen wiegt. Die runde Parlamentsbibliothek hat eine Kuppel von 60 Meter Höhe.

Der 350 km^2 große *Gatineau Park* unweit von Ottawa ist mit seinen Seen, Hügeln und Wäldern ein beliebter Zufluchtsort für den Naturfreund. 1987 kamen 1,2 Millionen Besucher, fast schon zu viel.

Von besonderem Interesse für den Souvenirjäger ist natürlich *Sparks Street Mall,* die Straße ohne Autoverkehr, mit Boutiquen, Kunst- und Antiquitätenläden, Trottoircafés und Restaurants, oder *By Ward Market,* wo die Farmer der Umgebung seit 1830 Fleisch, Früchte, Blumen und Gemüse anbieten, im Sommer täglich, in der übrigen Zeit freitags und samstags.

London – England in Ontario

Gouverneur Simcoe nannte den Ort New England und den Fluß Themse. Er wollte hier die Hauptstadt von Upper Canada gründen, doch seine Vorgesetzten hatten andere Pläne. London aber wuchs zu einer charmanten, ruhigen Stadt heran, mit Straßennamen, die an England anklingen, Oxford, Trafalgar, Picadilly, Pall Mall, Chelsea Green, Covent Garden...

Noch immer ist London das Zentrum eines reichen Farmgebietes, und die einwöchige Western Agricultural Fair, die seit 1868 jedes Jahr im September stattfindet, ist Ontarios älteste landwirtschaftliche Messe.

Ein ganz besonderes Ausflugsziel ist das festungsähnliche Gerichtsgebäude, Middlesex County Courthouse, das nach dem Vorbild des Schlosses Lalahide in Irland gebaut wurde. Spektakulär ist Londons neue Kunstgalerie, einer der schönsten in ganz Kanada, die in einem Park am Thames River steht.

Windsor – Autos und Whisky

Kanadas südlichste Stadt ist wie das gegenüberliegende Detroit eine wichtige Automobilstadt. Ford kam 1904 nach Windsor, Chrysler 1925 und General Motors 1928. Windsors erste Industrie aber war Hiram Walkers Brennerei, deren moderne Version täglich besucht werden kann (die Autofabriken übrigens auch). Windsor, berühmt für sein lebhaftes Nachtleben, ist Kanadas wichtigster Grenzübergang. Über 30 Millionen Menschen und 7 Millionen Fahrzeuge überqueren hier jedes Jahr die Grenze. Sie überqueren Ambassador Bridge, mit einer Stützweite von 620 m die längste internationale Hängebrücke der Welt, oder fahren durch den Detroit – Windsor-Tunnel, der rund 2 km lang ist und ungefähr 15 m unter dem Fluß durchführt.

Kingston – Kanadas Westpoint

Heute ist Kingston – bekannt durch die Yacht-Rennen der Olympiade 1976 – eine moderne Industriestadt und die Heimat der Queen's University und des Royal Military College, Kanadas Westpoint. Die Geschichte der Stadt geht weit zurück. Als Champlain 1615 in die Gegend kam, stand hier ein irokesisches Dorf. 1673 baute Frontenac ein Fort, das La Salle später zu einer ummauerten Festung ausbaute. 1758 ging die Stadt an England über, blieb aber eine militärische Festung, die 1832 mit dem Bau von Fort Henry ihren Höhepunkt erreichte. Noch heute exerzieren hier während der Touristensaison täglich Infanteristen (lies: Universitätsstudenten) in den Uniformen des 19. Jahrhunderts.

Hamilton – Kanadas Stahlfabrik

Hamilton am Westende des Lake Ontario ist Kanadas Stahlzentrum. Auch diese Industriestadt hat dem Besucher einiges zu bieten, unter anderem 45 Parks, einen Golfplatz und für die Frühaufsteher Ontarios größten Markt, wo dreimal wöchentlich die Farmer der Gegend ihre Waren anbieten. Neben den riesigen Stahlwerken, die über 25 000 Arbeiter beschäftigen und besucht werden können, ist Hamiltons Hauptattraktion das zwischen 1832 und 1834 erbaute Dundurn Castle. Bis heute hat die Stadt 35 Zimmer des Schlosses restaurieren lassen. Hamilton Place, modernes Kulturzentrum der Stadt, bietet Theater und Konzerte. In Hess Village gibt es interessante Spezialitätenläden in restaurierten alten Häusern.

Thunder Bay – Tor zum Westen

Obwohl 3200 km vom Atlantik entfernt, ist Thunder Bay dennoch mit dem Meer verbunden. Hier werden nämlich die Frachter mit dem Weizen aus der Prärie und dem Erz aus den Minen des Nordens beladen und gelangen dann über das St.-Lorenz-System in den Atlantik. Die Weizenspeicher gleichen riesigen Orgelpfeifen, und der größte davon enthält soviel Weizen, daß damit selbst für den hintersten Bewohner des amerikanischen Kontinentes noch zwei Brote gebacken werden könnten.

Fort William – es wurde zusammen mit Port Arthur 1970 zu Thunder Bay – war ein wichtiges Zentrum der Northwest Company. Hier trafen die Kanubrigaden aus Montreal auf diejenigen aus dem Hinterland und tauschten ihre Waren aus. Das alte Fort wurde rekonstruiert und zeigt wieder den Zustand von 1816. Seine Palisaden umschließen 42 Gebäude. Noch immer werden in Thunder Bay die traditionellen Birkenrindenkanus handgefertigt.

MANITOBA – WO OST UND WEST SICH TREFFEN

Wer zum erstenmal auf dem Flugplatz von Winnipeg landet, glaubt im flachsten Land der Erde angekommen zu sein. Und wenn erst noch der Wind über diese Ebene pfeift, zum Beispiel an einem kalten, sonnigen Februarmorgen, so ist er überzeugt, zugleich auch im windigsten und kältesten zu sein. Erst später, in Regina, wird er seine Meinung ändern...

Das flache Land – nur Farmer und Straßenbauer scheinen es so richtig zu schätzen – erhält seinen Charme durch den Red River und den Assiniboine River, die im Herzen der Stadt zusammenfließen.

Doch obwohl die Stadt eng mit der Vergangenheit und mit der Geschichte des Pelzhandels verbunden ist – hier wurde tonnenweise Pemmican, der Reiseproviant der Händler und Voyageurs, hergestellt –, ist Winnipeg eine Stadt des 20. Jahrhunderts. Schon im Jahre 1900 hatte sie über 40 000 Einwohner und war weit und breit die einzige Stadt in der Prärie. Noch erinnern sich ältere Einwohner an die Tage der Masseneinwanderung, als Tausende von landhungrigen Europäern nach Winnipeg kamen und tagelang vor dem Landbüro Schlange standen. Alle möglichen Nationalitäten waren vertreten: Mennoniten aus Rußland, Deutsche, Franzosen, Polen, Ukrainer, Portugiesen, Isländer, Italiener, Dänen, Norweger, Schweden... Sie alle wurden zu einem Teil von Manitoba, und 1972 wünschte die *Winnipeg Free Press* ihren Lesern in 108 Sprachen ein Gutes Neues Jahr!

Die Prärie - Nur eine Seite Manitobas

Der Grund zur allgemeinen Annahme, ganz Manitoba sei flach, ist leicht zu erklären. Die meisten Besucher sehen nämlich nur diesen Teil der Provinz. Hier verlaufen die Eisenbahnlinien, hier sind die großen Durchgangsstraßen von Osten nach Westen, darunter der Trans-Canada Highway und die Yellowhead Route, hier liegen auch die Dörfer und Städtchen.

Gegen Norden aber erstrecken sich die endlosen Wälder des Kanadischen Schildes bis nördlich der großen Inlandseen, Lake Winnipeg, Lake Manitoba, Lake Winnipegosis, Cedar Lake und zur Grenze von Saskatchewan. Die Wälder sind wie in Ontario, endlos und voller Felsen, Seen, Flüsse und Sümpfe. Noch weiter im Norden, auf einer Linie von Churchill (Hudson Bay) gegen Westen, geht das Land in Tundra über.

Nordwestlich von Brandon beginnt das Land fast abrupt anzusteigen, formt den *Riding Mountain National Park* und erreicht in den Duck Mountains zwischen Lake Winnipeg und Saskatchewan die höchste Erhebung (900 m), Mount Baldy. Im übrigen senkt sich das Land leicht gegen die Hudson Bay ab, in die alles Wasser aus Manitoba fließt.

Manitobas Geschichte – Von Norden her

Obwohl im Herzen Nordamerikas gelegen, hat Manitoba tatsächlich 640 km Meeresküste, und der natürliche Hafen von Churchill, während weniger Monate eisfrei, ist »nur« 4800 km von Liverpool in England entfernt. Es ist somit verständlich, daß Manitobas Geschichte an der Hudson Bay beginnt, eine Geschichte übrigens, die für kanadische Begriffe sehr weit zurückreicht.

1612 setzte der erste Weiße, Thomas Button, seinen Fuß auf Manitobas Erde; er überwinterte nahe der Mündung des Nelson- und des Hayes River. Fünf Jahre später fand der dänische Forscher Jens Munck die Mündung des Churchill; auch er suchte einen Durchgang nach dem Fernen Osten.

Während des Winters starben 62 von Muncks Männern an Skorbut. Nur Munck selbst und zwei seiner Leute sahen nach der Schneeschmelze das grüne Gras. Davon ernährten sie sich eine Weile, überlebten und segelten schließlich mit einem ihrer Schiffe nach Dänemark zurück.

So begann die Erschließung Manitobas. 1670 wurde die Hudson's Bay Company gegründet, die nun ihre Handelsposten zu errichten begann: York Factory an der Mündung des Nelson und des Hayes River und Fort Prince of Wales dort, wo sich der Churchill in die Bucht ergießt. Manitoba wurde ein Teil von Ruperts-Land.

1689 entsandte die Hudson's Bay Company den damals neunzehnjährigen Henry Kelsey mit dem Auftrag nach Westen, die Indianer zu überreden, ihre Pelze an die Bucht zu bringen. Nach einem fast 400 km langen Marsch kehrte er ins Fort zurück, ohne auch nur einen einzigen Indianer gesehen zu haben. Ein Jahr später machte er sich erneut auf den Weg und erreichte jetzt als erster Weißer in der Nähe von *The Pas* den Saskatchewan River, der später zur wichtigen Kanuroute gegen Westen wurde.

Fast gleichzeitig begannen auch die Franzosen von Montreal aus weiter nach Westen vorzustoßen. 1731 verließ La Vérendrye Montreal, und im nächsten Jahre sahen er und seine Söhne als erste Europäer die großen Inland-Seen. 1738 baute er am Zusammenfluß des Red River und des Assiniboine *Fort Rouge.*

Manitobas bewegte Geschichte kam aber erst ein paar Jahre später so richtig in Schwung, als die North West Company – Männer aus Schottland, die mit französischen Voyageurs den Pelzhandel der Franzosen übernommen hatten – das Monopol der Hudson's Bay Company in Ruperts-Land anzufechten begann. Von 1760 bis zum Zusammenschluß der beiden Gesellschaften herrschte eine ständige Fehde, die schließlich gar zu Handgreiflichkeiten ausartete.

Um alles noch zu komplizieren, war inzwischen auch Lord Selkirk auf den Plan getreten. Er hatte am Zusammenfluß von Red River und Assiniboine – genau dort, wo sich die Routen der beiden Pelzhandelsgesellschaften trafen – seine erste Siedlung gegründet. In diese Gegend, wo die einheimischen Métis (französisch-indianische Mischlinge) die Büffel jagten, um Pemmican herzustellen, brachte Selkirk seine Schotten und Iren. Sie kamen per Schiff in die Hudson Bay und gelangten dann in langen Kanufahrten und endlosen Portagen durch Sümpfe und über Felsen in den Red River. Lord Selkirk hatte das Land für seine Siedlung von der Hudson's Bay Company erhalten, ihm gehörten nämlich 40 Prozent der Aktien. Den Männern der North West Company war die Siedlung ein Dorn im Auge. Die Siedler wurden geplagt, verjagt, getötet – doch jedes Jahr kamen neue. 1816, nach einem besonders schlimmen Zwischenfall, der sogenannten »Battle of the Seven Oaks«, wo 20 Siedler ermordet wurden, brachte Lord Selkirk eine Truppe von rund 100 Schweizer Söldnern nach Red River, die »Meurons«. Diese Söldner waren ursprünglich für den Krieg von 1812 gegen Amerika angeworben worden und blieben nun am Red River, wo sie sich am Ostufer, im heutigen St. Boniface, ansiedelten.

Während der nächsten dreißig Jahre herrschte relative Ruhe. Gouverneur George Simpson war jetzt am Ruder, und die Métis, geführt von G. Grant, begannen selber zu siedeln, widmeten sich aber nebenbei immer noch der Büffeljagd, die der Maler Paul Kane so lebhaft darstellte.

Die »guten« Zeiten gingen kurz nach der Gründung des »Dominion« (1867) zu Ende. 1869 kaufte die neue Regierung die Gebiete der Hudson's Bay Company und sandte Landesvermesser in die Gegend. Diese begannen das Land äußerst unfair zu vermessen, rissen Zäune nieder, zertrampelten Getreidefelder und stießen wüste Drohungen gegen die Métis aus. So kann es kaum überraschen, daß sich die Einheimischen bedroht fühlten und unter *Louis Riel* zusammenschlossen, um für das zu kämpfen, was sie aufgebaut hatten.

Riel, der ein paar Jahre in Montreal Theologie studiert hatte, vertrieb zuallererst die Landesvermesser und leitete dann Verhandlungen mit der Regierung in Ottawa ein. Nachdem bereits eine Einigung erzielt worden war und weitere Verhandlungen über die Rechte der Métis anliefen, ließ er sich zur Hinrichtung eines jungen Schotten aus Ontario hinreißen, der bestenfalls ein dummer Fanatiker war. Die Empörung im Osten Kanadas war groß, und Riel mußte schließlich in die USA ins Exil gehen. Die Métis-Delegation reiste dennoch nach Ottawa und führte dort erfolgreiche Verhandlungen, die zur Entstehung der Provinz Manitoba führten.

Als die Truppen nach monatelangem Marsch in Red River ankamen, um die Rebellion niederzuschlagen, trafen sie auf keine Gegenwehr mehr. Mit einem sinnlosen Rachefeldzug richteten sie weit mehr Schaden an als Riel.

Für die Métis bedeutete das Endresultat der Rebellion gleichzeitig Sieg und Niederlage. Zwar hatte man den größten Teil ihrer Forderungen erfüllt, und Manitoba – oder Assiniboia, wie es zuerst hieß – war zur Provinz geworden. Doch gleichzeitig fand auch ihr freies Leben ein Ende, weil immer mehr Siedler eintrafen. Sie verließen ihre Farmen und folgten den Büffelherden gegen Westen, um 15 Jahre später in Saskatchewan unter dem gleichen Riel noch einmal eine Rebellion zu inszenieren.

Verbindungswege – Straßen und Flugzeuge

Manitobas Straßennetz ist im südlichen Teil der Provinz, zwischen Lake Winnipeg und Lake Manitoba, am dichtesten. Hauptverbindung von Osten nach Westen ist der Trans-Canada Highway. Er verläuft von Ontario über Winnipeg, Portage la Prairie, Brandon und Virden nach Saskatchewan und weiter nach Regina. Portage la Prairie ist auch Ausgangspunkt der bei Touristen beliebten Yellowhead Route, die durch Saskatchewan, Alberta und British Columbia nach Prince Rupert am Stillen Ozean führt.

Der östliche Teil der Provinz, entlang der Grenze mit Ontario bis hinauf an die Hudson Bay und nördlich von Thompson ist buchstäblich ohne Straßen. Hier, im Kanadischen Schild, befinden sich auch die meisten der rund 100 000 Seen der Provinz.

Das fast unvorstellbar große Gebiet bis zum 60. Breitengrad ist ein Traumland für den Sportfischer und Jäger. Allerdings sind Ferien in dieser abgelegenen Gegend ziemlich teuer, denn die Touristen sind ganz auf das Flugzeug angewiesen. Die sogenannten »Fly-in-Camps« kosten rund 500 bis 1000 Dollar pro Person und Woche, was ziemlich teure Fische gibt. Dafür werden hier äußere Umstände angeboten, die sich kaum mit etwas anderem vergleichen lassen. Noch sind hier Hunderte von meist namenlosen Seen, deren Ufer kaum je Menschen betreten haben. Jagdführer und Ausstatter sind in allen größeren Zentren zu finden.

Westlich der großen Inlandseen verlaufen zwei Hauptstraßen bis weit in den Norden hinauf, und wer den »Raumrausch« der nördlichen Wälder und die Wildnis erleben will, findet hier beste Voraussetzungen. Die erste Route, No. 6, beginnt in Winnipeg und verläuft über Hunderte von Kilometern gegen Norden, zuerst den Lake Manitoba entlang nach Grand Rapids zwischen Cedar Lake und Lake Winnipeg. In einem kleinen Ort namens Ponton stößt sie auf No. 391. Diese Route führt weiter gegen Norden zur Minenstadt Thompson, wendet sich dann gegen Nordwesten, überquert in Leaf Rapids den Churchill, führt weiter nach Lynn Lake, einer anderen

Sich immer wieder am Horizont verlierend, erstreckt sich die Straße Nr. 11 von Regina gegen Norden nach Saskatoon und weiter – nun als die Nr. 2 – bis ins nördliche Saskatchewan.

Saskatchewan ist eine der reichsten Kornkammern der Welt. Nördlich von Regina erstrekken sich die goldenen Felder, soweit das Auge reicht. Hier lautet die Frage immer: »Wie steht's mit dem Weizen?«

Die Wichtigkeit eines Präriedorfes – hier Davidson, Saskatchewan – steht im direkten Zusammenhang mit der Zahl von *Grain Elevators*, den Getreidespeichern.

Ein tiefblauer Himmel und goldene Rapsfelder im Juli – die Prärie hat ihre eigene wunderbare Schönheit.

Kanadas berühmte Polizei – die RCMP – ist eng mit Saskatchewan und der Prärie verbunden. Das Ausbildungszentrum befindet sich in Regina.

Edmonton, auf beiden Seiten des North Saskatchewan River gelegen, ist Albertas Hauptstadt und Zentrum der kanadischen Ölindustrie. Mit über 500 000 Einwohner ist sie die nördlichste Großstadt des Landes.

Fort Edmonton Park – ein interessantes Freiluftmuseum. Mit dem Bau wurde 1969 begonnen, wobei man nur Werkzeuge und Materialien verwendete, wie sie schon die Leute der Hudson's Bay brauchten.

Im Juni, Juli und August sind in ganz Alberta die Rodeos Trumpf.

Maligne Lake im Jasper National Park ist ein Juwel unter den Gletscherseen der Rockies. Er liegt 50 km südöstlich von Jasper.

Noch lebt hier die Cowboy-Romantik, die an der Calgary Stampede am besten zum Ausdruck kommt, Pferde, die man bei diesem Fest als *broncs* reitet, werden hier in die Stadt getrieben.

Umzüge und zeremonielle Tänze sind Höhepunkte der Banff Indian Days, wo sich Angehörige der Indianerstämme Albertas treffen. Chief Walking Buffalo.

Während langer Zeit Hochburg der Blackfoot-Indianer und Heimat von riesigen Büffelherden, steigen die Berge im Waterton Lake National Park abrupt aus der Prärie hoch. Noch grasen hier Büffel.

Die gestaffelten Bergketten der Rockies, die sich aus verschiedenen Gebirgsgruppen zusammensetzen. Mt. Nelson in den Cariboo Mountains.

Von einer Sägerei zur Weltstadt in weniger als 100 Jahren, das ist die Geschichte Vancouvers. Beigetragen zu diesem gewaltigen Aufschwung hat die landschaftliche Schönheit der Stadt.

Gastown, Vancouver: hier begann die Stadt, und hier eröffnete 1867 Gassy Jack seinen Saloon. Später ein Slum, wurde das Quartier in den sechziger Jahren renoviert.

»Gassy Jack« – seines guten Mundwerks wegen so genannt – bewacht heute wieder »seine« Stadt.

Eine der besten Arten, die wilde Bergwelt der Rockies kennenzulernen, ist hoch zu Roß. *Trail Rides* dauern von ein paar Stunden bis zu einer Woche.

Port Alberni – Vancouver Island – ist ein Zentrum der Holzindustrie. Die erste Papiermühle entstand 1894.

Das Leben der Holzfäller ist nicht nur harte Arbeit. *Log-rollers* am Holzfällerfest in Squamish versuchen, einander ins Wasser zu befördern.

Lachs, über dem offenen Holzkohlenfeuer grilliert, ist selbst für den verwöhnten Gourmet ein Festessen. British Columbias Westküste.

Ferien auf dem ehemaligen Schlepper, eine der zahlreichen Möglichkeiten an der pazifischen Küste. Hier liegt die *Reliant* im Frederic Arm vor Anker.

Totempfähle – Symbole der Westküste. Einige der schönsten befinden sich in Vancouvers Stanley Park. Prospect Point bietet die beste Aussicht auf die North Shore.

Minenstadt, und endet schließlich in Kinoosap, an der Grenze nach Saskatchewan.

In Grand Rapids, wo einst alle Voyageur- und Handelsrouten zusammenliefen, befindet sich seit 1960 ein riesiges Elektrizitätswerk, das 600 000 PS liefert. Nach einer Reise von fast 2000 km, die in den Rocky Mountains von Alberta beginnt, ergießt sich hier der viertgrößte Fluß Kanadas, der Saskatchewan, in den Lake Winnipeg. 1741 baute Vérendrye hier Fort Bourbon, und hier überfielen 1819 die Leute der Hudson's Bay Company mit Hilfe der deutschen und Schweizer Söldner die Kanuflotte der Northwest Company.

In Leaf Rapids – wie Thompson und Lynn Lake eine Minenstadt – befindet sich Manitobas neustes und einzigartigstes Dorfzentrum, mit Hotels, Läden, Schulen, Theater, Eishockeyarena, Curlingbahn, Regierungsgebäude, Bank und Spital, alles unter einem Dach.

Die zweite Route nach Norden ist die No. 10. Sie beginnt an der Yellowhead Route in Minnedosa, nördlich von Brandon, und führt durch den Riding Mountain Park und am Duck Mountain Park vorbei nach Swan River, weiter nördlich durch The Pas nach Flin Flon und von dort nach Saskatchewan. Im Riding Mountain National Park und auch im Porcupine Provincial Forest sollten Sie unbedingt einen Zwischenhalt einschalten.

In *The Pas* (oder *Le Pas,* beides ist richtig), von wo aus Ausflüge in den Clearwater Park, den Cormorant Park und den Gras River Park dem Campingfreund Dutzende von Möglichkeiten bieten, findet im Februar jährlich das viertägige *Trapper-Festival* statt. Höhepunkt ist das Hundeschlitten-Rennen über 240 km, das zugleich als Weltmeisterschaft gilt, doch sind Wettkämpfe im Baumstamm-Werfen, Brotbacken, Wasserratten-Häuten, Bäumefällen, Geigenspielen und Eisfischen mindestens ebenso interessant! Die Sonnenuhr im Devon Park ist ein Geschenk des englischen Entdeckers Sir John Franklin; Kanzel und Gestühl der Kirche wurden 1848 von Mitgliedern einer britischen Expedition geschnitzt, die hier den Winter verbrachten, bevor sie sich über den Mackenzie in einer erfolglosen Suche nach Franklin in die Arktis begaben.

Wer im Juni in Flin Flon eintrifft – das nördliche Städtchen ist fast ganz auf Felsen gebaut, und die mit Holz verkleideten Wasser- und Abwasserröhren bilden zugleich die Bürgersteige –, muß unbedingt das *Flin Flon Trout Festival* besuchen, dessen Höhepunkt ein Kanurennen über 120 km ist.

The Pas – Per Bahn an die Hudson Bay

The Pas ist Ausgangspunkt einer ganz besonderen Reise, der über 800 km langen Bahnfahrt nach Churchill an der Hudson Bay. An unzähligen kleinen Holzerdörfern vorbei führt die CN durch ein Land von Seen, Flüssen, Felsen und Wäldern. Erst in Churchill geht die Gegend langsam in echte Tundra über, die mit den hier lebenden Eskimos, den Eisbären und den Walfischen, die sich im Sommer in der Bucht tummeln, einen Eindruck des legendären Nordens vermittelt. Churchill, nur von Ende Mai bis Anfang Oktober eisfrei, ist ein wichtiger Getreidehafen, von wo aus Jahr für Jahr über 25 Millionen Bushel Weizen nach Europa gelangen. Das meistbesuchte Ausflugsziel in Churchill ist vermutlich *Fort Prince of Wales,* eine riesige Festung mit 10–12 m dicken Mauern. Das Fort wurde 1771 nach 40jähriger Bauzeit fertiggestellt und war der Ausgangspunkt von Samuels Hearnes unglaublichen Fußmärschen an das Nördliche Eismeer, das er 1771 an der Mündung des Coppermine River erreichte.

Churchill ist auch für seine Eisbären bekannt, von denen jeden Herbst rund 3000 Tiere an die Ufer der Hudson Bay kommen, um dort auf das Eis zu warten, auf dem sie dann nach Robben jagen. Canadian Nature Tours (355 Lesmille Road, Don Mills, Ont. M3B 2W8) führen jeweils Ende Oktober Touren zu den Bären durch.

Lake Winnipeg – Ferienparadies und Isländer

Winnipegs Wochenend- und Ferienparadies befindet sich an den Ufern von Lake Winnipeg. Hier, in und um *Gimli,* ist auch die größte Konzentration von Isländern in Kanada; die ersten unter ihnen trafen schon 1875 in Manitoba ein. Gimli – was auf isländisch »Paradies« bedeutet – befand sich damals noch außerhalb der Grenzen von Manitoba und war bis zur Grenzerweiterung (1881) der Hauptort der »Republik Neu-Island«. Viele dieser Nachkommen der ehemaligen Wikinger sind heute noch Berufsfischer auf den großen Inlandseen und haben ihre Sprache und Kultur erhalten.

Steinbach – Anabaptisten aus der Schweiz

Auch in Manitoba muß man die Hauptstraßen verlassen, um die echten Einheimischen kennenzulernen. Nehmen Sie sich Zeit, die kleinen Museen zu besuchen, in den Städtchen und Dörfern mit den Leuten zu reden und zu fragen.

Eines dieser Städtchen heißt Steinbach. Hier und in der Umgebung sind die *Mennoniten* zu Hause, die erstmals um das Jahr 1874 in größeren Gruppen nach Manitoba kamen. Die Mennoniten, Wiedertäufer, gehören einer religiösen Sekte an, die ihren Ursprung in der Schweiz und in Holland hat. Anführer in Holland war Menno Simons – daher der Name der Sekte –, während die Schweizer Brüder auf Konrand Grebel (1498–1526) zurückgehen, ursprünglich ein Anhänger von Ulrich Zwingli. Trotz ständiger Verfolgung durch Protestanten und Katholiken breitete sich die Sekte schnell nach dem Elsaß und nach Süddeutschland aus. Nach weiteren Verfolgungen zogen ihre Anhänger nach Preußen, dann in die Ukraine, schließlich hinter den Ural, und als sie auch dort keine Ruhe fanden, in die Neue Welt. Altmodisch gekleidet, die Frauen mit Kopftüchern, die Männer mit schwarzen Hüten und Schaffelljacken, wurden die Einwanderer auch in Manitoba zuerst schräg angesehen. Als sich aber herausstellte, daß diese Fremden ihre Einkäufe mit Gold bezahlten, ließ man sie in Frieden. Heute sind sie die besten Farmer, leben völlig unabhängig und immer noch nach dem Neuen Testament.

Das Museum in Steinbach besteht aus einer Gruppe von Häusern mit Strohdächern, enthält Bücher und Dokumente aus dem Jahre 1588, eine Käserei, eine Schmiede, eine Sägerei und eine Mühle. Während der Sommermonate werden die Felder und Gärten des Museums mit Dampftraktoren und Ochsengespannen bearbeitet, und das Getreide wird teilweise noch mit Sense und Sichel geerntet.

Städte in Manitoba

Winnipeg – Das Tor zum Westen

Nach einem turbulenten Anfang als *Red River Settlement* und Mittelpunkt von Zänkereien zwischen Hudson's Bay Company und Northwest Company ist Winnipeg im 20. Jahrhundert das Tor zum Westen geworden, die Hauptstadt der Provinz und die viertgrößte Stadt Kanadas, flächenmäßig sogar die größte. Durch die Verschmelzung von elf Vorortsgemeinden (1972) erhielt die Stadt plötzlich eine Einwohnerzahl von über 550 000 und umfaßt somit mehr als die Hälfte aller Einwohner Manitobas. St. Boniface, das heute zu Winnipeg gehört, hat die größte französischsprachige Gemeinde außerhalb der Provinz Quebec und ist damit Wächter der französischen Kultur im Westen.

Winnipegs Aufstieg begann 1885 mit der Fertigstellung des CPR-Schienenstrangs; die Stadt wurde dank ihrer günstigen Lage am Zusammenfluß des Red River und des Assiniboine zu einem Hauptzentrum der Eisenbahn. Heute ist der Rangierbahnhof der CP-Rail der größte in privater Hand in Nordamerika und der computerisierte Verschiebebahnhof Symington der CN einer der modernsten der Welt.

Winnipeg ist ohne Zweifel das beste und größte Kulturzentrum zwischen Toronto und Vancouver; es hat ein ausgezeichnetes Sinfonieorchester, ein weltberühmtes Ballett, The Royal Winnipeg Ballet, eine hervorragende Oper, zahlreiche kleinere Theatergruppen und ein ebenso berühmtes Eishockey-Team. Besonders schön und unbedingt einen Besuch wert ist die weltberühmte Kreuzung von *Portage Avenue* und *Main Street*. Sie wurde oft als der »kälteste Ort in Nordamerika« bezeichnet. Fußgänger warten im Winter auf der sonnigen Seite der berühmten Straßenecke, um – wie die Leute von Winnipeg sagen – nicht zu erfrieren.

Als Tor zum Westen ist Winnipeg eine Stadt mit riesigen Warenhäusern, die den Souvenirjäger voll und ganz beschäftigen. Daneben bestehen unzählige Boutiquen, ausgezeichnete Restaurants und zahlreiche gute Hotels.

Auch hier seien die wichtigsten Sehenswürdigkeiten aufgeführt:

Assiniboine Downs Winnipegs Pferderennbahn; die Saison dauert von Juni bis September.

Centennial Center Hier ist das *Manitoba Museum of Man and Nature* untergebracht, ebenso ein Planetarium und ein großer Konzertsaal, die Bühne des Royal Winnipeg Ballet, der Manitoba Opera und des Winnipeg Symphony Orchestra. Hauptattraktion des Museums ist die Nonsuch, eine Rekonstruktion des Schiffes, das 1668 die Hudson Bay erreichte.

Festival du Voyageur Frankokanadische Küche, Musik und Tänze in St. Boniface gehören zu den Attraktionen dieser einwöchigen Veranstaltung im Februar.

Folklorama Hier können Besucher über 30 verschiedene Kulturen kennenlernen. Während der einwöchigen Veranstaltung im August führt jede Gruppe in einem Pavillon (in einer Kirche oder einem Club) nationale Gerichte, Bräuche und Kunstgegenstände vor.

Fort Garry Park Überreste des alten Forts am Zusammenfluß des Red River und des Assiniboine.

Manitoba Legislature Manitobas Regierungsgebäude entstand zwischen 1913 und 1919. Es ist dem klassischen griechischen Stil nachempfunden. Auf der 80 Meter hohen Kuppel befindet sich der berühmte »Golden Boy«, die vergoldete Statue eines laufenden Jungen, und in den Gärten um das Gebäude stehen die Statuen von La Vérendrye, Louis Riel, Königin Victoria und Robert Burns.

Principal Meridian Ein Stein markiert den Punkt, von dem aus alle Landvermessungen im westlichen Kanada gemacht wurden. Er steht hier seit 1871.

St. Boniface Cathedral Zerstört in einer Feuersbrunst 1968, wurde diese römisch-katholische Basilika hinter der Fassade der alten Kirche wieder aufgebaut. Im Kirchhof befinden sich die Gräber von Louis Riel und Marie Anne Gaboury, der ersten Weißen, die im westlichen Kanada geboren wurde.

St. James Assiniboia Museum Das Museum spezialisiert sich auf Kunstgegenstände der Indianer und Eskimo, Werkzeuge und Schnitzereien, Antiquitäten, Feuerwaffen und Glaswaren.

Ukrainian Cultural Center Ein Raum zeigt das Innere eines ukrainischen Hauses mit handgeschnitzten Möbeln und handgemalter Keramik. Ein weiterer Raum ist einem *Hutzulen*-Haus gewidmet (die Hutzulen kamen aus den Karpaten), mit gewebten Wandbehängen und bemalten Ofenplatten. Im Museum und in der Kunstgalerie befinden sich Silberwaren aus dem Jahre 1492 und über 20 000 Bücher und Manuskripte.

Union Stockyards Die größten Schlachthöfe im Commonwealth. Hier können bis zu 40 000 Stück Vieh gehalten werden.

University of Manitoba Rund 15 000 Studenten besuchen die aus dem Jahr 1877 stammende Universität. Die Kunstgalerie spezialisiert sich auf kanadische Künstler, und das geologische Museum enthält über 5000 Mineralien.

Winnipeg Art Gallery Das äußerst imposante Gebäude beherbergt einen offenen Skulpturengarten und im dritten Stock neun Kunstgalerien. Die Gemälde und Skulpturen reichen von deutschen Meistern aus dem 14. Jahrhundert bis zu modernen kanadischen Werken.

Brandon – Zentrum in Manitobas Landwirtschaftsgebiet

Nicht weniger als acht verschiedene Handelsposten standen einst hier an den Ufern des Assiniboine River. Dampfschiffe verkehrten 600 km flußabwärts nach Winnipeg und 900 km flußaufwärts nach Fort Pelly in Saskatchewan. Heute erinnert ein aus Baumstämmen gebautes Fort an jene Zeiten. Brandon ist auch eine Universitätsstadt, und hier findet jeweils im August die *Manitoba Provincial Exhibition,* eine große landwirtschaftliche Messe, statt.

Portage La Prairie – Forscher und Siedler

1738 baute La Vérendrye hier sein berühmtes *Fort la Reine* und machte es zu seinem Hauptquartier, von wo aus er und seine Söhne die Prärie und die Rocky Mountains erforschten. Nicht weit davon entfernt nahm 134 Jahre später der Schotte John Sutherland Sanderson die erste Erde im westlichen Kanada unter den Pflug.

Thompson – Nördliche Minenstadt

Thompson, heute mit über 20 000 Einwohnern Manitobas drittgrößte Stadt, entstand 1956 in absoluter Wildnis. Hier beutet die *International Nickel Company* eine der größten Nickelminen der Welt aus. Die Stadt ist notgedrungen äußerst modern; wer Zeit hat, sollte einen Abstecher nach Thompson machen.

SASKATCHEWAN – RAUHES KLIMA, STARKE MENSCHEN, LEBHAFTE GESCHICHTE

Die 650 090 km² große Provinz besteht aus drei Regionen, den fruchtbaren Ebenen im Süden, dem felsigen Seen- und Waldgebiet im Norden und dazwischen aus einer Wald- und Parklandschaft. Die Hauptstadt – Regina – zählt 156 000 Einwohner, und die ganze Provinz, obwohl größer als Frankreich, nur etwas mehr als 900 000 Menschen.

Das rauhe, oft harte Klima dieses Landes hat die Einwohner geformt und vermutlich auch eine dichtere Besiedlung verhindert. Der ruhelose, ewig wehende Wind, die Sand- und Schneestürme und die eisig kalten Winter sind nichts für die Zaghaften. Im Sommer ist es oft fast unerträglich heiß; die Durchschnittstemperaturen bewegen sich um 28 °C, die Winter sind mit mittleren Januartemperaturen von −23 °C eisig kalt. Die erste bleibende Siedlung in Saskatchewan entstand erst 1774, als Samuel Hearnes (er war als erster Weißer am Nördlichen Eismeer) am Saskatchewan River Cumberland House – heute ein Historischer Park – gründete.

Saskatchewans Berge, die *Cypress Hills,* sind über 1400 Meter hoch, doch beeindrucken vor allem die endlose Weite, die Leere der Ebenen und der riesige blaue Himmel. Hier befinden sich auch die Weizenfelder, deren Ertrag 60 Prozent des gesamten kanadischen Weizens ausmachen. Noch eine Zahl ist eindrucksvoll: Saskatchewan hat mit 26 Millionen Hektaren Getreideland 40 Prozent des bestellbaren Bodens in Kanada. Und das soll das gleiche Land sein, das John Palliser in den 1850er Jahren als »total unfruchtbar« erklärte!

Saskatchewan ist ein junges Land, erst 1905 wurde es zur Provinz. Um die Jahrhundertwende lebten hier kaum 100 000 Menschen. Einwanderer, vorwiegend aus England, Deutschland, der Ukraine, Skandinavien, Amerika, Frankreich und den osteuropäischen Staaten, die kamen, als das Land im späten 19. Jahrhundert zur Besiedlung freigegeben wurde (jeder Siedler erhielt 160 Acres Land), brachten die Zahl in 20 Jahren auf über 750 000, und 1931, weitere 10 Jahre später, lebten hier über 920 000 Menschen. Depression und Dürre in den dreißiger Jahren brachten eine massive Abwanderung, und erst 1975 stieg die Zahl wieder über die 900 000er Grenze.

Der erste Europäer in Saskatchewan war Henry Kelsey von der Hudson's Bay Company, der 1690 den Norden der Provinz bereiste. Ihm folgten bald weitere Pelzhändler und -jäger, und 1873 wurde das Land zu einem Teil der Northwest Territories, die zuerst von Battleford, später von Regina aus verwaltet wurden.

Noch immer macht die Landwirtschaft – Getreidebau und im Süden Viehzucht – rund 50 Prozent des Bruttosozialproduktes aus, doch auch die Suche nach Bodenschätzen verlief erfolgreich. Heute verfügt die Provinz zum Beispiel über einige der wenigen natürlichen Heliumvorkommen der Welt, über Erdgas und riesige Kali-Vorkommen und ist der zweitgrößte Erdöl- und der größte Uranproduzent in Kanada.

Die Ebene – Sonne und Staub, Kälte und Schnee

Wer die Prärie erleben will, nimmt sich ein paar Tage Zeit und besucht südlich von Regina die Wood Mountains. Bester Ausgangspunkt für Ausflüge in diese verlassene Gegend ist die kleine Präriestadt *Assiniboia.* Unweit davon liegt St. Victor, das an das ländliche Quebec erinnert. Man darf nicht vergessen, daß die Bevölkerung dieser Gegend hauptsächlich französischen Ursprungs ist. Hinter dem Dorf stehen Sandsteinfelsen, geformt von Wind und Regen, Schnee und Eis. Die größte Anziehungskraft strahlen die indianischen Petroglyphen (Felsinschriften) aus, die noch deutlich zu erkennen sind, hier ein Hufabdruck, dort eine Hand, ein Gesicht, ein Maul mit Zähnen und 40 andere Zeichnungen. Niemand scheint zu wissen, wie alt sie sind oder wer sie hinterlassen hat.

Westlich von St. Victor liegt völlig trostlos, einsam und inmitten einer sonnenverbrannten Ebene das kleine Dorf *Wood Mountain.* Selbst wer bereits mit der Atmosphäre dieser Präriedörfer vertraut ist, die sich in der Ebene um ein paar Weizenspeicher scharen, wird von der Abgeschiedenheit und Einsamkeit von Wood Mountain überrascht sein. Obwohl in einer weiten Landschaft, kriegt man hier fast eine Art Platzangst, die einen zu drängen scheint, die Gegend möglichst schnell zu verlassen. Und plötzlich versteht man, daß nur ganz bestimmte Menschen in dieser harschen Natur, im endlos wehenden Wind und unter einem überwältigenden Himmel leben können.

Hier, im südlichen Saskatchewan, befindet sich der Grasslands National Park (Verwaltungsort: Valmarie), der an Montana anstößt und das Frenchman River-Tal umfaßt.

Cypress Hills – Von den Gletschern verschont

Westlich der Wood Mountains, gegen Alberta hin und in jene Provinz überlaufend, ragen die Cypress Hills aus der Ebene empor. Besucher, die von der endlosen, windgepeitschten und von ausgetrockneten Bachbetten durchzogenen Landschaft noch immer nicht genug haben, sollten die Kiesstraßen befahren, die süd- und westwärts durch Climax und Coydon nach Eastend führen. Wer dem Terror dieses offenen Raumes schneller entgehen will, fährt am besten über die Straße No. 4 nach Cadillac und von dort über Shaunavon nach Eastend.

Welche Route Sie auch wählen, Eastend am *Frenchman River* und die Cypress Hills dürfen Sie auf keinen Fall verpassen. Es handelt sich um eine der schönsten Landschaften des kanadischen Westens und gleichzeitig um ein geologisches Phänomen. Einige Hügel in diesen »Bergen« sind gegen 1400 Meter hoch, während der letzten Eiszeit blieben sie deshalb von Gletschern verschont. Nur so ist zu erklären, daß hier noch Pflanzen und Tiere vorkommen, die einst in einem tropischen Klima zu Hause waren und die man heute erst in der Arizona-Wüste, Hunderte von Kilometern weiter südlich, wieder antrifft.

Eastend eignet sich zwar vom Aussehen her für jeden Wildwestfilm, ist aber keine typische Präriestadt, sondern liegt behäbig im Schatten von Cottonwoodbäumen (Weidenart) im tiefen Tal des Frenchman River.

Die Landschaft um die Stadt herum scheint unendlich alt, grau und zerknittert, mit unzähligen Rinnen und Falten. Selbst die üppigen Weizenfelder entlang der Straße und die Erdölpumpen, die sich darin auf und ab bewegen, können kaum davon überzeugen, daß dieses Land nicht verbraucht und leblos ist. Irgendwie paßt es, daß man hier in der Gegend Skelette von Dinosauriern und metergroße Schädel von vorsintflutlichen Reptilien findet.

Der ganze Südwesten Saskatchewans ist noch echtes »Cowboy Country« und das Sattelpferd ein wichtiger Teil des Lebensstils. Lasso, Sattel und Sporen sind Gebrauchsgegenstände und nicht Verzierungen für Filmstars. Und wo Cowboys leben, gibt es Rodeos. Besuchen Sie diese Veranstaltungen; die Männer, die hier die wilden Gäule reiten, sind echt, ebenso die Gäule. Die Reiter stammen aus den umliegenden Ebenen und Hügeln, und die stolzen Frauen, alles brillante Reiterinnen, sind ihre Schwestern und Freundinnen. Hier findet man Gesichter von alten Männern, braungebrannt vom ewigen wehenden Wind, zerfurcht wie das Land selber, über das sie ein Leben lang geritten sind, halbzugekniffene Augen unter grauen Stetsonhüten.

Im Gegensatz zum umliegenden Flachland sind die Cypress Hills unwahrscheinlich grün und frisch, fallen doch hier auch jährlich rund 12 cm mehr Regen. Hier treffen Sie auch noch hin und wieder auf Antilopen, die im Südwesten, von der Grenze nach Montana bis zu den »Sandhügeln«, leben. Die sich ständig verändernden Hügel aus Sand und Salbeibüschen reichen von Maple Creek in der Nähe des Trans-Canada Highway bis zum South Saskatchewan River.

Qu'Appelle – Breites Tal, kleiner Fluß

In Saskatchewan trennen keine klaren Grenzen das flache Getreide- und Grasland von der Parklandschaft – es sei denn in Qu'Appelle Valley. Südlich dieses weiten, fruchtbaren Tales – es erstreckt sich über 450 km vom Städtchen Elbow bis Assiniboine Valley an der Grenze zu Manitoba – ist das

Land meist offen und flach, nördlich davon beginnen wellenförmige Hügel und zum Teil dichter Busch.

Es gibt nichts, was einen auf diesen breiten »Graben« vorbereiten würde. Völlig unerwartet und dramatisch öffnet er sich siebzig bis hundert Meter tief und drei Kilometer breit von Osten nach Westen, soweit das Auge reicht. Verglichen mit dem Tal wirkt der Fluß geradezu absurd. Er wandert hierhin und dorthin über den weiten Talboden, träge und oft mit Schilf bewachsen. In fast regelmäßigen Abständen breitet sich das Flüßchen in eine Kette von herrlichen Seen aus, an deren Ufer die Wochenendhäuser der Bewohner von Regina stehen, die hier ihrer flachen und windigen Stadt zu entgehen suchen.

Von besonderem Interesse für Vogelfreunde ist *Last Mountain Lake,* ein großes Vogelschutzgebiet. Jeden Herbst landen hier Tausende von Vögeln, mehr als ein Dutzend Wildentenarten, Kanadagänse, schneeweiße Pelikane, Kormorane, Sandhügelkraniche und Schwäne.

Louis Riel – Rebell oder Held?

Nördlich von Saskatoon – die Stadt ist nach einer hier häufig vorkommenden Beere benannt –, tief im Parkland von Saskatchewan, liegen die Städtchen Betoche und Fishcreek, Schauplätze der letzten Kämpfe anläßlich der Northwest Rebellion mit Louis Riel (1885).

14 Jahre nach seiner Revolte in Manitoba kehrte Riel aus dem Exil zurück, um einmal mehr seinen Leuten zu helfen. In der Hoffnung, den Weißen zu entgehen, hatten nämlich die Métis inzwischen das Red River Valley verlassen und sich zwischen Saskatoon und Prince Albert am South Saskatchewan River angesiedelt, wo sie wieder kleine Farmen bebauten. Wieder kamen die Landvermesser und »stahlen« das Land, das die Métis ihr eigen nannten. Riel kehrte also nach Kanada zurück und bombardierte während des Winters 1884/1885 Ottawa mit Bitten, die Landrechte der Métis anzuerkennen. In den Augen der Bürokraten in Ottawa war jedoch die Lebensweise der Métis unwirtschaftlich. Zudem war es ganz einfach undenkbar, daß Mischlinge es wagten, sich gegen die Regierung zu stellen. Hier galt es ein Exempel zu statuieren: binnen kurzer Zeit marschierten tausend Mann gegen die Métis.

Eine Zeitlang gelang es diesen ausgezeichneten Scharfschützen, mit ihren hoffnungslos veralteten Gewehren die Regierungstruppen aufzuhalten. Sie verloren aber im Mai 1885 die Entscheidungsschlacht in der Nähe von Betoche, weil ihnen die Munition ausging. Die meisten von ihnen wurden getötet. Hätte sich Riel mehr auf seinen Leutnant, Gabriel Dumont, verlassen und nicht so sehr auf die Hilfe des Allmächtigen, wäre die Liste der Toten auf Seiten der Regierungstruppen vermutlich viel länger geworden.

Riel selber wurde zwei Tage später im Busch aufgestöbert und gefangengenommen. In den Wochen während des Prozesses verhärtete sich die Haltung der Regierung zunehmend, je mehr sich die Öffentlichkeit hinter Riel stellte. Der Prozeß endete mit der Exekution Riels durch den Strang.

Heute erinnern eine Tafel in der Nähe von Fishcreek (mit einer Inschrift, die die Tatsachen völlig verzerrt) und ein Friedhof in Betoche an die Rebellion, in der eine Minderheit es wagte, sich gegen die Mehrheit aufzulehnen.

Der »Zauber« des Nordens – Straßen gegen Norden

Für manchen Kanadier ist der Ruf des Nordens etwas, dem er kaum widerstehen kann. Doch bevor einer diesem Ruf folgt, sein Auto gegen Norden richtet und losfährt, sollte er mindestens wissen, was ihn dort in der Wildnis erwartet.

Das nördliche Saskatchewan ist nämlich ganz einfach nichts für denjenigen, der sein Ferienvergnügen darin findet, täglich eine gewisse Distanz zurückzulegen, die landschaflichen Schönheiten in sich aufzunehmen und abends ein Motel oder Hotel zu beziehen, um am nächsten Morgen frisch und ausgeruht wieder loszufahren.

Der gewöhnliche Tourist wird nur zu schnell herausfinden, daß das Leben in der nördlichen Wildnis nicht ganz so romantisch ist, wie es die Bücher wissen wollen, und wenn Lord Byron sagte: »Es liegt Vergnügen in den pfadlosen Wäldern«, so dachte er kaum an Saskatchewan oder Kanada, wo er statt reiner Freude höchstens undurchdringliches Unterholz, umgestürzte Bäume, Sümpfe, Moore und mindestens zehn verschiedene Arten von Moskitos und anderen stechenden Teufeln gefunden hätte. Wandern, wie wir es vom Sonntagsspaziergang her kennen, ist hier völlig ausgeschlossen, besonders auch, weil der Unerfahrene schon hundert Meter abseits der Straße Gefahr läuft, sich hoffnungslos zu verirren.

Der richtige Norden ist ideal für den Sportfischer und den Großwildjäger. Die besten Jagd- und Fischgründe sind nur im Charterflugzeug erreichbar, und ein Aufenthalt in den luxuriösen und privat geführten »Jagdlagern« kostet um die hundert Dollar pro Tag. Wer sich das leisten kann und jagen oder fischen will, ist hier am richtigen Ort.

Vorläufig dringen erst drei Hauptstraßen – auch sie sind über weite Strekken noch Kiesstraßen – tief in den Norden Saskatchewans vor. Die *Hansen Lake Road* im Osten der Provinz führt nach Flin Flon an der Grenze zu Manitoba. Die Straße No. 2 bringt den Besucher nach *Otter Rapids* am Churchill, und No. 155 verläuft auf der westlichen Seite bis *La Roche* im Quellgebiet des Churchill, nur noch 300 km von den Northwest Territories entfernt.

Ausgangspunkt für alle diese Reisen in den Norden ist *Prince Albert,* die viertgrößte Stadt der Provinz, herrlich gelegen, am North Saskatchewan River.

Vielleicht die beste Route ist die No. 2. Paradoxerweise erscheint das Land hier, wo sich die ältesten Gesteine der Welt zeigen (Präkambrium), neu und unberührt. Hier ist die Straße, die oft schnurgerade nach Norden verläuft – auf beiden Seiten von endlosen Wäldern eingeschlossen – der einzige Hinweis auf Menschen.

In La Ronge spürt man an einem gewöhnlichen Werktag kaum etwas von der romantischen Stille und der Ruhe des Nordens. Flugzeuge, alle damit beschäftigt, Jäger und Fischer zu abgelegenen Seen zu fliegen, starten und landen fast ununterbrochen und sorgen für eine Atmosphäre fieberhafter Hast.

Höhepunkt einer solchen Autofahrt ist der Churchill River, eine der großen und wichtigen Wasserstraßen des Pelzhandels. Hier paddelte Peter Pond flußaufwärts, der 1778 als erster die Portage zum Athabaska fand und damit den Weg zu den Rockies öffnete.

Kanuten finden hier ein ganz besonderes Paradies. Der Churchill bildet nämlich im Kanadischen Schild eine endlose Kette von Seen und Stromschnellen und ist eine absolut überwältigende Route, die von *Ile-à-la-Crosse* nach *Sandy Bay* fast die ganze Provinz durchquert. Sie ist 650 km lang, hat 35 Portagen und kann kaum in weniger als 25 Tagen bewältigt werden. Auskünfte über diese Route – wie über alle anderen Wildwasserflüsse in Saskatchewan – sind bei Indian and Northern Affairs, Parks Canada, Ottawa, erhältlich.

La Ronge ist nicht nur Touristenstadt, sondern auch eine recht große Indianer- und Métis-Siedlung, die aber nicht unbedingt einen erfreulichen Anblick bietet. Wer bezweifelt, daß inmitten der Wildnis Slums möglich sind, findet hier den Gegenbeweis.

Wer diesen Norden besucht, seine Einsamkeit erlebt, seine Wildnis kennenlernt, kann besser verstehen, wie es den Pelzjägern und Forschern zumute gewesen sein mußte, die dieses Gebiet erschlossen. Wer sich hier von den endlosen Wäldern eingeengt fühlt, beeilt sich, wieder in den Süden zu gelangen. Die weiten Ebenen, die auch eine Seite Saskatchewans sind, werden ihn dort erleichtern, und vielleicht gelingt es ihm, die Hauptstadt Regina eine Zeitlang zu schätzen.

Die Bindung zwischen Mensch und Erde ist hier noch viel stärker als anderswo in Kanada. Die halbe Einwohnerschaft von Manitoba lebt in einer einzigen Stadt, die von Alberta in zwei Städten. Doch in Saskatchewan zählen die Einwohner der beiden größten Städte bloß ein Viertel der Gesamtbevölkerung.

Es gibt in Saskatchewan Gegenden, wo so weit das Auge reicht Ölpumpen stehen, die den Reichtum aus der Tiefe der Erde holen. In anderen Gegenden ist die Erde in riesigen Kegeln eingefallen: hier wird Kali gewonnen. Wieder anderswo arbeiten Bulldozer und heulen die Kettenfräsen: hier wird Holz gefällt. Doch wer in Saskatchewan aufgewachsen ist, sei es in einer Stadt, einem Dorf oder auf einer Farm, wird nie nach dem Öl, dem Kali, dem Holz fragen, sondern immer nur: Wie ist der Weizen?

Städte in Saskatchewan

Regina – Königin der Ebene

Es ist mir nie ganz klar geworden, warum Saskatchewans Hauptstadt dort gebaut wurde, wo sie heute steht, um so mehr als unweit davon, im Qu'Appelle Valley, die Gegend so viel schöner ist. Rund um die Stadt ist flache Prärie, trocken und ohne Schatten. Nirgends wachsen Bäume, außer von Menschen gepflanzte und gepflegte. Der Boden ist eine Art Lehm (*gumbo* in Englisch), der naß mit der Zähigkeit von Melasse überall klebt und trocken leicht vom Winde aufgewirbelt wird. *Piles-of-Bones* (Knochenhaufen), die winzige Präriesiedlung, die zu Regina wurde, lag an der geplanten Eisenbahnlinie, und vermutlich führte das zur Wahl des Standortes der Hauptstadt. Böse Zungen sagen auch, daß einflußreiche Politiker jener Epoche in dieser Gegend Land besaßen und es nur so vorteilhaft verkaufen konnten.

Heute ist Regina eine hübsche und überraschend grüne Stadt mit über 150 000 Einwohnern. Hauptgrund für ihre Schönheit ist das *Wascana Center,* ein 2000 Juchart großer Park im Herzen der Stadt, in dem sich neben dem Regierungsgebäude auch die Universität befindet, zusammen mit allen wichtigen Kunst- und Kulturzentren.

Der See, um den der Park angelegt wurde, entstand durch das Stauen des Wascana, und die Blumenbeete und Pflanzungen um das Regierungsgebäude strafen den Ausspruch aus den Anfängen der Stadt Lüge, man könne in Regina nichts anderes pflanzen als Kakteen und Salbeibüsche, und auch diese nur in verkrüppelter Form.

Regina ist gewiß keine besondere aufregende Stadt, weder zum Besuchen noch zum Bewohnen. Das imposanteste Gebäude der Stadt ist ohne Zweifel das *Saskatchewan Power Corporation Building,* das zu den elegantesten Gebäuden in Kanada gehört. Von außen weniger fantasievoll – im Innern des Gebäudes trifft allerdings das Gegenteil zu – ist das *Saskatchewan Museum of Natural History,* das Sie unbedingt besuchen sollten, während das Regierungsgebäude mit der Kuppel aus Marmor von 36 Ländern nicht besser oder schlechter ist, als solche Gebäude zu sein pflegen. Häufig besucht werden auch die Kasernen der Königlichen Berittenen Polizei am Westende der Stadt; hier befindet sich das Ausbildungszentrum. Einige Besucher sind enttäuscht, statt der Pferde »nur« Autos vorzufinden, und Motorschlitten anstelle der Hundegespanne. Eindrucksvoll ist die Kapelle, an deren Wänden die Erinnerungstafeln jener Angehörigen hängen, die in ihrem Leben oder mit ihrem Tod der berühmten Truppe ihre Treue bewiesen.

Regina ist das Kulturzentrum Saskatchewans, und das neue *Center of Arts* hat drei Theater, von denen das größte über 2000 Zuschauer faßt.

Einmalig ist vielleicht das Wasservögelreservat, das als Teil des Wascana Center rund 400 Juchart Wasser und Sumpf umfaßt. Ein solches Refugium besteht anderswo kaum inmitten einer Großstadt.

Ende Juli findet jedes Jahr Regina Fair statt, die mit den Buffalo Days zusammenfällt: 10 Tage lang Rodeos, Pferderennen, Konzerte und Tänze.

Wer im Sommer – Juni bis August – Regina besucht, darf sich die Aufführung von »The Trial of Louis Riel« nicht entgehen lassen. Das dramatische Theaterstück wird im Saskatchewan House aufgeführt.

Saskatoon – Zentrum für Weizen und Kali

Von den nüchternen Anfängen als »alkoholfreie Kolonie« (1883) – 20 Jahre später wohnten hier 113 Seelen – ist Saskatoon mit rund 128 000 Einwohnern zur zweitgrößten Stadt in Saskatchewan herangewachsen. Die Stadt am Rande der Parklandschaft und am South Saskatchewan liegt im Zentrum des reichsten Weizenlandes in Kanada und auch der größten Kalireserven der Welt. Sie ist praktisch ganz im 20. Jahrhundert entstanden, vorzüglich angelegt, hat breite, mit Bäumen eingesäumte Straßen, und die meiste Industrie konzentriert sich auf die Außenbezirke. Der Fluß durchquert die Stadt, die beiden Teile sind durch sechs Brücken miteinander verbunden. Vielbesucht sind die einwöchigen Pioniertage im Juli, die Saskatchewans Geschichte in Erinnerung rufen.

Sehenswürdigkeiten sind das Ukrainische Kunst- und Kunsthandwerk-Museum, das Museum für Ukrainische Kultur, die Kunstgalerie Mendel, die sich auf kanadische Künstler spezialisiert, und die Universität von Saskatoon. Liebhaber alter Autos und Maschinen finden im *Western Development Museum* eine riesige Sammlung von alten Maschinen, Autos, Dreschmaschinen, Dampftraktoren und einen Pflug, der 20 Furchen auf einmal zog.

ALBERTA – VON FLACHER PRÄRIE ZU HOHEN BERGEN

Alberta in ein paar kurzen Worten zu beschreiben, fällt auf den ersten Blick nicht schwer. Wenn es nach seinen Bewohnern geht, sind hier Kanadas fruchtbarste Farmgebiete, seine eindrücklichste Bergwelt, die schönsten Vorberge, die meisten Ölquellen (Alberta produziert heute 85% des kanadischen Öls und 88% des Naturgases), die spektakulärsten Nationalparks, die besten Skigebiete, die größten Gletscher...

Alberta läßt sich in vier Gegenden unterteilen. Im Norden ist grundsätzlich noch Wildnis, mit Wäldern, Seen und Sümpfen. Hier leben die Menschen weit verstreut und gewöhnlich um die neuentdeckten Ölvorkommen geschart. Zentralalberta und Peace River Valley sind typische Parklandschaften, mit Wäldern und fruchtbaren Ebenen, die zu den reichsten Landstrichen der Welt gehören. Im südlichen Alberta, südlich des 52. Breitengrades, ist echte Prärie. Hier bestimmen Ackerbau und Viehzucht auf künstlich bewässertem Land den Lebensrhythmus. Entlang der Westgrenze schließlich sind herrliche, wilde Berge; gegen Norden reiht sich über mehr als 700 km Gipfel an Gipfel.

Alberta steht mit 663 740 km² flächenmäßig hinter Quebec, Ontario und British Columbia an vierter Stelle und hat ein Straßennetz von über 140 000 km. Es fällt also keineswegs schwer, hier von einem Ort zum anderen zu gelangen. Auch Albertas Norden ist relativ leicht erreichbar. Von Osten nach Westen ist die wichtigste Route das Teilstück des Trans-Canada Highway. Es verläuft über eine Distanz von 530 km von Walsh via Medicine Hat, Calgary, Banff, Lake Louise, Kicking Horse Pass nach British Columbia. Die Yellowhead Route beginnt in Lloydminster und führt über Edmonton, Edson und Jasper zum Yellowhead Pass, wo sie nach 640 km Alberta verläßt. Eine dritte Ost-West-Route beginnt in Medicine Hat und gelangt über Lethbridge, Fort McLeod, Pincher Creek und Coleman über den Crowsnest Pass nach British Columbia.

Die längste Nord-Süd-Route ist die Alberta No. 2. Sie beginnt in Carway, an der Grenze nach Montana, und führt über Cardston, Fort McLeod, Calgary, Edmonton, Athabasca, Peace River, Grand Prairie, Tupper nach B.C. Tupper wiederum ist nur 40 km von Dawson Creek entfernt, dem Ausgangspunkt für die 2400 km lange Fahrt auf dem Alaska Highway nach Fairbanks. Von Peace River führt eine Abzweigung, der Mackenzie Highway, über den 60. Breitengrad in die Northwest Territories. Diese Straße verbindet Edmonton mit Yellowknife und Fort Simpson am Mackenzie River.

Albertas No. 36 und weiter nördlich die No. 63 führen nach Fort McMurray, der Boomtown mit den reichen Teersandvorkommen.

Besonders schön ist der *»Icefield Parkway«* (No. 93) zwischen Lake Louise und Jasper. Die Straße mit dem zutreffenden Namen »Schaufenster der Rockies« (nur im Sommer geöffnet) verläuft durch eine majestätische Landschaft von Felsen, Gipfeln und Gletschern. Von hier aus ist auch der 4000 Meter hohe Mt. Columbia, Albertas höchster Gipfel, sichtbar.

Banff, Jasper, Lake Louise – Juwelen der Rockies

Banff ist Kanadas ältester Nationalpark und wurde ursprünglich gegründet, um die heißen Quellen zu erhalten. Diese Quellen, die ausgezeichnete Lage, die gute Luft und die erstklassigen Hotels sind denn auch der Grund dafür, daß sich das Städtchen Banff bald in einen internationalen Kurort verwandelte. Der Besucherstrom – vor allem aus Deutschland und Japan – hat in den letzten Jahren derart zugenommen, daß eine möglichst frühzeitige Hotel- und Motelreservation unbedingt nötig ist.

Bis in die frühen sechziger Jahre wurden die »Juwelen der Rockies« vorwiegend im Sommer besucht, doch heute sind hier einige der besten Skigebiete der Welt: Mt. Norquay, Mt. Temple, Mt. Whitehorn und Sunshine Village (rund 20 km westlich von Banff). Hier befinden sich die Talstationen der Lifts auf über 2000 Meter Höhe und bieten eine gewaltige Aussicht auf Mt. Assiniboine, »Kanadas Matterhorn«. Die Skiregion um Lake Louise, mit über 30 Abfahrten die größte Kanadas, gehört in eine Klasse für sich.

Albertas neuestes Skigebiet sind die Anlagen von Mount Allan im Kananaskis Country – zwischen Banff und Calgary –, Ort der XV. Olympischen Winterspiele 1988. Obwohl die Gegend ab und zu sehr schneearm ist und es die Installation von Schneekanonen brauchte, wurden die Pisten von den Skirennfahrern als ausgezeichnet gepriesen. Auch das Nordische Skizentrum in der Nähe von Canmore ist aufs beste ausgerüstet.

Wer ein wenig Zeit zur Verfügung hat (und Schmerzen im Hintern ertragen kann), sollte sich einem *Trail Ride* anschließen, einem ein- oder mehrtägigen geführten Ausflug hoch zu Roß. Da ist zum Beispiel der zweitägige Ausflug über den Skyline Trail, von Maligne Lake über den Shovel Pass nach Jasper. Der Pfad steigt zuerst durch dichten Wald, an gestürzten Baumstämmen vorbei, manchmal darüber, und durch dichtes Unterholz. Gegen die Baumgrenze werden die Bäume immer niedriger und verkrüppelter. Steilen Hängen entlang führt der Pfad nun über Alpweiden, die von Rindern und Pferden unberührt sind, statt dessen abgegrast von ganzen Herden von Wapitis, Bergschafen und Weißen Bergziegen. Im Juli und August bilden die Weiden ein unbeschreibliches Blumenmeer aus Indian Paintbrush (eine Art Feigwurz), Enzianen und Anemonen. Dann geht es aufwärts in eine wilde, fast unberührte Welt von Schnee, Eis und Berggipfeln: Mt. Fryatt, Hooker Icefield, Mt. Edith Cavell, Angle Glacier. Über den Paß auf 2700 Meter Höhe werden die Pferde am Zügel geführt. Der Ausblick über das weite Athabaska Valley ist überwältigend.

Der Abstieg dauert Stunden. Es ist gut möglich, daß der ungeübte Reiter die landschaftlichen Schönheiten nur noch am Rande wahrnimmt, denn nach zwei Tagen im Sattel schmerzt vermutlich der ganze Körper, so daß der Reiter kaum mehr auf den Beinen stehen kann, wenn die Pferde schließlich am Gatter zum Korral stehen bleiben – die letzten paar Meilen waren unweigerlich im Trab –, und jedes Pferd zur Hölle wünscht. Doch in zwei, drei Tagen kommen die Schönheiten des Rittes unweigerlich zurück, die Schmerzen sind vergessen, und was bleibt, ist die Erinnerung an die Schönheit von Albertas Bergwelt.

Forestry Trunk Road – Straße abseits der Straßen

Der Besucher mit etwas Abenteuer- oder Zigeunerblut in den Adern, der diese Bergwelt abseits des Touristenstromes erforschen will, ein zuverlässiges Auto hat und sich aufs Zelten und Fischen versteht, sollte einen Teil seiner Alberta-Reise auf der *Forestry Trunk Road* verbringen. Diese wenig gepflegte Kiesstraße, die zur Bekämpfung von Waldbränden und für die Verwaltung der Waldreservate angelegt wurde, führt von Coleman im Süden über mehr als 1000 km nach Grand Prairie im Peace River Valley. Entlang dieser Straße durch eine wilde und verlassene Bergwelt sind nicht nur unzählige fischreiche Flüsse und Seen, sondern auch über 150 Campingplätze und ein halbes Hundert Blockhütten, die von der Forstverwaltung unterhalten werden.

Einen ganz besonderen Abstecher entlang dieser Kiesstraße bildet die Fahrt von Hinton – am Yellowhead – nach Robb und dann westwärts nach Cadomin und Luscar. Hier, im wilden, einsamen Tal des McLeod River – heute ein Geistertal –, wohnten einst 12 000 Menschen, die in Kohlenbergwerken arbeiteten. Im Hotel von Robb wurden vor 50 Jahren alle erdenklichen europäischen Sprachen gesprochen, und in mindestens einem Dorf in der Gegend war nicht ein einziger Erwachsener gebürtiger Kanadier. Die einzige Verbindung ins Tal waren vor dem Bau der Straße die Kohlenzüge, die Dörfer wie Coalspur, Morcoal, Cadomin und Mountain Park mit der Außenwelt verbanden. Mountain Park (über 2000 m über Meer), mit kurzen, kühlen Sommern und langen, schneereichen Wintern, war einst das höchste bewohnte Dorf in Kanada. Heute ist es verschwunden, und nur die Landschaft erinnert immer noch an eine kitschige Postkarte. Als die Eisenbahnen von Kohle auf Diesel umstellten, wurden die Minen geschlossen, die Leute zogen aus, nach Hinton, Edson oder Edmonton.

Heute sind die Minen wieder in Betrieb, und die Kumpels, die nun in Edson wohnen, werden täglich per Helikopter nach Luscar geflogen, wo die Gletscher bis zu den Kohlenhaufen hinunterreichen.

Das flache Land – Kurzes Gras, Dinosaurierknochen

Alberta ist aber nicht nur Bergwelt. Eine zweistündige Autofahrt von Calgary nach Nordosten, nach Hanna zum Beispiel, bringt den Besucher in eine Gegend, wo das Gras so kurz und verdorrt ist, die Stacheldrahtzäune so zahlreich und der Himmel so unendlich groß, daß man sich Berge schon gar nicht mehr vorstellen kann.

Westlich von Drumheller – einem Städtchen, das 150 Meter tiefer liegt als die umliegende Prärie – befindet sich das *Valley of the Dinosaurs.* Hier wurden Skelette von Dinosauriern gefunden, und hier sind auch Versteinerungen von riesigen Krokodilen, Muscheln, Palmen und anderen tropischen Pflanzen. Schon 1912 entdeckte Dr. Sternberg das erste von dreißig vollständigen Skeletten, das eines Dinosauriers mit Entenschnabel, über elf Meter lang und vier Meter hoch. Das Skelett ist heute zusammen mit einem Bison aus der Eiszeit im Museum von Drumheller. In der Gehirnhöhle des Bisons wurde ein Stein gefunden, laut Experten ein Wurfgeschoß und somit der früheste Beweis für die Anwesenheit von Menschen in Alberta.

Vereinzelte Dinosaurierknochen wurden hier schon 1884 von J. B. Tyrrell gefunden, der für die kanadische Regierung das Land vermaß. Nach ihm ist das neue Museum benannt, das 1985 in Drumheller eröffnet wurde. Hier gibt es mehr als 800 Fossilien und 30 vollständige Skelette von Dinosauriern zu sehen. Der Red River, der durch den Park führt, bietet eine schöne Kanuroute.

Der Wind...

Der Wind weht in diesem flachen Land stetig und stark. Kein Wunder, daß darüber Geschichten und Witze entstanden sind. Ein Greenhorn in der Nähe von Brocket zum Beispiel verlor bei einem starken Windstoß seinen Cowboyhut und rannte hinterher, um ihn aufzufangen. Ein Indianer hielt ihn zurück. »Mach Dir nichts draus«, sagte er, »in ein, zwei Tagen dreht der Wind, und Du kannst einen Hut auffangen, der aus Montana kommt.«

Auch der Chinook – ein warmer, föhnartiger Wind – macht hier oft Geschichte, wenn er mitten im Winter binnen zwei, drei Stunden die Temperatur um dreißig, vierzig Grad steigen läßt. Wie warm und wie stark dieser Chinook blasen kann, erzählt die Geschichte vom jungen Mann, der im Dorf mit Pferd und Schlitten Vorräte einkaufte, als er am Himmel den typischen Chinook-Bogen entdeckte. Er ließ alles liegen, rannte zum Schlitten und trieb seine Gäule an, um noch vor der Schneeschmelze nach Hause zu gelangen. Doch der Wind blies so stark und so warm, daß die Vorderkufen im tiefen Schnee fuhren, während die hinteren den Staub aufwirbelten – und das auf der ganzen 20 km langen Fahrt zu seiner Ranch.

The Big Country

Weiter gegen Süden liegt Dinosaur Provincial Park, und hier ist das Land noch eindrücklicher als in den »Badlands« von Drumheller. In dieser Gegend wurden über 120 Dinosaurierskelette freigelegt, die nun in den Museen aller Welt ausgestellt sind. Im Sommer werden in dem 90 km² großen Park begleitete Touren in die gesperrten Teile durchgeführt, ebenso Foto-Touren bei Sonnenaufgang und Sonnenuntergang. Der Zeltplatz, inmitten von Salbei, Wacholder und Kakteen, ist einzigartig und ein wenig exotisch.

Die Region mit Medicine Hat als Zentrum ist als *The Big Country,* »das weite Land«, bekannt. Hier befinden sich die großen Ranchen von Alberta, wo ein einziges Rind fünfzig bis 60 Juchart Land benötigt. Die Ross-Ranch zum Beispiel umfaßt 270 000 Juchart Land.

Kohle am Crowsnest Pass und bewässerte Felder

Das flache Land geht bei MacLeod zu Ende, einem Städtchen, das 1874 von der North-West Mounted Police gegründet wurde. In Pincher Creek beginnen die Vorberge, und dahinter erhebt sich das Felsengebirge.

Der Paß, der am Crowsnest nach British Columbia führt, liegt in einem bekannten Kohlengebiet. In den Dörfern Bellevue, Hillcrest, Frank, Blairemore, Coleman sind Kohlenbergwerke, die im Zeichen der Energiekrise wieder in Betrieb genommen wurden. Überall stehen auch noch die alten Koksöfen. Der beste Ort, um in diesen Kleinstädten die Einheimischen kennenzulernen, ist der *Beer Parlor,* die Bierstube des Stadthotels. Es ist Brauch, daß man zuerst eine Runde spendiert, und zwar gleich zwei Gläser pro Person, in der ganz vernünftigen Annahme, daß man »mit einem Flügel kaum fliegen kann«. Im Beer Parlor vernimmt man alle wichtigen Neuigkeiten, und immer mit Lautstärke fünf. Hier wird das Wetter diskutiert, werden Ernteerträge verglichen, landwirtschaftliche Maschinen getestet und erörtert, schlechte Winter und trockene Sommer der Vergangenheit durchgenommen. Hier wird ein ehemaliger Katzenjammer zur Heldentat, werden Tonnen von Weizen, Kohle und Kies geführt, die einheimischen Politiker als Lügner entlarvt, Weltereignisse mit einem Achselzucken und einer Handbewegung berichtigt und die großen Männer der Vergangenheit endlich ins richtige Licht gerückt. Hier ist der Puls des Landes zu spüren, und hier entsteht jene Art Demokratie, die noch stur behauptet, alle Menschen seien gleichberechtigt, auch wenn der beste Lügner am meisten Bier kriegt...

In Cardston steht Kanadas einziger Mormonentempel. Er wurde von 1915–1923 von Mormonen gebaut, die eine Generation früher aus Utah nach Alberta gekommen waren. Sie brachten die künstliche Bewässerung nach Alberta und gruben 1890 die ersten Bewässerungskanäle. Dadurch verwandelte sich die trockene Halbwüste in reiches Farmland, und man konnte Zuckerrüben anbauen.

Im Südwesten Albertas sind auch die großen, modernen Farmen der Hutteriten, auf denen bis zwanzig Familien zusammen 6400 Juchart bewirtschaften. Die Hutteriten stammen von einer religiösen Gruppe ab, die Jakob Hutter im 16. Jahrhundert in Österreich gründete, kamen aus den USA nach Alberta und sprechen noch immer ihren alten deutschen Dialekt.

Nördlich von Calgary – Öl und Papier

Die Straße von Calgary nach Edmonton führt durch fruchtbares Farmland und gleichzeitig das reichste Erdölgebiet Kanadas. Eigentliches Zentrum dieses neuen Reichtums ist *Leduc,* wenige Kilometer südlich von Edmonton. Im Februar 1947 begann hier Albertas Öl zu fließen. Der Bohrturm der berühmten *Imperial No. 1* steht nun am Rand von Edmonton.

Wer diesen Reichtum in Form von Ölpumpen inmitten des Farmlandes sehen will, fährt das Dutzend Kilometer von Leduc nach Calmar und versucht die Pumpen entlang dieses Straßenstücks zu zählen. Allerdings stehen heute – wegen der niedrigen Erdölpreise – viele von ihnen still.

Auch in der Gegend von Lloydminster, am Anfang der Yellowhead Route, stehen überall Bohrtürme. Nördlich der No. 16, wie diese Route hier heißt, beginnt die Wald- und Seelandschaft, und in Edson spürt man, daß die Berge nicht mehr weit entfernt sind. Die frische Luft dieses Hochplateaus ist durchtränkt mit dem Geruch von Tannen, Sumpf und wilden Sträuchern. In Hinton steht Albertas älteste Papierfabrik, und die stinkende Luft verbreitet diese Tatsache kilometerweit. In dieser Stadt, inmitten von fast endlosen Wäldern am Athabaska River, ist auch Albertas Forstschule, wo die jungen Förster unter anderem zur Bekämpfung von Waldbränden ausgebildet werden.

Vom Städtchen Jasper aus führt die Straße nach British Columbia, Mt. Robson, dem höchsten Gipfel der Rocky Mountains, entgegen.

Peace River Country – Weizenfelder im Norden

Erst weit gegen Norden, hinter ausgedehntem Wald- und Sumpfland, beginnt wieder Parklandschaft – *Peace River Country.* Bevor die Straßen nach Peace River, Grand Prairie, High Prairie und Dutzenden anderer Dörfer gebaut wurden, war es nicht leicht, in dieses Tal zu gelangen. Die Swan Hills, die den Weg versperrten, sind noch immer eine Wildnis.

Die Siedler kamen erst Anfang dieses Jahrhunderts ins Land. Polen, Ukrainer, Deutsche und Franko-Kanadier, und sie kommen immer noch. In Dörfern wie Dennelly, Falher, Girouxville im Smoky River Valley ist Französisch immer noch die meistgesprochene Sprache.

Das Land ist relativ flach und trocken. Hier kann der Besucher noch sehen, wie die Siedler den Busch roden und stetig weiter vordringen.

Auch in High Level – halbwegs zwischen Peace River und den Northwest Territories – stehen riesige neue Weizenspeicher, die am nördlichsten gelegenen in Alberta. High Level selber entstand während des Ölbooms in den sechziger Jahren, und die »Homesteads«, die noch laufend vermessen werden, können mit den Anfragen kaum Schritt halten.

Fort McMurray - Boomtown ohne Boom

Albertas größte Boomtown war bis etwa 1984 Fort McMurray, und wer noch nie eine Boomtown erlebt hatte, wo vorfabrizierte Häuser, neue Hotels und Shopping Centers wie Pilze aus dem Boden schossen, wo jeder nur von Geld, Öl und Frauen sprach - nicht unbedingt in dieser Reihenfolge - wo Staub, Schlamm und Schlägereien noch ganz normal sind, hatte hier Gelegenheit, all diese aufregenden Dinge aus nächster Nähe zu erleben.

Gut ausgebaute Campingplätze machen die Reise nach Fort McMurray zwar noch immer leicht und angenehm, doch die Stadt selber hat sich verändert. Der Boom mit dem Teersand ist vorläufig vorbei. Einige Viertel gleichen einer Geisterstadt, mit Häusern, die leer stehen und nicht verkauft werden können. Niedrige Ölpreise und immer mehr computergesteuerte Maschinen führten zu einer drastischen Reduktion der Arbeitsplätze. Viele der jungen Leute fahren nach Edmonton und Toronto, wo es mehr Arbeit geben soll, oder kehren nach Neufundland zurück.

In Fort McMurray hört die Straße auf, und wer von hier in den Wood Buffalo National Park gelangen will, muß aufs Flugzeug umsteigen. Wer die Reise aber wagt und Fort Chipewyan besucht, einst ein wichtiges Pelzhandelszentrum, wird es kaum bereuen. Noch lebt hier ein Stück Geschichte.

Städte in Alberta

Calgary – Wilder Westen und Kunstpaläste

Jedes Jahr in der ersten Julihälfte steht Calgary völlig im Bann des »Wilden Westens«. Während neun Tagen ist diese Stadt vollkommen verrückt, und mit ihr Tausende von Besuchern aus aller Welt. Wilde Gäule werden durch die Hauptstraßen getrieben, die Bevölkerung tanzt im Freien, jedermann trägt Blue Jeans, Stiefel mit hohen Absätzen und weiße Stetsonhüte mit breitrandigen Krempen. In der riesigen Arena löst ein Reiterspiel das andere ab, und am Abend finden die »Chuckwagon«-Rennen statt. Vierspännige Wagen, die einst von den Köchen gefahren, den Round-ups folgten und die Decken der Cowboys mitführten, hetzen, von vier Reitern begleitet, in vollem Galopp einen vorgeschriebenen Kurs um leere Fässer entlang.

Doch Calgary lebt auch während der übrigen 51 Wochen des Jahres, und die schneebedeckten Berge – nur 70 km entfernt – liefern immer eine eindrucksvolle Kulisse für die 1100 Meter über Meer gelegene Stadt. Calgary, in den Tälern des Elbow und des Bow River, schön gelegen, am Übergang zwischen Ebenen und Vorbergen, ist eine junge Siedlung und ein wichtiges Zentrum – nur Edmonton ist etwas größer – für Öl, Transport und Schlachthöfe.

Ihre Geschichte begann 1875 als Fort Calgary, als Außenposten der *North West Mounted Police* ins Land kamen, um den amerikanischen Whiskyhändlern das Handwerk zu legen. Mit der Inbetriebnahme der transkontinentalen Eisenbahn (1883) wurde die Stadt ein wichtiges Handelszentrum; die erste Welle von Siedlern kam ins Land. 1914 wurde Erdöl gefunden; am Stadtrand begannen die ersten Quellen zu fließen. Heute hat sich die Einwohnerzahl auf etwa 650 000 stabilisiert. Die neuen Bürohäuser und Wolkenkratzer sind mit Spiegelglas verkleidet, was die Stadt bei Sonnenuntergang in ein magisches Licht taucht. Ein weiteres Kennzeichen sind die hochgelegenen verglasten Verbindungswege zwischen einzelnen Häusern.

Dank der Bauten, die für die XV. Olympischen Winterspiele 1988 entstanden sind, verfügt die Stadt heute über ausgezeichnete Wintersportanlagen.

Mindestens die folgenden Orte sollten Sie besuchen:

Allied Art Center Ausstellungen zeitgenössischer Kunst, graphischer Kunst, ein Theater und eine Galerie mit Kinderzeichnungen.

Glenbow-Alberta-Institute Bibliothek, Archiv, Museum und Kunstgalerie. Bibliothek und Archiv enthalten 95 000 Fotos, 25 000 Bücher und Kopien aller Zeitungen des westlichen Kanada. Eine Abteilung des Museums ist den Prärie-Indianern gewidmet. Die Kunstgalerie spezialisiert sich auf kanadische Künstler.

Horseman's Hall of Fame Die Decke dieses den Cowboys gewidmeten Museums ist mit 1000 Brandzeichen verziert, die einst die Rinder kennzeichneten. Skulpturen des Cowboy-Künstlers Charlie Russell.

Jubilee Auditorium Das Theater mit 2750 Sitzplätzen wurde 1955 gebaut.

St. Georges Island Auf der Insel im Bow River ist ein Dinosaurier-Park mit 46 lebensgroßen Zementnachahmungen von Tieren, die vor Millionen von Jahren in Alberta lebten. Daneben befindet sich Calgary Zoo.

The Calgary Cabin Auf dem Gelände von Heritage Park werden in dieser Blockhütte in Alberta angefertigte Kunstgegenstände aus Leder, Holz, Silber und Dinosaurierknochen verkauft, auch Korbwaren, Webereiartikel, Juwelen und Keramik.

Calgary Tower Neues Wahrzeichen der Stadt, 200 m hoher Wolkenkratzer mit Restaurant und Aussichtsterrasse.

Devonian Gardens Calgarys Tropischer Garten mit mehr als 15 000 Pflanzen und künstlichen Wasserläufen am Toronto Dominior Square.

Trout Hatchery Calgarys Fischbrutanstalt zieht jährlich sechs Millionen Fische heran, die vorwiegend in Albertas Seen ausgesetzt werden.

University of Calgary Bis 1964 war dies die University of Alberta. Heute ist sie autonom.

Edmonton – Öl und Gold

Edmonton ist die Hauptstadt von Alberta. Diese schnellwachsende Stadt an beiden Ufern des North Saskatchewan River liegt im Zentrum der Provinz wie auch der kanadischen Ölindustrie. Im Umkreis von 150 km sprudeln rund 7000 Ölquellen, das sind 80% der Ölquellen in Alberta. Mit 550 000 Einwohnern ist Edmonton auch die nördlichste Großstadt in Kanada; wie überall in Alberta hat sich auch hier das Wachstum stark verlangsamt.

Edmontons Geschichte geht zurück auf den Handelsposten, den die Hudson's Bay Company hier im Jahre 1795 errichtete. Die eigentliche Entwicklung aber begann erst hundert Jahre später, als die Stadt zum Ausgangspunkt für Goldsucher wurde, die nach dem Klondike River unterwegs waren. 1905, mit etwas über 8000 Einwohnern, wurde sie Hauptstadt der neuen Provinz. Der größte Boom kam 1947, als die erste Ölquelle von *Leduc* begann, das schwarze Gold an die Erdoberfläche zu speien. Heute, dreißig Jahre später, ist Edmonton eine saubere, gutgeplante Stadt mit 40stöckigen Hochhäusern, guten Museen, Kunstgalerien, Theater- und Opernensembles und einer großartigen Universität.

Auch Edmonton hat selbstverständlich seine »wilden« Tage. In einer traditionellen Rivalität mit Calgary heißt es hier: »Calgary hat ein paar Millionäre, wir sind reich.« Die Klondike Days finden in der zweiten Julihälfte statt. Während zehn Tagen vibriert die Stadt förmlich vor Festlichkeiten, die alle das Goldfieber von 1897–1898 in Erinnerung rufen. An einem 15 Meter hohen Berg aus altem Holz, Drahtgittern und Gips stürzt ein Wasserfall in einen Bach, an dem bis 200 Leute auf einmal Gold waschen können. Der Bach wird regelmäßig »gesalzen«, das heißt mit künstlich hergestellten Nuggets versehen. Auch wenn Sie zum Goldwaschen Schlange stehen müssen, hat es doch eine gewisse Romantik. Das für die Commonwealth-Spiele von 1978 erbaute Stadion hat 42 000 Sitzplätze. Hier wird nun – unter anderem – »Professional Football« gespielt.

Weitere Sehenswürdigkeiten:

Château Lacombe In diesem kreisrunden Hotel befindet sich im 23. Stockwerk ein riesiges drehbares Restaurant. Die Aussicht über die Stadt und den Fluß ist einmalig, dasselbe gilt für die Preise.

Civil Center Zum Center am Winston Churchill Square gehören die City Hall, der CN Tower, die Kunstgalerie von Edmonton und die Centennial Library.

Fort Edmonton Park Auf einem schön gelegenen Gelände am Südufer des Flusses entsteht hier ein Freiluftmuseum mit der Rekonstruktion des alten Forts, mit Raddampfern, Flußschiffen, einem Flugplatz und alten Flugzeugen.

Jubilee Auditorium Edmontons Gegenstück zum Auditorium in Calgary hat 3730 Sitzplätze. Beide entstanden 1955, als Alberta seinen 50. Geburtstag feierte.

Legislative Building Das Gebäude mit der hohen Kuppel ist aus Marmor von Quebec, Pennsylvania und Italien und hat handgeschnitzte Türen aus Eiche und Mahagony.

Mosque of Al Raschid Nordamerikas erste islamische Moschee steht Besuchern offen.

Provincial Museum and Archives Das Museum war Albertas Projekt für die Jahrhundertfeier 1967. Vier verschiedene Ausstellungen erzählen hier Albertas Geschichte und Naturgeschichte. Teile der Außenwände sind aus Kalkstein aus Tyndall in Manitoba und enthalten 445 Millionen Jahre alte Versteinerungen.

University of Alberta Die Universität besteht seit 1906 und hat heute 20 000 Studenten. Am eindrucksvollsten ist das von den Studenten entworfene Gebäude der Studentenschaft in Schwarz und Weiß. Die Kunstgalerie und das Museum der Universität enthalten Kunstgegenstände aus aller Welt, griechische Keramik, römische Glaswaren, ein Exekutionsmesser aus dem Kongo, Eskimo-Schneebrillen aus Treibholz, einen Krug aus Ur (3500 v. Chr.).

Lethbridge – Landwirtschaft und Kohle

Lethbridge, seit 1967 Albertas dritte Universitätsstadt, entstand in den 1870er Jahren, als am *Oldman River* ein Kohlenbergwerk den Betrieb aufnahm. Die Stadt, die bis 1885 »Coalbanks« hieß, ist heute auch ein Zentrum für Viehzucht, Getreidebau, die Zuckerrübenindustrie, Öl und Erdgas.

In Lethbridge befindet sich eine der spektakulärsten Eisenbahnbrücken der Welt, 100 m hoch und 1,6 km lang. Hier ist auch Nordamerikas größter Japanischer Garten; 6000 Japaner legten ihn an, als sie 1941 von der Pazifikküste hierher versetzt wurden. Wo sich heute das Stadtzentrum befindet, kam es 1870 zur letzten Schlacht zwischen Indianerstämmen auf kanadischem Boden: 800 Crees und Assiniboines griffen die Schwarzfuß- und Blood-Indianer an, die am Oldman ihr Lager aufgeschlagen hatten. Die Angreifer zogen den kürzeren und verloren mehr als 200 Mann, die mit Repetiergewehren bewaffneten Schwarzfuß hatten nur 40 Tote zu beklagen.

Einen Besuch wert ist auch *Lethbridge Research Station*, eine Versuchsfarm, die über 300 Hektaren bewirtschaftet und gegen 70 Wissenschaftler beschäftigt.

BRITISH COLUMBIA – NACH WESTEN GERICHTET

Der erste überwältigende und bleibende Eindruck dieser westlichsten Provinz sind die gewaltigen Gebirge. Sie reihen sich Kette an Kette von den Gipfeln und Pässen der Rockies bis zu den Coast Mountains, die steil zum Stillen Ozean abfallen und in den St. Elias Mountains, an der Grenze nach Alaska, 5000 Meter Höhe erreichen.

Als Provinz ist British Columbia ein junges Land. Zwar segelte Sir Francis Drake auf der Suche nach der Nordwestpassage 1579 von Chile her die Küste von B.C. entlang, doch vermutlich ging er nicht an Land, sondern gab ihm bloß einen Namen: *New Albion.*

Zweihundert Jahre später kamen die Spanier, 1774 Juan Perez, dann Heceta und Quadra. 1778 landete James Cook im *Nootka Sound* an der Westküste von Vancouver Island. Cook verkaufte die ersten Seeotterfelle in Maçao und löste so einen wahren Ansturm auf die Nordwestküste aus, der Pelzjäger und Abenteurer aus Spanien, England, Amerika und Rußland ins Land brachte.

Zehn Jahre später gründete John Meares im Nootka Sound einen Handelsposten, und 1790 verhandelte Captain George Vancouver hier erfolgreich mit den Spaniern, die darauf das Land an England abtraten. Als Captain Vancouver 1792 die Insel umsegelte und mit der drei Jahre dauernden Erforschung und Vermessung der langen Meeresarme und Buchten begann, war dies der letzte unvermessene Küstenstreifen zwischen dem 49. Breitengrad und Alaska. Stürme, Kälte und Nebel hatten bis dahin alle Forscher abgehalten.

Ein Jahr später, als Alexander Mackenzie, Pelzhändler und Partner der Northwest Company, von Fort Chipewyan her den Peace River und Parsnip River hinaufpaddelte, die Wasserscheide überquerte, den Fraser River entdeckte und schließlich in Salzwasser gelangte, war er der erste Weiße, der Kanada in seiner ganzen Breite durchquert hatte und das Innere von British Columbia sah. Weitere 50 Jahre vergingen, bis im Innern die erste Siedlung entstand, der kleine Handelsposten Fort McLeod.

Die Pfade der Pelzhändler

Auch in British Columbia fanden die Pelzhändler als erste den Weg ins Landesinnere und schließlich zur Küste. Die großen Flüsse, denen die Pfade folgen, die sie und vor ihnen schon die Indianer benutzten, sind noch immer die Hauptverkehrslinien: der Fraser, der von Tête Jaune Pass her über Prince George und durch die gewaltigen Schluchten eine große Schleife zieht und in den Golf von Georgia mündet; der Thompson River, den Fraser taufte (Thompson selber sah ihn nie) und der in Lytton in den Fraser mündet. Thompson selber, Kanadas größter Kartograph, entdeckte in der südöstlichen Ecke der Provinz den Kootenay und erforschte den Oberlauf des Columbia. Später folgte er jenem großen Fluß bis an die Küste und durchquerte mehrmals die Rocky Mountains. Erst später fanden Pelzbrigaden die weniger wichtigen Täler, Okanagan, heute eines der reichsten Obstbaugebiete in Kanada, und Nicola, ein Viehzuchtgebiet.

1848, als das Land noch fast ausschließlich dem Pelzhandel gehörte und unter dem Namen *New Caledonia* bekannt war, erfolgte die Beilegung des Grenzstreites mit Oregon. Kanada verlor dabei die große südliche Route zum Meer, die dem Columbia River folgte.

Gold in den Cariboo

Den Pelzhändlern folgten die Goldschürfer. Sie kamen 1858 zu Tausenden den Fraser herauf, hauptsächlich aus Kalifornien, wo der große Traum zu Ende ging. Als das Gold die Männer immer weiter durch die gefährlichen Schluchten des Fraser lockte, gesellten sich andere aus Australien und Europa, aus den USA und dem restlichen Kanada hinzu. Die Suche nach dem gelben Metall verlagerte sich in die Berge hinein, bis die Männer am Ende sogar die letzten Handelsposten der Pelzhändler hinter sich ließen und einige in den Cariboo ihren Reichtum fanden.

Inzwischen war das heutige British Columbia in zwei Kolonien aufgeteilt worden, in Vancouver Island und das Festland. Noch waren beide weit vom übrigen Kanada entfernt, hinter fast endlosen Ebenen und ebenso endlosen Bergen. Verwalter beider Kolonien war James Douglas, ein Angestellter der Hudson's Bay Company, der fest entschlossen war, das Gebiet nördlich des 49. Breitengrades zu halten. Zu diesem Zweck forderte er aus England eine Kompanie Royal Engineers an, die später entlang des Fraser die Straße in die Cariboo anlegten, über den Thompson, nach Clinton, Quesnel und Barkerville.

Der Bau der Eisenbahn – Die Ankunft der Siedler

1866 schlossen sich die beiden Kolonien unter den Namen British Columbia zusammen. Achtzehn Monate später wurde Victoria zur Hauptstadt, und 1871 kam der Anschluß an Kanada, der auf dem schon erwähnten Versprechen der Regierung in Ottawa beruhte, den einzigen und beschwerlichen Verbindungsweg durch eine transkontinentale Eisenbahnlinie zu ergänzen.

Mit der Bahn kamen die Siedler, aber hier waren keine großen Anstürme zu verzeichnen wie in Manitoba und Saskatchewan. Junge Engländer, die an der schwierigen Eisenbahnkonstruktion durch den Fraser Canyon mitgewirkt hatten, blieben, mit ihnen nahezu 7000 Chinesen. Am Fraser-Delta entstand Vancouver, brannte nieder und wurde fast über Nacht wieder aufgebaut.

Gleichzeitig schufen sich andere in anderen Gegenden einen Lebensunterhalt. Bergleute kamen in die Kootenays; Holzfäller begannen die riesigen Wälder zu schlagen. Auf Vancouver Island drehte sich das Leben um die Kohlenbergwerke. Im trockenen Grasland von Central British Columbia, in der Halbwüste von Kamloops, in Nicola Valley und in den westlichen Ausläufern der weitläufigen Cariboo Mountains, wo das Gold nun erschöpft war, fanden Viehzüchter fast endlose Weiden vor. In das herrliche Okanagan Valley kamen die Obstgärtner, die heute an den sonnendurchtränkten, sanft zum See abfallenden Hängen ein wunderbares Leben führen, um das sie mancher beneidet. Heute ist ihr Lebensstil durch das Freihandelsabkommen bedroht, das den Markt für die preiswerteren Äpfel und Trauben aus den USA öffnet, die dort durch längere Wachstumsperioden und niedrigere Löhne billiger produziert werden können.

Ein komplexes und vielfältiges Land

Es ist nicht leicht, British Columbia kennenzulernen. Selbst die südliche Hälfte – vom großartigen Norden gar nicht zu reden – besteht aus mindestens sechs Regionen. Da ist die unendlich verworrene Küste mit ihren Buchten und Meeresarmen, der auch heute noch keine Straße sehr weit folgt, mit dem dichten Regenwald, der weit die steilen Hänge hinaufgreift und dort auf die Schneefelder, Felsen und Gletscher trifft. Fraser Valley ist am Flußunterlauf breit und flach, ein Gebiet mit reichen, behäbigen Farmen, am Oberlauf liegen hohe Berge und wilde Schluchten. Von Hope aus führt der Allison Pass nach Princeton und weiter nach Merritt, Ashcroft und Kamloops, einem Viehzuchtzentrum mit herrlichen weiten Hügeln und Weideland, riesigen Flächen mit Salbeibüschen und dicht bewaldeten Berghängen. Von Princeton oder Kamloops führen Straßen nach Okanagan. Da sind auch die West Kootenays mit den wichtigen Minen und Schmelzwerken und an den westlichen Hängen der Rockies die East Kootenays mit riesigen Nationalparks bis über die Grenzen von Alberta hinaus.

Das Hochplateau im Innern der Provinz zieht sich über Hunderte von Kilometern nordwärts nach Prince George und weiter. Zu diesem Plateau gehören die weiten, offenen Grashügel der Douglas Ranch und der Gang Ranch, die flächenmäßig den Kanton Thurgau übertreffen. Zum gleichen

Plateau gehören auch die Chilcotin und das trockene Gebiet um den Thompson River mit nicht einmal 15 cm Regen pro Jahr.

Von Prince George führen eine Straße und eine Eisenbahnlinie den Bulkley und Skeena River entlang nach Prince Rupert und ans Meer. Diese Straße ist das letzte Teilstück der Yellowhead Route.

Nördlich von Prince George liegt mehr als die Hälfte der Landfläche von British Columbia, das wilde und unvergleichlich schöne Cassiar Country, mit Großwild, noch unberührten Bodenschätzen und den abgerundeten Gipfeln der nördlichen Ausläufer der Rockies. Immer noch in British Columbia sind die Weizenfelder und Naturgasvorkommen von Peace River Valley, Dawson Creek (der Ausgangspunkt des Alaska Highway) und Fort St. John. Aus dieser Gegend kommen ein Viertel des Erdöls der Provinz und praktisch alles Erdgas; Pipelines bringen die Produkte zur Verarbeitung ins untere Frasertal. Die Industrie hat in den letzten drei Jahren Fort St. John zur neuesten Boom-Town gemacht.

Vor der Küste liegen im Norden die nebelverhängten und sturmgepeitschten Queen Charlotte Islands, im Süden Vancouver Island.

Die Indianer und die *Doukhobors,* Angehörige einer religiösen Sekte, die 1899 aus Rußland kamen, sind nur die bekanntesten Minoritäten der Provinz. Zwei Drittel der Bewohner sind britischer Abstammung. Zuerst kam die Invasion der schottischen Pelzhändler, Douglasses, McLeods, Todds und andere, und noch heute sind die Dialekte von Glasgow, Edinburgh und Aberdeen klar zu erkennen. Auch die Engländer kamen schon früh; die großen Wälder zogen bald Skandinavier an (heute rund 6 Prozent der Bevölkerung). Nach dem Zweiten Weltkrieg siedelten Deutsche, Holländer, Franzosen und mit ihnen Bewohner der übrigen kanadischen Provinzen.

Fraser River – Eine Schlucht und Millionen Lachse

Als Simon Fraser vor 160 Jahren durch die gewaltige Schlucht vordrang, die heute seinen Namen trägt, war der einzige Weg ein schmaler Pfad, der nur zu oft aus hängenden Brücken und Stegen an nackten Felswänden bestand. Frasers Kanumänner wagten es nicht, die gewaltigen Stromschnellen zu befahren, und kämpften sich über weite Strecken die Felsen entlang, Kanu und Ausrüstung auf dem Buckel. Zwanzig Jahre später fuhr Gouverneur Simpson bei niedrigem Wasserstand den Fluß hinunter. Aber selbst er schauderte am Ende der Fahrt und gab zu, daß neun von zehn Fahrten bestimmt im Verderben enden würden. In den Tagen des Goldfiebers wurde der Fluß oft befahren, entweder von Männern, die bewußt Risiken eingingen, oder aus Dummheit. Der Tod durch Ertrinken war damals alltäglich.

Der Fraser ist nicht so sehr ein Fluß für Menschen, als für Lachse. Drei, vier, fünf Millionen an der Zahl schwimmen die Lachse in den guten

Jahren den Fraser hinauf, kämpfen sich durch Stromschnellen, über Fischleitern (wo Sprengungen beim Bahnbau den Fluß verstopften), zweigen bei Lytton in den Thompson ab und finden erst im Adams River Ruhe. In dichten, roten Trauben schwimmen sie flußaufwärts, so dicht, daß die roten Fischrücken an den Laichstellen im seichten Fluß eine fast solide Masse bilden. Völlig erschöpft, die Flossen zerfetzt, sterben die Fische nach dem Laichen, sinken auf den Grund und bieten Bären, Coyoten, Füchsen und Adlern reiche Beute. Heute ist auch dieser größte aller Lachsflüsse durch eine Papierfabrik und die Abwässer der Städte bedroht.

Central British Columbia – Viehzucht und Paradies für den Sportfischer

Die erwähnte Papierfabrik befindet sich in Kamloops, wo North Thompson und South Thompson zusammenfließen. Diese Stadt ist umgeben von weiten, offenen Hügeln (Viehzuchtgebiet) und Hunderten von Seen, alle reich an Forellen.

Zentrum des Viehzuchtgebietes der *Cariboo* ist Williams Lake, ein kleines Städtchen mit modernen Läden, das damit prahlt, nach Calgary das beste Rodeo der Welt zu haben und das teuerste Benzin überhaupt!

Östlich von Quesnel, am Williams Creek, liegt Barkerville, in den 1860er Jahren mit über 10 000 Einwohnern die »größte Stadt nördlich von San Francisco und westlich von Chicago«. Heute wird das Dorf renoviert und ist ein lebendes Museum, ein lohnendes Ausflugsziel.

Unweit davon liegt *Bowron Lake Provincial Park,* eine gut 100 km lange Kette von Seen und Flüssen, die eine ideale und vielbefahrene Kanuroute abgeben, mit schön gelegenen Zeltplätzen, mit Elchen und vor allem Bären.

In Williams Lake zweigt eine Straße ab, die durch das offene Grasland des Chilcotin River führt, dann über die Coast Mountains nach Bella Coola abfällt und ans Meer stößt. Diese abgelegene und verlassene Gegend ist ein erstklassiges Ferienland für Leute mit etwas Abenteuerblut.

In Prince George, gut 800 km von Vancouver entfernt, glaubt man sich bereits im Norden, doch liegt die Stadt erst auf halbem Weg zur Grenze nach Yukon. Von hier führt die Straße über den Pine Pass – eine der schönsten Routen in B.C. – nach Dawson Creek und weiter nach Yukon, zum Liard River, dem großartigsten Kanuparadies von Nordwestamerika, und über den Alaska Highway. Auch dies ist Touristenland, ein Traumland für den Jäger und Sportfischer, mit Dickhornschafen, Karibus, Grislybären und Elchen sowie Lachsen in allen Flüssen, die das Küstengebirge durchbrechen. Hier allerdings erfordern Ferien Zeit und Geld, denn die Gegend ist abgelegen, Anfahrt oder Anflug sind teuer.

David Thompson – Forscher, Kartograph, Pelzhändler

David Thompson, der erste Forscher, der sich in British Columbia verliebte, fand verschiedene Wege durch die Rocky Mountains. Aber die zwei Quellflüsse des mächtigen Columbia verwirrten ihn genauso wie den heutigen Reisenden. In Canal Flats nämlich sind die beiden Flüsse nur einen Kilometer voneinander entfernt und fließen in entgegengesetzte Richtungen. Der Kootenay – er entspringt im Kootenay-Nationalpark und ist über die ersten 100 km einer der besten Wildwasserflüsse für Kanuten – fließt in einem riesigen Bogen in die USA, kehrt nach Kanada zurück, ergießt sich in den Kootenay Lake und dann in den Columbia. Diesen Fluß hielt Thompson zuerst für den Columbia – doch der Columbia fließt von Canal Flats nordwärts durch Columbia Lake und Windermere Lake, zieht dann eine riesige Schleife um das Selkirk-Gebirge, wendet sich gegen Süden, durch die *Arrow Lakes* und in die USA, zum Grand-Coulee-Damm im Staat Washington.

Heute würde David Thompson seine Gegend kaum wiedererkennen, denn der Lauf des Columbia ist von Staudämmen unterbrochen, die weite Täler überschwemmt haben. Wo wir vor wenigen Jahren noch den Canoe River hinunterpaddelten, liegt jetzt ein riesiger stiller See, und noch werden Dämme gebaut, um die Kräfte des Columbia zu fesseln.

Die Kootenays, mit den wilden Bergen und den verzwickten Wasserscheiden, sind ein herrliches Land, einem riesigen Park ähnlich, mit Weiden, die sich weit die Hänge hinaufziehen, und Wäldern, in denen im Herbst die Lärchen aus dem dunklen Grün von Föhren und Tannen herausleuchten.

British Columbia – Land der Gegensätze

Man muß das Land westlich der Rocky Mountains überfliegen, um die verschiedenen Bergketten zwischen den Rockies und dem Meer einigermaßen als Einheit zu sehen und gewissermaßen in den Griff zu bekommen. Da sind die Purcell, Selkirk, Christian, Walhalla, Midway, Beaverdell und die Cascade Mountains, jede Kette abgetrennt durch tiefe, langgestreckte Täler mit langen Seen – Kootenay, Arrow, Shushwap, Okanagan.

Die Berge trennen die Gebiete nicht nur geographisch ab, sondern auch klimatisch. Während in Victoria im Dezember Rosen blühen, ist es in Dawson Creek 50 Grad unter Null. Während Kamloops und Kelowna in 40gradiger Sommerhitze brüten, kann es an der Küste kühl und regnerisch sein. Während in den Küstengebirgen 560 cm Regen fallen, trocknet Thompson Valley, einer Halbwüste ähnlich, mit 10 bis 15 cm Regen pro Jahr, praktisch aus.

Victoria ist die Hauptstadt der Provinz und mit dem Festland durch eine (teure) Fähre verbunden. Die Insel ist sechsmal größer als Prince Edward Island. Victoria und seine Insel sind immer eine Reise wert. Sie ist ein Land der Holzfäller, die die gewaltigen Douglasfichten fällen.

Am westlichen Ende dieser Insel, die einem Liebhaber des Meeres ein Leben lang immer neue Gesichter und Abenteuer bietet, liegt Cape Scott. Hier siedelten sich um die Jahrhundertwende über 60 dänische Familien an, bauten Straßen, Dämme und eine Schule. Doch die Regierung, die ihnen das Land und vor allem auch einen regelmäßigen Fährdienst versprochen hatte, erfüllte ihre Versprechungen nicht. Bald wurde es zu schwierig und zu teuer, an der rauhen Küste Vorräte an Land zu bringen, und die Siedler zogen aus. Cape Scott ist heute ein Provincial Park, den man in einer schönen, stets anstrengenden und oft sehr nassen Wanderung erreicht.

Städte in British Columbia

Vancouver – Wo Meer und Berge sich treffen

1873 zählte Vancouver 65 Seelen, »zur Hauptsache Holzfäller und Sägereiarbeiter«; heute leben hier über eine Million Menschen. Die Stadt ist aber nicht nur eine Metropole, sondern ein dynamischer Ort mit Vorzügen, die nur wenige Städte der Welt besitzen.

Einer davon ist die geographische Lage. Im Norden ragen die steilen Hänge von Hollyburn, Grouse und Seymour in den Himmel. Je nach Jahreszeit, Tageszeit und Wetter bieten sie als stetig wechselnde Kulisse ein immer neues Panorama. Im Westen liegen die sanften Strände von English Bay und How Sound, und gegen Süden und Osten erstreckt sich das fruchtbare Fraser-Delta mit reichen Farmen im breiten Tal.

Ein weiterer Pluspunkt sind die Grünflächen der Stadt, unter anderem der 300 Hektaren große Stanley Park, einer der schönsten und bekanntesten Stadtparks in Kanada.

Und überall ist der Duft der See. Das Meer ist auch der Schauplatz von zwei der berühmtesten Attraktionen, die Besucher aus aller Welt anziehen. Mitte Juli findet das Sea-Festival statt, mit Kanurennen in den Kriegskanus der Indianer und einem internationalen »Badewannenrennen« quer über die Georgian Strait. Die zweite Attraktion bringt gegen 10 000 Sportfischer in die Stadt: das *B. C. Salmon Derby* im August.

Das milde Klima macht Vancouver auch in den übrigen Jahreszeiten zum idealen Ferienort, bleibt doch der Schnee im Winter meistens dort, wo er hingehört, auf den Skihängen.

Erster Europäer in der Strait of Georgia war 1791 José Maria Narvaez, doch erst George Vancouver lief ein Jahr später in den eigentlichen Hafen ein. Er taufte den Meeresarm, Burrard Inlet, und die Indianer blieben weitere 70

Jahre alleinige Bewohner der Gegend. Erst 1862 trafen zwei Engländer ein und kauften für rund einen Dollar pro Juchart das Gebiet der heutigen Westend, wo die Landpreise zu den teuersten in ganz Kanada zählen.

Um die verschiedenen Sägereien herum bildete sich ein Dorf, das 1886 zur Stadt Vancouver erklärt wurde. Im Juli des gleichen Jahres geriet ein Feuer außer Kontrolle, mit dem die Männer das Land rodeten, und eine Stunde später war die ganze Stadt niedergebrannt. Doch die Bewohner ließen sich nicht unterkriegen. Neue, breite Straßen wurden angelegt, die Stadt kaufte einen Löschwagen, und die Häuser wurden nun aus Stein gebaut. Am Ende des gleichen Jahres hatte Vancouver bereits 14 Bürohäuser, 23 Hotels, 50 Läden, neun Saloons, eine Kirche und rund 5000 Einwohner, und als ein Jahr später die CPR ihren Schienenstrang von Port Moody nach Vancouver verlängerte, war die Zukunft der Stadt gesichert.

Eines der bekanntesten Wahrzeichen Vancouvers, Lions Gate Bridge, fast eineinhalb Kilometer lang, wurde 1933 fertiggestellt. Sie erschloß auf der anderen Seite des Burrard Inlet ein Gebiet von über 1500 Hektaren, heute eines der schönsten Villenviertel. Viele Häuser sind im *West Coast Style* gebaut, aus einheimischem Zedernholz und Stein. Sie scheinen an den Abhängen zu kleben und bieten eine wunderbare Aussicht über Meer und Berge. In den späten vierziger Jahren begann eine Einwanderungswelle mit Tausenden von Europäern, die sich unter die »traditionellen« Engländer mischten und die Stadt zwischen 1951 und 1971 von einer halben Million auf eine Million Einwohner anwachsen ließen.

Unten am Hafen, wo vor gut hundert Jahren die Stadt begann – hier standen auch die Sägereien –, ist heute Vancouvers berühmte »Gastown«, mit restaurierten Häusern aus dem Jahre 1867, Boutiquen, Bars, Antiquitätenläden, Kunstgalerien und Restaurants. Der Stadtteil hat seinen Namen von John Deighton, der seines großen Mundwerkes wegen »Gassy Jack« hieß und hier den ersten Saloon eröffnete.

Andere Sehenswürdigkeiten:

B.C. Place Neueste Starattraktion von Vancouver ist B.C. Place Stadium, das größte gedeckte Stadion der Welt. Es wurde als Zentrum für die Weltausstellung »Expo 86« angelegt, zu der im Jahr 1986 mehr als 20 Millionen Besucher kamen.

Centennial Museum Das Museum spezialisiert sich auf einheimische Geschichte und die Indianerkultur der Westküste.

Chinatown Vancouver hat nach San Francisco das größte Chinesenviertel in Nordamerika.

Exhibition Park Hier finden das ganze Jahr hindurch Sportveranstaltungen statt: Pferderennen, Lacrosse, Eishockey, Leichtathletik, Fußball usw. Im August wird hier auch die Pacific Northwest Exhibition abgehalten, eine der größten landwirtschaftlichen Ausstellungen in Nordamerika.

New Courthouse Das neue Justizgebäude ist wegen seiner Glasdachkonstruktion berühmt, das alte Courthouse beherbergt jetzt die Art Gallery.

Granville Unbedingt besuchenswert ist die künstliche Insel Granville im False Creek. Die alten Fabriken und Lagerhäuser haben hier einer modernen Markthalle Platz gemacht. Daneben gibt es Theater, Galerien, Cafés, Studios und Restaurants.

Grouse Mountain Vancouvers Hausberg, ein Skigebiet, 20 Minuten von der Stadt entfernt. Auf den Gipfel führt Kanadas längste Schwebebahn.

Maritime Museum Dieses Museum wurde zur Jahrhundertfeier von B.C. erbaut und beherbergt Schiffsmodelle, Fotos und Gegenstände, die Vancouvers Geschichte im Zusammenhang mit dem Meer erzählen.

Queen Elisabeth Theatre Vancouvers größtes Theater (2800 Sitzplätze) ist von farbenprächtigen Gartenanlagen umgeben.

Seabus Wer ohne Verkehrsprobleme nach North Vancouver gelangen will, benützt am besten den Seabus, der den Burrard Inlet überquert.

Simon Fraser University Auf der Kuppe des 400 Meter hohen Burnaby Mountain gelegen, ein Meisterwerk der Architekten Erickson und Massey.

Skytrain Ebenfalls für die Expo 86 wurde die Schnellbahn Rapid Transit Skytrain erstellt. Die sauberen Züge verkehren alle 4 Minuten.

Spanish Banks Ein langer Sandstrand. Hier ging 1792 die spanische Heerschaft in Nordwestamerika zu Ende, als sich Captain Vancouver mit den Spaniern Galiano und Valdez traf.

Stanley Park Den über 300 Hektaren großen Park erforschen Sie am besten zu Fuß, auf 35 km Spazierwegen, die an Seen, großen Stränden sowie Tannen, Föhren und Zedern vorbeiführen. Am Halleluja Point befindet sich Vancouvers berühmteste »Uhr«, die »Nine-O'Clock-Gun«, eine Kanone, die jeden Abend um 9 Uhr abgefeuert wird.

University of B.C. UBC, am Point Grey, mit einem großartigen Ausblick auf Berge und Meer, ist vermutlich eine der schönsten Universitäten in ganz Kanada. Ein großer Teil ist für Besucher zugänglich, die Bibliothek mit 1,5 Millionen Bänden, die »Fine Arts Gallery«, das Empire-Schwimmbecken, das Frederic Wood Theater und die Universitäts-Farm.

B.C. Stadium Für die Weltausstellung 1986 entstand neben zahlreichen anderen Bauten diese Anlage, das größte überdeckte Stadion der Welt.

Victoria – Das ganze Jahr Frühling

British Columbias Hauptstadt – einst ein Handelsposten, dann Ausgangspunkt für die Goldsucher – ist heute Kanadas lieblichste Stadt, mit ruhigen Straßen, zweistöckigen Bussen, verträumten Gärten und Blumen, die das ganze Jahr hindurch blühen.

Wenn ein Teil der stark »britischen Atmosphäre« auch extra für den Touristen gemacht wird, ist doch der größte Teil natürlich, denn die meisten Bewohner der Stadt sind tatsächlich englischer Herkunft. Die Stadt ist elegant und modern und hat ihre relativ kurze Vergangenheit nicht vergessen. Im Thunderbird Park erinnert ein ganzer Wald von Totempfählen an die hochentwickelte Kultur der Küstenindianer.

Victoria entstand 1834, als die Hudson's Bay Company eine neue Hauptbasis benötigte, weil Vancouver – im Staat Washington – an die Amerikaner überging. Als 1858 der Goldrausch begann, wurde Victoria Ausrüstungsbasis für Tausende von Goldschürfern und 1868 Hauptstadt der Kolonie, was es auch nach dem Anschluß an Kanada (1871) blieb.

Folgende Sehenswürdigkeiten lohnen Ihre Aufmerksamkeit:

Beacon Hill Park Prunkstücke dieses Parks sind unter anderem der 35 Meter hohe Totempfahl von Mungo Martin, die Tafel »Mile 0« des Trans-Canada Highway und die chinesische Glocke aus dem Jahre 1627.

Creigdarroch Castle Robert Dunsmuir, der Kohlenkönig der Insel, baute 1889 das Schloß für seine Frau.

Emily Carr Home Das zweistöckige Haus, in dem Emily Carr, Kanadas berühmte Malerin und Autorin, heranwuchs, ist heute ein Museum, das Reproduktionen ihrer Gemälde enthält. Originale werden hier wegen Feuergefahr nicht aufbewahrt. Die Künstlerin malte rund 1000 Gemälde.

Empress Hotel Gesellschaftliches Zentrum und Wahrzeichen der Stadt. Das Hotel wurde 1905 von der CPR gebaut.

Parliament Building Victorias eindrücklichstes Gebäude wird nachts etwas kitschig beleuchtet. Auf der Kupferkuppel – 55 Meter über dem Erdboden – steht eine Statue von George Vancouver, der als erster die Insel umsegelte. Gegenüber sind das Provincial Museum, das Archiv und Kanadas größtes Glockenspiel (62 Glocken).

Thunderbird Park Die Sammlung von Totempfählen illustriert die Stile der Haida, Tsimshian, Kwakiutle, Bella Coola und der Nootka. Sie stammen aus den Jahren 1850 bis 1890.

University of Victoria Das einstige Victoria College ist heute autonom.

Victoria ist vor allem in den Sommermonaten eine beliebte Touristenstadt. Die schöne Lage am Meer, der interessante Hafen inmitten der Stadt, die Sicht auf die schneebedeckten Olympia Mountains über der Juan de Fuca Strait, und die unzähligen kleinen Läden und Boutiquen lohnen einen längeren Aufenthalt.

Besonders zu empfehlen ist eine Radfahrt entlang des Scenic Drive, vom Beacon Hill Park bis zur Universität von Victoria. Die Straße folgt der Juan de Fuca Strait und führt entlang der Oak Bay. Der Oak Bay Golf Course bietet einen herrlichen Ausblick auf die Olympia Mountains. Die Straße folgt dem Meer und führt durch den schönsten Teil von Victoria, dessen prachtvolle Häuser alle in privaten Parks zu liegen scheinen.

YUKON – LAND DES GOLDFIEBERS

Der bloße Name ruft schon eine ganze Reihe von Vorstellungen hervor: Gold, Geschichte, Folklore, Legenden. *Yukon,* das Land von Robert Service, Jack London, Sam McGee und Klondike Kate. *Yukon,* Berittene Polizei in roten Jacken, goldverrückte Männer aus aller Welt; ein Land, wo großartige und furchtbare Dinge passierten, wo Männer zu Helden oder Feiglingen wurden. Zu Tausenden schwärmten sie den Fluß gleichen Namens hinunter, in Booten, Flößen, Kanus – getrieben von Abenteuerlust und dem uralten Traum vom »El Dorado«.

Bis zum Ausbruch des Goldfiebers am Klondike River (1897/1898), das rund 100 000 Männer und wenige Frauen ins Land lockte, war Yukon hauptsächlich die Heimat von einigen Déné- und Tlingit-Indianern sowie einer Handvoll Eskimos an der Beaufort Sea. Erst 1825 betrat Sir John Franklin als erster weißer Forscher das Land, das heute die Yukon Territories umfaßt. Auf seiner zweiten Expedition, auf der Suche nach der Nordwestpassage, erreichte er im Juni jenes Jahres Herschel Island. Dort erzählten ihm die Eskimos von weißen Männern, die weit im Westen Pelzhandel trieben (die Russen in Alaska). Diese Neuigkeit kam der Hudson's Bay Company zu Ohren und veranlaßte sie, die Erforschung der reichen nördlichen Wildnis weiterzuführen.

Nach 1840 folgte Robert Campbell von British Columbia aus dem wilden *Liard River* und errichtete den ersten Außenposten am *Francis Lake,* von wo er den Pelly River und die Quellgebiete des Yukon erforschte. Zur gleichen Zeit drang John Bell, ebenfalls von der Hudson's Bay Company, von Fort McPherson im Mackenzie-Delta her vor, überquerte die Richardson Mountains, gründete *La Pierre House,* folgte dem Porcupine River und erstellte am Zusammenfluß mit dem Yukon im heutigen Alaska Fort Yukon. In den folgenden Jahren wurden weitere Außenposten errichtet, doch zwangen feindliche Indianer, das harte Klima und die riesigen Entfernungen schon in den 1850er Jahren zur Aufgabe der meisten Posten, die so abgelegen waren, daß die Ablieferung der Pelze und die Versorgung mit Vorräten – über den Liard River, den Mackenzie und die Kanuroute nach Montreal – fünf Jahre in Anspruch nahm.

Die Pelzhändler kamen also als erste nach Yukon, doch die Goldsucher waren ihnen hart auf den Fersen. Bereits 1863 erzählte ein anglikanischer Missionar, Rev. Robert McDonald, er hätte am Birch Creek löffelweise Goldstaub gefunden. Diese Nachricht brachte die ersten Schürfer ins Land, und 1872 hatte man bereits in ganz Yukon Spuren von Gold entdeckt. Die Bonanza kam am 17. August 1896, als George Washington Carmack, Tagish Charley und Skookum Jim am Klondike die ersten Landparzellen absteckten und dann von ihren riesigen Funden erzählten.

Ein Jahr später, nachdem zwei Schiffe mit je 1,5 Tonnen Gold in Seattle eingetroffen waren, wußte es die ganze Welt. Zahlreiche Männer und eine kleine Gruppe Frauen machten sich auf den Weg zum Yukon. Am Zusammenfluß des Klondike und des Yukon entstand Dawson City, eine Stadt, die 1899 rund 40 000 Einwohner zählte; 1898 wurde Yukon zum Territorium erklärt und Dawson City zur Hauptstadt.

Später, als das Gold langsam zur Neige ging und neue Funde in Australien und Alaska die Goldsucher anzogen, kamen die großen Gesellschaften mit ihren gigantischen Maschinen. Zwischen 1896 und 1966 gaben die Bäche und Flüsse in der Nähe von Dawson für über 300 Millionen Dollar Gold her. Um die Jahrhundertwende war die Einwohnerzahl von Yukon noch rund 27 000, dreißig Jahre später war sie auf 4000 gesunken. Erst der Zweite Weltkrieg, mit dem Bau des Alaska Highway und der Entdeckung von neuen Bodenschätzen – Blei, Zink, Silber und Kupfer –, brachte wieder Leute ins Land. Doch auch heute leben auf einer Fläche von 500 000 km^2 kaum 22 000 Menschen, 15 000 davon in der Hauptstadt Whitehorse. Die immer noch günstigen Goldpreise haben übrigens in Yukon ein neues Goldfieber ausgelöst, und viele der alten Schürfstellen werden neu bearbeitet.

Wege ins Verderben

Nur wer dieses rauhe Land gesehen und erlebt hat und sich die riesigen Distanzen vorstellen kann, macht sich ein Bild von den Strapazen, die diese Männer durchstanden, als sie sich zum Klondike vorkämpften. Zwei der Hauptrouten führten über Land, die eine durch das Innere von British Columbia, die andere von Edmonton her.

Im Frühling 1898 verließen 1500 Männer mit 3000 Pferden Ashcroft im südlichen British Columbia. Sechs Männer erreichten schließlich die Goldfelder.

Die Route von Edmonton aus war noch schwieriger und gefährlicher. Bis zum heutigen Tag wissen wir nicht genau, wie viele Männer diesen 2500 km langen Anmarsch überstanden und in Dawson eintrafen, wie viele zurückkehrten und wie viele in den wilden Wassern des Liard ertranken.

Die einzige praktische Route zu den Goldfeldern führte die Küste entlang nach Skagway in Alaska und von dort über den Chilkoot Pass oder den White Pass nach Lake Bennet und zum Yukon River. Aber auch diese Route war keineswegs ein Kinderspiel, wies doch die Royal Mounted Police jeden Schürfer zurück, der nicht mindestens 700 kg Vorräte mit sich führte. Das wiederum bedeutete, daß jeder einzelne den Paß nicht einmal erklomm, sondern je nach Gewicht der Teillasten zwanzig, dreißig Auf- und Abstiege bewältigte. Träger wurden reich, doch das gewöhnliche Greenhorn konnte sich keinen Träger leisten und setzte sich Strapazen aus, die es in »normalen« Zeiten nie auf sich genommen hätte. Viele gaben denn auch auf, verkauften ihre Vorräte und kehrten zurück. Andere schlugen sich trotz der Gefahren durch (im Mai 1898 tötete eine einzige Lawine 60 Männer).

Die Wanderung über den Chilkoot Pass ist auch heute noch nicht leicht, doch nehmen jedes Jahr mehr Leute den historischen Pfad von Dyea (in der Nähe von Skagway) nach Lake Bennet – rund 60 km – unter die Füße. Der Wanderer sollte bestens vorbereitet sein und muß sämtliche Vorräte, Zelt und Kocher mit sich tragen. Selbst im Hochsommer sind sonnige Tage in dieser Gegend selten und Regen und Nebel an der Tagesordnung.

Von Lake Bennet kehrt der Wanderer mit der *White Pass and Yukon Railway* nach Skagway zurück und erlebt so eine der dramatischsten Eisenbahnfahrten, die in Nordamerika möglich sind. Die Schmalspurbahn, 1900 fertiggestellt, bringt jährlich Tausende von Touristen von Skagway nach Whitehorse, Touristen, die durch die *Inside Passage* nach Norden kommen und über den Alaska Highway zurückkehren. Die Bahn offeriert eine spezielle *Package Tour*, die einen Gratis-Lunch in Bennet und den Transport des Autos einschließt.

Der White Pass war am Anfang kaum mehr als ein Gerücht, das im Frühling 1898 von einem Eisenbahnbau nach Whitehorse sprach. Das genügte. War es nicht logisch, daß die Landvermesser bereits einen begehbaren Pfad hinterlassen hatten? Zudem war der Paß gut 200 Meter niedriger als der Chilkoot, weniger steil, und bestimmt konnten hier Pferde zum Lastentragen verwendet werden. Warum sollte also ein Mann zwanzig- oder dreißigmal einen steilen Paß erklimmen, wenn er alles auf zwei, drei Packpferden herbeischleppen konnte? So kamen Tausende von Pferden nach Skagway. Niemand wollte es wahr haben, daß sich das Terrain über den White Pass für Pferde überhaupt nicht eignete. Und als sich der Trupp in Bewegung gesetzt hatte, hielt ihn nichts mehr auf als der Paß selber...

Es war schon schwierig genug, auf die Paßhöhe zu gelangen, und viele Pferde gingen bereits auf diesem Teilstück ein. Doch die Grausamkeiten auf der anderen Seite, zwischen Paßhöhe und Lake Bennett, können wir uns heute gar nicht mehr vorstellen. Hier führte nämlich der Weg über 35 km durch Geröllhalden mit großen Felsbrocken, über umgestürzte Bäume, durch Sümpfe und undurchdringliche Wildnis.

Nur etwas fehlte, Gras für die Pferde. Zu Dutzenden brachen sie in den Felsen die Beine, versanken in den Sümpfen oder wurden von ihren Besitzern geprügelt und geschlagen, bis sie zusammenbrachen.

Man sagt, daß am White Pass über 5000 Pferde zugrundegingen. Nach Augenzeugenberichten lagen in einem Sumpf unmittelbar unter der Paßhöhe die Kadaver so dicht beieinander, daß man 700 Meter weit den Boden überhaupt nicht mehr berührte, Fotografien bestätigen dies. »Die Herzen der Schürfer wurden zu Stein«, schrieb Jack London. »Die Männer wurden schlimmer als Tiere...« Heute erinnert eine Tafel auf der Paßhöhe (neben den Geleisen) an die Pferde, die mit Vergnügen alle Tafeln der Welt gegen ein Bündel Heu oder ein wenig Hafer eingetauscht hätten.

Überraschend und fast unbegreiflich ist die Tatsache, daß trotz dieser unvorstellbaren Schwierigkeiten 1897/1898 über 40 000 Männer auf diesem Weg zum Yukon gelangten.

Große Flüsse – Hohe Berge

Noch immer ist Yukon ein wildes und abgelegenes Gebiet, die letzte Grenze, der Rand der Zivilisation. Obwohl im Vergleich zu den riesigen Northwest Territories relativ klein, ist Yukon (der Name entstand aus dem Indianerwort *duik-on,* »großer Fluß«), dennoch zweimal so groß wie die Britischen Inseln. Es ist ein Land mit einem Dutzend wichtiger Flüsse, von denen der Yukon selber, der viertgrößte in Nordamerika, über 3000 km lang ist. Wer über den Alaska Highway kommt – übrigens die einzige Landroute von British Columbia aus und ein Abenteuer, das sich niemand entgehen lassen sollte –, begegnet dem legendären Fluß unmittelbar südlich von Whitehorse zum erstenmal.

Auf dieser Reise entlang des Alaska Highway, auf dem Weg nach Norden und gegen Alaska, beeindrucken zwei großartige Landschaften jeden Reisenden. Die erste ist Kluane Lake, ein blaugrüner Wasserstreifen, der sich über 60 km lang zwischen rostroten Bergen hinzieht, die zweite die gewaltige Kette der St. Elias Mountains. Diese überwältigende Bergkette kommt ein wenig überraschend rund 50 km nordwestlich von *Burwash Landing* ins Blickfeld, und Mt. Logan, Kanadas höchster Gipfel – 5950 Meter –, rund 100 km entfernt, ist von der Straße aus sichtbar. Eine winzige Siedlung, richtigerweise »Mountain View« getauft, ist der ideale Ort, um zu verweilen und die großartige Landschaft in sich aufzunehmen.

Wer nach Dawson unterwegs ist, fährt über die Grenze – jetzt endlich ist die Straße wieder geteert – und zweigt dann in *Tetlin Junction* nach Norden ab, um über *Chicken, Jack Wade* und *Boundary* nach 120 km in die alte Goldgräberstadt zu gelangen. Hier ist die Straße wenn möglich noch eindrucksvoller als der Alaska Highway, folgt den Bergflanken und fällt nur ab und zu in steilen Spiralen in ein tiefes Tal ab.

Am Ende des »Sixty Mile Drive« – die Strecke zwischen Alaska und Dawson – ist wieder der Yukon sichtbar, aus großer Höhe und von weit weg. Hier bahnt sich der Fluß einen Weg durch ein breites, bewaldetes Tal; im Gegensatz zum milchiggrünen Wasser in Whitehorse wälzt er sich in breiten, schlammigen Wogen gegen Nordwesten und beherrscht die Landschaft.

Wer noch immer nicht genug vom Norden gesehen und noch nicht genug Kiesstraßen befahren hat, folgt dem Dempster Highway über Ogilvie, über den nördlichen Polarkreis und die Grenze der Northwest Territories nach Inuvik und nach Tuktoyaktuk an der Beaufort Sea. Diese Abenteuerstraße wurde 1979 eröffnet. Autofahrer müssen hier sehr gut ausgerüstet sein, denn es gibt kein Telefon und praktisch keinen Verkehr. Für die meisten Besucher ist die Rückfahrt von Dawson nach Whitehorse – über den Klondike Highway, eine Distanz von über 500 km – lang genug.

Glitzernde und reißende Flüsse sind nie weit entfernt. Die Straße folgt zuerst dem Klondike River, später dem Stewart River, überquert den Pelly und stößt in Minto wieder auf den Yukon. Hier verkehrten einst über 250 Flußboote, alle mit Dampfantrieb. Heute manövrieren moderne Motorboote die kameraschleppenden Touristen durch die »Five Finger Rapids«.

Später, wenige Kilometer nördlich von Whitehorse, trifft der Tourist auf Lake Laberge, den See, der durch Robert Services Gedicht *The Cremation of Sam McGee* weltberühmt wurde. Der schmale, lange und seichte See ist gewöhnlich vom Wind aufgewühlt und eignet sich offenbar ausgezeichnet zum Segeln. Doch als ich ihn sah, spät am Abend, im fahlen Licht der Dämmerung, lag er ruhig, dunkel und fast abstoßend.

Die Straßen in Yukon sind lang, oft staubig oder schlammig; die Landschaft ist großartig. Das Reisen wird hier leicht, denn während der Sommermonate sind die Tage lang und sonnig, geht doch die Sonne fast gar nicht unter. Die Winter allerdings sind bitter kalt (wenn auch nicht kälter als die kältesten Präriewinter) und die Tage äußerst kurz. Nördlich des Polarkreises, in Orten wie Old Crow Flats, La Pierre House und auf Herschel Island, wo Yukons Eskimo ein mehr oder weniger seßhaftes Dasein fristen, zeigt sich die Sonne tagelang überhaupt nicht. Hier gibt es keine Straßen mehr; Hundeschlitten, Motorschlitten und Flugzeuge sind die einzigen Verkehrsmittel.

Goldnarren? Abenteurer?

Die Bewohner von Yukon und ganz besonders Whitehorse ärgern sich ein wenig über die Tatsache, daß das Goldfieber von 1898 das Einzige ist, was die »Fremden« von ihrem Land wissen. Fremde sind hier übrigens alle, die südlich von Yukon leben. Natürlich ist diese Unwissenheit bedauerlich und unser Urteil über Yukon, das sich nur auf das Dramatische und Sensationelle konzentriert, falsch und unvollständig. Doch das Goldfieber war nicht nur von zentraler Wichtigkeit für die Entwicklung des Landes, indem es Leute brachte und das Territorium mit der restlichen Welt verband, sondern es ist zugleich eine der großartigsten Geschichten der Menschheit.

Unter den Dutzenden von Schriftstellern, Journalisten und Schreiberlingen, die sich mit dem Goldfieber auseinandersetzten, ist es schon fast zum Cliché geworden, daß von den Tausenden, die über die grausamen Pässe stolperten und die unbekannten, gefährlichen Flüsse befuhren, nur einer von hundert tatsächlich Gold fand. Offenbar soll dies eine Bestätigung dafür sein, daß es keine Abkürzungen zum Reichtum gibt. Offensichtlich soll der Leser auch für alle, die ohne Gold zurückkehrten, Mitleid fühlen.

Mir scheint alles nicht ganz so einfach. Ich bin auch überzeugt, daß nur sehr wenige, die die furchbaren Strapazen überstanden, dem Tod ins Angesicht schauten oder gar ihr Leben ließen, von uns Mitleid gewollt hätten. Sie waren stolz auf ihre Abenteuer, stolz darauf, Teil einer Legende geworden zu sein, und selbst diejenigen, die absolut pleite zurückkehrten, bereuten es nicht, am Abenteuer teilgenommen zu haben; das Gold, das sie angetrieben hatte, wurde über die Jahre unwichtig. Was blieb, waren die Erlebnisse, der Kampf ums Überleben, das Abenteuer selber.

Städte in Yukon

Whitehorse – Die junge Hauptstadt

Verglichen mit ihrer einstigen Rivalin, Dawson City, ist die Geschichte von Whitehorse eher langweilig. Hier gab es keine reichen Goldfunde, keine Stampede. Statt dessen offerierte Whitehorse Dienstleistungen für die Goldschürfer, die auf dem schnellsten Wege nach Dawson gelangen wollten. Der Ort bestand ursprünglich aus einer kleinen Gruppe von Zelten am Ende einer hölzernen Tramlinie (die Schienen waren aus geschälten Stangen, die Räder aus Eisen), die die gefährlichen Stromschnellen umfuhr, die den *Miles Canyon* für beladene Boote praktisch unpassierbar machen (hier arbeitete angeblich Jack London als Lotse). Nach 1900, als die *White Pass and Yukon Railroad* fertiggestellt war, nahm der Ort an Bedeutung zu.

Beim Ausbruch des Zweiten Weltkriegs war Whitehorse immer noch ein unwichtiges Dorf von 300 Seelen und Dawson die Hauptstadt. Erst der Bau des Alaska Highway brachte eine Änderung, als 1942 Tausende von Soldaten einzogen und die Bevölkerung praktisch über Nacht auf 5000 Einwohner anwuchs.

Heute hat diese schöne, in einer weiten Schleife des Yukon liegende Stadt fast 15 000 Einwohner, zwei Drittel der Bewohner von ganz Yukon, und ist ein wichtiges Handelszentrum und Verkehrszentrum. 1953 wurde die Hauptstadt nach Whitehorse verlegt.

Whitehorse ist auch eine Touristenstadt, und Ausflüge zum Miles Canyon – 1958 durch einen Staudamm gezähmt – und nach Canyon City, den Überresten einer alten Stadt, sollten Sie nicht verpassen. Weitere Sehenswürdigkeiten sind das W.D. MacBride Museum, die alte Kirche aus Baumstämmen – einst galt sie als die Kathedrale des Yukon – und der »Indian Burial Ground«, wo kleine Häuschen über den Gräbern die Geister der Toten beherbergen. Nicht zu vergessen ist auch ein Abstecher zu den Takhini Hot Springs, 25 km nordwestlich der Stadt. Am wichtigsten aber ist Whitehorse als Ausgangspunkt zu so klassischen Orten wie Lake Bennet, Carcross, Lake Laberge und für die unvergeßliche Bahnfahrt über den White Pass. Eine neue Straße zwischen Whitehorse und Skagway in Alaska ist kürzlich fertiggestellt worden. (Diese ist zwischen Carcross und Skagway nur von Mai bis Oktober offen.)

Dawson – Stadt des Goldes

Dawson, wo zwischen 1896 und 1904 für über 100 Millionen Dollar Gold gewonnen wurde (bis heute sind es über 500 Millionen) und wo einst über 40 000 Menschen wohnten, zählt heute kaum 750 Einwohner. Einst als das »Paris des Nordens« bekannt, ist die Stadt heute eine Geisterstadt, mit verlotterten Häusern, wackeligen hölzernen Bürgersteigen, von Unkraut überwucherten Gärten und Horden von Sommertouristen. Einige Gebäude aus der Goldrauschzeit sind noch bewohnt oder werden noch benutzt: Madam Trembleys Modeladen, heute ein Coop-Laden, das erste Postbüro, Flora Dora Hotel, Diamond-Toothed Gertie's Spielhölle, mit Roulette, Black Jack, »can can girls« und Bingo (eine Art Lotto) und andere sind wieder restauriert worden. Wieder andere, Tanzhallen, Saloons, ehemalige Spielhöllen und Bordelle, stehen verlassen und verlottert.

Die beste Aussicht über die ganze Stadt und die umliegenden Schürfstellen bietet der 1000 Meter hohe *Midnight Dom.* Weitere Sehenswürdigkeiten der alten Goldgräberstadt: Dawson City Historical Museum – Überreste aus den Klondike-Tagen –, Dawson Hardware Museum – Gegenstände aus den alten Gebäuden –, Robert Service Cabin – wo heute seine berühmten Gedichte rezitiert werden – und natürlich Upper Bonanza und Eldorado Creek selber, wo allerdings nicht mehr viel Gold gewaschen wird.

Dawson, eine Geisterstadt, die langsam zerfällt. Hier liegen Antiquitäten herum, die in bewohnteren Gegenden ein kleines Vermögen einbrächten. Wer an einem milden Abend die mit Birken bewachsenen Hänge entlangspaziert, dort die aufwühlenden Gedichte von Robert Service liest, sich hinsetzt und auf den weiten Fluß hinunterschaut, braucht keine allzugroße Fantasie, um sich das verrückte Treiben von 1898 vorzustellen. Das Lachen der Frauen in den Saloons, das Singen der Männer, das Fluchen und den Rauch von Hunderten von Feuern, mit denen die Schürfer in mühseliger, dreckiger Arbeit den gefrorenen Boden auftauten, um die Schäfte zu graben und an das glitzernde Metall heranzukommen.

NORTHWEST TERRITORIES – DAS LAND DER INUIT

Überwältigend an den Northwest Territories – mehr noch als sonst in Kanada – ist die Größe des Landes, und wer Gelegenheit hat, über dieses Land zu fliegen, einen der riesigen Flüsse oder eine der langen Kiesstraßen zu befahren, wird diese unendliche Weite fast beängstigend finden. Selbst Zahlen helfen kaum, sie sind zu groß, um wirklich vorstellbar zu sein: Fläche 3 379 699 km^2. Ausdehnung von Osten nach Westen, von Baffin Island bis nach Yukon, 3200 km. Weitere 2500 km vom nördlichsten Punkt auf Ellesmere Island bis hinunter zum 60. Breitengrad und 845 km von Alert bis zum geographischen Nordpol. In diesem riesigen Land leben heute rund 44 000 Menschen. Rund 16 000 davon sind Inuit. Sie nennen ihre Heimat *Nunassiaq* »das gute Land«.

Dieses »gute Land« ist vor allem ein Land der Gegensätze: Iglus aus Schneeblöcken und Radarstationen mit Plastikkuppeln, Düsenflugzeuge und Hundeschlitten, Blockhütten und Ölbohrtürme, unerforschte Flüsse und Seen und geteerte Straßen, zum Himmel ragende Berge und topfebene Tundra. In manchen Teilen dieses gigantischen Gebietes hat sich das Leben während der letzten hundert oder zweihundert Jahre kaum verändert. In anderen aber, in den größeren Zentren und sogar auf den abgelegenen Inseln im Eismeer, haben Straßen, Flugplätze und die Suche nach Öl und Mineralien praktisch über Nacht alles verändert. Und eine dieser Änderungen ist die leichtere und bessere Anreisemöglichkeit für den Besucher.

Noch vor zwanzig oder dreißig Jahren beschränkte sich das Reisen in diesem harten, abgelegenen Land fast völlig auf die Einheimischen, die den Karibuherden folgten und sich nur auf die Jagd, auf das Überleben konzentrierten. Dazu kamen einige wenige Reisen von Forschern und Regierungsbeamten. Erst später wurden regelmäßige Flüge eingeführt, und man baute die sogenannten *Allwetterstraßen:* Die Mackenzie-Straße von Alberta nordwärts nach Hay River, Fort Providence, Rae und Yellowknife (seit 1967 Hauptstadt der Territorien); die Straße von Hay River nach Fort Smith und in den Wood Buffalo Park; die neueste Straße nach Fort Simpson am Zusammenfluß des Liard River mit dem mächtigen Mackenzie River und nun von dort den Liard River entlang nach Fort Liard und in Fort Nelson, B.C., zum Alaska Highway. Damit war auch für Vergnügungs- und Abenteuerreisen aller Art die Tür geöffnet. Wer nämlich einen Sinn für Neuentdeckungen und zudem etwas Abenteuerblut in den Adern hat, gleichzeitig aber auch gewillt ist, auf einigen in älteren und überlaufeneren Teilen der Welt selbstverständlichen Luxus zu verzichten, wird hier sein Land entdecken. Wenn er (oder sie) dazu noch ein Interesse an der Jagd – sei es mit Flinte oder Kamera – und am Sportfischen mitbringt, wird er sich hier vorkommen wie im Paradies.

Kein ödes, lebloses Land

Kanadas hoher Norden ist nicht ein lebloses, mit Eis und Schnee bedecktes Land, wie man es sich so oft vorstellt. Gegen Westen stehen die gewaltigen, 3000 Meter hohen Mackenzie Mountains, die Heimat von Dall-Schafen, Elchen, Bergziegen, Grisly- und Braunbären. Durch diese Gebirge fließen einige der bekanntesten Flüsse des Landes, der Nahanni (heute zum Teil in einem National Park), der Mackenzie selber, 4000 km lang und in den kurzen Sommerwochen eine wichtige, von Schleppern und Stahlbarken vielbefahrene Wasserstraße, oder der Liard, der sich von Yukon aus durch wilde Schluchten stürzt und in Fort Simpson auf den Mackenzie stößt.

Östlich des Mackenzie beginnt der Kanadische Schild, der weitgehend den Charakter der Northwest Territories bestimmt. Gegen Norden und Osten werden die Bäume kleiner und verkrüppelter und wachsen vereinzelt, bis nördlich der Baumgrenze die scheinbar leere Tundra beginnt, wo nur noch Flechten und Moos gedeihen. Hier ist der Sommer kurz, doch als ob er diese Tatsache wieder gutmachen wollte, bringt er kilometerweite Blumenteppiche zum Blühen. Noch weiter nördlich und östlich wird das Land wieder rauh und wild, bis es schließlich in einem absoluten dramatischen Höhepunkt auf Baffin Island sechs- bis achthundert Meter tief in die Fjorde abfällt und sich auf Ellesmere Island in 3500 Meter hohe Berge und Gletscher türmt, wo der Sommer ganze zwei Wochen dauert.

Klimatisch zerfallen die Northwest Territories in zwei Zonen, die Arktis und die Subarktis, wobei die Grenze zwischen den beiden Zonen keineswegs mit dem nördlichen Polarkreis zusammenfällt. Arktis ist vielmehr jenes Gebiet, wo die durchschnittliche Tagestemperatur des wärmsten Monats 50° Fahrenheit (10°C) nicht übersteigt. Der Polarkreis hingegen begrenzt jenes Gebiet, in dem die Sonne während des längsten Tages nicht untergeht.

Abgelegen, aber früh entdeckt

Ein großer Teil der Northwest Territories befindet sich in der Subarktis, so zum Beispiel das ganze Mackenzie Valley. Diese Zone erstreckt sich über die meisten Prärieprovinzen und Teile der nördlichen Vereinigten Staaten.

Die Northwest Territories sind selbst für die Kanadier weiter südlich ein neues und unbekanntes Land. Es scheint deshalb fast ein wenig paradox, daß diese Gegend als eine der ersten von europäischen Forschern betreten wurde.

Zuerst landeten um das Jahr 1000 die Wikinger an der Küste von Baffin Island, und 1576 erreichte der Engländer Sir Martin Frobisher die gleiche Insel. Ihm folgten die Pelzhändler, Walfänger, Missionare, Forscher, Schürfer, die Royal Mounted Police und schließlich die Buschpiloten.

Ein unglaublicher Fußmarsch

Eine der faszinierendsten Gegenden der Territories sind die *Barren Grounds,* wie sie Samuel Hearne taufte, das prärieähnliche Land nördlich der Baumgrenze, das gegen Norden zum Eismeer abfällt und in das keine Straßen führen. Seine südliche Grenze beginnt rund 250 km östlich des Mackenzie-Deltas und verläuft dann in einem weiten Bogen zum Great Bear Lake, berührt den östlichen Arm des Great Slave Lake und endet in Churchill an der Hudson Bay.

Diese Barren Grounds wurden zu Fuß, im Kanu und vom Flugzeug aus erforscht. Sie liegen öd und bergen wenig Geheimnisse, dennoch stellt kein anderes Land dem Menschen mehr Hindernisse entgegen und macht ihm, wenn er erst eingedrungen ist, das Überleben schwieriger.

Trotz der leuchtenden Blumenpracht der kurzen Sommer – sie dauern hier rund zwei Monate – ist das Klima der Barren Grounds eines der grausamsten der Erde. Temperaturen von −60°C sind nicht ungewöhnlich. Brennholz und Baumaterialien existieren praktisch nicht, und mit Ausnahme einiger Flußtäler oder Bergkämme besteht kein Schutz gegen die arktischen Winde, die zu jeder Jahreszeit übers Land brausen können. Hier sind Männer mitten im Sommer erfroren, und hier starben Männer den Hungertod, obwohl das Land die Heimat von unzähligen Wildtieren ist, Karibus, Moschusochsen, Schneehühnern. Um in diesem Land zu überleben, braucht man Geduld, Ausdauer, Schlauheit und genaue Kenntnisse der Gewohnheiten der Tiere.

Samuel Hearne war der erste Weiße, der dieses Land erforschte. Er war ein zäher, erfinderischer ehemaliger Marineoffizier in den Diensten der Hudson's Bay Company und machte innerhalb von zwei Jahren drei Landreisen von Fort Prince of Wales an der Hudson Bay bis zur Mündung des Coppermine River, 800 km nordwestlich. Die ersten zwei Reisen waren Fehlschläge, doch lehrten sie ihn, gewisse Dinge nicht zu tun. Auf der zweiten Expedition war Hearne der einzige Weiße und machte mit einer Gruppe von Indianern gute Fortschritte, bis er eines Tages seinen Quadranten zerbrach. Ohne dieses Instrument waren genaue Vermessungen unmöglich, und Hearne kehrte zum Fort zurück. »Zweimal«, so schrieb der Forscher, »waren wir drei Tage und einmal gar sieben Tage ohne jegliche Nahrung mit Ausnahme von einigen Preiselbeeren, altem Leder und verbrannten Knochen...«

Für seine dritte Expedition, die im Winter 1772 begann, wählte Hearne seine Begleiter selber, eine Gruppe von Chipewyan-Indianern unter ihrem

Häuptling Mattanobee, der darauf bestand, daß auch Frauen mitkamen, unter anderem seine eigenen sechs. »Frauen«, so erklärte er dem Junggesellen Hearne, »sind zur Arbeit geboren. Sie stellen das Zelt auf, machen und flicken Kleider und halten uns nachts warm...«

Am 22. Juli 1773 erreichte Hearne die Mündung des Coppermine. Auf der Rückreise marschierte er weit gegen Süden, überquerte den zugefrorenen Great Slave Lake, folgte dem Slave River und wandte sich dann gegen Osten, zurück nach Fort Prince of Wales. Dauer seines Fußmarsches: zwei Jahre und drei Monate, zurückgelegte Distanz: 8000 km!

Hearnes Reisebericht ist eines der klassischen Forschungsdokumente, nicht zuletzt wegen der genauen Beobachtungen der Indianer, insbesondere deren diätischer, therapeutischer und sexueller Gewohnheiten und der Flora und Fauna der Regionen, durch die seine Reise führte.

Das Rätsel Franklin

Die nächsten fünfzig Jahre wurden keine weiteren Versuche unternommen, die Barren Grounds zu erforschen, und auch Franklins Expedition – sie brachte ihn von York Factory über Cumberland House zum Great Slave Lake und von dort zum Coppermine River, flußabwärts zur Küste und schließlich nach Osten die Küste entlang, die er über nahezu 1000 km kartographierte – bezweckte nicht die Erforschung der Barren Grounds, sondern die Vermessung der Eismeerküste.

Die erste Expedition Franklins, wenn auch teilweise erfolgreich, war in menschlicher Hinsicht eine der verhängnisvollsten Reisen in der ganzen tragischen Geschichte der Suche nach der Nordwestpassage. Der erste große Fehler der Admiralität (sie förderte die Reise) und Franklins war die Wahl von zwar ausgezeichneten Leuten, die aber wegen mangelnder Erfahrung völlig ungeeignet waren, einer Gruppe von temperamentvollen Voyageurs und Indianern vorzustehen, und das in einem schwierigen, harten Land, von dem sie schließlich leben mußten.

Franklin wählte Fort Providence am Nordufer des Great Slave Lake als Ausgangspunkt und hatte neben den vier Engländern Richardson, Hood, Black und Hepburn 18 Voyageurs der Northwest Company, drei indianische Übersetzer und einige Frauen und Kinder bei sich. Auf halbem Weg zwischen Great Slave Lake und der Mündung des Coppermine Rivers baute er einen zweiten Posten, Fort Enterprise, wo er 1820/1821 überwinterte.

Die Forschungsreise im nächsten Sommer begann äußerst erfolgreich, und schon Mitte Juli waren Franklin und seine Männer die Küste entlang nach Osten unterwegs. Mitte August hatten sie bereits fast 1000 km in östlicher Richtung zurückgelegt; der Winter setzte ein, und Franklin schlug den Rückweg nach Fort Enterprise ein. Hier machte er seinen großen Fehler: Er entschloß sich, nicht die Küste und den Fluß entlang zurückzukehren, sondern direkt in Richtung Fort Enterprise zu marschieren.

Was folgte, war ein Alptraum. Keiner der Männer (auch nicht die Indianer) wußte über die Bewegungen der Tiere Bescheid, und bald lebte die ganze Gruppe praktisch von »trippe de roche«, einer Flechte mit wenig Nährwert, die aber starken Durchfall brachte. Zudem waren die Männer gezwungen, zahllose Flüsse zu überqueren. Die mitgetragenen Kanus waren bald kaputt, und Franklin vergeudete wertvolle Zeit mit dem Bau eines schwerfälligen Bootes aus Weide und Segeltuch.

Gegen das Ende fiel die Expedition völlig auseinander. Zwei Voyageurs und der junge Hood brachen zusammen. Richardson, Black und Hepburn blieben bei den Kranken, während Franklin und die übrigen Voyageurs weiter nach Fort Enterprise marschierten, von dem sie nur noch wenige Tagesmärsche entfernt waren.

Als Franklin Fort Enterprise erreichte, war der Posten verlassen und ohne jegliche Nahrungsmittel. In den folgenden Tagen lebten die Männer von gekochten, halbverfaulten Hirschhäuten, gekochten Knochen und Abfällen, die sie in der Umgebung des Postens aus dem Schnee gruben. Mit der Zeit erreichten auch Richardson und Hepburn das Lager; sie ließen eine ganze Reihe von Toten zurück – fünf Voyageurs, Hood und den Indianer Michel. Und bis der große Häuptling *Akaitcho* den Überlebenden Nahrungsmittel brachte, starben weitere drei Voyageurs.

Die letzte Franklin-Tragödie spielte sich zwanzig Jahre später nördlich der Barren Grounds ab und war im großen ganzen eine Wiederholung des grausamen Marsches von Arctic Sound nach Fort Enterprise, wenn auch mit verhängnisvollerem Resultat.

Franklin und 24 seiner Männer waren bereits tot, als die restlichen 105 Besatzungsmitglieder von den Schiffen aufbrachen, die über zwei Jahre im Eis festgelegen hatten. In einem letzten verzweifelten Kampf versuchten sie, den *Great Fish River* und das Festland, rund 350 km südlich von King William Island, zu erreichen.

Keiner überlebte. Später sagte eine Eskimofrau, Augenzeugin des letzten Marsches: »Die Männer fielen und starben im Marschieren ...«

Ein gefährliches Land

Noch immer sind die Barren Grounds öde und gefährlich. Dennoch suchen jedes Jahr mehr Reisende hier dem Alltag zu entgehen. Und für den gewöhnlichen Sterblichen gibt es eigentlich nur eine einzige Methode, in die Barren Grounds zu reisen: mit dem Kanu. Wanderungen sind unpraktisch – man muß zuviel mitschleppen –, Charterflüge zu teuer. Bleibt also das Kanu, das allerdings, je nach Route, eingeflogen werden muß; 1985 hat die Hudson's

Bay Company im Zeichen des »Fortschritts«, den beliebten U Paddle Service eingestellt. Die Möglichkeiten sind endlos: Tausende von Seen und Dutzende von Flüssen, Black, Kazan, Hanbury, Thelon, Yellowknife und Coppermine.

Die Reisezeit aber ist kurz – von Mitte Juni bis Mitte August –, und die Risiken in der Einsamkeit – Unfälle und Kälte – sind nicht zu übersehen. Die Erfahrung aber, die Belohnung einer solchen Reise, wiegt alle Risiken auf, sagen die, die zurückkehren. Und mit den nötigen Vorsichtsmaßnahmen – mindestens drei Kanus in einer Gruppe, genügend Vorräte, warme Kleider, An- und Abmelden bei der Polizei, Angabe der genauen Route und Zeitplan – gibt es keine Gründe, warum eine Kanureise in diesem Faszinierenden und abgelegenen Land nicht zu einem unvergeßlichen Erlebnis werden kann.

Der Schotte Mackenzie

Die Erforschung des mächtigen Mackenzie River im Westen der Territorien erfolgte 1789. Alexander Mackenzie kam als erster den Fluß hinunter und folgte ihm bis ins Delta.

Mackenzie, ein junger Schotte, Angestellter bei der Northwest Company, verließ Fort Chipewyan Mitte Juni 1789 mit einer Flotte von vier Birkenrindenkanus, gepaddelt von Indianern und französischen Voyageurs. Seine Reise verlief nicht einfach: In den Stromschnellen am Slave River (Rapids of the Drowned) verlor er eine Bootladung mit Handelsgütern, 21 Tage lang wurde er auf dem Great Slave River von Eis aufgehalten, seine Indianer munkelten von grausamen Riesen, die den Unterlauf des Flusses beherrschten, fürchteten sich täglich mehr und mußten fortwährend gejagt, gebeten und bestochen werden, um die Reise flußabwärts weiterzuführen. Dennoch, 44 Tage nachdem er Fort Chipewyan verlassen hatte, erreichte Mackenzie die 1900 km entfernte Beaufort Sea.

Mackenzie nannte den Fluß *River of Disappointment* »Fluß der Enttäuschung«, weil er nicht in den Pazifik mündete. Doch hatte der junge Forscher dennoch ein unermeßlich reiches Pelzgebiet erschlossen, wo binnen zwei oder drei Jahren in Abständen von rund 350 km dem ganzen Flußlauf entlang Handelsposten entstanden.

Heute kann Mackenzies Fluß in Komfort erlebt werden. Die *Arctic Cruise Lines* offerieren eine Flußfahrt mit der »Norweta«, die Besuche in allen historischen Siedlungen einschließt. Kosten (inklusive Flugticket von Edmonton) für die sieben Tage gegen Norden und die acht Tage zurück rund 1400 Dollar.

In diesem westlichen Teil, in der Gegend des Great Slave Lake und des Mackenzie-Tals, befinden sich die einzigen Straßen im ganzen Territorium. Sie als Vergnügungsreisender zu befahren, erfordert beinahe so viel Abenteuerlust wie eine Kanureise in den Barren Grounds. Ausgangspunkt dieser

Mackenzie Route ist Grimshaw, 465 km südlich der Grenze zwischen Alberta und den N.W.T. und von Edmonton aus erreichbar.

Die Dempster-Straße von Dawson City nach Inuvik ist Kanadas neue Abenteuerstraße: 736 km lang. Sie zu befahren erfordert einige Erfahrung und ist nicht immer ungefährlich, was heißt, daß man sich aufs beste vorbereiten sollte.

Territorialverhandlungen mit den Inuit

Vor zwanzig oder dreißig Jahren lebten die rund 16 000 Inuit Kanadas noch in kleinen Gruppen über die ganze Leere der Arktis verstreut. Heute sind über 95 Prozent der Eskimo auf mehr oder weniger permanente Siedlungen konzentriert, von Aklavik im Westen bis Burwell im Osten, von Sanikiluaq im Süden bis Grise Fjord im Norden.

Nach langen Gesprächen und Verhandlungen, die seit den siebziger Jahren geführt wurden, haben sich die maßgeblichen Leute der einheimischen Déné (Indianer) und Inuit (Eskimos) der N.W.T. entschlossen, das große Gebiet in zwei Territorien aufzuteilen. Der Entscheid über den Verlauf der neuen Grenze zwischen *Denendeh* im Westen und *Nunavut* im Osten (beide Namen bedeuten »Unser Land« in der entsprechenden Sprache) wurde Mitte Januar 1987 in Iqualuit (früher Frobisher Bay) getroffen.

Die neuen Territorien sollen im Westen die Heimat der Déné und Métis, im östlichen Teil die der Inuit werden. Die – hier nur grob skizzierte – Trennungslinie beginnt westlich der Grenze zwischen Saskatchewan und Manitoba, verläuft zuerst gegen Norden, dann nach Nordwesten bis zum Great Bear Lake, schwingt wieder nach Norden, dann gegen Osten bis zur Mitte von Victoria Island und von dort auf dem 110. Längengrad zum Nordpol. Diese Aufteilung hat bei der Landesregierung in Ottawa guten Anklang gefunden, muß aber noch durch ein Referendum im Norden bestätigt werden.

Städte in den Northwest Territories

Yellowknife – Auf Gold gebaut

Mit rund 10 000 Einwohnern ist Yellowknife, am Nordufer des Great Slave River gelegen und seit 1967 Hauptstadt der Territorien, die größte und zugleich einzige Stadt dieses riesigen Gebietes. 1000 km nördlich von Edmonton und rund 400 km südlich des Polarkreises dauert der Winter von Oktober bis April, und die mittleren Januartemperaturen bewegen sich um

−18 °C. Frühling und Sommer aber haben die langen Tageslichtperioden; während Monaten scheint die Sonne hier 20 Stunden lang, mit hellem Zwielicht in den restlichen vier Stunden.

Umgeben von den reichsten Goldvorkommen in Kanada entstand die Stadt 1934 mit den ersten Funden, in einem Boom, der gute fünf Jahre dauerte und die Bevölkerung auf über 2500 Einwohner ansteigen ließ. 1938 wurde die *Con Mine* gegründet, und weitere Funde in den vierziger Jahren führten 1949 zur Gründung der *Giant Yellowknife Mine.*

Erste Sehenswürdigkeit in Yellowknife ist das *Museum of the North,* das von den Studenten der Sir John Franklin School gebaut wurde. Diese Schule, ein Internat, das Weiße, Indianer und Inuit unterrichtet, gibt gleichzeitig auch Kurse im Schweißen, in der Zimmerei, Schlosserei usw., um die jungen Leute auf das Leben im modernen Norden vorzubereiten. Die Ausstellungen des Museums beschäftigen sich mit der Geschichte des Nordens. Am eindrücklichsten aber ist die Sammlung von 11 000 Fotos und Negativen von Heinrich Busse, einem deutschen Fotografen, der in den vierziger Jahren in den Norden kam. Seine Bilder gehören zu den besten, die je vom Norden gemacht wurden. Busse selber kehrte 1963 von einem Flug ins Nahanni-Tal nicht mehr zurück.

Inuvik – Die Stadt auf Pfählen

Die ungewöhnlich bunt gestrichenen Häuser von Inuvik sind für jeden Besucher, der dort aus dem Flugzeug steigt, eine Überraschung. Die ganze Stadt, die größte Siedlung in der westlichen Arktis, 1955 von der Landesregierung gebaut, ist auf Pfählen errichtet. Im Mackenzie-Delta, 160 km nördlich des Polarkreises, ist nämlich der Boden das ganze Jahr hindurch gefroren. Bei der Konstruktion wurden mit Dampf Löcher in den Boden geschmolzen, die Pfähle eingesetzt und eingefroren. Alle Leitungen, Wasser, Abwasser und Dampf, liegen hier über dem Erdboden und werden durch die Dampfleitungen am Einfrieren gehindert.

Inuvik kann heute über den Dempster Highway erreicht werden. Wer im Winter kommt, kann auch die Straße nach Tuktoyaktuk befahren, im Sommer hingegen kann diese Eskimosiedlung von Tuktoyaktuk nur angeflogen werden. Herrliche Souvenirs bekommt man in der *Nauk Cooperative,* wo Eskimofrauen Parkas aus Wasserratten-, Robben- und Wolfsfell und Mukluks anfertigen. Unterkunftsmöglichkeiten sind naturgemäß nicht sehr zahlreich; doch ein Hostel in einem ehemaligen Verpflegungsschiff der katholischen Mission bietet 12 Personen auf einmal Unterkunft.

Noch immer ist Inuvik ein Zentrum für Trapper, die der Bisamratte nachstellen, zugleich aber auch Zentrum und Transportbasis für Erdöl und Gas.

Diese dreistöckige »Blockhütte« in Whitehorse, Y. T., ist eine bekannte Touristenattraktion.

Noch immer wird im Yukon Gold gewaschen. Mit den heutigen Goldpreisen herrscht wieder sehr reges Interesse.

Gold, Blockhäuser, Wildtiere... sie alle gehören zu Kanada. Am eindrücklichsten aber ist immer wieder die Landschaft, die Schönheit des Landes selber. Adams Lake.

Hundeschlitten sind vielerorts den Motorschlitten gewichen – doch Fahrten können immer noch arrangiert werden. Erkundigen Sie sich in Orten wie Yellowknife, N. W. T.

Fort Smith, N. W. T. mit den Rapids of the Drowned im Slave River ist Ausgangsort zum Wood Buffalo Park.

Das Durchwaten der reißenden Flüsse bietet beim Wandern auf Baffin Island N. W. T. die größten Schwierigkeiten.

Der Liard River, der vom Yukon durch B. C. in die N. W. T. führt – hier am Anfang des Grand Canyon –, ist ein Traumfluß für den erfahrenen Kanuten.

In Fort Simpson werden die Kanus in die gecharterte DC 3 geladen.

Wichtigste Zufahrtsroute nach Yukon und Alaska ist der Alaska Highway. Die Straße – sie verläuft von Dawson Creek nach Fairbanks – bietet eine eindrückliche Aussicht nach der andern. Muncho Lake, B. C.

Auf der weiten Ebene zwischen den Chugach Mountains und dem Pazifik liegt Anchorage, Alaska.

Ein Teilstück der Alaska Pipeline, die Öl von der Prudeau Bay nach Valdez befördert, überspannt das Tatalina River Valley. Öl begann hier 1977 zu fließen.

Watson Lake, Y. T. Hier, bei Kilometer 1016 des Alaska Highway, befinden sich rund 1300 Ortstafeln aus aller Welt. Die ersten wurden 1942 von Soldaten aufgerichtet, die am Straßenbau beteiligt waren.

Alaska. Ein Traumland, wo ein landschaftliches Wunder das andere ablöst. Der Matanuska-Gletscher befindet sich 160 km nordöstlich von Anchorage.

Mendenhall-Gletscher ist noch leichter zu erreichen. Er ist nur 20 km vom Zentrum der Hauptstadt Juneau entfernt.

Begegnungen mit Eskimos in Alaska sind von Zentren wie Nome, Kotzebue und Barrow aus möglich. Die Leute sind freundlich und hilfsbereit.

Westlich des Festlandes von Alaska im Bering-Meer können Robben fotografiert werden. Auf Pribilof Island zählt man ihrer rund 1,5 Millionen.

Der *wolverine* – Vielfraß – ist ebenfalls ein Teil Alaskas. Schauergeschichten über die unersättliche Zerstörungswut dieser Tiere machen die Runde, wenn immer sich Trapper treffen.

ALASKA – DAS GROSSARTIGE LAND

Alaska ist als Ferienland einzigartig. Hier treffen die Naturelemente aufeinander – Wind und Wasser, Himmel und Wald. Hier sind die Kulturen der Eskimos, Aleuten und Indianer inmitten eines Amerika des 20. Jahrhunderts. In seinen Grenzen leben noch Wildtiere, die an zugänglicheren Orten am Aussterben sind. Doch Alaska ist nicht nur ein wildes und rauhes Land. Hier findet der Besucher – 1986 waren es mehr als 750 000 – auch moderne und weltoffene Städte.

Wie schon in Kanada, dem Nachbarn gegen Süden und Osten, ist der überwältigendste Eindruck zweifellos die rein physische Größe des Landes: 1 518 776 km^2, das heißt von Osten nach Westen 3840 km, von Süden nach Norden 2270 km. Oder sechsmal größer als die Bundesrepublik. Alaskas Küste mißt 53 000 km, und in seinen Grenzen liegen drei Millionen Seen. In Alaska ist Nordamerikas höchster Berg, Mt. McKinley (6194 Meter), und der nördlichste, westlichste und östlichste Punkt des Kontinentes. Der »östlichste« Punkt fordert allerdings eine Erklärung, liegt er doch auf einer kleinen Insel in den Aleuten, westlich des 180. Meridians, und ist damit der östlichste Punkt der östlichen Hemisphäre.

Alaskas Geschichte – Das russische Erbe

Trotz seiner Größe wurde Alaska relativ spät entdeckt. Russische Händler, die sich am Pazifischen Ozean niedergelassen hatten, hörten zwar Gerüchte darüber, fanden es aber nicht, obwohl es nur 100 km von Sibirien entfernt liegt. 1725 beauftragte Peter der Große den Dänen Vitus Bering, die geheimnisvolle Nordostpassage durch die Arktis nach Indien und China zu suchen. Bering reiste über Land nach Kamtschatka und baute in den folgenden Jahren drei Schiffe, die »Gabriel«, die »St. Peter« und die »St. Paul«. Die letzten beiden waren 30 Meter lang und 6 Meter breit.

Mit der »Gabriel« erforschte er die heutige Beringstraße und entdeckte St. Lawrence Island (heute zu Alaska gehörend). Dichter Nebel und Regen verhüllten das Festland, das an klaren Tagen deutlich zu sehen ist. Bering folgte der asiatischen Küste weiter nordwärts, bis sie nach Westen abbog. Überzeugt davon, daß zwischen den beiden Kontinenten keine Landbrücke existierte, kehrte er nach Kamtschatka zurück, um zu überwintern. Seine Reise hatte zwei Monate gedauert.

Die russischen Wissenschaftler waren nicht zufrieden und beschlossen, eine zweite Expedition zu entsenden; 1738 traf diese in Kamtschatka ein. Mit Bering kamen nun Dutzende von Männern, und sie bauten die beiden bereits erwähnten Schiffe, die 1741 die Küste Amerikas entdeckten.

Bering war in schwierigen Gewässern. Tagelang andauernde Stürme peitschten die »St. Peter«. Mangel an Vitamin C brachte Skorbut, 30 Mann (von ursprünglich 76) starben auf der Beringinsel (in den Kommandeurinseln), unter ihnen Bering selber.

Die Überlebenden bauten aus den Überresten der »St. Peter« ein kleineres Boot, mit dem sie ein Jahr später nach Kamtschatka zurücksegelten. Sie brachten Seeotterpelze mit, die man in Rußland nicht kannte und die in St. Petersburg und auf den Pelzmärkten in China ein kleines Vermögen einbrachten. Diese reichen Pelze lösten den nächsten Ansturm der Russen in Alaska aus.

Alexander Baranow – Gründer der »Russian American Company«

Die erste russische Siedlung entstand 1783 auf der Kodiakinsel, und während der folgenden 50 Jahre erforschte und kolonisierte Rußland einen großen Teil des Landes.

Nun begannen aber auch andere Nationen von Alaska Kenntnis zu nehmen. Kapitän James Cook erforschte 1778 Alaskas Küste, entdeckte »Cook Inlet« und gab vielen anderen prominenten landschaftlichen Merkmalen Namen. Ungefähr zur gleichen Zeit kamen die englischen Pelzhändler der Hudson's Bay Company auf dem Landweg von Kanada her und gründeten am Yukon den Handelsposten Fort Yukon. Bodega Quadra erforschte von Kalifornien aus die Gegend um das heutige Sitka für Spanien. Amerikanische Seefahrer besuchten Alaska als letzte, doch als sie von den unwahrscheinlich reichen Pelzgründen und kurz darauf von den reichen Walfängen in der Beringsee und im Nördlichen Eismeer hörten, kamen sie in großer Zahl.

1791 erschien Alexander Baranow in Alaska und übernahm die *Russian American Company*, die mit Pelzen handelte. Als geborener Administrator reorganisierte er die Pelzhandelsgesellschaft und tat etwas, das die Russen bis jetzt vermieden hatten: Er freundete sich mit den Indianern an und heiratete die Tochter eines Häuptlings. Seine Männer jagten Zobel, Bären, Blaufüchse und was immer sich zeigte – ganz speziell aber den Seeotter. Baranow hatte bis tausend Aleuten als Jäger in seinen Diensten, und die Jagd war so gut organisiert, daß die Seeotter keine Chance hatten und in wenigen Jahren fast völlig ausgerottet wurden.

Binnen zehn Jahren war die See um die Kodiakinsel frei von Seeottern, und Baranow entschloß sich, auf der Insel Sitka einen neuen Posten zu bauen. Im April 1800 war das Fort fertig, und Baranow kehrte zu seiner Familie nach Kodiak zurück. Die Tlingit hatten nur auf diesen Augenblick gewartet. Ende Juni 1800, an einem Sonntag, als die halbe Garnison auf der Jagd war, stürmten sie das Fort und töteten oder nahmen 600 Russen gefangen. Erst zwei Jahre später gelang es Baranow, das Dorf der Tlingit zu zerstören, und er baute einen neuen Posten.

Das neue Fort, eine wahre Festung, auf einem flachen, hohen Hügel, überschaute einen guten Hafen, in den nun auch die Schiffe amerikanischer Händler einliefen.

Sitka gedieh, und damit wuchsen auch Baranows Probleme. Es wurde schwierig, immer genügend Nahrungsmittel herbeizuschaffen, und bald sandte Baranow seine Schiffe nach den Philippinen, nach Hawaii, nach Sibirien und bis ins spanische Kalifornien. 1812 bauten die Russen rund 110 km nördlich von San Francisco Fort Ross, um dort Gemüse und Obst anzubauen und Sitka damit zu versorgen.

Auch nach Baranows Tod (1818) wuchs Sitka weiter und galt in den nächsten 50 Jahren als das »Paris am Pazifik«. Erst nach dem Krimkrieg zeichnete sich eine Änderung ab. Wenn es Rußland schon nicht gelang, am Schwarzen Meer einen Krieg zu gewinnen, wie wollte es dann die weitentfernten Kolonien in Amerika verteidigen? Schon während des Krimkrieges und wiederum während des amerikanischen Bürgerkrieges, als sich Rußland hinter die Nordstaaten stellte, streckten die Amerikaner die ersten Fühler aus in der Hoffnung, Alaska zu kaufen. Viele einflußreiche Persönlichkeiten am russischen Hof hätten Russisch-Amerika und die Russian American Company nur zu gern abgetreten, und der populäre russische Minister Edouard de Stoeckel erhielt den Auftrag, das Land zu verkaufen.

Auf der amerikanischen Seite verhandelte William Seward; er offerierte 5 Millionen Dollar. Sein russischer Verhandlungspartner trieb den Preis auf 7 200 000 Dollar hoch – selbst für jene Zeit ein Geschenk.

Lange machte die amerikanische Presse den Kauf lächerlich, nannte das Land »Seward's Folly«, »Walrussia«, »Icebergia« und »Polaria«. »Alles, was wir erhielten«, schrieb Horace Greenley von der New York Tribune, »ist Sitka und die Prince of Wales Islands. Der Rest ist nichts wert, und alle Energie der Amerikaner genügt nicht, um nördlich des 60. Breitengrades Bodenschätze zu gewinnen oder am Nördlichen Eismeer die Wildnis zu zähmen. Wir können zwar mit den Russen ein Abkommen treffen, doch mit dem Nordwind und dem Schneekönig nicht... 99/100 von Russisch-Amerika ist absolut unbrauchbar...«

Am 18. Oktober 1867 wurde die russische Flagge über Sitka eingezogen und an ihrer Stelle die amerikanische gehißt. Damit übernahmen die Vereinigten Staaten über eineinhalb Millionen Quadratkilometer Land und die

Verantwortung für 438 Weiße – 150 davon Amerikaner – und 27500 Einheimische, Indianer, Eskimo und Aleuten.

Regierungswechsel – Chaos und Gesetzlosigkeit

1867 war Sitka eine beträchtliche zivilisierte Gemeinde mit Theater, Stadtpark, Bibliothek, Kirchen und einer Kathedrale, eine wichtige Hafenstadt mit einem regen Handel mit dem Fernen Osten. Sitka produzierte sogar Stahl – aus einheimischem Erz –, und die Glockengießerei trieb Handel mit Kalifornien und Mexiko. Einige der russischen Einwohner waren seit Generationen dort ansässig. Die Übergabe ihrer Heimat an die Amerikaner war nicht leicht für sie, und die meisten verließen die Stadt, um in ihr Heimatland zurückzukehren.

Die anderen mußten mitansehen, wie sich Sitka aus einem gutgeführten, zivilisierten Ort in einen gesetzlosen, chaotischen Dschungel verwandelte. Zwei Jahrzehnte lang herrschten Chaos und Gesetzlosigkeit. Wieder begannen ein sinnloses Abschlachten aller Pelztiere, Kämpfe mit Indianern und eine rücksichtslose Ausbeutung aller natürlichen Reichtümer. Die eiserne Disziplin der *Russian American Company* war verschwunden, Diebstähle und Verbrechen wurden nicht geahndet, weil die Gesetze der Vereinigten Staaten hier keine Gültigkeit hatten. Alaska wurde von der fernen Regierung völlig ignoriert, und als die Bewohner der Stadt einen Angriff der Indianer befürchteten – die Tlingit haßten die Amerikaner noch mehr als die Russen –, waren sie gezwungen, britische Kriegsschiffe zu Hilfe zu rufen.

Die Goldfunde in Yukon und ein Jahr später in Nome, in Alaska, brachten endlich der übrigen Welt und vor allem den übrigen Vereinigten Staaten Alaska wieder vor Augen. Innerhalb von zwei Jahren passierten über 50 000 Männer und einige Frauen Skagway, alle auf dem Weg über den Chilkoot Pass oder den White Pass nach Yukon. Aber auch sie waren nur 50 000 von rund einer Viertelmillion, die sich ursprünglich auf den Weg gemacht hatte. In den drei Jahren nach den ersten Goldfunden am Bonanza Creek (1897) liefen 230 Schiffe mit weiteren 18 000 Goldschürfern in Nome ein. Dieser Ansturm von Goldschürfern in Nome brachte endlich Gesetz und Ordnung nach Alaska.

Vom Territorium zum Staat

1912 wurde Alaska zu einem Territorium der Vereinigten Staaten und erhielt eine eigene Legislative; aber noch immer beachtete man es recht wenig. Während der Administration von Präsident Theodore Roosevelt nahm die Regierung riesige Gebiete in Anspruch, und noch heute gehört der größte Teil

Alaskas der öffentlichen Hand. 1914 begann der Bau der Alaska Railroad, die heute von Seward über Anchorage und Mt. McKinley Park nach Fairbanks führt. 1935, als die Wirtschaftskrise in den »Unteren Staaten« ihren Höhepunkt erreichte, zogen 200 Bauernfamilien aus Minnesota, Michigan und Wisconsin ins *Matanuska Valley* in der Nähe von Anchorage. Heute ist es berühmt für das Gemüse, das während der kurzen, aber äußerst intensiven Wachstumsperiode reift. Aber im ganzen gesehen schien Alaska in einen Schlummer versunken.

Das Erwachen kam nach Pearl Harbor, als die Vereinigten Staaten plötzlich die strategische Lage des nördlichen Territoriums erkannten. Eine Verbindungslinie auf dem Landweg wurde zu einer militärischen Notwendigkeit. Tausende von Männern kamen nach Kanada und Alaska und bauten in der unglaublich kurzen Zeit von acht Monaten den *Alaska Highway*.

1943 waren über 140 000 Soldaten in Alaska stationiert. Viele Soldaten, die nun das Land kennenlernten, kehrten später zurück und bildeten die Vorhut einer neuen Siedlungswelle.

Fast 15 Jahre später, am 3. Januar 1959, erklärte Präsident Eisenhower Alaska zum 49. Staat der Vereinigten Staaten. Eine neue Ära begann.

Alaska heute – Ölboom und Arbeitslosigkeit

Im Sommer 1968 wurde in der Nähe der Prudhoe Bay Öl entdeckt. Binnen einem Monat waren Männer der Ölgesellschaften unterwegs, um die beste Route für eine Trans-Alaska-Pipeline zu suchen. Studien über Umweltschutz und den Einfluß der Pipeline auf Wild und Landschaft wurden eingeleitet. Im Herbst des gleichen Jahres begannen Bulldozer mit dem Bau einer Winterstraße über die Brooks Range zum »North Slope«, der Prudhoe Bay entgegen. Im Februar des folgenden Jahres brachten Lastwagen bereits Material und Maschinen über diese Straße.

Erst später wurde die endgültige Route festgelegt. Valdez, ein weiter, tiefer und eisfreier Hafen wurde zur Endstation der Pipeline. Den Übergang über die Brooks Range verlegte man auf den Dietrich Pass – 100 km westlich der ersten Straße –, weil dort bessere Bodenbedingungen herrschten. Heute verläuft die Route von der Prudhoe Bay über den 1600 Meter hohen Dietrich Pass, überquert den Yukon, steigt erneut auf 1100 Meter, um die Alaska Range zu überqueren, und verläuft dann über den Thompson Pass in den Chugach Mountains nach Valdez.

Der Bau der Pipeline begann im April 1974 mit dem Bau der 570 km langen Pipeline-Straße nördlich des Yukon. Fünf Monate später war sie fertig; sie ist nun ins offizielle Straßennetz eingegliedert, das in Alaska rund 14 000 km mißt.

Während des Höhepunktes der Konstruktion waren rund 20 000 Mann – davon über 4000 einheimische Indianer und Eskimo – am Bau beschäftigt. Im Juni 1977 begann das erste Öl zu fließen.

Alaskas Ölindustrie hat am 23. März 1989 erneut Schlagzeilen gemacht, als der Tanker »Valdez« im Prince William Sound, nahe der Stadt Valdez, am Bligh Reef auf Grund lief. Millionen Liter Öl haben hunderte Kilometer der Küste verschmutzt und Schäden angerichtet, deren katastrophale Folgen noch nicht einzuschätzen sind. Ob die Ölindustrie je für die Sicherheit der Umwelt garantieren kann, ist heute mehr denn je in Frage gestellt.

Noch ist Alaska für viele *The Last Frontier* »das letzte Grenzgebiet«, wo jeder reich werden kann, der über Mut, Kraft und Initiative verfügt. Männer und Frauen kommen zu Tausenden, um von der Pipeline und vom Ölboom zu profitieren und riesige Löhne zu verdienen. Doch viele dieser Jobs gehören bereits der Vergangenheit an. Der Unterhalt und die Wartung der Pipeline bieten nur einigen hundert Leuten Arbeit.

Boom or bust »alles oder nichts« ist irgendwie für Alaska immer noch typisch: Leute kommen hierher, um einen großen natürlichen Reichtum auszubeuten, bis nichts übrigbleibt; dann verlassen sie das Land, ohne auch nur ein einziges Mal zurückzuschauen. Dieser Trend begann im 19. Jahrhundert mit der Pelzjagd. Er wiederholte sich nach 1890 mit den riesigen Goldfunden, während der letzten Jahrzehnte in der Fischerei und geht heute mit der Ölindustrie weiter.

Diese rücksichtslose Ausbeutung hat die ansässigen Alaskaner – Weiße und einheimische Eskimo und Indianer – etwas bitter und mißtrauisch gemacht, und die sprichwörtliche Freundlichkeit und Gastfreundschaft gegenüber Fremden – vor allem aus den übrigen Staaten – hat darunter gelitten. Der Ausruf *Alaska for Alaskan* ist äußerst populär geworden.

Selbstverständlich hat auch der Ölboom große Änderungen gebracht. Fairbanks, Anchorage und Juneau sind moderne Großstädte geworden, in deren Verkehrsstauungen man sich oft schwer vorstellen kann, daß die Wildnis nur einige Kilometer entfernt ist. Doch der Fortschritt hat sich nicht auf die Städte und Städtchen beschränkt. Einige Eskimo haben sich an Motorboote und Motorschlitten gewöhnt, reisen per Flugzeug, kennen fließendes Kalt- und Warmwasser und haben Fernsehapparate. Andere leben wie ihre Vorväter noch immer von der Jagd und vom Fischfang. Alaska bemüht sich heute trotz des neuen Reichtums das alte »gute« Leben zu erhalten.

Alaska ist zweifellos ein einzigartiges Land. Noch immer ist die Bevölkerungszahl (400 400) im Vergleich zu den riesigen Landmassen fast unglaublich klein. Alles in Alaska wird durch das strenge Klima und die riesige Größe des Landes erschwert. Die landschaftlichen Schönheiten aber sind spektakulär und unvergeßlich in ihrer Großartigkeit, vor allem deshalb, weil riesige Gebiete noch völlig unberührt sind. Nur darf man nicht vergessen, daß sie zum Teil auch unbewohnbar sind.

ALASKA FÜR BESUCHER

Southeastern Alaska – Der »Pfannenstiel«

Alaskas »Pfannenstiel« erstreckt sich von der *Icy Bay* am Golf von Alaska bis weit hinunter zur *Dixon Entrance* (50 km südlich von Ketchikan) rund 800 km der kanadischen Grenze entlang. Zwischen diesen zwei Punkten liegt der Alexanderarchipel mit tausend Inseln. Dieser »Pfannenstiel«, durch riesige Gletscher und bis 3000 Meter hohe Bergketten von Kanada abgetrennt, ist ein herrliches, schönes und feuchtes Land. Die jährlichen Niederschläge betragen im Durchschnitt 60 bis 380 cm; Little Fort Walter auf Baranov Island hatte auch schon 540 cm Regen pro Jahr. Der größte Teil von Southeastern Alaska befindet sich im *Tongrass National Forest,* aus dem Holz für die Papierfabriken in Ketchikan und Sitka und für die Sägereien in Klawock, Ketchikan, Petersburg, Metlakatla, Wrangell und Haines gewonnen wird. Jede dieser Städte und jedes Dorf – Juneau, die Hauptstadt Alaskas, eingeschlossen – ist wie eine Insel und nur auf dem See- oder Luftweg erreichbar; die einzigen Ausnahmen sind Haines und seine Nachbarstadt, Skagway. Haines ist von Kanada aus per Auto erreichbar und mit dem Alaska Highway verbunden, der in Haines Junction abzweigt. Von Skagway aus gelangt man mit der White Pass and Yukon Railroad nach Whitehorse in Yukon oder über die kürzlich fertiggestellte Straße. Alle übrigen wichtigen Orte erreichen Sie vom »Marine Highway« aus, dem Küsten-Fähren-System.

Der »Pfannenstiel«, oft »Amerikas Skandinavien« genannt, mit hohen schneebedeckten Bergen und herrlichen Fjorden, ist eine der besten Touristen-Gegenden Alaskas, zugleich auch die mildeste. Wegen des Kuroschio-Triftes fallen die Temperaturen nur selten unter den Gefrierpunkt, und die Wachstumsperiode in und um Ketchikan oder Juneau beträgt bis 250 Tage. Mit dem Regen kommt aber oft auch der Nebel, der die Fischerdörfer auf den Inseln und entlang der Küste tagelang einhüllt.

Southcentral Alaska – Die Golfküste

Southcentral Alaska folgt einer tausend Kilometer langen Kurve um den Golf von Alaska, vom »Pfannenstiel« gegen Norden und Westen. Die Alaska-, Wrangell- und Chugach-Bergketten schirmen dieses Gebiet gegen die Nordwinde ab, und der Kuroschio-Trift erwärmt die Küste. Anchorage, Alaskas größte Stadt, liegt in dieser Gegend, und hier wohnen mehr als die Hälfte aller Einwohner des Staates. Anchorage teilt diese landschaftliche Schönheit mit Orten wie Cordova, Seldoviak, Seward, Palmer, Valdez, Kenai, Homer und Soldotna. Der größte Teil von Southcentral Alaska liegt entlang der Küste, doch gehört auch das weltberühmte Matanuska Valley dazu, mit

Palmer als Hauptort, wo während einer kurzen, aber äußerst intensiven Wachstumsperiode ungewöhnliche Ernten eingebracht werden. Die ganze Gegend ist vom Alaska Highway aus per Auto erreichbar, die einzige Ausnahme bildet Cordova mit seiner Fähre.

Dieses Gebiet ist bedeutend trockener als der »Pfannenstiel«. Anchorage hat im Durchschnitt 35 cm Niederschläge – im Winter ist es dafür dort auch um einiges kälter.

Anchor Point bei Homer ist buchstäblich das Ende der Straße, der westlichste Punkt in ganz Nordamerika, der per Auto erreicht werden kann.

Southwestern Alaska – Die Aleuten

Die schmalste und längste Region Alaskas erstreckt sich 800 km entlang der Alaska-Halbinsel – von *Cook Inlet* bis zum *False Pass* – und weitere 1800 km über die Aleuten. Die Bevölkerung dieser Region konzentriert sich zur Hauptsache auf Kodiak Island, doch gibt es kleine Fischerdörfer bis nach Attu. Rund 3000 Aleuten – zusammen mit 5000 Mann militärischem Personal und Tausenden von Stellerschen Robben und Seeottern – leben auf den Inseln, die vermutlich das schlechteste Wetter überhaupt haben. Heftige Stürme im Winter und kalte Winde mit Geschwindigkeiten bis zu 100 km/h peitschen die Insel alle fünf bis acht Tage. Im Sommer ist das Klima mit dem des »Pfannenstiel« vergleichbar, also sehr feucht. Noch gibt es hier riesige Gebiete mit leerer, pfadloser Wildnis, namenlosen Flüssen und Seen, die noch von keinem Paddel berührt worden sind; an einigen Orten sind die Bären dem Sportfischer zahlenmäßig überlegen.

Weit entfernt von jedem Straßensystem ist hier das Flugzeug Haupttransportmittel; Ausgangspunkt ist Anchorage.

Von ganz speziellem Interesse sind die Pribylow-Inseln, die oft als »Galapagos der nördlichen Hemisphäre« gepriesen werden. Jeden Sommer kehren über eineinhalb Millionen Robben auf die vulkanischen Inseln zurück, um hier ihre Jungen zu zeugen und zu gebären. Juni, Juli und August sind die besten Monate, um Robben und Seeotter zu beobachten. Ebenso berühmt sind die Inseln wegen ihrer fast unglaublichen Vogelbestände; Schätzungen sprechen von über 100 Millionen, 180 verschiedenen Arten. Größte Siedlung ist St. Paul, wo 550 Aleuten leben. Heute gibt es hier ein Hotel und zwei kleine Restaurants. Flüge zu den Inseln sind das ganze Jahr über möglich. Eine dreitägige Package-Tour mit Transport, Unterkunft und geführten Touren kostet rund 600 Dollar (Richtpreis 1982).

Western Alaska – Gold in Nome

Ausgangspunkte für Reisen in eine völlig andere Welt – die der riesigen flachen Flußmündungen des Yukon und Kuskokwim – sind Bethel, Nome und Fairbanks. Ausflüge von Bethel zu Dutzenden von Eskimodörfern an der Beringstraße sind aber nur im Charterflugzeug oder im Flußboot möglich, während von Nome aus Straßen nach Taylor, Teller und Council führen. Von hier aus gibt es auch Charterflüge auf die St. Lawrence Islands, die näher bei Rußland liegen als bei Alaska.

Das heutige Nome mit rund 2500 Einwohnern – 70% davon Eskimos – erinnert noch immer an den Goldrausch der Jahrhundertwende, als über 12 000 Männer an der Meeresküste ihre Zelte aufstellten und der Sandstrand von Nome in zwei Monaten über eine Million Dollar in Gold hergab.

Die Anreise ist heute bedeutend einfacher geworden, und während der Sommermonate starten in Fairbanks jeden Tag mehrere Flüge der *Wien Air Alaska,* um Besucher in wenig mehr als einer Stunde in das 800 km entfernte Nome zu bringen. Für den Besucher, der das Nicht-Alltägliche sucht, finden im Winter bei günstigen Eisverhältnissen Charterflüge nach *Little Diomede Island* in Steinwurfnähe zur Sowjetunion statt, wo sich eine der abgelegensten Eskimosiedlungen in ganz Nordamerika befindet.

Interior Alaska – Fairbanks und Mt. McKinley

Alaskas Herzland liegt südlich der Brooks Range und nördlich der Alaska Range. Mit Fairbanks, der Endstation des Alaska Highway und Alaskas zweitgrößter Stadt im Zentrum, ist die Gegend für Alaska dicht bevölkert und gleichzeitig leicht erreichbar. Von hier aus führen Straßen nordöstlich nach Circle am Yukon, nordwestlich zum Tanana River, südlich am Mount McKinley National Park (heute Denali National Park and Preserve) vorbei nach Palmer, Anchorage, Kenai, Homer und Seward, wiederum südlich über den Alaska und den Richardson Highway nach Glenallen und Palmer und von Glenallen nach Valdez, der Endstation der neuen Pipeline. Durch diese Gegend führt auch die einzige Eisenbahn Alaskas (mit Ausnahme der White Pass and Yukon Railroad), die Fairbanks mit Seward verbindet.

Das meistbesuchte landschaftliche Wunder Alaskas, Denali National Park and Preserve (früher Mt. McKinley National Park) liegt zwischen Anchorage und Fairbanks. Der 6194 m hohe Denali, oder Mt. McKinley, der höchste Punkt Nordamerikas, beherrscht die Landschaft. Die Anreise ist billig, kostet doch die vierstündige Bahnfahrt ab Fairbanks nur 43 Dollar (Hin- und Rückfahrt), und ab Anchorage (6 Std.) rund 80 Dollar (1982 Richtpreise). Die 120 km lange Wildnis-Straße, die zum Wonder Lake in der Nähe des Bergfußes führt, ist für den privaten Autoverkehr nicht zugänglich, und Besucher werden in Gratis-Bussen transportiert, wobei der Bus entlang der Route anhält, um Wanderer aus- oder einsteigen zu lassen.

Hier im Innern Alaskas herrschen die größten Temperaturunterschiede. Fairbanks zum Beispiel kennt Schwankungen zwischen 35°C im Sommer und −60°C im Winter. Die Region ist zugleich auch die trockenste in ganz Alaska; Fairbanks hat selten mehr als 25 cm Regen pro Jahr. Die Wintertage sind kalt und kurz, der kürzeste Tag dauert in Fairbanks von 10 Uhr morgens bis rund 2 Uhr nachmittags. Sommertage aber sind lang und sonnig.

Das ganze Gebiet mit seinen riesigen Wäldern und wilden Bergen ist ein Paradies für Jäger – mit Kamera oder Flinte – und Sportfischer. Noch immer wird hier Gold gefunden, und noch immer gibt es Trapper, die während Monaten keine lebende Seele sehen.

Alaskas Arktis – Der hohe Norden

Das Gebiet von der Brooks Range bis zum Nördlichen Eismeer und von der kanadischen Grenze über die ganze Breite des Staates ist Alaskas hoher Norden. Hier liegt das »romantische« Alaska der Bücher, eine rauhe und menschenleere Gegend. Im Winter wird sie von stürmischen Winden gepeitscht. Hier sind die Eskimo zu Hause; bis zu den Ölfunden am North Slope waren sie die einzigen Bewohner. Doch nun ist das Iglu dem Bretterhaus gewichen, das hautüberzogene Boot hat einen Außenbordmotor.

Kotzebue – benannt nach dem russischen Navigator Otto von Kotzebue – ist eine der ältesten Eskimosiedlungen in Alaska, mit rund 1600 Eskimo auch eine der größten, und noch immer leben die meisten Bewohner von Robben, Walfischen, Walrossen und Tausenden von getrockneten Lachsen.

Eine weitere Eskimosiedlung und gleichzeitig der nördlichste Landzipfel der Vereinigten Staaten ist Barrow, rund 500 km nördlich des Wendekreises. Hier scheint im Sommer die Sonne von Mai bis August ununterbrochen, und im Winter herrscht die lange Nacht. Die längste frostfreie Periode dauert 17 Tage, und das Nördliche Eismeer taut nur während weniger Wochen auf.

In dieser kalten, rauhen Gegend, rund 300 km östlich von Barrow, an der Prudhoe Bay, wurden 1968 die riesigen Ölfunde gemacht, die selbstverständlich zum Bau einer neuen Siedlung mit Unterkünften für die Arbeiter, Freizeitanlagen, Straßen und einem Wasserreservoir führten. Diese neue Siedlung, ein Triumph der modernen Technologie, steht im krassen Gegensatz zu Barrow, das über lange Jahre organisch gewachsen ist. Ein Abstecher von Barrow zu den Ölfeldern lohnt sich.

Noch immer aber sind die natürlichen Wunder dieser Gegend, die überwältigende Leere des Landes – trotz der Tausende von Benzinfässern, die hier herumliegen –, die riesigen Karibuherden und die unglaublich farbenprächtige Tundra in den kurzen Sommerwochen, viel eindrücklicher als die modernsten Anlagen, Pipeline eingeschlossen. Hoffentlich bleibt das so.

ALASKAS PARKS

Alaskas Parks – das System ist das größte in den Vereinigten Staaten – reichen vom einfachen Picknickplatz an der Straße zu riesigen Wildreservaten auf selten besuchten abgelegenen Inseln, von alten Raddampfern, die einst auf dem Yukon verkehrten, zu Pfaden an Bergkämmen – ausgetreten von Tausenden von Goldschürfern –, von Parks in der Nähe von Städten zu wilden Gebieten um Mt. McKinley. Ebenso vielfältig sind die Möglichkeiten, die diese Parks bieten.

Aniakchak

650 km südlich von Anchorage gelegen, schützt dieser noch unerschlossene Park die Caldera des Vulkans Aniakchak, der 1931 zum letztenmal aktiv war. Zu den großen Säugetieren in diesem sehr niederschlagreichen Gebiet gehören Elche, Karibus und Alaska-Braunbären.

Bering Land Bridge

Der Park umfaßt einen Teil der ehemaligen Landbrücke auf der Seward-Halbinsel am Polarkreis, über die, wie die Experten meinen, die Vorfahren der Indianer aus Sibirien einwanderten. Er kann nur im Flugzeug erreicht werden und hat verhältnismäßig wenig Besucher. Zu den landschaftlichen Schönheiten gehören die Maarsen im nördlichen Teil.

Cape Krusenstern

Nördlich von Kotzebue gelegen und nur 20 km^2 groß, schützt der Park ein Kap, das aus mehr als hundert parallel verlaufenden Gesteinswällen und einer großen Lagune besteht. Die Wälle schichteten sich bei hohem Wellengang aus Geschiebe auf.

Denali National Park and Preserve – Nordamerikas höchster Gipfel

Vor Dezember 1980 als Mt. McKinley National Park bekannt, liegt der Denali National Park and Preserve an der Nordflanke der Alaska Range. Der Park, der seit 1917 existiert, ist heute 2 304 735 Hektar (23 047 km^2) groß. Mt. McKinley, oder Denali – so nannten die Indianer den Berg – ist mit 6194 m der höchste Berg Nordamerikas. Er ist zweifellos Alaskas spektakulärstes und zugänglichstes Wild- und Naturreservat. Der Parkeingang ist 382 km von Anchorage und rund 190 km von Fairbanks entfernt. Der schneebedeckte Gipfel des Denali dominiert die Landschaft und ist manchmal selbst von Anchorage aus sichtbar. Er zieht Besucher nach Alaska wie ein Magnet. Per Charterflugzeug, Eisenbahn, mit Bus und Auto kommen sie, einige um die Berge einfach zu bestaunen, andere um die drei ausgebauten Bergpfade zu bewandern. Der riesige Park ist ganzjährig geöffnet, doch sind von den sieben Campingplätzen nur zwei, Riley Creek und Morino, auch im Winter offen, die übrigen und das einzige Hotel im Park nur von Anfang Mai bis in den September hinein. Ebenso sichtbar wie die Besucher des Parks sind die Wildtiere, weiße Dallschafe an den Berghängen, Karibus in den tundraähnlichen Ebenen, Elche in der Nähe von Seen und Flüssen und Grislybären. Bergsteiger und Kletterer müssen sich unbedingt mit dem Park-Superintendenten – vor Abreise – in Verbindung setzen.

Gates of the Arctic

Nördlich des Polarkreises liegt dieser Park in den Brooks Mountains, die sich über 960 km von Westen nach Osten ziehen. Das eigentliche Tor (Gate), durch das der Koyuku River fließt, ist eine Passage zwischen *Frigid Crags* und den *Boreal-Bergen.* Der Park ist für seine Tierwelt bekannt: Bären (Grisly- und Schwarzbären), Karibus, Elche, Wölfe, Vielfraße und Dallschafe.

Glacier Bay National Park and Preserve

Das 1925 ins Leben gerufene Glacier Bay National Monument wurde im Dezember 1980 erweitert und Glacier Bay National Park and Preserve getauft und ist nun 1 323 750 Hektar groß. Der Park ist nur aus der Luft oder vom Wasser her erreichbar. Er liegt auf dem Alexanderarchipel, 160 km oder 30 Flugminuten nordwestlich von Juneau, und ist berühmt für seine eisgefüllten Buchten und Fjorde. Der erweiterte Park schließt nun auch die nordwestlichen Hänge von Mt. Fairweather in den St. Elias Bergen ein. Es ist eine Landschaft, die ihresgleichen sucht, mit Walfischen, Robben und Bären. Sightseeing Boote, aus Bartlett Cove, offerieren Touren und bringen Kajaker und Wanderer an Land.

Katmai National Park – Vulkanische Asche und Lava

Alaskas unberührteste Wildnis – nur per Flugzeug oder Boot erreichbar – ist ein Gebiet mit Tausenden von namenlosen Seen, Inseln und Wäldern am nördlichen Ende der Aleuten, wo Braunbären zahlreicher sind als Besucher. Von Juni bis September bringt eine geführte Bustour Besucher nach *Ukak Valley* »Tal der zehntausend Rauchfahnen«. Erdbeben und Vulkanausbrüche haben dieses Tal unter mehreren hundert Metern Asche und Lava begraben. Von den Seen und Flüssen darunter stiegen während Jahren Rauch- und Dampffahnen in den Himmel, die aber heute zum größten Teil verschwunden sind.

Kenai Fjords National Park – Gletscher bis ins Meer

Auf der Ostseite der Kenai-Halbinsel gelegen, umfaßt dieser Park die südlichen Kenai-Berge mit dem riesigen Harding Icefield und die der Küste vorgelagerten Inseln. Das Erdbeben von 1964 ließ große Gebiete im Meer versinken. Der Park ist unerschlossen und nur mit Flugzeug oder Boot zu erreichen.

Kenai National Moose Range – Wildtiere und Kanurouten

Nur zwei Autostunden von Anchorage entfernt, bietet die Kenai Moose Range – ein Refugium für Elche, Braun- und Schwarzbären, Dallschafe und Bergziegen – eine Wildnis mit unzähligen Möglichkeiten. Am beliebtesten sind zwei Kanurouten, die das Reservat durchqueren. Die *Swanson River Canoe Route* überquert über eine Distanz von 25 km, die leicht in drei Tagen zu bewältigen ist, 30 Seen. Die Reise kann auch auf eine Woche oder 100 km ausgedehnt werden, indem man den ganzen Swanson River befährt. Die leichtere Route, *Swan Lake Canoe Trail,* berührt ebenfalls 30 Seen und führt zum Ausgangspunkt zurück. Beide Routen beginnen bei Sterling.

Klondike Goldrush National Historic Park – Zeugen des Goldfiebers

Klondike Park, Teil eines Landstreifens, der von Seattle über Alaska bis nach Dawson City in Yukon reicht – die Route der alten Goldsucher –, existiert erst seit 1976. Hauptquartier des Parks ist Skagway, wo 1898 Tausende von Männern und Frauen aus aller Welt eintrafen, um sich über den White Pass und den Chilkoot Pass zum Yukon durchzuschlagen. Sonderzüge bringen im Sommer die Besucher von Skagway nach Lake Bennet (per White Pass and Yukon Railroad), von wo aus gut vorbereitete und erfahrene Wanderer auf Schusters Rappen nach Skagway zurückkehren können.

Kobuk Valley

Der 65 km nördlich des Polarkreises zwischen den Baird und Waring Mountains gelegene Park wird vom Tal des Kobuk River gebildet, das von den Gletschern der letzten Eiszeit nicht berührt worden ist. Die arktische Tundra erscheint hier noch, wie sie vor der Eiszeit war. Im südöstlichen Teil gibt es bis zu 60 km lange Sanddünen, die mehr als 30 000 Jahre alt sind. Der überaus tierreiche Park ist unerschlossen und nur im Flugzeug erreichbar. Der Kobuk River wird im Kanu und Kayak befahren.

Kodiak National Wildlife Refuge – 600 kg schwere Bären

In diesem 750 000 Hektare großen Refugium leben gegen 2000 riesige Kodiakbären, die im Juli und August am ehesten beobachtet werden können. Es ist die Zeit, wenn die Lachse die Flüsse hochkommen, um zu laichen und die Bären zu Dutzenden dieser leichten Beute nachgehen. Im Refugium wurden zwölf Hütten gebaut, die jedes Jahr, im Januar, Juni und Oktober unter den Besuchern ausgelost werden. Bären vor der Haustür werden fast garantiert. Schreiben Sie an den Refuge Manager, Kodiak, Alaska, 99615. (Nur mit Charterflugzeug erreichbar.)

Lake Clark

Anderthalb Flugstunden von Anchorage entfernt ist Lake Clark. Zum Park gehören die mehr als 3000 m hohen Vulkane Redoubt und Iliamna. Weitere Anziehungspunkte sind Lake Clark selbst und die Vorgebirge.

Noatak

Der Noatak River, der am Mount Igikpak, dem höchsten Berg der Brooks Range entspringt, ist vor allem bei Kanuten sehr beliebt. Nur die ersten 60 des 700 km langen Flusses sind nicht befahrbar. Die restliche Strecke stellt bei günstigen Verhältnisses keine Schwierigkeiten. Das Tal wird von den DeLong und Baird Mountains flankiert und von Karibus, Elchen, Dallschafen, Wölfen und Bären durchzogen.

Sitka National Historic Park – Einst das »Paris am Pazifik«

In diesem Park, von »Downtown« Sitka leicht zu Fuß erreichbar, messen sich die Totempfähle des Parks mit den Tannen des pazifischen Regenwaldes; ihre grellen Farben bilden einen starken Kontrast zum tiefen Grün des Waldes. Hier liegen auch die Überreste des alten Sitka.

Wrangell – St. Elias

Der Park berührt den kanadischen Kluane Nationalpark und ist durch den 5490 Meter hohen Mt. St. Elias von Kanada getrennt. Die großen Gletscher der Chugach-Berge reichen bis zum Golf von Alaska; die Wrangell Mountains im Norden sind vulkanischen Ursprungs.

Yukon-Charley

Der Yukon-Charley Park stößt an Kanada an und umfaßt ein 185 km langes Teilstück des Yukon River sowie den 140 km langen Charley River. Dort schützt er ein von Menschen kaum berührtes Gebiet, ein letztes Refugium für die Wanderfalken, die Himmel und Landschaft mit Gerfalken und Adlern teilen.

State Parks und National Forests

Weitere riesige Gebiete Alaskas – Millionen von Hektaren Land – werden als State Parks und Waldreservate verwaltet. Diejenigen des Forest Service, *Chugach National Forest* und *Tongass National Forest,* offerieren Campingplätze und Blockhütten, die von den Besuchern gemietet werden können.

National Monuments

Die National Monuments gehören zum Nationalpark-System. Im Gegensatz zu den Nationalparks, die der Zustimmung des US-Kongresses bedürfen, können die National Monuments vom US-Präsidenten allein gegründet werden. Auch die Monuments schützen Landschaften von ganz besonderer Schönheit oder geologischen Sehenswürdigkeiten.

Städte in Alaska

Juneau – Die Hauptstadt

Juneau – benannt nach Joe Juneau, einem Goldsucher, der mithalf, die Stadt zu gründen – ist Alaskas Hauptstadt. Sie war die erste Stadt, die nach dem Kauf Alaskas durch die Vereinigten Staaten entstand, liegt am nördlichen Ende der berühmten »Inside Passage« und ist per Schiff, Fähre oder Flugzeug erreichbar. Flugzeuge verkehren regelmäßig von Anchorage, Seattle und Whitehorse aus. Nur 20 km vom Stadtzentrum entfernt und über eine eben erst fertiggestellte Expreßstraße erreichbar, liegt *Mendenhall Glacier*, wo die Forstbehörden ein Observatorium und Wanderwege unterhalten. Charterboote bringen Besucher in die Fjorde der Umgebung, und Fotosafaris »jagen« Robben, Wale, Seevögel und anderes Wild.

Obwohl die Stadt zum Teil recht erfolgreich den Eindruck einer alten Goldgräberstadt vermittelt, ist Juneau eine moderne Stadt, mit Hunderten von Hotelzimmern, Unterhaltung und einem regen Nachtleben. Im Besucherzentrum an der Franklin Street, gegenüber dem *Baranov Hotel*, ist eine Karte für eine Stadtbesichtigung zu Fuß erhältlich, die den Besucher zur St.-Nicholas-Kirche, zum Regierungsgebäude, dem Haus des Gouverneurs, zu Totempfählen und zu Joe Juneaus alter Goldmine führt. Einen ausgezeichneten Einblick in die Geschichte Alaskas bietet das Alaska State Museum.

Anchorage – Das Beste von zwei Welten

Anchorage, mit rund 200 000 Einwohnern Alaskas größte Stadt, liegt an einer weiten Ebene zwischen den Chugach Mountains und dem Pazifik. Die Einheimischen behaupten, daß sie hier das Beste von zwei Welten haben, alle Annehmlichkeiten einer modernen Stadt – Bürohäuser mit Glaswänden, moderne Shopping Centers, Stadtparks mit Bänken und Blumen, Theater, Kinos usw. – und zugleich eine absolute Wildnis 20 bis 30 Autominuten vom Stadtzentrum entfernt. Im Hafen, trotz der 12 Meter hohen Gezeiten in Cooks Inlet das ganze Jahr geöffnet, verkehren die Fischerboote, Vergnügungsschiffe und Fähren. In Ship Creek, 15 Minuten zu Fuß vom Stadthaus entfernt, kämpfen sich die Lachse den Fluß hoch, um zu laichen. Wild, Blumen und sogar Heidelbeeren sind alle innerhalb der Stadtgrenze zu finden.

Nur 100 km östlich von Anchorage ist der berühmte *Portage Glacier*, von dem noch immer Eisberge abbrechen.

Rund 60 km nördlich von Anchorage liegt das schon erwähnte Matanuska Valley, aus dem mehr als die Hälfte aller landwirtschaftlichen Produkte Alaskas stammen.

Auf der Rückkehr nach Anchorage über die Glenn-Straße (Alaska Route No. 1) sollten Sie das Indianerdorf *Eklutna* besuchen. Hier steht eine der frühesten russisch-orthodoxen Kirchen, ebenso eine Grabstätte der Indianer mit bunt bemalten kleinen Häuschen, die die Seelen der Toten beherbergen.

Fairbanks – Ausgangspunkt zu Alaskas Hinterland

Fairbanks Geschichte geht auf das Jahr 1902 zurück, als Felix Pedro, ein Goldschürfer, auf seinen Streifzügen fündig wurde, was binnen acht Jahren mehr als 12 000 Menschen in die Gegend brachte. Noch stehen wie Wächter einer vergangenen Zeit Goldbagger, alte Minen, Blockhütten in der Umgebung von Fairbanks. Die Stadt – mit rund 64 000 Einwohnern die zweitgrößte Alaskas – ist aber auch eine moderne Metropole mit Luxushotels, eleganten Restaurants, einem modernen Flughafen und der nördlichsten Universität der Vereinigten Staaten.

Fairbanks, das Handels- und Transportzentrum für Dutzende von Orten in Alaskas Hinterland und im hohen Norden, liegt inmitten einer sanft auslaufenden Ebene zwischen der Brooks Range im Norden und der Alaska Range im Süden.

Nur wer einen der langen, kalten Winter dieses Nordlandes überstanden hat, kann so richtig verstehen, warum die Einwohner und Besucher Alaskas jeweils den Frühling so sehnsüchtig erwarten. Jedes Jahr versuchen Tausende von Alaskanern das genaue Datum der Eisschmelze – *the breakup* – zu erraten, das heißt den genauen Zeitpunkt, an dem sich das Eis im Tanana River bei Nenana zu bewegen beginnt und dann flußabwärts treibt. Jedermann schließt Wetten ab, und der Gewinn im »Ice Classic« hat schon 125 000 Dollar gebracht.

Eine der größten Attraktionen in Fairbanks ist die Universität von Alaska, die wegen ihrer Studien über den Norden Weltruhm erlangt hat. Die Universität, nur 15 Autominuten von der City entfernt, ist auch berühmt für ihr Museum, das eine ausgezeichnete Sammlung von Eskimo-, Aleut- und Indianerkunst zeigt.

Unweit vom Hauptgebäude befindet sich das »Musk Ox Research Center«, wo der Moschusochse gezüchtet wird (und leicht fotografiert werden kann), der ein wollähnliches Material liefert, das sogenannte »Qiviut«. Wissenschaftler hoffen mit dieser Herde eine gewinnbringende nördliche Viehzucht aufzubauen. Das Fleisch dieser einst fast ausgerotteten Tiere ist dem Rindfleisch ähnlich, und das »Qiviut« wird gesponnen und zu kaschmirähnlichen Jacken und Pullovern verarbeitet, die hohe Preise einbringen.

Ebenso interessant und wichtig ist die Versuchsfarm des amerikanischen Landwirtschaftsministeriums. Hier beschäftigt man sich mit der Entwicklung von Gemüse und Getreide, die in diesen nördlichen Gegenden wachsen.

Lohnende Ausflugsziele sind unter anderem *Fort Yukon* und *Circle Hot Springs*. Fort Yukon, nur im Flugzeug erreichbar, ist ein historisches Indianerdorf und die älteste englischsprachige Siedlung in Alaska. Das Fort wurde 1847 von der Hudson's Bay Company gegründet. Heute wohnen Athapaskan-Indianer hier; sie sind berühmt für ihre Lederarbeiten. Circle und Circle Hot Springs, ebenfalls am Yukon gelegen, ist ungefähr vier Autostunden von Fairbanks entfernt und der nördlichste mit dem Auto erreichbare Punkt in den Vereinigten Staaten. Die heißen Quellen, die einst die müden Goldsucher aufsuchten, sind heute die Grundlage eines modernen Kurorts mit Schwimmbecken, Dampfbädern und Hotels.

Zu den Farbabbildungen:

1 Espen oder Zitterpappeln im Prince Albert N.P.
2 Im dschungelähnlichen Wald von Point Pelée N.P. – Kanadas südlichstem Punkt – gibt es über 300 verschiedene Vogelarten.
3 La Mauricie National Park in Quebec mit 154 Seen
4 »Fred the Camel« – so nennen die Parkwächter diese Gesteinsformation im Dinosaur Provincial Park in der Nähe von Brooks, Alberta.
5 Wood Buffalo National Park, Brutstätte für die letzten Schreikraniche, mit seinen weiten Salzebenen
6 Der 300 km lange Cabot Trail – hier im Cape Breton N.P. – ist eine der schönsten Straßen der Welt.
7 Eine Güterzugskomposition der Canadian Pacific in der Prärie
8 Der Canadian Pacific in den Rockies
9 Wasserfälle, Felsen, Wald – typische Schildlandschaft nordöstlich von Thunder Bay, Ontario
10 Zubereitung von *pork and beans* am Liard River auf einer Kanufahrt
11 Kanufahrer auf dem Lillooet River in British Columbia (nur für Könner)
12 Blick vom Nahanni Butte N.W.T. auf den Liard River
13 Abendstimmung am Liard River im nördlichen British Columbia
14 Das Château Frontenac in Quebec
15 De Maisonneuve-Denkmal an der Place d'Armes in Montreal
16 Le Colonial in Montreal
17 Herbststimmung am Lac Beauport in Quebec
18 Das Hotel St. Castin am Lac Beauport
19 Gebirgsweiden auf dem Hochplateau von Quebec an der Straße nach New Brunswick in der Nähe von St-Louis-du-Ha! Ha!
20 Toronto City Hall – Symbol des modernen Toronto, von 1965
21 Torontos CN Tower – der höchste freistehende Turm der Welt
22 Toronto Skyline und Hafen vom Toronto Island Park aus gesehen
23 Parlamentgebäude in Ottawa
24 Die kanadischen Horseshoe Falls der Niagara-Fälle sind rund 60 m hoch und über 700 m breit. Im Vordergrund: »Maid-of-the-Mist«
25 Blühender Raps in der Nähe von Ohaton, Alberta
26 Weizenspeicher auf einer Farm in Albertas Prärie
27 Paßhöhe auf Rogers Pass (Trans-Canada Highway) im Glacier N.P. Hier, auf rund 1500 m ü. M., fallen bis zu 17 m Schnee!
28 Waldbrandgebiet mit den St. Elias Mountains im Kluane N.P., Yukon
29 Der Burrard Inlet trennt Vancouver von North Vancouver mit Grouse Mountain im Hintergrund
30 John »Gassy Jack« Deighton steht am Zugang zu Vancouvers Gastown
31 Hotel Europe, Vancouver, das »schmalste« Haus der Stadt
32 »Hoodoos« aus Gletscherablagerungen am Dutch Creek, südlich von Windermere in British Columbia
33 Die Hochwiesen in den Rockies – hier im Glacier N.P. – zeigen im Juli und August ein unbeschreiblich schönes Blumenmeer.
34 Sturmwolken über Treibholzhaufen am Liard in den N.W.T.
35 Kanuferien auf Kanadas Flüssen sind unübertrefflich (Liard River)
36 Stuart Island an British Columbias Westküste
37 Fairbanks Alaska, Endstation des Alaska Higway
38 Bohrinsel vor Kanadas Ostküste
39 Mount McKinley in Alaska ist Nordamerikas höchster Gipfel

INFORMATIONEN KANADA UND ALASKA

Informationen Kanada

Kanada auf einen Blick

Name	Canada (Kanada)
Hauptstadt	Ottawa (1981: 738 600 Einwohner, mit Hull)
Fläche	9 976 139 km² (vierzigmal so groß wie die Bundesrepublik)
Einwohner	1986: ca. 25 Millionen (70% in städt. Verhältnissen)
Sprache	Offizielle Sprachen sind Englisch und Französisch. Immigranten reden noch über hundert andere Sprachen, Indianer und Eskimo weitere 54 Sprachen und Dialekte.
Staatsform	Seit 1867 föderalistischer Staat und unabhängige Nation im Commonwealth; zehn Provinzen und zwei Territorien. Kanada ist eine konstitutionelle Monarchie. Die Königin von England ist durch den Generalgouverneur vertreten. Der Premierminister ernennt das Kabinett. Seit 15. April 1982 eigene Verfassung.
Bevölkerung	1971 waren 44,6 Prozent britischer, 28,7 Prozent französischer, 23 Prozent anderer europäischer, 1,4 Prozent indianischer (Eskimo eingeschlossen) Herkunft.
Währung	Kanadischer Dollar
Religion	46 Prozent Katholiken, 42 Prozent Protestanten, 12 Prozent andere.
Grenzen	Im Süden die USA; im Westen Pazifik, Alaska, Nördliches Eismeer; im Osten Atlantik, Davis Strait, Baffin Bay und die Gewässer zwischen Ellesmere Island und Grönland; im Norden das Eismeer.
Küsten	An drei Ozeanen, Pazifik, Atlantik und Nördlichem Eismeer, rund 96 000 km. (Festland: Atlantik 9776 km, Pazifik 2528 km, Hudson Bay 5048 km. Inseln: 66 896 km)
Geographische Lage	Zwischen 41° 41′ (Middle Island im Lake Erie) und 83° 06′ Nord (Cape Columbia), zwischen 52° 37′ (Cape Spear) und 141° West (Grenze gegen Alaska)
Höchste Berge	Mt. Logan (Yukon) 5950 m, St. Elias (Yukon) 5498 m Mt. Kennedy (Yukon) 4273 m, Mt. Waddington (B.C.) 4042 m, Mt. Robson (B.C.) 3954 m
Längster Fluß	Mackenzie River, 4216 km
Größter See	Great Bear Lake, 31 915 km² (sechzigmal so groß wie der Bodensee oder drei Viertel der Fläche der Schweiz)

Geographie

Grob gesehen, besteht Kanada aus sieben Regionen:

Atlantikkanada
Die Provinzen New Brunswick, Nova Scotia, P.E.I., Neufundland und die Gaspé Peninsula in Quebec.

St. Lorenz-Tiefland und die Großen Seen
Die fünf Großen Seen gehören zu den zwölf größten Seen der Welt. Im Tiefland um die Seen und entlang des Stromes leben mehr als 60 Prozent der Einwohner Kanadas, hier liegen Montreal, Toronto und 50 weitere Städte.

Der Kanadische Schild
Ein Labyrinth von Seen und Flüssen, fast endlosen Hügeln und Wäldern und den ältesten Felsen der Erde erstreckt sich von der Ostküste von Labrador über Quebec, Ontario, den Norden von Manitoba, Saskatchewan, Alberta und hinein in Northwest Territories. Hier liegt ein Drittel des Süßwassers der Erde.

Die Prärie
Kanadas Prärie erstreckt sich über eine Distanz von 1400 km vom Schild im östlichen Manitoba über Saskatchewan bis zu den westlichen Bergen Albertas und von der Grenze mit den USA bis zu den nördlichen Wäldern. Nur ein kleiner Teil ist topfeben. Eine der reichsten Getreidekammern der Erde.

Die westlichen Gebirge
Sie sind 2400 km lang und bis 640 km breit. Zu ihnen gehören nicht nur die bekannten Rocky Mountains, sondern eine ganze Anzahl weiterer Bergketten, Columbia, Skeena, Omineca, Cassiar und Coast Mountains, sowie eine Welt von Schluchten und weiten Tälern, großen Seen, riesigen Wäldern und Flüssen, von Gletschern, Hochplateaus und Halbwüsten.

Die Pazifikküste
Im Westen fallen Gebirge steil zum Meer hin ab. Hier finden Sie donnernde Brandung, rauhe Felsen, dichte Wälder mit Riesenbäumen und Strände mit weißem, grauem und gar schwarzem Sand.

Kanadas Norden
Oft unfreundlich, von Winden gepeitscht, kalt und von heulenden Schneestürmen geplagt, ist Kanadas Norden auch ein Land mit überraschenden und unvergeßlichen Schönheiten, hohen Bergen, flacher Tundra und riesigen Flüssen.

Klima

Ebenso vielfältig wie die geographischen Gebiete ist Kanadas Klima. Es reicht vom atlantischen Klima mit warmen Sommern und bitter kalten Wintern über das Prärieklima mit langen, heißen Sommern und kälteren Wintern bis zum pazifischen Klima mit milden Sommern und Wintertemperaturen, die selten unter Null fallen.

Mittlere Temperaturen in °C

Ort	Januar	Juli
St. John's Nfdl.	– 6 bis 1	11 bis 21
Halifax N. S.	–12 bis –3	15 bis 23
Fredericton N. B.	– 8 bis 0	13 bis 23
Quebec City Que.	–15 bis –7	15 bis 25
Toronto Ont.	–19 bis –8	11 bis 23
Winnipeg Man.	–27 bis –16	12 bis 24
Regina Sask.	–24 bis –13	12 bis 25
Edmonton Alta.	–16 bis –6	6 bis 23
Victoria B. C.	1 bis 6	13 bis 23
Whitehorse YU	–19 bis –11	7 bis 19
Yellowknife N. W. T.	–32 bis –23	11 bis 21

Das liebe Geld

Der kanadische Dollar ($) hat 100 Centa (¢). Die Münzen sind 1 ¢ (Copper), 5 ¢ (Nickel), 10 ¢ (Dime), 25 ¢ (Quarter) und 50 ¢ (Halfdollar). Seit kurzem gibt es eine neue Eindollarmünze. Am besten geeignet sind Reiseschecks in kanadischen Dollars.

Einreiseformalitäten

Bürger der BRD, Österreichs und der Schweiz benötigen kein Visum, aber einen gültigen Reisepaß; zudem müssen sie ausreichende Geldmittel für den Aufenthalt und die Rückreise (bezahltes Ticket) nachweisen. Wenn Sie länger als drei Monate bleiben wollen, müssen Sie sich bei der Einreise dafür eine Genehmigung ausstellen lassen. Wer über die USA einreist oder nach Alaska fährt, benötigt ein Touristenvisum. Impfungen sind nicht erforderlich. Änderungen in den Visa-Vorschriften machen es notwendig, daß sich der Besucher bei der nächsten kanadischen Botschaft erkundigt.

Reisezeit

Kanada kann und soll das ganze Jahr über bereist werden; nur dann können Sie die verschiedenen Stimmungen des Landes richtig kennen lernen. Hauptreisezeiten sind: Frühling, Mitte März bis Mitte Mai; Sommer, Mitte Mai bis Mitte September; Herbst, Mitte September bis Mitte November; Winter, Mitte November bis Mitte März.

Juli und August sind allgemein die wärmsten Monate; in dieser Zeit sind aber auch am meisten Touristen unterwegs (Nordamerikas Ferienzeit); Unterkünfte und Zeltplätze sind nur zu oft überfüllt. Der Herbst ist meines Erachtens die beste Reisezeit; viele der einheimischen Touristen sind wieder zu Hause, die Landschaft präsentiert sich in einer unvorstellbaren Farbenpracht, die Tage sind herrlich mild, die Nächte kühl, und gutes Wetter ist praktisch garantiert. Nach dem Labour Day (Anfang September), sind abseits der großen Zentren viele der Annehmlichkeiten für Touristen stark reduziert. Erkundigen Sie sich darüber beim Reisebüro.

Wie kommt man hin?

Mit dem Flugzeug

Neben Air Canada, Canadian Airlines International und Wardair fliegen viele europäische Fluggesellschaften (u. a. Lufthansa, Swissair, Alitalia) Montreal und Toronto an. Halifax, Gander, Ottawa, Winnipeg, Regina, Edmonton, Calgary, Vancouver und Anchorage in Alaska sind ebenfalls internationale Flughäfen. Von dort aus fliegt man mit den verschiedenen kanadischen Fluggesellschaften weiter. Die Flugzeit von Europa aus beträgt 7 bis 8 Stunden nach Montreal und Toronto, von dort weitere 5 Stunden nach Vancouver. Kanada ist in sechs Zeitzonen eingeteilt; Unterschied: 3 bis 10 Stunden.

Sondertarife

Erkundigen Sie sich bei Ihrem Reisebüro unbedingt nach den verschiedenen Sondertarifen, wie ABC (Advance Booking Charter), Jugendtarife, 14/21 Tage-Tarife, Gruppen, Personen über 65 Jahre, APEX Tarife für die Flüge aus Europa und auch innerhalb des Landes.

Einige der Bedingungen für ABC- und APEX-Flüge: Reservierung und Zahlung muß spätestens 2 Kalendermonate vor Reiseantritt erfolgen. Keine Flugunterbrechungen, Kinder bis 2 Jahre zahlen 10 Prozent; von 2 bis 12 Jahren 50 bis 66²/₃ Prozent. Jugendtarife, 1 Jahr gültig, von 12 bis 24 Jahren. ABC-Flüge sind besonders günstig.

Ganz allgemein sind die Flüge während der Basissaison etwas billiger als während der Hochsaison.

Vom letzten Sonntag im April bis zum letzten Sonntag im Oktober gilt hier Sommerzeit (Uhren werden um eine Stunde vorgestellt), mit Ausnahme von Saskatchewan.

Saisonzeiten für den 14/21-Tage Tarif, 22/45-Tage Tarif und Jugendtarif

L=Basissaison	westwärts	15. Oktober – 14. Juni
	ostwärts	15. September – 31. Mai
H=Hochsaison	westwärts	15. Juni – 14. Oktober
	ostwärts	1. Juni – 14. September

Saisonzeiten für den 14/45-Tage APEX-Tarif

L=Basissaison	westwärts	1. Oktober – 30. Juni
	ostwärts	1. September – 31. Mai
H=Hochsaison	westwärts	1. Juli – 30. September
	ostwärts	1. Juni – 31. August

Mit dem Schiff

Verschiedene Schiffahrtslinien unterhalten auch heute noch regelmäßige Passagierdienste. Solche Reisen sind zwar erholsam, jedoch weder billig noch schnell.

Dazu gibt es auch kombinierte Schiffsreisen (zum Beispiel Hausbootferien, Kanureisen, Wildwasserfahrten), die Sie bereits von Europa aus buchen können. Angebote und Preise wechseln, lassen Sie sich von Ihrem Reisebüro über den neuesten Stand orientieren.

Mit dem Bus

Wenn Sie mit der Kanadareise einen Besuch in den USA verbinden, reisen Sie am besten per Bus. Greyhounds überqueren die Grenze an verschiedenen Stellen: International Boundary B.C., Osoyoos B.C., Kingsgate B.C., Coutts Alta., Emerson Man., Middleboro Man., Rainy River, Piegon River, Windsor, Queenstone, Fort Frances, Sault Ste. Marie, Sarnia, alle Ontario, Trout River Que., Cornwall Ont., Phillipsburg Que., Beebe Village Que., Stanhope Que., Edmunston N. B., St. Stephen N. B., Yarmouth N. S.

Mit der Bahn

Ebenfalls von den USA aus ist Kanada bequem im Zug erreichbar. Amtrak-Verbindungen bestehen zwischen Washington, New York und Montreal (Montrealer) mit Anschluß von Florida; New York und Montreal (Adirondac); New York, Albani, Buffalo, Toronto (Maple Leaf); Chicago, Detroit, Windsor, Toronto (The Blue Water und andere Züge); San Diego, Los Angeles, Seattle, Vancouver (Coast Starlight). Zwischen Seattle und Vancouver besteht heute eine Busverbindung. Die Bahn ist zwar kaum noch billiger als das Flugzeug, bietet aber den nicht zu unterschätzenden Vorteil, daß Sie die großartige Landschaft in Ruhe und mit Komfort genießen können.

Mit dem Auto

Sie können natürlich auch mit dem eigenen Wagen von den USA aus einreisen. Die Einfuhr Ihres eigenen Autos für touristische Zwecke ist problemlos, es muß nur gründlich gereinigt sein.

In Kanada sind der deutsche, österreichische und Schweizer Führerschein zwar gültig, doch ist die Gültigkeitsdauer von Provinz zu Provinz verschieden. Lassen Sie sich zur Sicherheit vor der Reise einen Internationalen Führerschein ausstellen. Ebenso sollten Sie, wenn Sie mit dem eigenen Wagen einreisen wollen, bereits in Europa eine Haftpflichtversicherung für Kanada abschließen, da die grüne Versicherungskarte nicht anerkannt ist, eine Versicherung aber verlangt wird.

Besucher, die per Bahn oder Flugzeug ins Land kommen, können in allen bedeutenderen Orten und größeren Flughäfen Autos mieten. (Avis, Hertz, Tilden und Budget). Buchen Sie durch Ihr Reisebüro im voraus.

Reisen in Kanada

Mit dem Flugzeug

Fliegen ist in Kanada, und vor allem im Norden, wo andere Verkehrsträger kaum vertreten sind, eine Selbstverständlichkeit. Es ist nicht übertrieben, wenn ich sage, daß in Kanada jeder Ort aus der Luft zu erreichen ist. Die größten Gesellschaften sind Air Canada, Canadian Airlines International und Wardair. Andere Gesellschaften wie Eastern Provincial Airways, Quebec Air, Pacific Western, Nordair und Norcan Air haben sich mit Air Canada oder mit Canadian Airlines International zusammengeschlossen. Daneben bestehen unzählige Chartergesellschaften, die Jäger und Angler in die *Fly-in-Camps* bringen. Die Flugpreise sind zum Teil immer noch billiger als in Europa. Es gibt verschiedene sehr günstige Spezialtarife, so »Charter Class Canada«, »Sky Bus« und auch die sogenannten »Nighthawk-Flights«. Sie sollten sich sehr frühzeitig nach den verschiedenen Möglichkeiten erkundigen, da manche Flüge – zum Beispiel »Charter Class Canada« – spätestens 30 Tage im voraus gebucht werden müssen.

Air Canada offeriert

Kanadas Flúggesellschaft Air Canada bietet, in Zusammenarbeit mit verschiedenen Reiseveranstaltern in Europa, zahlreiche sogenannte Package Tours an, die, wie der Name sagt, ein ganzes Paket verschiedener Leistungen einschließen und sehr preisgünstig sind. Das Angebot ist weitgefächert: da gibt es Bustouren, Touren im Motorhome oder Camper, Reisen im Mietwagen mit einer Campingausrüstung im Kofferraum, Touren per Bahn, Kanufahrten in die Wildnis, Wildwasserfahrten mit großen Schlauchbooten, Schiffsreisen von Kanada nach Alaska, eine Fahrt auf der Traumstraße der Welt, Ferien hoch zu Roß auf einer Ranch, tagelange »Trail-Rides«, geführte Wanderungen, Fahrten zur Jagd und zum Fischfang und manches andere mehr.
Angebote und Preise ändern sich mindestens einmal pro Jahr, Detailangaben wären hier also sinnlos. Am besten erkundigen Sie sich bei Ihrem Reisebüro, bei einem Büro der Air Canada oder einem der großen Veranstalter, die mit Air Canada zusammenarbeiten, nach solchen »Abenteuer-Reisen«.

Auch die übrigen Fluggesellschaften in Kanada – Canadian Airlines International und Wardair – haben sehr günstige und interessante Tourenangebote, die Reisen mit Bus, Bahn, Mietwagen, Camper, Motorhome, zu Pferde, im Kanu oder mit dem Schiff einschließen. Es sind zur Zeit Bestrebungen im Gange, Kanada den Kanadiern möglichst preisgünstig zu erschließen. Profitieren Sie von diesen vielfältigen Angeboten!

Mit der Bahn

Der Canrail Pass bietet Ihnen die Möglichkeit, Kanada von Küste zu Küste mit VIA-Zügen zu bereisen. Sie können dabei die Anzahl der Tage – 8, 15, 22 oder

30 – selbst bestimmen und zwischen einem Canrail Pass für ganz Kanada oder für einzelne Gebiete (Osten bis Winnipeg; Winnipeg und Westen; Quebec City und Windsor-Korridor; Rocky Mountains, Edmonton/Calgary und Westen wählen. Die Preise sind in der Basissaison bedeutend niedriger als in der Hochsaison (bis zu einem Drittel).

Hochsaison: 1. Juni bis einschließlich 30. September

Tiefsaison: alle Tage außer Gründonnerstag und Ostermontag, 1. Juni bis einschließlich 30. September, 15. Dezember bis einschließlich 4. Januar

Mit dem Bus

Verschiedene Busgesellschaften, zum Beispiel Acadian Lines, Gray Coach Lines, Greyhound Lines of Canada Ltd., Pacific Stage Lines, Saskatchewan Transportation Company, Voyageur Colonial Ltd. usw., unterhalten ein ausgezeichnetes Verbindungsnetz. In Neufundland verkehren die Busse der Terra Transport Ltd. (an VIA angeschlossen), Trans-Canada Service gibt es nur mit Greyhound. (Hauptbüro: 222 1st Ave. SW, Calgary, Alta T2P OA6).
Preisbeispiele (Richtpreise 1980): 22 Tage ab Vancouver nach Jasper – Banff – Calgary – Waterton Lake – Montana – Yellowstone Park – Grand Teton – Missoula – Okanagan – Vancouver, mit Flug aus Deutschland, je nach Saison DM 4000,– bis 4500,–.
Greyhound World Tours, 22 Tage Vancouver – Alaska – Vancouver, rund 1400.– Dollar.
Fahrten auf dem »normalen« kanadischen Busnetz sind gewöhnlich billiger als Reisen mit der Bahn. Sie müssen mit folgenden Preisen rechnen (Richtwerte 1985): Toronto–Winnipeg $75.–; Toronto–Calgary $100.–; Toronto–Vancouver $120.–; Halifax–Vancouver $200.–; Montreal–Banff $125.–; Quebec–Jasper $140.–; St. John's–Regina $130.–; Niagara Falls–Dawson Creek $140.–.

Busdepots

Toronto: Bay Street und Dundas Street
Montreal: 505 Est Blvd. de Maisonneuve
Halifax: 6040 Almon Street
Quebec: 225 Blvd. Charest Est
Banff: Corner of Caribou Street and Beaver Street
Vancouver: Corner of Combie and Dunsmuir
Winnipeg: 487 Portage Ave.
Regina: 2041 Hamilton Street
Saint John N.B.: 58 King Street
Victoria: 710 Douglas Street
Calgary: 125–4th Avenue S.W.
Charlottetown: 212 Richmond Street

Mit dem Auto

Das beste Verkehrsmittel, um das Land kennenzulernen, ist das Auto. Nur so können Sie Kanada nach eigenem Fahrplan durchstreifen. Mietwagen-Agenturen gibt es in allen größeren Orten, auf allen Flughäfen und in den Seehäfen, Sie können jedoch auch Ihren eigenen Wagen einführen (siehe S. 6).

8000 km auf dem Trans-Canada Highway, 3000 km auf dem Alaska Highway, 2500 km auf der Yellowhead Route, Chicago–Toronto 825 km, New York–Montreal 600 km, Boston–Halifax 915 km, San Francisco–Vancouver 1630 km, gesamtes Straßennetz in Kanada 835 000 km. Autobahnen, Landstraßen, Nebenstraßen und Tausende von Kilometern ungeteerter Straßen – sie alle verlocken dazu, mit dem Auto das Land zu erforschen. Die großen Straßen sind sehr gut markiert, doch gibt es Gegenden – im südlichen Saskatchewan und im südlichen Alberta – um nur zwei Provinzen zu nennen –, wo die Markierungen besser sein könnten.

Der Zustand der Kiesstraßen des Nordens wechselt je nach der Jahreszeit, doch sind alle sehr gut unterhalten. Diese Straßen verlangen nicht nur eine vorsichtige Fahrweise, sondern auch eine besondere Ausrüstung: ein Plastikschutz für die Scheinwerfer, eine Gummimatte unter dem Benzintank und ein Extra-Reserverad sind unbedingt nötig. Die Garagen und Tankstellen an den Ausgangspunkten dieser Straßen wissen, was Sie unbedingt brauchen, und sind Ihnen gern behilflich.

Selbstverständlich muß bei den großen Distanzen in Kanada der Wagen in gutem Zustand sein. Vergessen Sie auch nicht, daß er von Mitte Oktober bis Mitte April auf alle Fälle auch winterfest sein muß. Zudem sollte das Auto mit einem Motorblockwärmer ausgerüstet sein; die Motels in Kanada haben dafür Stecker an den Außenwänden.

Benzin – hier *Gasoline* oder *Gas* genannt – wird zwar auch immer teurer, ist aber verglichen mit Europa äußerst günstig. Die Preise sind verschieden, in Atlantik-Kanada am niedrigsten, im Norden am höchsten. Sie bewegten sich Ende 1985 zwischen 42 und 65 Cents pro Liter und könnten wegen des Erdölüberflusses noch sinken.

Seit Herbst 1977 gilt in Kanada das metrische System, und Geschwindigkeiten und Distanzen sind heute in km/h und km angezeigt. Die Höchstgeschwindigkeiten variieren von Provinz zu Provinz und liegen zwischen 80 km/h und 110 km/h. Innerorts gilt fast immer Tempo 50 km/h, in Schulzonen 40 km/h. Diese Geschwindigkeiten werden ziemlich genau kontrolliert, an vielen Orten von Flugzeugen aus.

Ferien im Camper

Ferien im Camper (VW Bus, VW Westfalia Camper, Pick-up Truck Camper oder Motorhome) sind heute in Kanada sehr beliebt und haben zudem – besonders für Europäer, die vom Wechselkurs profitieren – den Vorteil relativ günstiger Preise. Noch wichtiger ist, daß Sie bei solchen Reisen in noch größerem Maße als mit dem Auto Ihr eigener Herr sind: Sie können fahren, wohin Sie wollen, große oder kleine Tagesabschnitte zurücklegen, das Land abseits der

Durchgangsstraßen erforschen und dennoch jeden Abend ohne Mühe und ohne Reservationen mit großem Komfort übernachten. Solche Touren sind gewöhnlich mit Flügen kombiniert; Sie übernehmen das Fahrzeug in Halifax, Toronto, Winnipeg, Edmonton, Calgary oder Vancouver.
Kanada ist für Camperferien wie geschaffen und hat mehr ausgebaute Campingplätze (provincial, national und private) als irgendein anderes Land. Die Fahrzeuge sind voll ausgerüstet und versichert (Sie müssen nur für die Verpflegung selbst sorgen); die Preise (Richtwerte 1985) liegen je nach Wagentyp zwischen 400 und 800 Dollar pro Woche, das Benzin kostet zwischen 42 und 65 Cents der Liter (Ende 1985). Von Mitte September bis Mitte April sind die Camper ungefähr 30 Dollar pro Woche billiger.

Mit Kanu und Schlauchboot

Große Teile Kanadas können Sie auch zu Wasser erkunden. Kanureisen sind in allen Provinzen möglich. Sie sind in den letzten Jahren sehr populär geworden und können zum Teil schon von Europa aus gebucht werden. Die Preise variieren je nach der Gegend und der Reisedauer.
Ebenfalls sehr beliebt sind Wildwasserfahrten auf großen Schlauchbooten, auf Flüssen wie Chilko River, Chilcotin River, Fraser River, Thompson River, Adams River, Chlearwater River, alle in British Columbia, oder Ottawa River in Ontario u. a. m. Der Preis einer solchen Reise hängt von ihrer Dauer, aber auch von der Gegend ab.
Fragen Sie im Reisebüro nach Spezialprospekten, denn Angebote und Preise wechseln auch hier.
Routenbeschreibungen für mehr als 60 Kanutouren auf kanadischen Flüssen enthält der »Kanuatlas Kanada« (2 Bde.), 1987 im Diekmann/Thieme Verlag in deutscher Sprache erschienen und in Buchhandlungen wie in Sportgeschäften erhältlich.

Kleidung

Die Kleidung des Kanadiers ist im allgemeinen sportlich. Beim Kofferpacken richten Sie sich nach der Jahreszeit.
Im Sommer brauchen Sie Leichtes und Sportliches, dazu einen Pulli oder eine Jacke für die kühlen Abende und auch für den Aufenthalt an einem See oder am Meer. Reisen Sie in den Norden, ist auch im Sommer ein warmer Skipulli empfehlenswert, dazu eine Daunenjacke oder wenigstens ein Anorak, denn dort kann es am Abend oder bei schlechtem Wetter sehr schnell kalt werden. In diesem Gebiet sind übrigens wegen der Moskitos Shorts nicht besonders geeignet.

Für Frühling und Herbst sollten Sie etwas wärmere Kleidung einpacken. Am besten wählen Sie die Stücke so aus, daß Sie sie nach dem »Zwiebelschalensystem« schichtweise an- oder ausziehen können, um sich den Temperaturschwankungen gut anzupassen. Auch zu diesen Jahreszeiten empfiehlt sich die Daunenjacke, die leicht und warm ist und sich gut zusammenlegen läßt.
Wer wandern will, braucht für die oft noch wilden Gegenden feste Wanderschuhe und – für das Durchwaten von Bächen und Flüssen – hohe Turnschuhe (sie sind leichter als Gummistiefel, trocknen sehr schnell und brauchen wenig Platz im Rucksack). Regenschutz, Wollmütze und warme Jacke sind selbstverständlich. Shorts sind nicht empfehlenswert, lange Hosen sollten auf jeden Fall wenigstens mitgenommen werden. Leichte wollene Unterhosen sind im Norden und in den Bergen auch im Sommer kein Luxus.
Für eine Kanufahrt in die Wildnis brauchen Sie Wanderkleidung, dazu im Kanu hohe Turnschuhe. Wanderschuhe werden – ebenso wie Schlafsack, zusätzliche Wäsche usw. – in wasserdichten Plastiksäcken mitgeführt. Wolle (Pullover, Wäsche) eignet sich beim Kanufahren weitaus besser als Kunstfasern, die eiskalt sind, wenn sie naß werden. Wolle hingegen wärmt auch im nassen Zustand. Diese Regel gilt nicht nur beim Kanufahren, sondern auch beim Segeln, auf der Jagd und beim Angeln.
Wenn Sie im Winter nach Kanada kommen, nehmen Sie genügend warme Kleider und natürlich auch warme Stiefel mit! Manchmal kann es hier ganz schön kalt werden, besonders in der Prärie und natürlich im Norden; 40° unter Null sind gar nicht so ungewöhnlich. Warme Parkas, pelzgefütterte Lederjacken, Daunenjacken, wollene Wäsche, mit Filz oder Pelz gefütterte Stiefel, Wollmützen und warme Handschuhe, am besten Fäustlinge, sind die alltägliche Winterkleidung. Skijacken – meist Daunenjacken – werden von ungefähr 70% aller Einheimischen getragen, besonders im Westen.
Zum Motorschlittenfahren, einem in Kanada sehr beliebten Sport, wurde eine ganz neue Mode mit warmen Stiefeln, Overalls und Gesichtsmasken geschaffen. Auch beim Skifahren sollte Ihre Kleidung warm sein, denn man läuft hier auch bei 20° und 30° unter Null durchaus noch Ski.
Die beste Lösung ist sicher, einige warme Sachen in Kanada zu kaufen; sie sind hier preisgünstig, und Sie können sich außerdem an der Kleidung der Einheimischen orientieren. Zudem sind eine bestickte Parka, ein Cowichan Sweater (oder Indian Sweater) und ein großkariertes Holzfällerhemd herrliche Souvenirs.
»Kleiderregeln« für die Städte aufzustellen, ist schwierig, dort sollte man »mit den Wölfen heulen«. In Vancouver kleidet man sich mehr oder weniger leger, im Sommer sind Shorts, Blue Jeans und T-Shirts durchaus gebräuchlich. In Montreal hingegen und ganz besonders in Ottawa ist jedermann sehr elegant, Blue Jeans sieht man selten.
Zum Ausgehen am Abend und ins Restaurant sollten Sie sich wie in Europa je nach Ort, Jahreszeit und Gelegenheit kleiden. Ganz allgemein schadet es sicher nichts, sich abends sorgfältig anzuziehen und sogar etwas herauszuputzen. Es gibt auch in Kanada Gelegenheiten, bei denen man nicht in Blue Jeans erscheint.

Hotels

Die großen (und gewöhnlich teuren) Hotels haben in den Flughäfen direkte Telefonverbindungen, damit Sie schon von dort aus Ihr Zimmer reservieren können. In größeren Städten sollte man, vor allem während der Touristensaison im Juli und August, die Unterkunft durch das Reisebüro vorbestellen. Die Preise sind sehr verschieden. In sogenannten »Economy Hotels« sind zwar noch Zimmer unter $40.– erhältlich, doch liegen die Normalpreise heute (1985) zwischen $60.– und 160.– und mehr für Doppelzimmer. Das Frühstück ist im Preis nicht einbegriffen. In den großen Luxus-Hotels, z. B. Queen Elisabeth in Montreal, kosten die billigsten Einzelzimmer $65.–. Für die Suites in Luxushotels zahlt man im Banff Springs Hotel $300.–, im Château Lake Louise $350.– oder im Empress Hotel Victoria $500.–.

Sehr zu empfehlen, besonders wenn Sie mit dem Auto unterwegs sind, sind die Motels überall an den Durchgangsstraßen und – oft als eigentliche Dörfer – an der Peripherie der Städte. Hier bewegen sich die Preise je nach Ort und Saison zwischen 35 und 75 Dollar für ein Einzelzimmer, ein Doppelzimmer ist ungefähr 10 Dollar teurer. Die größeren, meist sehr modernen Motor Hotels verlangen etwas mehr. Warten Sie in der Touristensaison, wenn Millionen Amerikaner und dazu auch die Kanadier unterwegs sind, am Abend nicht zu lange, bis Sie sich nach einer Unterkunft umsehen.

Für Familien sind die *Kitchen Units* und die *Housekeeping Cabins* besonders geeignet; dort kann man selber kochen und auch waschen. Quebec City ist für seine sehr günstigen Familienhotels bekannt. Es gibt ungefähr fünfzig im alten Stadtteil. Die Kosten pro Nacht betragen dort 40 Dollar oder sogar weniger. Diese von einer Familie geführten kleinen Hotels und Pensionen ähneln den europäischen; es gibt sie nur hier, nicht aber in anderen Orten Nordamerikas. Dagegen können Sie in anderen Städten und Städtchen des ganzen Landes die sogenannten *Tourist Homes* finden, Privathäuser, die Touristen aufnehmen und gewöhnlich auch ein Frühstück servieren. Sie verlangen dafür zwischen 25 und 40 Dollar (1985), zusätzlich ca. 10 Dollar für das Frühstück. Es lohnt also, sich in den Städten nach Tafeln in den Fenstern umzusehen, die ankündigen, daß in diesem Haus Touristen aufgenommen werden. Auch das Tourist Office hat solche Adressen.

Fast alle Hotels haben Restaurants, Bars und Cafés, und in der Nähe der großen Motels gibt es immer eine Eßgelegenheit.

Einige der großen Hotelketten haben ein System von Übernachtungsgutscheinen, die Sie schon in Europa kaufen können.

Für junge Leute sind die *Youth Hotels* zu empfehlen. Eine Broschüre mit den Adressen von mehr als 150 Jugendherbergen ist in den *Information Canada Bookstores,* die es in allen größeren Orten gibt, erhältlich und auch beim Tourist Office. Sie können auch an die *Canadian Youth Hostels Association,* 33 River Road, Vanier City, Ottawa, Ont. schreiben. Die Kosten in den Jugendherbergen belaufen sich heute auf etwa 10–15 Dollar pro Nacht, wobei der

Aufenthalt in den meisten Hostels auf drei Tage beschränkt ist. Das Mindestalter ist in diesen Häusern 16 Jahre.
In jeder größeren Stadt gibt es die YMCA/YWCA Unterkünfte (Young men's/women's Christian Association). Einzelzimmer kosten bis zu 20 Dollar pro Nacht.
Saubere, ruhige und relativ billige Unterkünfte sind in den Sommermonaten auch in den meisten Universitäten zu finden, wenn die Studentenzimmer zumeist leer stehen. Die Universitäten offerieren diese Zimmer, zum Teil mit Frühstück, allen Reisenden, nicht nur Studenten. Die Kosten liegen zwischen 20 und 30 Dollar pro Nacht.

Alkoholika

Alkoholische Getränke und Wein können Sie zum Essen in allen Provinzen in den mit dem Wort *»Licensed«* gekennzeichneten Restaurants und Hotels bekommen. Außerdem gibt es Taverns, Cocktail Bars, Clubs, Pubs. Alkohol in Flaschen wird in den regierungseigenen Läden verkauft, jedoch – mit Ausnahme von Quebec – nicht im Supermarkt. An Jugendliche wird kein Alkohol abgegeben; das Mindestalter ist in den einzelnen Provinzen verschieden festgesetzt; in Alberta, Manitoba, Ontario, P. E. I., Saskatchewan und Quebec sind es 18 Jahre, in allen übrigen Provinzen 19 Jahre.

Trinkgeld

In Kanada wird in der Regel keine Servicegebühr in die Rechnung aufgenommen. Fügen Sie daher dem Rechnungsbetrag 12–15 Prozent hinzu. Das gilt auch für den Friseur und den Taxichauffeur. Dem Gepäckträger geben Sie etwa 35 ¢ pro Gepäckstück.

Stromspannung

Die übliche Stromspannung ist 110 Volt Wechselstrom. Flachstecker. Versehen Sie sich also mit Adaptern.

Verkaufssteuern

Die Verkaufssteuern sind in den Preisen nicht inbegriffen, müssen also zusätzlich daraufgeschlagen werden. Sie sind in den einzelnen Provinzen verschieden und ändern sich bei jeder Neuwahl. Augenblicklich bewegen sie sich zwischen 5% und 11%. Alberta und die beiden Territorien erheben keine Verkaufssteuer

Kulinarisches Kanada

Es gibt – außer in Quebec – keine typische kanadische Küche. Die »normale« Küche entspricht der amerikanischen (Beef, Gemüse und Kartoffeln). Doch die unzähligen Gruppen von Einwanderern haben alle ihre Spezialitäten in die neue Heimat gebracht, und so bietet Kanada heute eine internationale Küche. Es gibt Gourmet-Gerichte aus aller Welt. Entlang der Küste – New Brunswick, Nova Scotia, P.E.I., Neufundland, Quebec und B.C. – sind die Meeresfrüchte Trumpf. Speziell hervorzuheben sind in ganz Kanada die Lachse und alle anderen Süßwasserfische. Wer sie nicht mag, bekommt ein ausgezeichnetes Steak serviert.

Restaurantführer bekommen Sie in den Verkehrsbüros der einzelnen Städte. Es empfiehlt sich außerdem, die lokalen Zeitungen zu lesen. Das Buch *Where to Eat in Canada* – Sie bekommen es in den Buchhandlungen – verzeichnet 350 Restaurants, von Küste zu Küste, und informiert über Qualität und Preise.

Nicht nur Gerichte, auch Getränke aus vieler Herren Länder haben die Einwanderer eingeführt: die Franzosen brachten ihren Wein und Cognac, die Engländer Malaga und Muscat aus Spanien und Rum von den Antillen. Bald begannen die Klöster, eigenen Wein anzubauen und zu keltern. Heute kommen 90% des zum Teil ausgezeichneten kanadischen Weins von der Niagara-Halbinsel, 10% aus dem Okanagan-Tal in British Columbia. In den letzten Jahren haben auch die Kanadier – bisher keine großen Weinfreunde – begonnen, sich für Wein zu interessieren.

Das kanadische, sehr leichte Bier (5% Alkohol) ist dagegen schon lange beliebt, Kanadier sind große Biertrinker. Sogenannte *hard liquors,* also Whisky und ähnliches, werden in Kanada in erstklassiger Qualität hergestellt.

Sportmöglichkeiten

Im Sommer können Sie sämtliche Wassersportarten und alle erdenklichen anderen Sportarten ausüben, im Winter jede Art von Wintersport betreiben. Vor allem bei Deutschen und Schweizern ist das – allerdings relativ teure – Helikopter-Skifahren beliebt. Auskünfte erhalten Sie bei: *Banff Helicopter Skiing,* P.O. 895, Banff, Alta TOL OCO (Kananaskis Range); *Canadian Mountain Holiday,* Banff, Alta TOL OCO (für Bugaboos und Cariboo); *Mike Wiegele,* Box 1824, Banff, Alta TOL OCO (für Cariboo und Monashee); *Whistler Mountain Resort,* Whistler, B.C. VON IBO (für die Coast Mountains).

Kanada ist vor allem ein Paradies für die Kanuten. *Canoe-Outfitters* vermieten die nötige Ausrüstung, vom Kanu bis zur Sonnenbrille, von den genauen Karten bis zum Moskitoschutzmittel. Die Adressen sind bei den Fremdenverkehrsbüros erhältlich.

In den siebziger Jahren haben *Parks-Canada* Entdeckungsfahrten in Kanus auf den wilden Flüssen aller Provinzen organisiert. Die Beschreibungen der dabei getesteten Kanu-Routen sind inzwischen vergriffen. In Zusammenarbeit mit Parks-Canada ist 1987 eine Beschreibung der 60 besten Routen in deutscher Sprache bei Diekmann/Thieme erschienen. Die beiden Bände, vom Autor dieses Reiseführers verfaßt, enthalten genaue Routenbeschreibungen, dazu Informationen über topographische Karten und vieles mehr.

Ebenso beliebt wie das Kanufahren ist in Kanada das Wandern. Oft verbindet man beides. Schon die Nationalparks bieten Dutzende von Möglichkeiten. Wer das Ungewöhnliche sucht und geführte Wanderungen, Fahrradtouren und dergleichen machen möchte, wende sich an *Canadian Nature Tours,* 355 Lesmill Road, Don Mills, Ontario M3B 2W8, ✆ 416/444 8419. Besondere Angebote sind zum Beispiel eine Woche mit Wanderungen auf Grand Manan in der Bay of Fundy, der *Trail of '98,* die Wanderung über den Chilkoot Paß, oder *The Gaspé,* eine sechstägige Wanderung auf der Gaspé-Halbinsel.

Foto- und Filmtips

Kanada ohne Kamera zu bereisen, ist geradezu undenkbar. Es gibt hier zu viele Motive, die festgehalten werden wollen. Ganz besonders fotogen sind die Wälder in ihren Herbstfarben und die Wildtiere.

Für die kanadische Winterkälte gelten folgende Regeln: Wechseln Sie den Film in der Wärme, die Kälte macht ihn spröde. Seien Sie also beim Weiterdrehen vorsichtig. Hauchen Sie nicht auf die Linse oder den Sucher, da sich sonst Eis bildet. Bevor Sie in die Wärme zurückkehren, packen Sie Ihre Kamera in einen luftdichten Plastiksack. So bildet sich das Kondenswasser außen am Sack und nicht in der Kamera.

16 mm Farb-Tonfilme über Kanada erhalten Sie vom Deutschen Filmzentrum, Hohenzollernstraße 12, in Bonn. Überdies sind heute unzählige Videofilme über Kanada erhältlich, die von Sehenswürdigkeiten bis zu »Wie lernt man Kanufahren« alles Mögliche zeigen.

Jagd und Angelsport

Kanada ist das Land der Jäger und Angler. Noch gibt es hier Seen und Waldgebiete, denen sich vor Ihnen vermutlich noch kein Mensch genähert hat. Jagdbar sind Hirsche, Elche, Wapitis, Karibus, Bären (Schwarzbär und Grisly), Bergschafe, Dickhornschafe, Bergziegen, Pumas, Wölfe, Vielfraße und viele Arten von Wasservögeln und Niederwild. Jeder Jäger und Angler muß eine entsprechende Lizenz der jeweiligen Provinz besitzen. Auskünfte über Lizenzen, Schonzeiten, Jagdführer, *Outfitters,* Charterflüge in die abgelegenen Gebiete und alles was dazu gehört, erteilen die Touristenbüros der Provinzen oder das *Canadian Government Office of Tourism, Ottawa K1A 0H6* (in der

Bundesrepublik: Kanadisches Fremdenverkehrsamt, Biebergasse 6–10, Frankfurt). Schreiben Sie auch an *Indian and Northern Affairs, Ottawa,* und verlangen Sie die Liste von indianischen *Outfitters.* Am günstigsten ist es natürlich, wenn man Bekannte hat, mit denen zusammen man etwas organisieren und unternehmen kann. Die in Kanada ansässigen Deutschen, Österreicher und Schweizer sind oft begeisterte Jäger und helfen gerne aus. Die Gastfreundschaft dieser Leute, und überhaupt aller Kanadier, ist oft unglaublich. Sie schicken einen Besucher zu Bekannten eines Freundes, zu Bekannten eines Freundes eines Bekannten, und so durch das ganze Land.

Von Europa aus organisierte Jagdreisen sind teuer bis sehr teuer. Da Angebote und Preise sich mindestens einmal jährlich ändern, sei hier nur ein Beispiel angeführt: Eine 14tägige Jagd im nördlichen British Columbia, von Terrace aus, kostet ohne den Flug nach Vancouver und Terrace als Kombinationsjagd auf Bergziege, Elch und Schwarzbär (15. September bis 1. November) für zwei Jäger mit zwei Jagdführern rund 4300 Dollar; wird noch ein Grisly geschossen, kommen weitere 1600 Dollar dazu. Jagdlizenzen – in den meisten Provinzen rund 100 Dollar für Großwild, und Abschußlizenzen, wiederum rund 100 Dollar, sind im Preis nicht inbegriffen.

Auch das Fischen ist nicht unbedingt billig: 7 Tage auf den Queen-Charlotte-Inseln zum Fang von *Coho Salmon* (10. September–30. Oktober) oder *Steelhead* (1. Januar–30. April) kosten – ohne den Flug nach Vancouver und Sandspit – etwa 900 Dollar.

Wenn Sie sich für Jagd und Fischfang interessieren, werden Sie allerdings kaum irgendwo bessere Verhältnisse antreffen. Verlangen Sie bei Ihrem Reisebüro Spezialprospekte für Jagd und Angelsport mit den neuesten Angaben.

Zeitungen

Es würde zu weit führen, hier Kanadas Tageszeitungen, die auf Englisch und Französisch in allen Teilen des Landes erscheinen, einzeln aufzuführen. Doch ist die lokale Tageszeitung eine ausgezeichnete Informationsquelle, ganz besonders – und das ist für den Besucher wichtig – in Sachen Unterhaltung.

Aus ihr erfährt man alles Wissenswerte über Kino, Theater, Oper, Konzert, über Museen und Ausstellungen, Nightclubs usw. Deutschsprachige Zeitungen (und andere »fremdsprachige« Zeitungen) sind in den größeren Städten relativ leicht erhältlich und werden teilweise auch in diesen Städten publiziert.

Neben den Tageszeitungen ist vor allem das *Maclean's Magazine* zu empfehlen, das einen ausgezeichneten Einblick ins heutige Kanada bietet, oder das französischsprachige Magazin *L'actualité,* zusammen mit *Saturday Night.*

Literatur

An dieser Stelle möchte ich einige Bücher erwähnen, die Ihnen auf Ihrer Forschungsreise durch Kanada unschätzbare Dienste leisten können. Kaufen Sie diese, sobald Sie in Kanada ankommen, im nächsten Buchladen!

– Reader's Digest/CAA Illustrated Guide, *Explore Canada.* Das 380seitige Werk beschreibt 1200 Orte in Kanada, enthält 700 Farbbilder und Karten.

– Reader's Digest/CAA *Canadian Book of the Roads, A Complete Motoring Guide to Canada.* Enthält eine unglaubliche Fülle von Auskünften über Tausende von Dingen entlang der kanadischen Straßen.

– Reader's Digest *Outdoors Canada* mit Kapiteln über Wildtiere, Pflanzen, Wetter, Campieren, Kochen am Lagerfeuer, Sport, und 49 Karten

– Reader's Digest *Heritage Canada,* ein genauer Führer in die Vergangenheit Kanadas mit Karten zu allen historischen Stätten und Parks

– Reader's Digest *Scenic Wonders of Canada,* ein Führer in die Nationalparks und über die landschaftlichen Wunder

– Anne Hardy *Where to Eat in Canada*

– Diekmann/Thieme *Wildnis privat,* der Ratgeber für Kanutouren in Kanada

– Diekmann/Thieme *Kanu-Atlas Kanada,* 2 Bde.

Wichtige Adressen in Kanada

Botschaft der Bundesrepublik Deutschland
Embassy of the Federal Republic of Germany
1 Waverley Street
Ottawa, Ont. K1N 8V4
✆ 613/232-1101

Schweizerische Botschaft
Embassy of Switzerland
5 Marlborough Avenue
Ottawa, Ont. K1N 8E6
✆ 613/235-1837/8

Österreichische Botschaft
The Austrian Embassy
445 Wilbrod Street
Ottawa, Ont. K1N 6M7
✆ 613/563-1444

Deutsche Konsulate
Edmonton:
2500 CN Tower,
10004 104th Avenue,
Generalkonsulat
✆ 403/422-6421
Montreal:
3455 rue de la Montagne
✆ 514/286-1820
Toronto:
77 Admiral Road, ✆ 416/925-2813
Vancouver:
325 Howe Street
✆ 604/684-8377

Schweizerische Konsulate
Montreal:
1572 Avenue Dr. Penfield
✆ 514/932-7181/2
Toronto:
100 University Avenue, Suite 1000
✆ 416/593-5371/3
Vancouver:
505 Burrard Street, Suite 1130
✆ 604/684-2231

Österreichische Konsulate
Calgary:
1131 Kensington Road NW
✆ 403/283-6526
Halifax:
1718 Argyle Street
✆ 902/429-8200
Montreal:
1350 ouest, rue Sherbrooke
Suite 1030
✆ 514/845-1725

Toronto:
390 Bay Street, Suite 2018
✆ 416/863-0649
Vancouver:
525 Seymour Street
✆ 604/683-7571

Air Canada
Place Air Canada
500 Dorchester Boulevard West
Montreal, Que. H2Z 1X5

Adressen der Informations-Büros

Kanada	The Canadian Government Office of Tourism, Ottawa K1A 0H6
New Brunswick	Department of Natural Resources, Fish and Wildlife Branch, 349 King Street, Fredericton, New Brunswick E3B 5H1
Nova Scotia	Department of Lands Forests, P. O. Box 698, Halifax, Nova Scotia B3J 2T9
Prince Edward Island	Fish and Wildlife Division, Department of Community and Cultural Affairs, P. O. Box 2000, Charlottetown, Prince Edward Island C1A 7N8
Newfoundland and Labrador	Tourist Services, Department of Development and Tourism, P. O. Box 2016, St. John's, Newfoundland A1C 5R8
Quebec	Ministère du Loisir, de la Chasse et de la Pêche, Direction des communications, 150, boulevard Saint-Cyrille est, Quebec G1R 4Y1
Ontario	Ministry of Natural Resources, Wildlife Branch, Queens Park, Toronto, Ontario M7A 1W3
Manitoba	Travel Manitoba, Department 7020, 155 Carlton Street, 7th Floor, Winnipeg, Manitoba R3C 3H8
Saskatchewan	Tourism Saskatchewan, 2103 11th Avenue, Regina, Saskatchewan S4P 3V7
Alberta	Fish and Wildlife Division, Alberta Energy and Natural Resources, 8th Floor, South Tower, Petroleum Plaza, 9915 108th Street, Edmonton, Alberta T5K 2C9
British Columbia	Fish and Wildlife Branch, Ministry of the Environment, 780 Blanshard Street, Victoria, B. C. V8W 2H1
Yukon	Tourism Yukon (CG), P. O. Box 2703, Whitehorse, Yukon Y1A 2C6
Northwest Territories	Wildlife Service, Renewable Resources, P. O. Box 2668, Yellowknife, Northwest Territories X1A 2P9

Informationen über Kanada

Für zusätzliche Auskünfte über Kanada vor Reiseantritt können Sie sich an folgende kanadische Dienststellen wenden:

In Deutschland

Kanadische Botschaft
Friedrich-Wilhelm-Straße 18
D-5300 Bonn 1, ✆ 02 28/23 10 61

Kanadische Botschaft
Einwanderungsabteilung
Godesberger Allee 119
D-5300 Bonn 2, ✆ 02 28/81 00 60

Kanadisches Konsulat
Esplanade 41–47
D-2000 Hamburg 36, ✆ 0 40/33 02 47

Kanadisches Konsulat
Immermannstraße 65 d/3. Stock
D-4000 Düsseldorf, ✆ 02 11/35 34 71

Délégation Québec
Königsallee 30
D-4000 Düsseldorf, ✆ 02 11/32 08 16

Wichtigste Adresse
Kanadisches Fremdenverkehrsamt
Taunusstraße 52–60
D-6000 Frankfurt a. M.
✆ 0 69/23 03 74

Air Canada
Düsseldorf: Steinstraße 1
✆ 02 11/8 04 51
Frankfurt: Friedenstraße 7
✆ 0 69/25 01 31
Hamburg: Gänsemarkt 21–23/3. Stock
✆ 0 40/34 12 96/7
Hannover: Georgstraße 48
✆ 05 11/1 84 41/2
München: Oskar von Miller Ring 36
✆ 0 89/28 84 51

In der Schweiz

Kanadische Botschaft
Kirchenfeldstraße 88
CH-3005 Bern, ✆ 0 31/44 63 81

Consulat du Canada
Avenue de Budé 8
CH-1200 Genève, ✆ 0 22/34 19 50

Air Canada
Zürich: Löwenstraße 56
✆ 01/2 11 07 77
Genf: 1–3 Rue Chantepoulet
✆ 0 22/7 31 49 80

In Österreich

Kanadische Botschaft
Dr. Karl-Lueger-Ring 10
A-1010 Wien
✆ 02 22/5 33 36 91

Air Canada
Wien: Opernring 13
✆ 02 22/56 74 74

1 2 3 Feiertage

In Kanada gibt es die folgenden Festtage, an denen die meisten Ämter, Museen, Banken, Postämter, Restaurants und Geschäfte geschlossen sind: Neujahr, Karfreitag, Ostermontag, Victoria Day (22. Mai), Dominion Day (1. Juli), Labour Day (4. September), Thanksgiving Day (9. Oktober), Remembrance Day (11. November), Weihnachten und Boxing Day (26. Dezember). Wenn diese Feiertage auf ein Wochenende fallen, ist der folgende Montag frei. Dazu gibt es in den verschiedenen Provinzen noch zusätzliche Feiertage.

Informationen New Brunswick

New Brunswick auf einen Blick

Name	New Brunswick, Nouveau Brunswick, N.B.
Hauptstadt	Fredericton
Fläche	73 436 km^2
Einwohner	ca. 720 000
Sprache	Englisch, Französisch
Bevölkerung	60 Prozent englischsprachig, 40 Prozent französischsprachig (Die meisten Franko-Newbrunswicker sprechen auch englisch.)
Küste	2256 km, Chaleur Bay, Northumberland Strait, Bay of Fundy

Geographie

Rund 88 Prozent der Provinz sind mit Wald bedeckt. Der größte Teil ist hügelig, mit bergigen Gebieten im Norden. Mount Carleton ist mit 900 m ü.d.M. der höchste Gipfel. Vor der Küste liegen zahlreiche Inseln und lange, einladende Sandstrände. Die Seen und Flüsse sind berühmt für ihren Bestand an Atlantiklachsen.

Klima

Juli und August sind normalerweise die wärmsten Monate. Herbst und Frühling haben milde bis warme Tage und kühle Nächte. Die Winter sind kalt und schneereich.

Reisezeit

Das ganze Jahr hindurch. Von Mai bis September ist das beste Urlaubswetter. Auch Oktober ist zu empfehlen, wenn der größte Touristenrummel vorbei ist und die Wälder ihre schönsten Farben tragen.

Wie kommt man hin? Wie reist man?

Mit dem Flugzeug

New Brunswicks drei große Flugplätze Moncton, Saint John und Fredericton werden sowohl von Air Canada wie von Canadian Airlines International und Air Atlantic angeflogen. Air Atlantic bedient die kleineren Orte und steht mit Canadian in Partnerschaft. Canadian fliegt auch auf die Magdalen Islands, nach Sept Iles an der Nordküste vom St. Lorenzstrom, nach Churchill Falls und Goose Bay in Labrador sowie nach Halifax und Orten in Neufundland.

Mit der Bahn
VIA-Verbindungen von Montreal über Matapédia, Campbellton, Moncton, Saint John nach Fredericton.

Mit dem Schiff
Saint John ist einer der wichtigen Häfen in Kanada. Er ist auch im Winter eisfrei; hier legen Schiffe aus aller Welt an. Zwischen New Brunswick und den Nachbarprovinzen verkehren Fähren, auch auf die Inseln. Die Fähre nach P.E.I. verkehrt zwischen Cape Tormentine und Borden. Digby in Nova Scotia ist der Ausgangspunkt nach Saint John.

Mit dem Auto
Die Provinz verfügt über ein ausgezeichnetes Straßennetz. Speziell markierte Routen (diese sind auch auf der offiziellen Straßenkarte eingezeichnet) wie *Acadian Trail, Fundy Trail, The River Route* (entlang des Saint John) und *Nashwaak-Miramichi Trail,* machen es dem Besucher leicht, die schönsten Orte in der Provinz zu sehen. Immer empfehlenswert sind aber auch die Seitenstraßen, abseits des großen Touristenstroms. (Eine genauere Beschreibung dieser Routen findet der Leser im allgemeinen Teil unter »Streifzug durch die Provinzen«.)

Mit dem Bus
Ein ausgezeichnetes und relativ billiges Busnetz verbindet praktisch alle Orte in New Brunswick untereinander. SMT (Eastern) Ltd. verkehrt zwischen allen größeren Orten. Im nördlichen Teil verbindet Voyageur Quebec regelmäßig Edmundston und Campbellton mit der Provinz Quebec. Für junge Leute aus dem Ausland gelten spezielle Tarife; erkundigen Sie sich danach.

Verkehr
Die Höchstgeschwindigkeit ist 100 km/h, innerorts 50 km/h (wenn nicht anders vorgeschrieben). Ein Schulbus, dessen rote Lichter blinken, darf nicht überholt oder gekreuzt werden.

Sprachschwierigkeiten
Wer Englisch und/oder Französisch spricht, hat keine. Die Leute sind sehr freundlich, und man fragt sich überall durch (auch mit Zeichensprache).

Shopping
New Brunswick ist bekannt für ausgezeichnetes Kunsthandwerk, vor allem Zinnkrüge, Handgewebtes, Keramik, Schnitzereien, Drechslerarbeiten, Kerzen, Glasbläserarbeiten, außerdem für indianische Kunst. Sie werden also keine Mühe haben, hübsche Souvenirs zu kaufen. Die meisten Künstler und Kunsthandwerker – immer interessante Leute – empfangen gerne Besucher in ihren Studios.

Kleidung
Man trägt allgemein sportliche Kleidung, Jeans sind immer Trumpf, ebenso T-Shirts. Nehmen Sie einen Pullover oder eine Jacke mit, die Winde vom Meer her sind oft kühl. Im Winter ist warme Kleidung notwendig: Pullover, warmer Mantel, Parka, Daunenjacke, Wollmütze, Handschuhe, warme Schuhe und Stiefel. Nehmen Sie sich die Einheimischen zum Vorbild!

Kulinarisches New Brunswick

Als Meeresprovinz hat New Brunswick ausgezeichnete Restaurants, die Meeresfrüchte anbieten. Besonders bekannt und an der Küste überall angepriesen sind Hummer und Krebse. Nicht vergessen dürfen Sie natürlich die Lachse und Forellen, für welche die Provinz weltberühmt ist. Auch *Fiddleheads,* ein spargelähnliches Gemüse, eine Spezialität der Provinz, sollte jeder Besucher kosten. Dasselbe gilt für *Dulse,* einen eßbaren Seetang. Das Verkehrsbüro hat einen ausführlichen Restaurantführer.

Sportmöglichkeiten

Beliebt sind Wandern, Schwimmen, Reiten, Golf, Tennis und Fischen. Im Winter ist Motorschlittenfahren Trumpf; daneben werden aber auch die weniger lärmigen (und gesünderen) Sportarten ausgeübt, zum Beispiel Langlauf, Skifahren, Schneeschuhlaufen, Eislaufen.

Jagd und Fischerei

Für Besucher, welche die Gegend nicht kennen, sind die Dienste eines Jagdführers unentbehrlich. *Outfitters* offerieren alles, was für eine Jagd oder einen Angelurlaub nötig ist, Mahlzeiten, Unterkünfte, Führer und Ausrüstung. Wenn Sie den Atlantiksalm fischen wollen, sind Sie verpflichtet, einen Führer anzuheuern. Dasselbe gilt auch für die Großwildjagd. Lizenzen für Lachse kosten rund 75 Dollar pro Saison (35 Dollar für 7 Tage) und sind für alle Fischarten gültig. Hochseefischen ist an der ganzen Küste sehr beliebt. Charterboote – in fast allen Fischerdörfern erhältlich – kosten weniger als 10 Dollar pro Person für drei oder vier Stunden. Thunfischfang ist entsprechend teurer, doch wird auch hier alles zur Verfügung gestellt. *Tourism New Brunswick* gibt genaue Auskunft. Großwildjagden auf Hirsche, Bären, Elche sind leicht zu arrangieren. Führer sind obligatorisch. Jagdflinten dürfen ins Land gebracht werden, doch automatische Waffen und Revolver oder Pistolen sind verboten. Dies gilt für ganz Kanada.

Was man unbedingt sehen und tun sollte

Man sollte St. Andrews-by-the-Sea, Fredericton und die gedeckten Brükken besuchen, die River Road befahren, Lachse fischen und in Shediac Hummer essen, die Hopwell Rocks, Fundy Nationalpark und Campobello Island besuchen.

Die wichtigsten Veranstaltungen

Natal Days in Moncton, letzte Woche Juni; *Miramichi Folksong Festival,* Newcastle, Juni; *Loyalist Days,* Saint John, Juli; *Good Neighbor Days* in Fredericton, erste Woche Juli; *Salmon Festival* in Campbellton im Juli; *Lobster Festival* in Shediac, zweite Woche Juli; *Foire Brayonne,* Edmundston, Juli–August; *Lumbermen's Festival,* Edmundston, August; *Acadian Festival* in Caraquet im August; *Atlantic National Exhibition* in Saint John, erste Woche im September.

Informationen Nova Scotia

Nova Scotia auf einen Blick

Name	Nova Scotia, Neuschottland, N.S.
Hauptstadt	Halifax
Fläche	55 491 km²
Einwohner	
Sprache	Englisch, Französisch, Gälisch
Bevölkerung	77 Prozent englischer, 10 Prozent französischer Abstammung. Übrige: Iren, Schotten, Deutsche, Schwarze usw.
Küste	7400 km

Geographie

Nova Scotia erstreckt sich in nordwestlicher Richtung und ist nur durch eine schmale Landzunge mit dem übrigen kanadischen Festland verbunden. Cape Breton Island nimmt rund ein Drittel der Landmasse in Anspruch und ist durch den Canso-Damm mit der übrigen Provinz verbunden. Zu Nova Scotia gehört Sable Island, rund 320 km östlich von Halifax im Atlantik. Ungefähr drei Viertel der Provinz sind mit Wald bedeckt, und über 300 Flüsse und 3000 Seen laden zum Fischen ein.

Klima

Die Sommermonate sind warm und sonnig, beeinflußt vom Meer, das nie weiter als 56 km entfernt ist. Im Frühling herrscht an der Küste oft Nebel, die Herbsttage sind herrlich mild und die Winter klar und kalt.

Reisezeit

Ganzes Jahr. Von Mai bis Oktober ist das schönste Urlaubswetter, im August sind die wärmsten Tage. Ausgezeichnet ist der Herbst, wenn die Landschaft die schönsten Farben trägt.

Wie kommt man hin? Wie reist man?

Mit dem Flugzeug

Air Canada fliegt von Zentren wie New York, Boston, Montreal, Ottawa und Toronto aus Nova Scotias Flughäfen von Yarmouth, Sydney und Halifax an. Canadian Airlines International verbindet diese Zentren mit Halifax und hat Verbindungen mit den restlichen Provinzen. Air Atlantic fliegt die Atlantik-Provinzen an.

Mit der Bahn

VIA-Verbindungen von New Brunswick (mit Anschluß von Toronto, Montreal) über Moncton, Truro nach

North Sidney und über Moncton, Truro, Halifax nach Kentville, Digby und Yarmouth.

Mit dem Schiff

Schiffe aus aller Welt legen im Hafen von Halifax an, der auch im Winter eisfrei ist. Fähren verbinden Nova Scotia mit sechs Orten in Kanada und den USA: Portland (Maine) – Yarmouth, Bar Harbour (Maine) – Yarmouth, Saint John N.B. – Digby, Wood Island P.E.I. – Caribou, Argentia Nfdl. – North Sydney, Port Aux-Basques Nfdl. – North Sydney.

Mit dem Auto

Einreisepunkt von New Brunswick über den Trans-Canada Highway ist Amherst. Die Straße durchquert die Provinz und endet in North Sydney auf Cape Breton Island. Nova Scotia hat über 9000 km geteerte Straßen. Besonders markierte Routen, zum Beispiel *Sunrise Trail, Evangeline Trail, Marine Drive, Lighthouse Route* usw. (sie sind unter »Streifzug durch die Provinzen« beschrieben) führen die Besucher in die schönsten Gegenden. Besonders zu empfehlen sind die vielen Nebenstraßen.

Mit dem Bus

Die Acadian Lines verkehren zwischen Halifax und North Sydney, zwischen Amherst und Yarmouth und allen Orten, die dazwischen liegen. Andere Gesellschaften verkehren auch auf Cape Breton Island. Das Tourist Office kann Ihnen spezielle Touren empfehlen.

Verkehr

Höchstgeschwindigkeit ist 100 km/h, innerorts 50 km/h. Besondere Vorsicht bei Schulbussen!

Sprachschwierigkeiten

Wer Englisch spricht, hat keine; Französisch hilft, und Gälisch wäre besonders interessant.

Shopping

Die Provinz hat ausgezeichnete Künstler und Kunsthandwerker. Sie pflegen die alten Bräuche und Handfertigkeiten bis heute und stellen noch vieles her, was früher dem täglichen Gebrauch diente: *Quilts* (aus bunten Stoffen zusammengesetzte oder auch bestickte, meist mit Kapok gefüllte Decken), Schnitzereien, Puppen, Möbel, Keramik, Wollsachen, geknüpfte Teppiche, Glasmalereien.

Kleidung

Wie überall in Kanada sportlich. Es empfiehlt sich immer ein Pulli, die Winde am Meer sind oft kühl. Die Winter sind echt »kanadisch« und erfordern warme Mäntel, Parkas, Daunenjacken usw., dazu wollene Mützen, warme Handschuhe und Schuhe.

Kulinarisches Nova Scotia

Als Meeresprovinz bietet Nova Scotia natürlich Meeresfrüchte an; Hummer, Muscheln und Fische aller Art werden überall zubereitet. Wenn die Fischer vom Fang heimkommen, können Sie in den kleinen Dörfern an der Küste ganz besonders günstig einkaufen. Andere Spezialitäten sind Rhabarbersaft mit Zitrone, Orange und Nelken; Apfelgerichte aus Annapolis Valley und Raspberry Vinegar. Vom Tourist Office erhalten Sie einen Restaurantführer.

Sportmöglichkeiten

Als »Spielplatz des Atlantik« bietet Nova Scotia an: Golf, Tennis, Wandern, Schwimmen, Fischen (Süß- und Salzwasser), Tauchen, Segeln, Kanufahren, Trabrennen, Skifahren, Schneeschuhlaufen, Eisfischen.

Jagd und Fischerei

An der Küste liegen Hunderte von Fischerdörfern. Die Fischer sind die besten Führer für die Hochseefischerei; Boote und Mannschaften können überall angeheuert werden. Kosten pro Tag rund 90 bis 100 Dollar (Richtwert 1980); Thunfischfang ist teurer, aber spezielle Lizenzen sind nicht notwendig. Angler, die sich auf die Seen und Flüsse spezialisieren, kommen hier ebenfalls auf ihre Rechnung. Besonders bekannt sind Atlantiklachse und Forellen.

Fremde zahlen rund 20 Dollar für einen Jagdschein und müssen die Dienste eines Führers beanspruchen, von denen es hier über 600 gibt.

Was man unbedingt sehen und tun sollte

Man sollte den *Cabot Trail* befahren; Peggy's Cove, Lunenburg und Liverpool besuchen; an der Küste frische Hummer am Lagerfeuer kochen; die Festungen in Port Royal, Louisbourg und Halifax besichtigen; das Annapolis Valley während der Apfelblütezeit durchqueren.

Die wichtigsten Veranstaltungen

Annapolis Apple Blossom Festival in Wolfsville, letzte Tage im Mai; Schottische Clans in Pugwash am 1. Juli; *Schooner Race Week* in Lunenburg, Mitte Juli; *Highland Games,* Antigonish, Juli; *Natal Day,* Halifax, 24. Juli; *Festival of the Arts* in Halifax im August; *Gaelic Mod,* St. Ann's, August; *Fishermen's Reunion,* Halifax, September.

Informationen Prince Edward Island

P.E.I. auf einen Blick

Name	Prince Edward Island, P.E.I.
Hauptstadt	Charlottetown
Fläche	5660 km²
Einwohner	ca. 130 000
Sprache	82 Prozent Englisch, 17 Prozent Französisch
Bevölkerung	62 Prozent englischer, 20 Prozent irischer, 17 Prozent französischer Abstammung

Geographie

Über 90 Prozent der Inselfläche sind landwirtschaftlich genützt; die höchsten Hügel sind hier nur 150 Meter hoch. Um die Insel ziehen sich kilometerlange Sandstrände, viele davon mit rotem Sand, es gibt unzählige Buchten und Kaps. Vor der Küste liegen zahlreiche kleinere Inseln.

Klima

Die Sommermonate auf der Insel sind geradezu ideal für Ferien, Strände laden überall zum Baden ein. Stetige Winde machen die Abende oft kühl, vertreiben aber auch den Nebel. Die Winter sind sehr kalt und schneereich.

Reisezeit

Ganzes Jahr. Beste Reisezeit sind zweifellos die Sommermonate, wenn die See warm genug zum Baden ist und das Wetter gut zum Zelten. Im September, wenn die kanadischen und amerikanischen Kinder wieder in die Schule zurückkehren, sind die meisten einheimischen Touristen wieder zu Hause, und der Besucher hat etwas mehr Ruhe.

Wie kommt man hin? Wie reist man?

Mit dem Flugzeug

Air Canada fliegt von Toronto über Ottawa nach Charlottetown, und Air Atlantic hat, in Partnerschaft mit Canadian Airlines International, tägliche Flüge von Halifax nach Charlottetown und fliegt auch die Magdalen Islands an.

Mit der Bahn

VIA-Services. Busse verkehren von Moncton, N. B., über Cape Tormentine, Borden (Fähre), Summerside, Kensington, Hunter River nach Charlottetown. Moncton hat Bahnanschluß aus Halifax und Montreal.

Mit dem Schiff

Vom frühen Morgen bis tief in die Nacht hinein verkehren täglich verschiedene Fährschiffe zwischen New Brunswick (Cape Tormentine) und P.E.I. (Borden), sowie Caribou (N.S.) und P.E.I. (Wood Island). Ein weiteres Fährschiff verkehrt zwischen Souris auf P.E.I. und den Magdalen Islands.

Mit dem Auto

Der Trans-Canada Highway führt von Cape Tormentine nach Borden, durchquert die Insel und kehrt via Wood Island und Caribou wieder aufs Festland zurück. Drei besonders markierte Rundfahrten führen den Besucher zu den besten Stränden und durch die schönsten Gegenden. Die Distanzen sind hier für kanadische Begriffe sehr klein, und jede Nebenstraße führt bald wieder auf die Hauptstraße zurück.

Mit dem Bus

Abegweit Sightseeing Tours haben das Hauptdepot in Charlottetown. SMT (Eastern) Ltd. verkehrt zwischen Souris, Charlottetown, Borden, Summerside, Tingish.

Sprachschwierigkeiten

Wer Englisch und/oder Französisch kann, hat keine.

Shopping

Auch auf P.E.I. leben ausgezeichnete Künstler und Kunsthandwerker, die Metall zu Anhängern, Holz zu Schnitzereien, farbige Gewebe zu *Quilts* und Lehm zu Keramik verarbeiten. Lederwaren, Glasbläsereiarbeiten und Webereiartikel sind ebenfalls zu empfehlen.

Kleidung

Sportlich und fürs Theater in Charlottetown elegant. Jacke oder Pulli sind immer angebracht. Der Winter verlangt »kanadische« Kleidung, also warme Mäntel, Daunenjacken, Parkas, dazu natürlich Wollmützen, warme Handschuhe und Schuhe.

Kulinarisches P.E.I.

Die Insel ist berühmt für ihre ausgezeichneten Gemüse und Kartoffeln. Eine besondere Spezialität sind die Malpeque-Austern, die, laut Experten, zu den besten überhaupt gehören. Auch Hummer ist immer eine Delikatesse, ebenso die anderen Meeresfrüchte.

Sportmöglichkeiten

Als Ferienparadies hat die Insel keinen Mangel an Sportmöglichkeiten und Wassersportarten, zum Beispiel Segeln, Kanufahren, Fischen, Baden, aber auch Golf und Tennis. Besonders beliebt ist hier der Pferdesport, und die Trabrennen sind fast zum Symbol der Insel geworden.

Jagd und Fischerei

Die Jagd beschränkt sich hier auf die Niederwildarten und Vögel, doch wird die Hochseefischerei besonders eifrig betrieben. North Lake, am östlichen Ende der Insel gelegen, ist bekannt als die »Thunfisch-Hauptstadt« der Welt. Charterboote sind relativ günstig überall erhältlich, aber auch für Süßwasserangler bietet die Insel mit ihren zahlreichen kurzen Flüssen ausgezeichnete Möglichkeiten.

Was man unbedingt sehen und tun sollte

Man sollte die herrlichen Sandstrände besuchen und irgendwo ein Zelt aufschlagen; am Lagerfeuer frische Hummer kochen; das Confederation Centre in Charlottetown und die *Summer Musicals* besuchen; auf Thunfischfang gehen; in einem der Kirchgemeindehäuser an einem *Lobster Supper* mit frischem Brot, Gemüsen und Erdbeeren teilnehmen. (Die Preise sind unglaublich günstig, und man lernt die Einheimischen kennen.) Fragen Sie beim Tourist Office.

Die wichtigsten Veranstaltungen

Old Home Week in Charlottetown (mit Trabrennen), Mitte August; *Lobster Festival* in Summerside, Mitte Juli; tägliche *Lobster Supper* (siehe oben) im Juli und August, in Hopa River, New Glasgow, O'Leary, Charlottetown; *Oyster Festival* im Tyne Valley, erste Woche August.

Informationen Neufundland

Neufundland auf einen Blick

Name	Newfoundland, Labrador, Nfdl.
Hauptstadt	St. John's
Fläche	404 517 km² (Newfoundland 112 300 km², Labrador 292 217 km²)
Einwohner	ca. 580 000
Sprache	Englisch. An der Westküste zum Teil noch Französisch und in Labrador vereinzelte Eskimo- und Indianerdialekte.
Bevölkerung	90 Prozent englischer und irischer Abstammung
Küste	Newfoundland rund 10 000 km, Labrador 7840 km

Geographie

Die Provinz Neufundland besteht aus der Insel gleichen Namens und einem Teil von Labrador, der an Quebec angrenzt. Die schmale Strait of Belle Isle trennt die beiden Gebiete voneinander. Die Insel, grob gesehen ein Dreieck, hat eine wild zerklüftete Landschaft, die von den Longe Range Mountains im Westen (höchster Berg ist Cirque Mountain, rund 1700 m) gegen Osten und Süden abfällt. Unzählige Flüsse, die größten davon Humber, Exploits, Gander und Terra Nova, und Hunderte von Seen sind reich an Fischen; viele sind Laichplätze für den Atlantiklachs. Ungefähr die Hälfte der Landfläche ist mit Wald bedeckt, der Rest zum größten Teil öd (Barrens), mit Marschland, Gras, verkrüppelten Bäumen und Sträuchern.

Labrador befindet sich auf der gleichen geographischen Breite wie die Britischen Inseln. Im Norden stößt man auf Berge, sie sind bis zu 1700 m hoch.

Klima

Neufundlands Klima wird durch die kalte Labrador-Strömung beeinflußt, die an beiden Küsten vorbeizieht. So sind auch die Sommer relativ kühl; selbst August-Temperaturen sind selten sehr hoch. Das gleiche gilt für Labrador, das sich im Norden der Arktis nähert. Im großen ganzen sind die Sommer kühler und die Winter wärmer als auf dem gleichen Breitengrad im übrigen Kanada. Wenn die Südostwinde die warme Luft des Golfstromes über die kalte Luft der Labradorströmung hereinblasen, ist die Südküste oft neblig.

Reisezeit

Das ganze Jahr. Für Ferien ist, wie in den anderen Atlantikprovinzen, vom Mai bis September oder Oktober die beste Reisezeit. Der Herbst ist besonders schön, sowohl in Neufundland wie auch in Labrador, wo der »Indianersommer« (August–September) eine ausgeprägte Jahreszeit ist. Moskitos und *Blackflies* sind im Sommer zahlreich und werden schlimmer, je weiter man gegen Norden kommt. Die Winter sind schneereich, aber nicht besonders kalt.

Wie kommt man hin? Wie reist man?

Mit dem Flugzeug

Air Canada von Toronto, Montreal, Moncton, Halifax, Sydney und allen größeren Orten nach Gander, St. John's, Deer Lake usw. Canadian Airlines International hat ebenfalls sehr gute Verbindungen zu allen größeren Orten, und Air Atlantic verbindet St. John's mit Stephenville und Halifax. Von St. John's und Deer Lake fliegt Canadian nach den größeren Orten in Labrador.

Mit der Bahn

Am 1. September 1988 wurde in Neufundland jeglicher Zugverkehr eingestellt. Das Geld, das bisher in die Schmalspurbahn gesteckt wurde, soll nun dem Straßenbau zugeführt werden, das Bahnpersonal wird pensioniert oder umgeschult. Die Schmalspurigkeit, Wetter, rauhes Terrain und die Langsamkeit der Züge waren die Hauptgründe für die Schließung der Bahnlinien.

Mit dem Schiff

Die CN betreibt Fähren für Passagiere und Fracht zwischen North Sydney N.S. und Port-aux-Basques resp. Argentia. Ebenfalls von der CN betrieben sind die Küstenschiffe, die regelmäßig die Außenposten von Neufundland und Labrador anlaufen, die nicht durch Straßen erschlossen sind. Eine Fahrt mit diesen Küstenschiffen ist für den, der nicht Auto fahren will, übrigens bei weitem die beste Art und Weise, die Provinz zu sehen.

Mit dem Auto

Ausgangspunkt für Autoreisen in Neufundland sind Port-aux-Basques und Argentia. Hauptstraße ist der Trans-Canada Highway, der die ganze Insel durchquert. Daneben existieren gegenwärtig rund 3500 km weiterer Straßen, die selbst in abgelegene Dörfer führen. In Labrador ist das Straßennetz noch nicht sehr ausgebaut, doch ist hier der Charterflugverkehr sehr populär.

Mit dem Bus

Busse – »Roadcruisers« – der Terra Transport Ltd. verkehren zweimal täglich zwischen Port-aux-Basques und St. John's (über Corner Brook und Grand Falls); Dauer der Fahrt mindestens 13½ Stunden. Weiterer Busverkehr von St. John's aus, zum Beispiel nach Portugal Cove, Petty Harbour, Tors Cove, Sable Cove, Argentia, usw. Auch Zentralneufundland und der Westen haben gute und regelmäßige Busverbindungen.

Sprachschwierigkeiten

Wer Englisch spricht, hat keine, doch ist es oft sehr schwer, die Einheimischen zu verstehen, wenn sie ihre eigenen Dialekte sprechen.

Shopping

St. John's ist eine internationale Stadt, in der Schiffe aus aller Welt anlegen. Entsprechend international sind hier die Einkaufsmöglichkeiten. Ausgezeichnete Kunstgegenstände sind überall erhältlich. Gander International Airport führt gute Eskimo-Steinschnitzereien. Kunstgegenstände der Indianer und Eskimo finden Sie auch auf Labrador und in den Warenhäusern.

Kleidung

Sportliche Kleidung ist immer richtig, kühle Abende erfordern einen Pulli, und eine Regenjacke gehört zur ständigen Ausrüstung. Die Winter sind sehr oft naßkalt; warme Kleidung und dazu eine Windjacke sind unbedingt nötig.

Kulinarisches Neufundland

Meeresfrüchte jeder Art sind in ganz Neufundland erhältlich. Lange Zeit gründete sich die Fischereiindustrie auf den Kabeljau, der in alle Welt exportiert wurde. Eine neufundländische Spezialität sind ohne Zweifel die *seal flipper.* Selbst das Wort genügt, um jedem echten Neufundländer das Wasser im Mund zusammenlaufen zu lassen (*Seal flippers* sind nicht etwa nur die eigentlichen Flossen der Robben, sondern auch die Vorderschultern der Tiere). Sie sind so zart, daß man das rote Fleisch mit der Gabel zerlegen kann und schmecken wie gebackene Wildente. Flippers werden gewöhnlich als *meatpies* (Fleischkuchen) serviert, zusammen mit Gemüse.

Sportmöglichkeiten

Labrador und Neufundland sind ein wahres Paradies für den Jäger und Angler. Viele Gegenden sind noch absolute Wildnis, was eine gute Jagd (unter anderem auf Karibus, Elche und Schwarzbären) garantiert. Fremde müssen die Dienste eines Jagdführers in Anspruch nehmen. Sogenannte *Outfitters* sind in Neufundland und auf Labrador leicht erreichbar. Das Tourist Office hat eine Liste mit den Adressen. Die Kosten für eine Jagd mit Führer und allen Nebenleistungen variieren zwischen 250 und 1000 Dollar pro Woche (Richtwerte 1980). Dazu kommt noch die Lizenz. Neufundland hat über hundert sogenannte *scheduled rivers,* an denen die Atlantiklachse nur mit Fliegen gefangen werden dürfen. Eine zweiwöchige Lachslizenz – sie ist auch für alle anderen Fischarten gültig – kostet rund 20 Dollar. Die Hochseefischerei mit Charterbooten ist ebenfalls sehr beliebt, wobei – vor allem an der Ostküste – Thun- und Schwertfische sowie alle anderen Arten gefangen werden. Allein in der Conception Bay gibt es gegenwärtig 30 Charterboote, Vorbestellungen für die Sommermonate sollten so frühzeitig wie möglich erfolgen. Die Kosten betragen um 100 Dollar für maximal fünf Fische und neun Stunden. Gelandete Fische bleiben nach alter Tradition Eigentum des Kapitäns, der Angler nimmt das »Sieges-Foto« mit nach Hause.

Was man sehen und tun sollte

Man sollte die kleinen Fischerdörfer der *Outports* besuchen; das Aviation Museum in Gander besichtigen; St. John's Signal Hill, die National- und Provincial Parks besuchen; auch das Museum der Maritime Archaic People in Port au Choix und die Ausgrabungen in L'Anse aux Meadows; mit den Leuten reden.

Die wichtigen Veranstaltungen

Summer Festivals of the Arts mit Theater, Filmen, klassischer Musik usw. in St. John's während der letzten drei Wochen im Juli; örtliche Messen im September und Oktober.

Informationen Quebec

Quebec auf einen Blick

Name	Quebec, Que.
Hauptstadt	Quebec City
Fläche	1 540 680 km²
Einwohner	ca. 6,6 Millionen
Sprache	Französisch, Englisch
Bevölkerung	85 Prozent französischer, 15 Prozent englischer und anderer Abstammung

Geographie

Quebec nennt sich oft das Land mit einer Million Seen und Flüssen, und tatsächlich mißt seine Süßwasserfläche 184 600 km². Quebec ist aber auch ein Land der Tundra (416 000 km²). Rund 92 Prozent der gesamten Landfläche bestehen aus präkambrischem Gestein, dem Kanadischen Schild. Nur ein

sehr schmaler Streifen Land entlang dem St.-Lorenz-Strom und die Eastern Townships südlich von Montreal sind also für die Landwirtschaft nutzbar. Der südöstliche Teil der Provinz besteht aus dem Hochland der Appalachen; es sind sanfte, abgerundete Hügel, die erst gegen die Gaspé Peninsula etwas höher werden (der Mont Jacques Cartier ist 1400 m hoch).
Zwischen den Laurentians und den Appalachen erstreckt sich die Tiefebene des St. Lorenztales, weiter nördlich ist meilenweite Tundra, ein auch heute noch nur selten von Weißen betretenes Gebiet. Riesige Flächen der Provinz sind mit Wald bedeckt (über 900 000 km^2), und es ist kein Wunder, daß Quebec rund die Hälfte des kanadischen Zeitungspapiers produziert. Mit den reichen Minen und der Landwirtschaft ist Quebecs Wald die wirtschaftliche Basis der Provinz.

Klima
Es versteht sich, daß ein Gebiet, das sich von Norden nach Süden und von Westen nach Osten über nahezu 2000 km erstreckt, kein einheitliches Klima hat. In der ganzen Provinz dauert die frostfreie Zeit jedoch nirgends länger als 120 Tage. Dennoch sind die Sommer, besonders entlang dem St. Lorenz, relativ heiß und feucht, und die kurze Wachstumsperiode bringt bis nach Abitibi hinauf gute Ernten. Die Winter sind lang, kalt und eher schneereich. In Montreal zum Beispiel ist es nichts Besonderes, wenn die Temperatur auf minus 30°C sinkt und gegen 2 m Schnee fallen. Der hohe Norden ist noch kälter, und minus 60° oder 50°C sind nicht allzu selten.

Reisezeit
Ohne Zweifel das ganze Jahr, mit Ausnahme des hohen Nordens, wo die Winter zu kalt werden. Am schönsten sind die Frühlingswochen und die Tage nach dem ersten Frost, wenn die unendlichen Wälder in ihrer ganzen Farbenpracht leuchten, was oft wochenlang dauert.

Wie kommt man hin? Wie reist man?

Mit dem Flugzeug
Quebec hat mit Dorval (am Rande von Montreal) und dem neuen Flughafen Mirabel (rund 50 km entfernt) die beiden größten und meistangeflogenen Flughäfen Kanadas. Verbindungen nach dem übrigen Kanada, nach den USA und Europa sind eine Selbstverständlichkeit. In Quebecs Norden – praktisch ohne Straßen – ist der Charterflugverkehr aufs beste ausgebaut. Air Canada fliegt Montreal, Quebec City, Trois Rivières, Bagotville, Sept Iles, Val d'Or an.
Canadian Airlines International fliegt vom westlichen Kanada, den USA und Toronto nach Montreal und Quebec City und von dort in die Atlantic-Provinzen, ins nördliche Quebec und entlang der North Shore. Partnergesellschaften wie Time Air, Norcan Air, Calm Air und Air Atlantic vervollständigen das gute Flugnetz.
Austin Airways: zwischen Ontario und Quebec, in die Subarktis. Nordair: von Montreal in die Subarktis. Air Gaspé: in die größeren Orte der Gaspé Peninsula.

Mit der Bahn

VIA bedient die folgenden Strecken: Halifax, Moncton, Campbellton, Montreal und weiter gegen Westen; Montreal, Matapédia, Gaspé; Montreal, Sherbrook; Montreal, Chicoutimi, Senneterre; Senneterre, Cochrane (Ont). Spezielle »Rapido«-Züge verkehren zwischen Montreal, Lévis und Quebec; Montreal, Trois Rivières und Quebec; Montreal und Ottawa/Hull; Hull/Ottawa und Toronto; Montreal, Kingston, Belleville und Toronto mit Anschluß nach Westen. Amtrak führt nach New York, Washington, Florida.

Mit dem Schiff

Der St. Lorenz Strom durchschneidet die Provinz. Montreal und Quebec haben große, geschäftige Häfen. Montreal ist Ausgangspunkt für den St. Lorenz-Seeweg, der eine Schiffsverbindung über die Großen Seen bis nach Thunder Bay ermöglicht. Reisen auf Cargo-Schiffen, die auch Passagiere aufnehmen, gibt es von Montreal durch die Great Lakes nach Cleveland, Detroit, Milwaukee und Chicago. Rundfahrten auf dem St. Lorenz, dem Saguenay und auf dem Richelieu – um nur die wichtigsten zu nennen – sind leicht zu arrangieren. Genaue Auskünfte erteilt das Tourist Office.

Mit dem Auto

Quebecs Teilstück des Trans-Canada Highway beginnt in Edmundston in N.B., stößt in Mont-Joli auf den St. Lorenz und führt von dort nach Quebec, Montreal und weiter nach Ottawa und Toronto. Weitere Hauptstraßen – das ganze Netz mißt über 70 000 km – führen nach Süden in die USA und nordwärts ins Ferienparadies. Heute folgt auch der North Shore eine gute Straße; die Rundfahrt um die Gaspé Peninsula ist sehr beliebt. Quebecer – vor allem die Montrealer – gehören vermutlich zu den aggressivsten Autofahrern in ganz Nordamerika.

Mit dem Bus

Sehr gut ausgebauter Busverkehr. Entlang der North Shore bis Baie Comeau, den Südufer entlang, um die Gaspé Peninsula, in die Lac-Saint-Jean Region, in die Eastern Townships, die Laurentians, ins Ottawa-Tal und nach dem nördlichen Quebec.

Sprachschwierigkeiten

Quebec ist zu 85 Prozent französischsprachig. Allerdings spricht man hier nicht das Französisch von Paris, sondern »Joual«, einen Dialekt. Über 50 Prozent der *Canadiens* sind zweisprachig; leider gilt das für die Anglo-Kanadier in Quebec nicht.

Shopping

Heute leben über 12 000 Künstler in Quebec (Holzbildhauerei, Schnitzerei, Weberei, Keramik, Silber- und Goldschmiedearbeiten). Andere haben noch älteres Kunsthandwerk wieder entdeckt: Batik, Lederarbeiten, Glasbläserei. Die bekanntesten Künstlerzentren sind Saint-Jean-Port-Joli, Percé, Baie-Saint-Paul, Sainte-Adèle, Saint-Césaire und North Hatley. Die besten Kunstgeschäfte – einschließlich Indianer-und Eskimokunst – sind in den großen Warenhäusern von Montreal und Quebec und auf den internationalen Flughäfen zu finden.

Kulinarisches Quebec

Was Hotels, Restaurants, Nightclubs *(Boîtes)* und überhaupt das ganze kulinarische Gebiet betrifft, so ist Montreal in ganz Kanada vermutlich unübertroffen. Das Tourist Office von Quebec hat einen 380seitigen Hotelführer zusammengestellt. Fragen Sie bei Ihrem Reisebüro danach. Montreal allein hat mehr als 6000 Restaurants; Quebec City die besten und preisgünstigsten in ganz Kanada. In diesen beiden Städten – übrigens auch in den unzähligen kleineren Orten und Kurorten der ganzen Provinz – finden Sie nicht nur eine ausgezeichnete französische Küche, sondern auch eine entsprechend internationale. Hier herrscht noch Atmosphäre, mit engen Gäßchen, Trottoircafés und dergleichen. Besondere Spezialitäten sind die mehr als dreihundert Jahre alten Rezepte der ersten Siedler (sie stellen die echte kanadische Küche dar) wie *habitant pea soup, onion soup, tourtières,* und Rezepte, die Ahornsirup verwenden.

Sportmöglichkeiten

Quebec wird auch als Wintersportplatz geschätzt, mit ausgezeichneten alpinen und nordischen Zentren. Wer zwischen September und Mai in Montreal ist, sollte versuchen, im Forum einen Eishockeymatch der *Montreal Canadiens* zu sehen.

Jagd und Fischerei

Um einen wirklichen Eindruck der Größe dieser Provinz zu erhalten und vor allem auch der Seen und Flüsse dieses Landes, muß der Besucher das Land überfliegen. Wer dieses Netzwerk von Seen und Flüssen, quasi als Ganzes, aus der Vogelperspektive gesehen hat, versteht, daß hier ideale Verhältnisse für Jäger und Angler bestehen. Quebec hat mehr Seen und Flüsse (mit mehr Fischen) als jedes andere Land der Welt. *Outfitters* sind überall zu finden. Nouveau Quebec ist nur per Flugzeug zu erreichen; doch gibt es hier Dutzende von Chartergesellschaften, die sich auf Jäger und Angler spezialisiert haben. Die Flüsse eignen sich ausgezeichnet für den Lachsfang. Auch hier ist der Jagdführer obligatorisch. Die Lachsflüsse befinden sich an der North Shore, auf Anticosti Island und auf der Gaspé Peninsula.

Hand in Hand mit der Sportfischerei geht die Jagd auf Großwild (Elch, Hirsch, Bär und Wapiti). Nichtkanadier müssen die Dienste eines Jagdführers in Anspruch nehmen. Verlangen Sie beim Reisebüro die besonderen Jagd-Broschüren!

Was man sehen und tun sollte

Man sollte natürlich Quebec City und Montreal besuchen; das Restaurant L'Atre auf Ile d'Orleans und die Eastern Townships aufsuchen; das Hochplateau zwischen Quebec und New Brunswick und die Laurentians im Winter oder im Sommer bereisen; den *Winter Carnival* in Quebec, die Gatineaus im Herbst, Gaspé, den Saguenay und – wer mehr Zeit hat – den unendlichen Norden erleben.

Die wichtigsten Veranstaltungen

Winter Carnivals in den Laurentians und in Quebec, Januar und Februar; *Canadian Ski Marathon,* Lachutte – Hull, Februar; *Maple Festival* in Plessisville mit *French Canadian Supper,* letzte Woche im April; *Festival des Cantons,* Sherbrook, Juni; *Festival*

Orford, Magog, Juni–August; *Provincial Exhibition* in Quebec, erste Woche im September; das 160 km-Kanurennen in La Tuque, Labour Day; Radrennen um die Provinz Quebec, dritte Woche im September; *Shrimp Festival* in Matane, erste Woche Juni.

Informationen Ontario

Ontario auf einen Blick

Name	Ontario, Ont.
Hauptstadt	Toronto (ca. 2,9 Millionen Einwohner)
Fläche	1 068 587 km²
Einwohner	ca. 9 Millionen
Sprache	Englisch, Französisch (plus sechzig weitere)
Bevölkerung	60 Prozent englischer, 10 Prozent französischer Abstammung, die restlichen 30 Prozent stammen aus sechzig verschiedenen Nationen.
Küste	1088 km Salzwasser (James Bay und Hudson Bay) 3800 km Süßwasser an den Great Lakes.

Geographie

Landschaft und Tradition teilen Ontario in zwei sehr ungleiche Teile, wobei die Trennungslinie der alten Voyageur-Route folgt: Mattawa River, Lake Nippissing, French River, Georgian Bay. Südlich davon – in einem Achtel der Provinz – leben 80 Prozent der Bevölkerung; nördlich davon befindet sich ein unendliches Gebiet von Seen, Wäldern und Flüssen, das noch relativ unberührt ist. Das ganze Gebiet ist ziemlich flach, selbst die höchsten Punkte, Tip Top Hill und Mt. Batchawana, am nördlichen Ufer des Lake Superior, liegen nur 700 m über Meer. Am auffälligsten in Südontario ist das Niagara-Escarpment, ein Hügelzug, der sich vom Niagara River den Lake Ontario entlang nach Hamilton hinzieht und dann weiter nach Nordwesten bis zur Bruce Peninsula. Die Wälder in Nordontario bestehen fast ausschließlich aus Föhren, Fichten und viel Birken, während in Südontario nur noch wenige von den einst riesigen Flächen mit Hartholz (Eichen, Ulmen, Ahorn) geblieben sind.

Klima

Dank seiner riesigen Ausmaße hat Ontario natürlich kein einheitliches Klima. Ganz im Süden liegt der sogenannte *Banana-Belt,* wo zwar keine Bananen, aber Mais, Zuckerrüben, Tabak, Reben und Pfirsiche wachsen. Im übrigen gleicht das Klima dem der nördlichen USA, doch die nördliche Hälfte Nordontarios ist subarktisch. Die Sommer sind recht warm, Temperaturen von 28–32°C keine Seltenheit (im Norden 20–22°C). Die mittleren Wintertemperaturen bewegen sich überall unter dem Gefrierpunkt und in einigen Regionen entlang dem Lake Superior wird es außerordentlich kalt. Auch in Toronto steigt das Thermometer im Januar unter Umständen kein einziges Mal über Null.

Reisezeit

Das ganze Jahr. Am schönsten sind die Sommer- und Herbstmonate. Juli und August sind am wärmsten. Reisen im Norden in den Sommermonaten sollten nie ohne Schutz gegen die Moskitos unternommen werden. (Das gilt für ganz Kanada.) Die Winter sind kalt bis sehr kalt, was aber kein Grund ist, nicht zu reisen.

Wie kommt man hin? Wie reist man?

Mit dem Flugzeug

Air Canada und Canadian Airlines International verkehren regelmäßig zwischen allen größeren Orten. Toronto ist Kanadas geschäftigster Flughafen, der von vielen internationalen Linien angeflogen wird, u. a. Lufthansa, Swissair, Alitalia. Im Osten fliegt Air Canada zum Beispiel nach Ottawa, London, Windsor, North Bay, Sudbury, Timmins, Earlton, Sault Ste. Marie, Thunder Bay. Daneben verkehren in der Provinz auch Austin Airways, Nordair, Transair, dazu viele Chartergesellschaften zwischen Toronto und dem nördlichen Teil der Provinz. Das Tourist Office hat ausführliche Broschüren mit Preisen und Routen.

Mit der Bahn

Via-Services bestehen von Toronto (mit Anschluß von Westen her) nach Belleville, Kingston, Brockville, Montreal und weiter in die Atlantik-Provinzen; nach Ottawa/Hull; Ottawa, Sudbury; Sarnia, Cleveland, Chicago; Peterboro, Havelock; Hamilton, London, Sarnia, Windsor (Anschluß in die USA); Kitchener, Straford, London; Hamilton, Niagara Falls, New York; North Bay, Cochrane, Kapuskasing; Stouffville; Barrie; außerdem von Thunder Bay nach Sioux Lookout. – Besonders schöne Ausflüge mit der Bahn: von Sault Ste. Marie nach Hearst mit der Algoma Central in den Agawa Canyon; mit der Ontario Northland von North Bay über Cochrane nach Moosenee an der James Bay.

Mit dem Schiff

Neben Fahrten mit der *Maid of the Mist* »unter« die Niagara-Fälle und einer Bootsfahrt zum Nördlichen Eismeer laden dreißig weitere Schiffsrouten zu einer Rundfahrt ein. In Stichworten: Lake of the Woods (zwei Passagierschiffe); Thunder Bay; zwischen Toronto und Niagara-on-the-Lake; von Kingston und Brockville in die Region der Thousand Islands; Kawartha Lakes; Parry Sound und North Bay; Fährschiffe zwischen der Bruce Peninsula und Manitoulin Island; Lake Couchiching; Rideau Waterway (von Ottawa aus); Muskoka Lakes (von Gravenhurst, Bracebridge und Huntsville). Informationen und eine handliche Zusammenstellung der Fahrten sind beim *Ministry of Industry and Tourism* in Toronto erhältlich.

Mit dem Auto

Mit einem Straßennetz von mehr als 140 000 km ist Ontario das ideale Land für den Autofahrer. Genaue Karten sind überall erhältlich; Straßenzustandsberichte rund um die Uhr unter Tel. (416) 248-3561. Empfehlenswerte Routen: *Heritage Highway,* 1100 km, von Windsor entlang des Lake Huron, um die Georgian

Bay und nach Manitoulin Island; *Route of the Voyageurs,* 2000 km, von Hawkesbury nach Kenora; *The Frontier Route,* 1600 km, von North Bay entlang des Lake Superior nach Nipigon und Kenora. Die Höchstgeschwindigkeit auf dem Freeway (vier und mehr Spuren) ist 100 km/h. Auf zweispurigen Straßen 80 km/h. Vorsicht bei Schulbussen!

Mit dem Bus

Colonial Coach Lines im Ottawa-Tal und im östlichen Ontario. Gray Coach Lines nördlich von Toronto bis Sudbury. Greyhound Coach Lines im Südosten, im westlichen Ontario und um Lake Superior. Ontario Northland von North Bay gegen Norden. Grey Goose Lines bis Thunder Bay. Erkundigen Sie sich beim Reisebüro nach den speziellen Tarifen.

Sprachschwierigkeiten

Wer Englisch und Französisch spricht, hat keine. In Toronto hört man praktisch alle Sprachen.

Shopping

Es versteht sich, daß in einer Provinz mit einem anerkannten Weltwunder (Niagara-Fälle) und einer internationalen Stadt (Toronto) Shopping viel Spaß macht (zumal wenn Geld keine zu große Rolle spielt). In Toronto oder den anderen größeren Städten sollten Sie die Warenhäuser besuchen. Seit ein paar Jahren sind auch »europäische« Boutiquen Mode. Toronto hat ein paar ausgezeichnete, daneben finden Sie auch Buchläden, Antiquitätenläden usw. An den Niagara-Fällen gibt es selbstverständlich alles, vor allem Kitsch. Besuche in den kleinen, ruhigen Dörfern und Städtchen machen sich immer bezahlt; es ist erstaunlich, was für herrliche Souvenirs man da auftreiben kann und wie man gleichzeitig die Leute kennenlernt.

Kleidung

Sportlich, in den Städten natürlich auch etwas eleganter. Im Winter heißt es, sich ganz »kanadisch« zu kleiden: warmer Mantel, Pelz, Parka, Daunenjacke, warme Kopfbedeckung, Handschuhe, warme Stiefel. Glauben Sie nicht, daß zwischen minus 10° oder minus 15°C, was auch in Mitteleuropa vorkommt, und minus 30° oder minus 40° bis minus 50°C im Norden Ontarios kein Unterschied besteht! Ontario wird oft von Schneestürmen heimgesucht, und nur wer einmal einen »Blizzard« erlebt hat, wenn bei dieser Kälte ein Sturm mit 70 km/h daherbraust, weiß, wie kalt das ist! Den tiefen Temperaturen, die durch diese Kombination von Wind und Kälte entstehen, darf die Haut niemals bloß und unbedeckt ausgesetzt werden, es gäbe sofort Frostbeulen. Man begibt sich also nur ins Freie, wenn es gar nicht anders geht!

Kulinarisches Ontario

Es ist praktisch unmöglich, hier für Toronto oder Ottawa einen Stadtteil mit den besten Restaurants herauszugreifen; in Toronto allein gibt es mehr als 4000 Restaurants! Verlangen Sie von Ihrem Reisebüro einen Restaurantführer. Lesen Sie die Tageszeitungen. Erkundigen Sie sich im Hotel. Fragen Sie sich durch. Wie überall gibt das Buch *Where to Eat in Canada* gute Auskunft (in Buchhandlungen erhältlich).

Vor nicht allzu langer Zeit konnte man die wirklich guten Restaurants in Toronto noch an den Fingern beider Hände aufzählen, aber heute gehört die Stadt, was die Küche betrifft, in die Klasse von Quebec und Montreal. Unter den 4000 Restaurants gibt es Dutzende, vom »Hamburger Spot« bis zum »Saigon Village«, die eine fremdländische Küche führen: rumänisch, griechisch, italienisch, französisch, deutsch, indonesisch, japanisch ... Die Preise sind jedoch nicht gerade niedrig: 35 bis 50 Dollar für ein Dinner für zwei Personen mit Aperitif und einer Flasche Wein gelten heute als »vernünftig«. Daneben gibt es aber viele erstklassige Restaurants, in denen man nicht mehr als 10, 20 oder 30 Dollar liegen läßt. Ab und zu sollte man sich ein solches Vergnügen leisten, und es macht ja Spaß, sich überraschen zu lassen. Übrigens: Erforschen Sie einige Restaurants auch zum Lunch, das ist bedeutend billiger. Statt 20 bis 30 Dollar zahlen Sie nur 5 bis 6.

Sportmöglichkeiten

Sie gehen vom Bootsfahren, Kanufahren, Schwimmen, Golf, Tennis, Reiten, Jagen, Fischen und Wandern im Sommer bis zum Skifahren, Schlittschuhlaufen und Langlauf im Winter. Verlangen Sie die Broschüren beim Reisebüro.

Jagd und Fischerei

Es versteht sich, daß in Ontario Angeln groß geschrieben wird. Die Vielzahl der Fischarten und vor allem auch die Vielseitigkeit des Terrains und des Klimas machen es unmöglich, hier einzelne Lokalitäten oder den besten Köder für bestimmte Orte anzugeben. Allgemein gilt folgendes: Der beste Kämpfer unter Ontarios Fischen ist der *Muskie,* ein Verwandter des Hechtes, der bis über 20 kg schwer wird. Nicht zu vergessen sind die Hechte, die verschiedenen Forellenarten und die Barsche. *Outfitters* in allen Gegenden von Ontario wissen Bescheid.

Ontario ist auch ein ideales Gebiet für Großwild. Fremde müssen die Dienste eines Jagdführers in Anspruch nehmen. Im Norden ist es praktisch unmöglich, ohne Charterflugzeug auszukommen. Eine Jagdlizenz für Großwild (Elch, Hirsch, Schwarzbär, Wolf) kostet rund 200 Dollar (Richtwert 1980) – zusammen mit Charter, Jagdführer und Ausrüstung ist das kein billiges Vergnügen. Genaue Auskünfte beim *Ministry of Tourism.*

Was man sehen und tun sollte

Man sollte ein paar Tage in und um Toronto bleiben; die Kawartha Lakes und das Trent Canal System befahren; die Niagara-Fälle und das *Stratford Festival* zusammen mit dem *Shaw Festival* in Niagara-on-the-Lake besuchen; Ottawa einen Besuch abstatten; das Upper Canada Village, Midland, die Bruce Peninsula und die Manitoulin Islands besichtigen; die Muskoka Region durchfahren; auf dem *Bruce Trail* wandern; überall die Herbstfarben bewundern, auf dem Lake Ontario segeln und im Norden verweilen.

Die wichtigsten Veranstaltungen

Winter Festivals in ungefähr vierzig Städtchen wie Barrie, Sault Ste. Marie, Cochrane, Parry Sound und Ottawa; *Maple Festival* in Elmire, Ende März; *Spring Festival of the Arts* in Guelph, erste Wochen im Mai; CNE *(Canadian National Exhibition)* in Toronto im späten August; Oktoberfest in Kitchener, Mitte Oktober; *Stratford Festival Theatre; Shaw Festival.*

ⓘ Informationen Manitoba

Manitoba auf einen Blick

Name	Manitoba, Man.
Hauptstadt	Winnipeg (ca. 580 000 Einwohner)
Fläche	650 087 km²
Einwohner	ca. 1 070 000
Sprache	Englisch und Französisch
Bevölkerung	60 Prozent englischer, 7 Prozent französischer, 8 Prozent deutscher, 1 Prozent niederländischer, 2 Prozent polnischer, 8 Prozent ukrainischer Abstammung, 3 Prozent Indianer und Eskimo, 11 Prozent andere
Küste	600 km an der Hudson Bay

Geographie

Rund 100 000 km² der Fläche Manitobas sind mit Wasser bedeckt, hat doch die Provinz mit Lake Winnipeg, Lake Winnipegosis, Lake Manitoba und Cedar Lake einige der größten Seen Kanadas. Von der verbleibenden Landfläche sind rund 50 Prozent Wald, wovon wiederum die Hälfte nutzbar ist. Die höchste Erhebung der Provinz, der Baldy Mountain in den Duck Mountains, ist rund 900 m hoch.

Die nördlichen drei Fünftel der Provinz liegen im Kanadischen Schild; ein rauhes Land mit nackten Felsen, Tausenden von Seen und Flüssen, riesigen Wäldern und Sümpfen. Im hohen Norden findet man die Tundra mit Dauerfrostboden.

Klima

Warme sonnige Sommer und sehr kalte, aber meist sonnige Winter. Die Temperaturen im Winter sind auch tagsüber fast immer unter Null Grad C. Mit über 2200 Stunden Sonnenschein ist Manitoba eine der sonnenreichsten Provinzen Kanadas. Am meisten Schnee fällt im Südosten, im Whiteshell Provincial Park.

Reisezeit

Das ganze Jahr. Beste Zeit sind die Sommermonate (Mai bis Oktober), doch ist die Provinz auch im Winter so sonnig, daß Ausflüge in die eisige Kälte – mit entsprechender Kleidung natürlich – ihren Reiz haben. Am schönsten sind die Herbstmonate.

Wie kommt man hin? Wie reist man?

Mit dem Flugzeug

Air Canada hat tägliche Flüge zu allen größeren Zentren in Kanada und direkte Flüge nach Europa. Canadian Airlines International verfügt ebenfalls über ein gut ausgebautes Flugnetz. Northwest und Frontier Airlines fliegen in die USA, während Transair täglich die nördlichen Orte (The Pas, Thompson, Gillam, Flin Flon, Lynn Lake, Norway House und Churchill) anfliegt, dazu Charterflüge in ganz Kanada, zu den Antillen und nach Hawaii unternimmt. Daneben gibt es mehr als ein Dutzend Chartergesellschaften, die sich vor allem auf Jäger und Angler spezialisieren.

Mit der Bahn

VIA-Services. Die Trans-Canada-Linie führt von Montreal über Kenora (Ont.) nach Winnipeg, Brandon und weiter nach Regina und Vancouver; hier verkehrt der berühmte »Canadian«. Wer etwas mehr Zeit hat, sollte von Winnipeg über The Pas, Thompson, Churchill an die Hudson Bay fahren oder aber von The Pas aus die Minenstadt Lynn Lake besuchen. Schon die Namen der Stationen sind faszinierend: Button, Odhill, Sipiwesk, Pikiwitonei, Munk, Nonsuch ...

Mit dem Schiff

Churchill ist zwar immer nur ein paar Monate eisfrei, aber dennoch ein wichtiger Hafen, von wo aus Frachter in alle Welt verkehren. Im Landesinnern bieten die großen Seen Dutzende von Möglichkeiten für Rundfahrten. Für den Kanufreund gibt es beim Tourist Office Karten und Auskunft.

Mit dem Auto

Bei einem Straßennetz von mehr als 20 000 km, das besonders im südlichen Drittel sehr gut ausgebaut ist, fällt es nicht schwer, von einem Ort zum andern zu gelangen. Die wichtigsten Ost-West-Verbindungen sind der Trans-Canada Highway und die Yellowhead Route. Wichtige Nord-Süd-Verbindungen sind No. 10, nach Flin Flon, und No. 6 bis nach Lynn Lake. Weite Gebiete des hohen Nordens sind allerdings noch ohne Straßen. Höchstgeschwindigkeit ist 100 km/h.

Mit dem Bus

Greyhound Lines verbinden die östlichen Provinzen mit Manitoba und fahren weiter gegen Westen, dem Trans-Canada entlang. Sie sind auch in der nordwestlichen und südwestlichen Ecke der Provinz vertreten. Grey Goose Lines verkehren zwischen Winnipeg und den Orten westlich von Lake Winnipeg. Eagle und Beaver Bus Lines im östlichen Manitoba. Northstar Bus Lines in Churchill.

Shopping

Von besonderem Interesse für den Besucher sind die großen Warenhäuser wie Eatons, Simpson, The Bay, die auch typische kanadische Artikel wie Pelze und Kunsthandwerk anbieten. Es lohnt sich, auch in den kleinen Dörfern und Städtchen die

Läden und Boutiquen zu besuchen, sowie Crafts Guild of Manitoba, 183 Kennedy Street, und Indian Handicraft of Manitoba, 470 Portage Áve in Winnipeg.

Kleidung

Meist sportlich. Für einen Opern-, Ballett- oder Konzertbesuch machen Sie es wie in Zürich, München oder Wien.
Im Winter ist unbedingt sehr warme Kleidung nötig (Mäntel, Parkas, Daunenjacken, warme Mützen, Handschuhe und Stiefel). Der sogenannte *windchill factor* (Wind und Kälte) bringt Temperaturen weit unter Null.
Wer zeltet, sollte daran denken, daß die Nächte auch im Sommer recht kühl werden können.

Kulinarisches Manitoba

Bei einer Bevölkerung, die aus allen Teilen der Welt stammt, ist es verständlich, daß es viele, ausgezeichnete Restaurants gibt. Ganz besonders zu Ehren kommen die verschiedenen Spezialitäten während des Folkloramas in Winnipeg in den dortigen Spezialitätenrestaurants. Wer ihnen nicht traut, erhält immer ein gutes Steak. Verlangen Sie beim Tourist Office den Restaurantführer. Die großen Hotels, wie Winnipeg Inn usw., haben alle hervorragende Restaurants.

Sportmöglichkeiten

Neben den üblichen Sommersportarten, wie Wandern, Reiten, Schwimmen, Golf, Tennis und besonders Kanufahren, sind auch alle Wintersportarten vertreten.

Jagd und Fischerei

Die Fly-in-Camps im nördlichen Manitoba sind nicht billig, sie kosten zwischen 600 und 1000 Dollar pro Woche (Richtwert 1980). Eine Fischlizenz – im Nationalpark nicht gültig, dort brauchen Sie eine Speziallizenz – für Auswärtige kostet rund 15 Dollar. Die Jagdgesetze sind, wie überall in Kanada, sehr streng; es macht sich bezahlt, einen einheimischen Jagdführer anzuheuern, der mit der Gegend und dem Wild vertraut ist. *Outfitters* sind überall vertreten. Eine Jagdlizenz kostet für den Nicht-Kanadier zum Beispiel rund 150 Dollar für einen Elch, rund 50 Dollar für einen Schwarzbär (1980).

Was man sehen und tun sollte

Man sollte Souris mit dem längsten hängenden Fußsteg in Kanada besuchen; das Nordlicht an einem kalten Herbstabend bestaunen; Winnipeg besuchen und sich dort eine Vorführung des Royal Winnipeg Ballett nicht entgehen lassen; im Riding Mountain Nationalpark wandern; Fort Garry, Churchill, Norway House, York Factory und den ganzen Norden besuchen.

Die wichtigsten Veranstaltungen

Manitoba Stampede in Morris, Ende Juli; *Sunflower Festival* (mit deutschem Theater) in Altona, Ende Juli; *Festival du Voyageur* in St. Boniface, Ende Februar; *Icelandic Festival* in Gimli, anfangs August; *Royal Manitoba Winter Fair* in Brandon, Ende März; *Trapper Festival* in The Pas, im Februar; *Trout Festival* in Flin Flon, anfangs Juli.

Informationen Saskatchewan

Saskatchewan auf einen Blick

Name	Saskatchewan, Sask.
Hauptstadt	Regina (ca. 164 300 Einwohner)
Fläche	651 900 km²
Einwohner	ca. 1 020 000
Sprache	Englisch, plus Deutsch, Ukrainisch, Französisch, Schwedisch, Finnisch, Dänisch usw.
Bevölkerung	40 Prozent englischer, 17 Prozent deutscher, 8 Prozent ukrainischer, 7 Prozent skandinavischer, 6 Prozent französischer Abstammung; 3 Prozent Indianer (plus Vertreter aus dreißig weiteren Nationen)

Geographie

Die Provinz gliedert sich in drei gut unterscheidbare Zonen: flache, trockene Ebenen im Süden, felsige Landschaft mit Seen und Wäldern im Norden und dazwischen eine Parklandschaft. Die höchsten Erhebungen befinden sich in den Cypress Hills; sie sind rund 1400 m hoch. Saskatchewans Hauptflüsse – South und North Saskatchewan, Qu'Appelle, Churchill – haben tiefe Täler in die Ebene geschnitten.

Klima

Saskatchewans Klima ist trocken und sonnig. Die Sommer sind heiß, ganz besonders im Süden, mit mittleren Julitemperaturen um 28°C, im Norden einige Grad weniger. Die Winter bewegen sich zwischen kalt und sehr sehr kalt mit mittleren Januartemperaturen um minus 23°C. Saskatchewans Klima ist eines der härtesten in ganz Kanada; hier gibt es keine schützenden Berge oder Wälder, die die Winde aufhalten, und keinen warmen *Chinook* (Föhn), der, wie in Alberta, im Januar den Schnee zum Schmelzen bringt.

Reisezeit

Falls Sie beim erstenmal mitten im Winter nach Saskatchewan kommen, werden Sie die Provinz vermutlich nicht so schnell wieder besuchen. Die beste Reisezeit ist der Sommer, der aber im Süden sehr heiß werden kann. Der Herbst ist günstig, mit milden Tagen und kühlen Nächten. Einen Frühling gibt es hier kaum, der Schnee schmilzt Ende April, im Norden etwas später.

Wie kommt man hin? Wie reist man?

Mit dem Flugzeug

Saskatoon und Regina werden von Air Canada auf den transkontinentalen Strecken angeflogen. Air Canada verkehrt auch zwischen Prince Albert und Saskatoon.
Canadian Airlines International fliegt Regina und Saskatoon an, Time Air und Norcan Air haben Verbindungen nach Alberta und B.C., in den Norden der Provinz, zu Orten wie Prince Albert, La Ronge, Stoney Rapids, Uranium City usw.
Die größeren Chartergesellschaften sind: West Air Ltd. in Moose Jaw; Nipawin Air Service in Nipawin; McPhail Air Service in North Battleford; Norcanair in Prince Albert; Smith Airways in Swift Current. Preise und genaue Auskünfte beim Tourist Office.

Mit der Bahn

VIA-Services. Die Trans-Canada-Linie führt von Winnipeg her über Moosonin, Indian Head, Regina, Moose Jaw, Swift Current, Maple Creek nach Medicine Hat (Alberta) und weiter gegen Westen. Eine weitere Verbindung besteht von Regina über Saskatoon, Biggar nach Edmonton (Alberta).

Mit dem Auto

Das Straßennetz in Saskatchewan ist ausgezeichnet, mit Ausnahme des Nordens. Die Markierungen der Nebenstraßen lassen allerdings zu wünschen übrig. Die beiden Hauptverkehrsrouten von Osten nach Westen sind der Trans-Canada Highway, von Moosomin nach Maple Creek, und weiter nördlich die Yellowhead Route von Langenburg nach Lloydminster. Hauptstraßen von Süden nach Norden sind No. 106, No. 2 und No. 155; sie beginnen alle in Prince Albert.

Mit dem Bus

Greyhound Lines verkehren entlang dem Trans-Canada; sie berühren Regina, Moose Jaw, Swift Current und folgen der Yellowhead Route; weitere Stops: Yorkton, Saskatoon, North Battleford.
Saskatchewan Transportation Company bedient regelmäßig die restliche Provinz zusammen mit kleineren Gesellschaften wie Crossland Coachways im Norden, Beacon Bus Lines aus Moose Jaw, Moose Mountains Bus Lines von Regina aus nach Osten.

Sprachschwierigkeiten

Wer Englisch spricht, hat keine.

Shopping

Keine von Saskatchewans Städten ist ein ausgesprochenes Shoppingparadies. In Fort Qu'Appelle gibt es ausgezeichnete Keramik, die von einem Dänen und einem Kanadier aus einheimischem Lehm hergestellt wird, und im Norden findet man ein paar Zentren mit indianischen Kunstgegenständen. Northern Handicraft Centre in Lac La Ronge, Traiding Post in Saskatoon, Buffalo Craft Centre in Regina und Grassroots Arts and Crafts in Regina sollten besucht werden.

Kleidung
Sportliche Kleidung ist hier üblich. Auch im Sommer sollten Sie einen Pulli oder eine Jacke bereithalten, die Winde sind oft kühl, die Nächte auch. Im Winter ist selbstverständlich nur die wärmste Kleidung warm genug.

Kulinarisches Saskatchewan
Die großen Hotels in Saskatoon und Regina bieten vermutlich die beste Küche. Es ist aber auch immer möglich, neben einem guten Steak (z.B. Regina Inn) Spezialitäten aus Skandinavien, der Ukraine und aus Deutschland zu bekommen.

Sportmöglichkeiten
Im Winter sind verständlicherweise Curling, Eishockey und Skifahren sehr beliebt. In der Nähe von Saskatoon gibt es sogar einen künstlichen Berg! Natürlich sind auch alle Sommersportarten vertreten.

Jagd und Fischerei
Im Norden treffen sich Angler aus aller Welt. Ebenfalls beliebt – wiederum im Norden – ist die Großwildjagd auf Elch, Wapiti und Bär. Im Süden ziehen die riesigen Weizenfelder jährlich Tausende von Zugvögeln an, Wildenten und Kanadagänse, die sich in der Nacht auf den Seen und Sümpfen aufhalten und tagsüber auf den Feldern Nahrung suchen. Wie überall in der Wildnis sollte man einen Jagdführer anheuern.

Was man sehen und tun sollte
Man sollte die Western Development Museen in Saskatoon, Yorkton und North Battleford besuchen; im Wascana Centre von Regina verweilen; die Cypress Hills auf keinen Fall vergessen; den Norden und die RCMP-Kaserne in Regina besuchen; einen Abstecher in den Süden wagen; Cannigton Manor in den Moose Mountains einen Besuch abstatten und nach Lac La Ronge fliegen.

Die wichtigsten Veranstaltungen
Buffalo Days in Regina, erste Woche August; *Saskatchimo Festival* in Saskatoon, Mitte Juli; im Sommer gibt es überall Rodeos, das größte in Swift Current, erste Woche Juli; landwirtschaftliche Messen im Herbst.

Informationen Alberta

Name	Alberta, Alta.
Hauptstadt	Edmont (ca. 700 000 Einwohner)
Fläche	661 185 km²
Einwohner	ca. 2,4 Millionen
Sprache	Englisch, Französich
Bevölkerung	46 Prozent englischer, 6 Prozent französischer, 14 Prozent deutscher, 4 Prozent ukrainischer und polnischer Abstammung, 3 Prozent Indianer und 10 Prozent andere

Geographie

Mit Ausnahme von Meeresküste und Tundra sind in Alberta alle landschaftlichen Formationen vertreten. Fast 60 Prozent der Landfläche sind mit Wald bedeckt. Im Süden liegen trockene Ebenen mit Flußläufen, die sich bis 150 m tief in die Prärie eingegraben haben. In Zentralalberta und im Peace River Valley herrscht Parklandschaft vor, im Norden gibt es die typische Schildlandschaft. Entlang der Westgrenze verlaufen die Rocky Mountains.

Klima

Alberta, das sich von Süden nach Norden über mehr als 1000 km erstreckt, ist klimatisch dementsprechend gespalten. Die Temperaturen im Sommer variieren zwischen 16° und 32°C, im Norden sind sie um rund 12° kühler. Die Wintertemperaturen sinken bis auf minus 50°C; die Luft ist trocken. Alberta behauptet, mehr sonnige Tage als jede andere Provinz Kanadas zu haben. Ein klimatisches Phänomen ist der *Chinook,* ein föhnartiger Wind, der über dem Kuroschio-Strom im Pazifik entsteht und über die Rocky Mountains in die Vorberge gelangt. Er kann Temperaturen von minus 30° in wenigen Stunden auf plus 30° erwärmen.

Reisezeit

Ganzes Jahr. Beste Zeit ist vermutlich Mai bis Oktober; der Herbst mit seiner Farbenpracht und relativ wenig Touristen ist wohl am schönsten. Die Skisaison in Alberta dauert vom Mitte November bis Mitte oder Ende Mai.

Wie kommt man hin? Wie reist man?

Mit dem Flugzeug

Albertas internationale Flughäfen befinden sich in Edmonton und in Calgary. Canadian Airlines International fliegt nach Calgary und Edmonton von Vancouver, Montreal, Toronto, Winnipeg und den größeren Orten im Okanagan-Tal in B.C. aus. Von Calgary aus werden angeflogen Watson Lake im Yukon, Whitehorse, Mayo, Dawson City, Edmonton und Grand Prairie.

Air Canada fliegt vom Osten und Westen nach Edmonton, Calgary, Lethbridge; Canadian Airlines International von Edmonton und Calgary aus nach Peace River, Rainbow Lake, Fort McMurray, Fort Chipewyan, sowie nach B.C. hinein und in die N.W.T.

Allwetterflugplätze gibt es auch in Medicine Hat, und in Peace River, daneben zählt man über 300 Graspisten.

Mit der Bahn

VIA-Services. Die Trans-Canada-Linie führt von Regina über Medicine Hat, Brooks, Calgary, Banff, Lake Louise nach Field (B.C.) und weiter über Kamloops nach Vancouver. Außerdem bestehen Verbindungen zwischen Calgary, Red Deer, South Edmonton und zwischen Edmonton, Jasper, Prince George (B.C.) und Prince Rupert am Pazifik (ab Edmonton sonntags, mittwochs und freitags).

Mit dem Schiff

Ferien auf dem Flußkahn sind ein ganz besonderes Abenteuer. Im Sommer verkehren diese Lastkähne von Fort McMurray auf dem Athabasca River über den Slave River und den Mackenzie River bis zum Eismeer. Erkundigen Sie sich beim Reisebüro!

Mit dem Auto

Albertas Straßen messen rund 140 000 km; das Auto ist das beste Transportmittel, um die Provinz zu erforschen. Hauptrouten von Osten nach Westen sind der Trans-Canada Highway über den Kicking Horse Pass (1800 m) und die Yellowhead-Route über den Yellowhead Pass (1200 m) nach B.C. Die Hauptroute von Süden nach Norden ist die No. 2 von den USA über Edmonton nach B.C. Sie schließt in Peace River an den Mackenzie Highway an, der nach Hay River und Yellowknife in die N.W.T. führt. Von ganz besonderer Schönheit ist die *Alberta Forestry Trunk Road,* eine Kiesstraße, die über eine Distanz von gut 1000 km von Coleman im Süden nach Grand Prairie führt. Auch in Alberta müssen Sie so oft wie möglich von den großen Straßen abweichen, um die Einheimischen kennen zu lernen.

Mit dem Bus

Greyhound verkehrt auf allen Strekken zwischen Edmonton und Punkten südlich zur Grenze mit den USA. Canadian Coachways bedienen die Routen nördlich von Edmonton bis in die N.W.T.; Cardinal Coachways fährt von Calgary ins Turner Valley und die Northern Bus Lines starten von Lethbridge aus.

Shopping

Alle größeren Zentren wie Calgary, Edmonton, Medicine Hat, Lethbridge, Drumheller, Grand Prairie, Lloydminster, Red Deer, Wetaskiwin usw. bieten ausgezeichnete Einkaufsmöglichkeiten. Spezialitäten sind Schmuckstücke aus Dinosaurierknochen. Medicine Hat ist bekannt für Glasbläserarbeiten und Banff für seine Banff School of Fine Arts. In den größeren Orten und auf den Flughäfen gibt es ausgezeichnete indianische Kunst.

Kleidung

Sportliche Kleidung ist in Alberta beliebt. Während der Rodeozeit ist Cowboykleidung Mode. In die Berge nehmen Sie einen Pulli, eine Jacke und immer einen Regenschutz mit; das Wetter kann sich dort sehr schnell ändern. Im Winter brauchen Sie warme Kleidung, ganz besonders auch beim Skifahren. Hier sind die Lifte auch bei minus 30° und sogar bei minus 40° in Betrieb. Daunenjacken und »Warm-ups« sind vermutlich am wärmsten.

Kulinarisches Alberta

Das »Nationalgericht« ist hier natürlich *Alberta Beef.* Daneben sind aber auch Gerichte zu finden, welche die Einwanderer ins Land gebracht haben; in den größeren Städten kommt jeder Feinschmecker auf seine Rechnung. In Calgary soll man das Steak House »Hy's« nicht verpassen. Verlangen Sie auch einmal *Chuck Wagon Stew, Turkey, Arctic Char* und *Buffalo Steak.*

Sportmöglichkeiten

Reiten ist hier besonders beliebt. Machen Sie unbedingt einen *Trail Ride* mit. Wintersport wird ebenfalls großgeschrieben mit den weltbekannten Zentren in Banff, Lake Louise und Jasper. Dazu Helikopter-Skiing! Ihr Reisebüro hat Broschüren.

Jagd und Fischerei

Für Angler empfiehlt sich ganz besonders der Nordosten der Provinz. Die Lizenz für Fremde kostet ungefähr 15 Dollar. Die Seen werden vielerorts regelmäßig mit Forellen bestückt. Großwildjagd (Hirsch, Elch, Wapiti, Karibu, Antilope, Dickhornschaf, Bergziegen, Bär) ist in Alberta ein wichtiges Geschäft. Fremde sind verpflichtet, einen Jagdführer anzuheuern. Genaue Auskünfte erhalten Sie von den Verkehrsbüros.

Was man sehen und tun sollte

Man sollte die *Calgary Stampede* Mitte Juli und die *Edmonton Klondike Days* Ende Juli besuchen; die Rodeos in Brooks, Stettler, Ponoka und in allen anderen Städtchen im Juni, Juli und August; am *Banff Festival of Fine Arts teilnehmen; den* Banff-Jasper Highway befahren; Edmonton besuchen; den Dinosauriern in Drumheller und in der Nähe von Brooks nachgehen; in den Parks wandern; eine Ranch besuchen; einen Gipfel erklettern.

Die wichtigsten Veranstaltungen

Calgary Stampede, 10 Tage im Juli; *Edmonton Klondike Days,* Ende Juli; Rodeos im Juni, Juli und August in allen Städtchen; *Banff Festival of Fine Arts,* dritte Woche August; Pferdeschau in Calgary im Mai.

Informationen British Columbia

British Columbia auf einen Blick

Name	British Columbia, B.C.
Hauptstadt	Victoria (ca. 250 000 Einwohner im Großraum)
Fläche	948 596 km²
Einwohner	knapp 3 Millionen
Sprache	Englisch
Bevölkerung	70 Prozent englischer, 30 Prozent französischer, frankokanadischer, deutscher, niederländischer, japanischer und chinesischer Abstammung

Geographie

British Columbia ist zum größten Teil gebirgig und bildet einen Teil jener gewaltigen Gebirgskette, die unter dem Namen Nordamerikanische Kordilleren bekannt ist. Der Nordosten der Provinz, die Gegend um Dawson Creek, Fort St. John, östlich der Rockies also, ist falsche Prärie. Hier, im Gebiet des Peace River, wächst bis weit gegen Norden noch Weizen. Entlang der Westflanke des Felsengebirges verläuft der Rocky Mountain Trench, ein flaches Tal, das sich von Montana (USA) bis in die Ebene des Liard River erstreckt. Westlich davon liegen die Hochplateaus und die Coast Mountains.

Entlang der Küste führt die Inside Passage, eine vor Stürmen geschützte Schiffsroute; sie verläuft von den USA bis nach Juneau in Alaska. Vancouver Island, über 400 km lang, ist durch die Strait of Georgia vom Festland abgetrennt, und weiter im Norden, rund 80 km vom Festland entfernt, liegen die Queen Charlotte Islands, die Heimat der Haida Indianer. Der südlichste Teil dieser Inseln bildet seit 1987 den South Moresby National Park. 40 Prozent der Landfläche sind mit Wald bedeckt; weniger als 5 Prozent für die Landwirtschaft nutzbar.

Klima

Während an der südlichen Küste und auf Vancouver Island das wärmste und oft feuchteste Wetter in Kanada herrscht, weisen der Norden und die Gebirge ein eher rauhes Klima auf. Mit Ausnahme der niederschlagsreichen Westküste sind die Sommer in der ganzen Provinz warm und sonnig, die Winter (wiederum mit Ausnahme der Küste) kalt und in den Bergen schneereich. Frühling und Herbst sind relativ kurz, mit Ausnahme des Hochplateaus im Innern, wo der Herbst mit herrlich milden Tagen und kühlen Nächten oft über Wochen andauert. Verglichen mit dem restlichen Kanada sind die Winter in B.C. geradezu mild und erträglich.

Reisezeit

B.C. ist das ganze Jahr Ferienland. Weite Gebiete der Provinz bieten im Winter ausgezeichnete Wintersportmöglichkeiten. Hier können Sie tatsächlich am gleichen Tag Skifahren, Schwimmen und Golf spielen.

Wie kommt man hin? Wie reist man?

Mit dem Flugzeug

Vancouvers internationaler Flughafen ist ein Knotenpunkt, der Europa mit dem Fernen Osten und Australien verbindet.
Canadian Airlines International fliegt von Vancouver nach Montreal, Toronto, Winnipeg, Edmonton, Calgary, Whitehorse, Fort St. John, Fort Nelson, Prince Rupert, Terrace, Prince George, Cranbrook, Castlegar, Penticton, Kelowna, Williams Lake, Quesnel, Schmithers, Sanspit.
Air Canada fliegt täglich nach Vancouver von allen größeren Zentren im Osten aus, ferner von den USA; die Gesellschaft hat mehrere Flüge pro Tag nach Victoria. Canadian Airlines International fliegt Vancouver, Calgary, Kamloops, die Orte in den Okanagan, ferner die Vancouver Islands und Seattle an.
Air B.C. in Zentral B.C. fliegen entlang der Küste, nach Vancouver Island und auf die Queen Charlotte Islands.

Mit der Bahn

Die transkontinentalen VIA-Routen führen heute wieder von Banff (Alberta) über Field, Revelstoke, Kamloops nach Vancouver und von Edmonton (Alberta) über Jasper, Kamloops nach Vancouver. Auf der Strecke von Jasper nach Kamloops ist der Passagierdienst wieder in Betrieb. Im nördlichen Teil von B. C. bedient VIA, von Edmonton und Jasper her, die Strecke über Prince George, Smithers, Terrace nach Prince Rupert. Die British Columbia Railway verkehrt von North Vancouver über Lillooet, Williams Lake nach Prince George. Auf Vancouver Island verkehrt VIA täglich zwischen Victoria, Cowichan, Duncan, Nanaimo, Parksville und Courtnay. Der Anschluß von Vancouver an den Amtrak von Seattle nach Los Angeles ist durch eine Busverbindung gesichert.

Mit dem Schiff

Vancouver hat Kanadas zweitgrößten Hafen. Riesige Küstenstriche können nur per Schiff (oder Flugzeug) erreicht werden. British Columbia Ferries verkehren in weniger als zwei Stunden zwischen Vancouver und Victoria und zwischen Vancouver und Nanaimo. Die British Columbia Steamship Company verkehrt täglich zwischen Seattle und Vancouver und durch die Inside Passage nach Alaska. Seit Herbst 1980 verkehrt dreimal wöchentlich eine Autofähre zwischen Prince Rupert und Skidegate auf den Queen Charlotte Inseln (Dauer der Überfahrt 8 Std.).

Mit dem Auto

Auf einem Straßennetz von über 40 000 km – mehr als die Hälfte davon geteert – können Sie praktisch die ganze Provinz im Auto erreichen. Die wichtigsten Pässe durch die Rockies sind Rogers Pass (Trans-Canada Highway), Crowsnest Pass (Kootenay Region) und Yellowhead Pass. Cache Creek ist Ausgangspunkt der Caribou Road, die der alten Goldgräberroute nach Prince George folgt. Von dort führt die Straße weiter nach Dawson Creek, Ausgangspunkt des Alaska Highway nach Fairbanks. Nach Süden bestehen zahlreiche Verbindungen in die USA.

Mit dem Bus

Greyhound ist im südlichen und zentralen Teil der Provinz, entlang dem Trans-Canada Highway vertreten. Coachways fahren entlang der Yellowhead Route bis Prince George, Dawson Creek, Fort St. John, Fort Nelson und Whitehorse auf dem Alaska Highway.

Vancouver Island Coachlines bedienen Vancouver Island.

Pacific Stage Lines verkehren von Vancouver nach Harrison Hot Springs, Hope, White Rock, Fort Langley, Port Mann, New Westminster, und per Fähre nach Nanaimo und Victoria.

Misty Island Transportation Co. verkehrt auf den Straßen der Queen Charlotte Islands.

Sprachschwierigkeiten

Wer Englisch spricht, hat keine. Französisch ist hier nicht besonders beliebt, die zweite Landessprache hört man selten.

Shopping

Die großen Warenhäuser – Hudson's Bay, Eatons, Simpson Sears – führen eine sehr gute Auswahl an Kunstgegenständen. Besonders die »Bay« verkauft relativ günstige Eskimoskulpturen, auch indianische Schnitzereien. Entlang der Westküste und auf Vancouver Island ist die Holzschnitzerei unter den Indianern wieder im Kommen. Eine Spezialität der Insel, auch ein geeignetes Souvenir, sind die Cowichan Sweaters, von Indianerfrauen hergestellte dicke Pullover aus wasserfester Wolle.

Kleidung

Die Kleidung an der Westküste Kanadas ist sportlich. Für Ausflüge in die Berge oder ans Meer nehmen Sie etwas Warmes mit. Auch ein Regenschutz ist unbedingt notwendig. Die Winter sind an der Küste oft naßkalt, im Norden sehr kalt und in den Bergen kalt bis sehr kalt. Sie brauchen also je nach Reiseziel warme bis sehr warme und auch regenfeste Kleidung.

Sportmöglichkeiten

British Columbia ist tatsächlich das *Sportsmen's Paradise,* wie es in den Werbeschriften heißt. Im Sommer wird vor allem das Kanufahren und Segeln betrieben, im Winter fährt man überall Ski. Für die Kanuten hat die Provinz Dutzende von Wildwassern, vom Liard im Norden bis zum Similkameen und zum Kootenay im Süden.

Kulinarisches B.C.

Während im Landesinnern die amerikanische Küche (Beef, Kartoffeln, Gemüse), vorherrscht, sind in Vancouver, Victoria und entlang der ganzen Küste Meeresfrüchte Trumpf. Hervorzuheben ist der Pazifiksalm. In Vancouver macht sich auch der Einfluß des Orients bemerkbar, und ein Ausflug nach Chinatown (Chinesisches Viertel) ist für jeden Gourmet ein Abenteuer. Das gleiche gilt für Gastown in Vancouver. Alle größeren Hotels in B.C. haben ausgezeichnete Restaurants.

Jagd und Fischerei

Jagdbar sind Hirsche, Elche, Wapitis, Karibus, Bergschafe, Bergziegen, Schwarz- und Grislybären, Wölfe und Pumas, dazu eine große Anzahl von Vögeln und Niederwild. Großwildjagden mit einheimischen Führern sind leicht zu arrangieren. Im Norden wird dazu oft das Charterflugzeug benützt, was die Sache nicht unbedingt billig macht. Die Lizenz kostet etwa 100 Dollar, dazu kommen die Abschußlizenzen, zum Beispiel Grisly ca. 400 Dollar, Elch 120 Dollar, Bergschaf 300 Dollar (Richtwerte 1980).

Auch zum Angeln sind die Verhältnisse ideal. Besonders berühmt sind der Lachsfang und das *Steelhead*-Fischen (das ist eine Forellenart, die ins Meer zurückkehrt). Im Reisebüro gibt es Auskünfte über besondere Jagdreisen.

Was man tun und sehen sollte

Man sollte Ferien auf der Vancouver Island und auf den Queen Charlottes einplanen; in Barkerville Gold waschen; Stanley Park und ganz Vancouver besuchen; mit der Seilbahn auf Grouse Mountain fahren; im Fraser Canyon anhalten; am Mt. Robson wandern; in den Okanagan Früchte pflücken; eine Ranch besuchen; die Rückkehr der Lachse aus dem Meer in den Adams River (Nähe Kamloops) unbedingt mitansehen (Oktober).

Die wichtigsten Veranstaltungen

Sea Festival in Vancouver, Mitte Juli; *Bathtub Race* von Nanaimo nach Vancouver, Ende Juli; *Winter Carnival* in Vernon, im Februar; PNE *(Pacific National Exhibition)* Vancouver, anfangs September; *Victoria Fair* (Art Festival) den ganzen Sommer; Rodeo in Williams Lake im Juli; *Air Show* in Abbotsford, August; Logger's Sports Day, Squamish, August.

Informationen Yukon

Yukon auf einen Blick

Name	Yukon, Yu.
Hauptstadt	Whitehorse
Fläche	482 515 km²
Einwohner	ca. 23 000
Sprache	Englisch

Geographie

Im Norden, zwischen dem Polarkreis und dem Beaufort Meer, umgeben weite, sumpfige Ebenen die Siedlung Old Crow und den Porcupine River. Im Süden liegen die St. Elias Mountains mit Mt. Logan, dem höchsten Gipfel in Kanada. Zwischen diesen beiden Extremen und eingeschlossen von zahlreichen, weniger hohen, aber nicht weniger eindrucksvollen Bergketten, erstrecken sich weitläufige Plateaus, durchfurcht von einem Dutzend großer Flüsse.

Klima

Im Süden bewegen sich die Sommertemperaturen zwischen 20° und 30°C, ideal für alle Freiluftaktivitäten. Im Winter liegt allerdings oft eine kalte, arktische Luftschicht bewegungslos über dem Gebiet. Die kältesten Temperaturen wurden 1947 in Snag gemessen: minus 60°C. Die »normalen« mittleren Wintertemperaturen sind in Whitehorse minus 15°, in Dawson minus 26°. Wegen der geographischen Lage hat Whitehorse im Juni rund 20 Stunden Tageslicht, 18 Stunden im Juli, Dawson fast 24 Stunden Tageslicht mit bis zu 17 Stunden Sonnenschein.

Reisezeit

Zwischen Mai und September. Doch auch der Winter hat in diesem nördlichen Land seinen ganz besonderen Reiz. Niemand sollte in den Sommermonaten ohne Insektenschutz Yukon betreten; wer Kanu fährt, braucht ein Moskitonetz.

Wie kommt man hin? Wie reist man?

Mit dem Flugzeug

Whitehorse hat den größten Flughafen dieses Gebiets, aber bei weitem nicht den einzigen. Canadian Airlines International unternimmt täglich Flüge von Vancouver und Edmonton. Northward Airlines Ltd. fliegt regelmäßig nach Mayo, Dawson, Clinton Creek, Old Crow, Inuvik, Tuktoyaktuk und Sachs Harbour. Weitere Gesellschaften fliegen von Juneau, Fairbanks, Anchorage und Yellowknife aus Whitehorse an. Über ein Dutzend Chartergesellschaften mit Land- und Wasserflugzeugen sowie Helikoptern fliegen praktisch alle Orte an.

Mit der Bahn

Die White Pass and Yukon Railway bedient die Strecke zwischen Skagway und Whitehorse.

Mit dem Schiff

Das B.C. Ferry System verkehrt an der Nordküste von B.C. und hat Anschlüsse nach Alaska; das Alaska State System läuft die Häfen in Alaska an, es gibt Anschlüsse in Skagway (Bahn und Straße) und Haines (Straße).

Mit dem Auto

Wichtigste Landroute nach Yukon ist der Alaska Highway, der in Dawson Creek B.C. beginnt und in Fairbanks endet. Eine weitere Zufahrtsstraße beginnt in Haines (Alaska) und stößt in Haines Junction auf den Alaska Highway. Zwischen Watson Lake und Carmacks erstreckt sich der Robert Campbell Highway, die Nahanni Range Road führt von Watson Lake nach Tungsten in den N.W.T., und die Canol Road verbindet Norman Wells mit Ross River. Zwischen Whitehorse und Dawson erstreckt sich der Klondike Highway. Der Dempster Highway, der im Sommer 1979 eröffnet wurde, verbindet Dawson mit Inuvik in den Northwest Territories. Er führt über den Polarkreis und damit weit über die nördliche Baumgrenze hinaus. Für Fahrten auf den Kiesstraßen des Nordens sind minuziöse Vorbereitungen notwendig.

Erfahrene Reisende bereiten sich zwischen November und Mai besonders gut vor; sie vergewissern sich, daß das Fahrzeug winterfest ist und führen folgende Notvorräte mit: Axt, Streichhölzer, Kerzen, Holz zum Anfeuern, Papier, Ketten, Schlafsack, warme Kleider, warme Stiefel und Handschuhe. Das Auto sollte mit einem Motorblockwärmer ausgerüstet sein.

Yukons Straßen sind Kiesstraßen, die ausgezeichnet unterhalten werden. Dennoch können staubige oder schlammige Strecken vorkommen. Zwei Reserveräder und Reservebenzin sind eine Notwendigkeit. Der Benzintank sollte mit einer Gummimatte vor fliegenden Steinen geschützt werden, die Scheinwerfer mit einem Plastikschutz. Das Benzin ist hier etwas teurer als sonst in Kanada.

Mit dem Bus

Greyhound Lines und Coachways System setzen Linien zwischen dem nördlichen B.C., Yukon und Alaska ein. Norline Coaches verkehren im Norden.

Shopping

Goldnugget-Schmuck, Elfenbeinschnitzereien und -schmuck, *Indian Craft* (Parkas, Mukluks, Mokassins) und Pelzartikel der Yukon Trappers Association sind die Spezialitäten dieser Gegend.

Sportmöglichkeiten

Das relativ warme und sonnige Sommerwetter ist ideal für alle Sommersportarten. Besonders hervorheben möchte ich die Kanurouten. Problemlos zu befahren sind der Yukon River von Whitehorse bis zur Grenze nach Alaska (900 km). Andere Flüsse des Yukon erheischen spezielles Können und sollten nur von erfahrenen Kanuten gewählt werden. Das

Tourist Office hat Beschreibungen der Flüsse. Vergessen Sie nicht, daß das Wasser (oft auch das Wetter) selbst im Juli und August kalt ist, führen Sie entsprechende Kleidung mit.

Jagd und Fischerei

Yukon ist, vielleicht noch mehr als die Provinzen Kanadas, ein Traumland für Angler; für eine Lizenz von weniger als 15 Dollar können Sie Fische fangen, von denen Sie bis anhin vermutlich nur geträumt haben. 10 bis 15 kg schwere Seeforellen sind keine Seltenheit. Wer einen See für sich allein haben will (nicht billig), chartert ein Flugzeug und fängt seine Quote in wenigen Würfen. Verlangen Sie vom Reisebüro nähere Auskünfte.

Auch die Großwildjagd im Yukon ist zu empfehlen. Fremde brauchen eine gültige Lizenz (ungefähr 100 Dollar) und sind verpflichtet, die Dienste eines Jagdführers in Anspruch zu nehmen.

Yukon ist in 22 Jagdgebiete eingeteilt, jedes mit einem registrierten Jagdführer und *Outfitter.* Eine Jagd dauert gewöhnlich 14 Tage. Erfreulicherweise gibt es immer mehr Jäger, die sich damit begnügen, ihr Großwild mit der Kamera zu »schießen«. Dazu eignen sich ganz besonders die Wildreservate und der Kluane Nationalpark. Schreiben Sie an den Director of Game, Box 2703, in Whitehorse, Yu.

Kulinarisches Yukon

Die größeren Hotels haben die besten Restaurants. Die Preise sind hier etwas höher als im »Süden«.

Informationen Northwest Territories

Northwest Territories auf einen Blick

Name	Northwest Territories, N.W.T.
Hauptstadt	Yellowknife
Fläche	3 379 684 km²
Einwohner	ca. 51 000
Sprache	Englisch, Eskimo, Déné
Bevölkerung	40 Prozent Inuit, 20 Prozent Déné, 40 Prozent Métis und Eurokanadier

Geographie

Im Westen der N.W.T., zwischen den Mackenzie Mountains und den Barren Grounds, fließt Kanadas größter Fluß, der Mackenzie, der sich in einem riesigen Delta mit Hunderten von Kanälen und Armen ins Eismeer ergießt. Östlich davon befinden sich die Barren Grounds, die Ausläufer des Kanadischen Schildes; nördlich davon liegen die Arktischen Inseln. Great Bear Lake ist der größte Süßwassersee Kanadas.

Klima

Klimatisch fallen die N.W.T. in die arktische und die subarktische Zone (z.B. das ganze Mackenzie-Tal). Die Grenze dieser Zonen folgt der nördlichen Baumgrenze, fällt aber nicht mit dem Polarkreis zusammen. Das Sommerklima der Region Mackenzie Valley, Great Slave Lake und Great Bear Lake läßt sich im allgemeinen mit jenem der Prärie vergleichen, doch sind die Temperaturen oft tiefer.

Die arktische Zone ist kalt, steigt hier doch die durchschnittliche Tagestemperatur des wärmsten Monates nicht über 10 Grad. Der Sommer in dieser Region dauert von zwei Monaten in der südlichen Arktis bis zu zwei Wochen auf Ellesmere Island. Niederschläge sind relativ selten.

Reisezeit

Juni, Juli und August. Dank der geographischen Lage dauert hier während dieser Jahreszeit der helle Tag oft mehr als zwanzig Stunden. Aber auch die Wintermonate sowie Frühling und Herbst haben ihre Schönheiten.

Wie kommt man hin? Wie reist man?

Mit dem Flugzeug

Hauptverkehrsmittel in den N.W.T. ist heute das Flugzeug. Startpunkte sind Montreal und Edmonton für Canadian Airlines International und Winnipeg für Calm Air. Charterflugzeuge kann man in den meisten Siedlungen mieten. Die Kosten variieren natürlich je nach Flugzeugtyp (Cessna, Beaver, Super Cub, Helicopter, Boeing 727 usw.). Schreiben Sie an die Fluggesellschaften; das Fremdenverkehrsamt der Northwest Territories, *Travel Arctic*, Yellowknife, N.W.T. XOE11HO, hat ein Verzeichnis der Chartergesellschaften.

Mit der Bahn

Es gibt keine Passagierzüge in den N.W.T. Die Great Slave Lake Railways setzen nur Frachtzüge ein (bis nach Hay River).

Mit dem Schiff

Im Sommer herrscht auf dem Mackenzie River und teilweise auf den anderen größeren Flüssen reger Schlepperverkehr. Touren mit Gummiflößen und Flußbooten gibt es auf dem Coppermine und dem Nahanni River und Flußfahrten auf dem Mackenzie. Informationen über Kanurouten sind bei Travel Arctic erhältlich.

Mit dem Auto

Anreiseroute mit dem Auto ist die Mackenzie Route, die in Grimshaw in Alberta beginnt und nach Yellowknife und Fort Simpson führt. Eine weitere Straße führt mit einem Abstecher durch den Wood Buffalo Park nach Fort Smith. Der rund 900 km lange Dempster Highway von Inuvik über Arctic Red River und Fort McPherson nach Dawson City im Yukon wurde im Sommer 1979 fertig-

gestellt. Im Winter können Sie sogar nach Toktuyaktuk fahren (über eine Winterstraße, die im Sommer zu sumpfig ist).
1984 wurde eine neue Kiesstraße zwischen Fort Simpson am Mackenzie River und Fort Nelson am Alaska Highway eröffnet, die den Tälern des Liard River und des Fort Nelson River folgt.

Mit dem Bus

Das Canadian Coachways System hat tägliche Busverbindungen zwischen Edmonton und Hay River, mit Anschluß (via N.W.T. Coachlines) nach Rae, Edzo, Yellowknife, Pine Point, Resolution, Fort Smith. Sightseeing Tours werden in Fort Smith, Frobisher Bay, Hay River, Inuvik und Yellowknife angeboten.

Sportmöglichkeiten

Vom »Mitternachtsgolf« in Yellowknife bis zum »Auf-dem-Dach-der-Welt-Langlaufrennen« in Inuvik ist in den N.W.T. praktisch jede Sportart zu finden. Speziell hervorzuheben sind die Möglichkeiten für Kanuten. *Canoe Canada's Arctic* ist ein Büchlein, welches das Tourist Office herausgibt.

Shopping

Die Steinschnitzereien der Eskimo sind heute weltberühmt und in allen Siedlungen zu haben. Pelzwaren, Parkas, Elfenbeinschnitzereien, Walknochenschnitzereien, Lithos, indianische Kunstgegenstände, Webereiartikel und Keramik finden Sie überall.

Kulinarisches N.W.T.

Die meisten Restaurants befinden sich hier in Hotels und Motels; dazu gibt es Cafés entlang den Straßen. Die Mahlzeiten sind ziemlich teuer.

Jagd und Fischerei

Angeln ist teuer, vor allem die Kosten für den Anflug sind relativ hoch. Die Lizenz kostet noch immer weniger als 20 Dollar. Die Preise in den Fly-in-Camps bewegen sich zwischen 400 und 1800 Dollar pro Woche je nach Ort und Saison (Richtwerte 1980).
Fremde Großwildjäger müssen von einem lizenzierten *Outfitter* begleitet sein. Auch hier entstehen hohe Kosten. Schon die Jagd- und Abschußlizenzen sind teuer, vom Anflug und den Gebühren für den Jagdführer nicht zu reden. Da sich die Preise häufig ändern, erkundigen Sie sich am besten bei Ihrem Reisebüro nach dem neuesten Stand oder schreiben an *Travel Arctic.*
Gejagt werden Bison, Schwarzbär, Wolf, Grisly, Karibu, Elch, Bergziege und Bergschaf. Der Abschuß von Eisbären – sie sind das teuerste Wild – ist stark beschränkt.

Wichtige Veranstaltungen

Top of the World Ski Meet, Inuvik, Ostern; *Caribou Festival,* Yellowknife, März; *Midnight Golf Turnament,* Yellowknife, Juli; *Northern Games,* an verschiedenen Orten in der Westlichen Arktis, Sommer.

Informationen Alaska

Alaska auf einen Blick

Name	Alaska
Hauptstadt	Juneau
Fläche	1 518 796 km²
Einwohner	ca. 440 000
Sprache	Englisch (Tlingit und Aleut)
Grenzen	Kanada (2460 km), Nördlicher Pazifik, Bering Sea, Chukchi Sea, Nördliches Eismeer
Geographische Lage	Zwischen 130° West und 172° Ost und 54° und 71° Nord.
Höchster Berg	Mt. McKinley (6194 m)
Größter See	Ilamna (2900 km²)
Längster Fluß	Yukon (3093 km, davon 2240 km in Alaska)
Zeitzonen	Vier: Pazifik, Yukon, Alaska und Bering
Distanzen	Ost – West 3840 km, Nord – Süd 2270 km

Geographie

Alaska ist ein Land mit Fjorden, Gletschern, dichten Wäldern, unzähligen Meeresbuchten, Seen, riesigen Flüssen, drei großen Bergketten und endloser flacher Tundra. Trotz der nördlichen Lage des Staates liegt nur ungefähr ein Viertel in der arktischen Zone.

Klima

Grundsätzlich ist nicht ganz Alaska kalt und von Schnee bedeckt. Die klimatischen Zonen stimmen so ziemlich mit den geographischen überein. Das südliche Alaska ist relativ warm, mit viel Regen, während das nördliche Alaska wenig Niederschläge aufweist, aber sehr kalt ist.

Reisezeit

Alaska ist selbstverständlich in jeder Jahreszeit erreichbar, und viele Besucher behaupten, um das »richtige« Alaska zu erleben, müsse man im Winter kommen. Im Sommer sind die Tage sehr lang. Es wird ziemlich warm. Im Frühling und Herbst ist es nach Ansicht von Kennern am schönsten.

Wie kommt man hin? Wie reist man?

Mit dem Flugzeug

Tägliche Non-Stop-Flüge nach Anchorage, Fairbanks, Juneau und Ketchikan mit Verbindungen zu einem Dutzend anderer Orte aus den »Unteren 48« sind eine Selbstverständlichkeit. Alaska Airlines fliegt von Seattle; Northwest Orient Airlines von Seattle, Chicago und Edmonton; Western Air Lines von Seattle und Honolulu. Internationale Linien: Pan Am, B.A., Air France, JAL, KLM, Lufthansa, Northwest Orient, Sabena, Korean Airlines, SAS. Innerhalb Alaska verkehrt die Wien Air Alaska.

Alaska Airlines fliegt mehrmals am Tage von Seattle nach Anchorage, Fairbanks, Juneau, Ketchikan, Sitka, Nome, Wrangell, Petersburg, Kotzebue. Tägliche Flüge nach Yakutat, Cordova und Prudhoe Bay, im Sommer auch nach Gustavus (Glacier Bay).

Mit der Bahn

Einzige Zufahrtsroute per Bahn ist die *White Pass Yukon Railroad,* die von Whitehorse in Yukon nach Skagway fährt. In Alaska selber verkehrt die Alaska Railroad zwischen Whittier–Anchorage–McKinley–Fairbanks.
White Pass and Yukon Route per Schmalspurbahn offeriert folgende Touren: Skagway–Bennett hin und zurück für ca. 45 Dollar, Skagway–Whithorse einfach ca. 45 Dollar.

Mit dem Schiff

Seetüchtige Fährschiffe verkehren auf dem sogenannten Alaska Marine Highway zwischen Seattle und Prince Rupert B.C. Unterhalten werden diese

Schiffe vom Alaska State Ferry System. Die Tourenangebote und Preise ändern sich jährlich, sind aber bei den Reisebüros zu erfahren.
Das CP-Rail-Schiff Princess Patricia verkehrt regelmäßig zwischen Vancouver und den Häfen in Alaska. Ihr Reisebüro informiert Sie, oder schreiben Sie an Princess Patricia, Pier B, Vancouver B. C.
Sitmar Cruises verkehren mit dem Schiff T. S. S. Fairsea von Juni bis September jeden zweiten Samstag zwischen San Francisco und Alaska.
Die wichtigsten Gesellschaften, die Vergnügungsfahrten zwischen Vancouver, Seattle oder San Francisco und Alaska durchführen: Royal Viking Line, San Francisco; CP Rail, Vancouver; Holland-Amerika Line, Seattle; Lindblad Cruises, New York; Monarch Cruise Lines, Seattle; Princess Cruises (P & O Lines), Los Angeles; Sitmar Cruises, Los Angeles; World Explorer Cruises, Vancouver. Preisbeispiel: Vancouver–Alaska, 14 Tage, ab rund 1000 Dollar. In den Preisen auf diesen schwimmenden Hotels sind Mahlzeiten und Unterhaltung eingeschlossen. Dazu gibt es auch Package Tours, die eine Schiffsreise mit einer Busfahrt und dem Rückflug verbinden.

Mit dem Auto

Einzige Route nach Alaska ist der *Alaska Highway,* der von Dawson Creek in B. C. nach Fairbanks führt. Bis zur Yukongrenze sind es 1965 km, von dort nach Fairbanks weitere 480 km oder nach Anchorage 850 km. In Alaska angelangt, wird der Besucher bald einmal feststellen, daß das weitere Straßensystem zwar großartig, aber nicht sehr ausgedehnt ist. Wer rund 3200 km auf geteerten Straßen zurücklegt, ohne eine Strecke zweimal zu befahren, hat alle geteerten Straßen befahren. Daneben bestehen noch rund 8000 km Kiesstraßen.

Mit dem Bus

Busse verkehren auf allen Straßen; Busse nach Alaska gibt es von Seattle, Portland, San Francisco und Yukon aus.

Sprachschwierigkeiten

Wer Englisch spricht, hat keine.

Shopping

Alaskas Läden bieten ausgezeichnetes Kunsthandwerk der Eskimos und Indianer an. Läden und Boutiquen gibt es in allen größeren Orten. Pelzwaren sind ebenfalls beliebte Souvenirs.

Sportmöglichkeiten

In Alaska gibt es alle Sportmöglichkeiten, die in den »Unteren 48« und in Kanada üblich sind, und mitzumachen fällt nicht schwer.

Jagd und Fischerei

Bei 50 000 km Küstenlinie, einer Million Seen und Hunderten von Flüssen und Bächen ist es in Alaska tatsächlich nicht schwierig, Sportfischer zu werden. Die Fischereilizenz für Nichteinheimische (ein Jahr gültig) kostet 30 Dollar, eine zehntägige 15 Dollar.
Für Auswärtige und ganz besonders Europäer, die sich in der Wildnis nicht zu Hause fühlen, macht es sich immer bezahlt, einen Jagdführer anzustellen.

Alaska ist noch immer ein Traumland für den Großwildjäger. Auch hier gilt die Regel, daß Auswärtige einen Jagdführer anheuern. Gejagt werden Bären (Braunbär, Kodiakbär, Grisly, Eisbär), Karibu, Hirsch, Bison, Wapiti, Elch, Moschusochsen, Berg- und Dallschafe, Wölfe, Vielfraße, Kojoten, Füchse, Luchse usw., daneben eine ganze Anzahl von Wasservögeln.
Die Kosten sind ziemlich hoch, besonders wenn Sie zur Jagdlizenz (60 Dollar) und den Kosten der einzelnen Trophäen (Schwarzbär $100.–, Kodiakbär oder Grisly $250.–, Karibu $200.–, Elch $200.–, Moschusochse $1000.–, Bergschaf $250.–, Walroß $250.–) noch die Kosten für Jagdführer, Unterkunft, Charterflugzeug, und Hin- und Rückflug rechnen. Billiger sind die Kamerajagden, die ebenso interessant und spannend sein können. Die Preise sind Richtwerte (1980); die jeweils neuesten Angaben erhalten Sie beim *Alaska Department of Fish and Game,* Juneau, Alaska 99811.

Kulinarisches Alaska

Süßwasserfische und Meeresfrüchte sind Spezialitäten, ebenso Wildbret. Die besten Restaurants sind in den Hotels zu finden. Daneben gibt es in allen Orten Cafés und andere Restaurants. Die Mahlzeiten sind allerdings recht teuer.

Alaska für den Wanderer und Kanufahrer

Lange Tage machen Wanderungen im Sommer besonders beliebt, sei es nun auf markierten Pfaden in den Parks oder in der pfadlosen Wildnis. Gute Vorbereitung ist notwendig. Das gleiche gilt für den Kanuten, der hier Touren auf ruhigen Seen und unbeschreiblichem Wildwasser unternehmen kann. Alaskas Wasser sind aber auch im Sommer kalt, und ein Taucheranzug sollte zur Hand sein.

Wichtige Adressen

Fremdenverkehrsamt der USA
(USTS)
Postfach 900 344
D-6000 Frankfurt a. M.

Alaska Department of Fish and
Game,
Juneau,
Alaska 99811

Division of Tourism,
Pouch E,
Juneau,
Alaska 99811

Wichtige Bücher für den Besucher:

The Mile Post, Alaska Northwest Publishing Co. Box 4-EEE, Anchorage, Alaska, 99509. Weitere Bücher von demselben Verlag:

Chilkoot Pass, The Most Famous Trail in the North,

A Tourist Guide to Mt. McKinley.

Abbildungsnachweis:

Farbabbildungen: Spectrum Colour Library, London: Umschlag, Vorder- und Rückseite; Emmanuel Clerc: 14, 17, 18, 20; National Film Board of Canada: 24; Parks Canada Photo Services: 1, 2, 3, 4, 5, 6, 28, 33; John Schläpfer: 37, 39; die anderen Farbabbildungen stammen vom Autor.
Schwarzweißabbildungen: Administration, State of Alaska: S. 76 o., 227 o., 228–229, 230 o.; Wink Bradford: S. 75 o. und M.; British Columbia Government Photo: S. 173 M.; Canadian Government Office of Tourism (CGOT): S. 65 o., 67 u., 97 o. und u., 98 o., 99 o. und u., 100 o. und u. l. und r., 127 M. und u., 128 u., 129 o. r., 130 M., 131 o., 132, 133 u., 135 o. r. und u. l., 136, 167, 168 o. und u. l., 169 u., 170, 173 o., 223 o. r. und u. l., 224 u.; Canatrek, Box 1138, Banff: S. 69 M., 225 o.; Emmanuel Clerc: S. 65 u.; C. P. C. Photo: S. 138 o.; John Dornbierer: S. 66 o. r., 173 u.; Jeff Harbottle: S. 174 o.; MacMillan Bloedell Ltd.: S. 68 o.; National Film Board of Canada: S. 138 u.; Peter Neumann: S. 69 u.; Parks Canada Photo Services: S. 70 u., 71 o., 72 u., 73 u., 74 o., 75 u., 101, 102 o., 103 o. und u., 104 o. und u. l., 131 u., 137 u., 171 o., 230 u.; Province du Québec: S. 128 o., 129 o. r., 130 o. und u., 131 M.; John Schläpfer: S. 226 u.; Travel Arctic, N.W.T.: S. 66 o. r., 76 u., 224 o.; Ville de Montréal, Relations Publiques: S. 127 o. und M. Die übrigen Aufnahmen stammen vom Verfasser.

Register

»Richtig reisen«

Ägypten
Algerische Sahara
Amsterdam
Arabische Halbinsel
Australien
Bahamas
Von Bangkok nach Bali
Belgien mit dem Rad
Berlin
»Richtig wandern«: Bretagne
Bornholm
»Richtig wandern«: Burgund
Budapest
Cuba
Elsaß
Ferner Osten
Finnland
Florida
Frankreich für Feinschmecker
Friaul – Triest – Venetien
Graz und die Steiermark
Griechenland
Delphi, Athen, Nord- und Mittelgriechenland, Inseln
Griechische Inseln
Großbritannien
Hawaii
Holland
Hongkong
Mit Macau und Kanton
Ibiza/Formentera
Indonesien
Irland
Istanbul
Italien (November '89)
Jamaica
Kairo
Kalifornien
Kanada und Alaska
Ost-Kanada
West-Kanada und Alaska
Kreta
»Richtig wandern«: Kykladen
Lanzarote
London
Los Angeles
Madagaskar
Malediven
»Richtig wandern«: Mallorca
Marokko
Mauritius
Mexiko
Moskau
München
Neapel – Küsten und Inseln
Nepal
Neu-England
Neuseeland
New Orleans
und die Südstaaten Louisiana, Mississippi, Alabama, Tennessee, Georgia
New York
Nord-Indien (Dezember '89)
Norwegen
Ostafrika
Kenya und Tanzania mit Uganda, Rwanda und Burundi
Paris
Peru und Bolivien (August '89)
Philippinen
Portugal
Réunion
»Richtig wandern«: Rhodos
Rom
San Francisco
»Richtig wandern«: Schottland
Schweden
Die Schweiz und ihre Städte
Seychellen
Sinai und Rotes Meer
Sizilien
Spanien
Sri Lanka (Ceylon)
Südamerika 2
Argentinien, Chile, Uruguay, Paraguay
Südamerika 3
Brasilien, Venezuela, die Guayanas
»Richtig wandern«: Südtirol
Südwesten – USA
Arizona · New Mexico · Utah · Nevada (August '89)
Teneriffa
Texas
Thailand
Toscana
»Richtig wandern«: Toscana und Latium
Türkei
Tunesien
Venedig
Wallis
Wien
Zypern

DuMont Kunst-Reiseführer

»Kunst- und kulturgeschichtlich Interessierten sind die DuMont Kunst-Reiseführer unentbehrliche Reisebegleiter geworden. Denn sie vermitteln, Text und Bild meist trefflich kombiniert, fundierte Einführungen in Geschichte und Kultur der jeweiligen Länder oder Städte, und sie erweisen sich gleichzeitig als praktische Führer.« *Süddeutsche Zeitung*

Alle Titel in dieser Reihe:

- Ägypten und Sinai
- Albanien (September '89)
- Algerien

Belgien
- Die Ardennen

- Bhutan
- Brasilien
- Bulgarien

Bundesrepublik Deutschland
- Das Allgäu
- Das Bergische Land
- Bodensee und Oberschwaben
- Bonn
- Bremen, Bremerhaven und das nördliche Niedersachsen
- Düsseldorf
- Die Eifel
- Franken
- Freie und Hansestadt Hamburg (Oktober '89)
- Hannover und das südliche Niedersachsen
- Hessen
- Hunsrück und Naheland
- Köln
- Kölns romanische Kirchen
- Die Mosel
- München
- Münster und das Münsterland
- Zwischen Neckar und Donau
- Oberbayern
- Oberpfalz, Bayerischer Wald, Niederbayern
- Ostfriesland
- Die Pfalz
- Der Rhein von Mainz bis Köln
- Das Ruhrgebiet
- Sauerland
- Schleswig-Holstein
- Der Schwarzwald und das Oberrheinland
- Sylt, Helgoland, Amrum, Föhr
- Der Westerwald
- Östliches Westfalen
- Württemberg-Hohenzollern

- Volksrepublik China
- DDR
- Dänemark

Frankreich
- Auvergne und Zentralmassiv
- Die Bretagne
- Burgund
- Côte d'Azur
- Das Elsaß
- Frankreich für Pferdefreunde
- Frankreichs gotische Kathedralen
- Romanische Kunst in Frankreich
- Korsika
- Languedoc-Roussillon
- Das Tal der Loire
- Lothringen
- Die Normandie
- Paris und die Ile de France
- Führer Musée d'Orsay, Paris
- Périgord und Atlantikküste
- Das Poitou
- Die Provence
- Drei Jahrtausende Provence
- Savoyen
- Südwest-Frankreich

Griechenland
- Athen
- Die griechischen Inseln
- Alte Kirchen und Klöster Griechenlands
- Tempel und Stätten der Götter Griechenlands
- Korfu
- Kreta
- Rhodos

Großbritannien
- Englische Kathedralen
- Die Kanalinseln und die Insel Wight
- London
- Die Orkney- und Shetland-Inseln
- Schottland
- Süd-England
- Wales

- Guatemala
- Holland

Indien
- Ladakh und Zanskar

Indonesien
- Bali

- Irland
- Island

Israel
- Das Heilige Land

Italien
- Apulien
- Elba
- Emilia-Romagna
- Das etruskische Italien
- Florenz
- Gardasee, Verona, Trentino
- Latium
- Lombardei und Oberitalienische Seen
- Die Marken
- Ober-Italien
- Die italienische Riviera
- Von Pavia nach Rom
- Piemont und Aosta-Tal (September '89)
- Rom – Ein Reisebegleiter
- Rom in 1000 Bildern
- Das antike Rom
- Sardinien
- Südtirol
- Toscana
- Umbrien
- Venedig
- Die Villen im Veneto

- Japan
- Der Jemen
- Jordanien
- Jugoslawien
- Karibische Inseln
- Kenya
- Luxemburg
- Malaysia und Singapur
- Malta und Gozo
- Marokko

Mexiko
- Mexico auf neuen Wegen

- Namibia und Botswana
- Nepal

Österreich
- Burgenland
- Kärnten und Steiermark
- Salzburg, Salzkammergut, Oberösterreich
- Tirol
- Vorarlberg und Liechtenstein
- Wien und Umgebung

- Pakistan
- Papua-Neuguinea
- Polen

Portugal
- Madeira

- Rumänien
- Die Sahara
- Sahel: Senegal, Mauretanien, Mali, Niger

Die Schweiz
- Tessin
- Das Wallis

- Skandinavien

Sowjetunion
- Georgien und Armenien
- Kunst in Rußland
- Moskau und Leningrad
- Sowjetischer Orient

Spanien
- Die Kanarischen Inseln
- Katalonien
- Mallorca – Menorca
- Nordwestspanien
- Spaniens Südosten – Die Levante
- Südspanien für Pferdefreunde

- Sudan
- Südamerika
- Südkorea
- Syrien
- Thailand und Burma

Türkei
- Istanbul (Nov. '89)

- Tunesien
- USA – Der Südwesten
- Zypern

Alle Bände mit vielen, zum Teil farbigen Abbildungen; dazu Zeichnungen, Karten, Grundrisse, praktische Reisehinweise.